Die Lehre
von dem
Übergange
der
Forderungsrechte
durch Universal- und Singular-Succession,
oder
von der Vererbung der Forderungen, von der Cession, Assignation und Novation, (Delegation und Expromission).

Nach den Grundsätzen des Preußischen Rechts, in genauer Vergleichung mit dem Gemeinen Rechte, und mit Berücksichtigung des Oesterreichischen und Französischen Rechts

dargestellt

von

C. F. Koch,
Königl. Preuß. Oberlandes-Gerichts-Rathe.

Breslau,
bei Georg Philipp Aderholz.
1837.

Gedruckt bei Leopold Freund in Breslau.

Vorrede.

In der Vorerinnerung zu dem ersten Bande des Rechts der Forderungen ist der Preuß. Rechtszustand im Allgemeinen angegeben, um danach zu bestimmen, auf welchem Wege und durch welche Mittel eine gründliche Kenntniß des Preußischen Rechts zu erlangen, und eine wissenschaftliche Behandlung desselben an die Stelle einer bloßen Wort-Interpretation der Gesetze, und des, der Preußischen Literatur nicht ganz ohne Grund zum Vorwurf gemachten *) Kompilationen-Wesens zu setzen sei. Hierauf müssen wir mit Wenigem noch einmal zurückkommen. Wir haben gesagt: für den bei weitem größten Theil der vaterländischen Rechts-Gesetzgebung sei das Materiale aus der gemeinrechtlichen Praxis entnommen. Das gemeine Deutsche Recht ist bekanntlich entstanden theils aus Römischen, theils aus Germanischen Elementen, aus welchen beiden der gemeinsame Zustand des Rechts in allen europäischen Staaten

*) Schunke Jahrbücher der gesammten deutschen juristischen Literatur. Jahrg. 1833. Heft 2. S. 172.

gemischt war. Diese Elemente wollte man durch das Allgemeine Landrecht verschmelzen und in eine neue Form bringen. Viele haben sich gedacht und denken sich noch, daß diese neue Gesetzgebung zur Bequemlichkeit diene, daß sie die Rechtswissenschaft ausmache, und also das Studium erleichtere, indem sie das Studium des alten Römischen und Germanischen Rechts entbehrlich mache. Es ist aber grade umgekehrt: die Preußische Rechtswissenschaft ist dadurch noch complicirter, noch schwieriger geworden. Wer das Allgemeine Landrecht verstehen will, muß erst alles Das kennen lernen, was war, ehe dasselbe erschien, und alsdann muß er das Studium des Landrechts noch hinzuthun, und bei jeder Rechtsregel fragen: wie dieselben entstanden. Ein empirisches handwerksmäßiges Studium, ein Auswendiglernen des Landrechts kann zwar nothdürftig hinreichen, um Schwäche zu verbergen, aber nicht wahre Kenntniß verschaffen. Zur Vorbereitung auf das Studium des Allgemeinen Landrechts ist dasselbe wissenschaftliche Studium erforderlich, welches vor Diesem nöthig war. Zur Wissenschaft des Juristen gehört die vollständige Entwickelung des historischen Sinnes des Rechts, welche nicht mit einer bloßen Rechtsgeschichte zu verwechseln ist, sondern in der Erforschung der gesellschaftlichen Verhältnisse und der daraus hervorgegangenen Institute, so wie deren Entwickelung, Fortbildung, auch naturgemäßen oder durch willkührliche Eingriffe herbeigeführten Umänderung, sodann in der Ergründung der innern Verbindung und der Wechselwirkung, in welcher die verschiedenen Rechtsverhältnisse mit einander stehen,

Nun ist die Frage: welche Mittel sollen zur Lösung dieser Aufgabe führen? Auch hierüber haben wir uns im Allgemeinen geäußert, indem wir darauf hingewiesen haben, daß derjenige Rechtszustand, der als die Quelle des Allgemeinen Landrechts anzusehen, vorzugsweise aus den wissenschaftlichen Leistungen der Juristen, wozu auch Partikular-Gesetzgebungen einzelner Länder zu rechnen, und aus den Rechtsanwendungen der Gerichte, erkannt werden müsse *). Wir hielten es für ganz überflüßig, nun noch den möglichst fleißigen Gebrauch dieser Mittel als zweckmäßig darzustellen. Aber darin haben wir uns geirrt: man hat die Meinung geäußert, daß die literarischen Nachweisungen nutzlos wären. Wir fügen daher für Diejenigen, welche den Werth der literarischen Mittel nicht schon aus der Aufgabe erkennen, einige kurze Bemerkungen hinzu. Man kann aus zweierlei Absichten die Meinungen Ande-

*) Selbst Klein, der doch die Ansicht hatte, daß wenn erst solche Streitigkeiten, welche noch nach dem alten Rechte zu entscheiden, mit der Zeit nicht mehr vorkommen könnten, auch die Kenntniß der bisherigen Rechte nicht mehr gerade nothwendig sei, handelt „von dem Nutzen, welchen künftig die Preußischen Rechtsgelehrten aus dem Studio des Römischen Gesetz-Buches und dem Lesen der sogenannten eleganten Juristen ziehen können,“ und empfiehlt die Kenntniß des Römischen Rechts als eine Vorrathskammer juristischer Ideen und Begriffe, und als einen Schatz, aus welchem auch bei der Abfassung des Preußischen Gesetzbuchs manches entlehnt worden. (!) Annalen Bd. VIII. S. 377. u. fgg.

rer in Citaten anführen. Es kann geschehen, um einer gewissen Meinung durch die zusammengestellte Anzahl von Vertheidigern Ansehen zu verschaffen. Dieß war der Zweck der endlosen Citate der Schriftsteller aus dem 14. u. 15. Jahrhundert, wo die Zusammenstellung fremder Meinungen die Hauptarbeit war, und eigene Forschung verdrängte. Man hat von diesem Citiren mit Grund gesagt, daß dadurch die Originalität des Schriftstellers verloren gehe. Weil man nun lieber originell sein will, so gehört es jetzt zum vornehmen Ton, selten oder gar nicht anzuzeigen, woher man Dasjenige genommen hat, was man vorträgt. Dieß gewährt noch den Nebenvortheil der Bequemlichkeit. Zum Unglück aber ist man sich der Verschiedenheit im Zwecke des Citirens nicht klar bewußt, und macht daher keinen Unterschied in der Vernachläßigung der Nachweisungen. Man behauptet nun die unbekanntesten und unglaubwürdigsten Dinge als Thatsachen, ohne sich zum Nachweise derselben herabzulassen. Am häufigsten kommt dieß vor, wenn Lehrsätze aus dem Rechtsgebiete vorgetragen werden. Nicht selten fragt man sich umsonst, welcher wunderliche Jurist oder Nichtjurist denn jemals behauptet habe, was man als allgemein bekannt nachläßig und unbestimmt hinwirft, in Wahrheit aber nur in der Einbildung des Erzählers besteht. Hieraus ergiebt sich, daß man noch in einer andern Absicht, als um sich auf Autoritäten berufen, citiren könne, nämlich dazu, um Etwas als Thatsache zu beweisen. Das ist unser Fall. Es gehört zu unserer Aufgabe, den Rechtszustand zu ermitteln, welcher dem Allgemeinen Landrechte vorhergegangen ist. Dieser längst der Geschichte angehörige Zustand ist nur aus den literarischen Produkten jener Zeit zu erkennen, und zwar oft nur aus der Vergleichung einer großen Anzahl von Schriften. Bloße Behauptungen, daß diese oder jene Rechtsregel des Allgemeinen Landrechts schon vorher gültig gewesen, sind völlig werthlos: der Leser muß in den Stand gesetzt werden, sich davon zu überzeugen und der Sache näher nachzugehen. Aus diesen Gründen halten wir die literarischen Nachweisungen zur Lösung unserer Aufgabe für ein nothwendiges Erforderniß, das zwar außerordentlich viel Mühe macht, aber dem eigenen Denken und der Selbstständigkeit nicht den geringsten Eintrag thut, vielmehr derselben erst eine sichere Grundlage giebt. Mit dieser Auseinandersetzung ist zugleich erklärt, daß vorzüglich nur die Literatur, welche älter als das Landrecht ist, für unsern Zweck von Interesse ist. Die neuere Literatur hat nur in der Beziehung für uns Werth, als es zugleich auch darauf ankommt, den wahren Inhalt der Römischen Rechtsquellen anzugeben, um die durch die gangbar gewordenen irrigen Erklärungen entstandenen Abweichungen des Gemeinen Rechts zu zeigen. Es versteht sich hiernach, daß wir den Vorschlag eines Recensenten, »nur die neuesten und wichtigsten Schriften anzuführen,« als ganz aus dem Wege abweisen müssen. Wir werden uns in der mühsamen Anwendung der vorhandenen Mittel zu unserm Zwecke nicht irre machen lassen, und in der angefangenen Weise fortfahren, zur Anregung einer gründlichen Behandlung des Preußischen Rechts nach Kräften beizutragen. Hier übergeben wir dem Publikum eine besondere Darstellung der Lehre von dem Übergange der Forderungsrechte auf Andere. Diese Lehre ist so praktisch, und zugleich sind zum Theil die Vorstellungen darüber so verworren, daß sie eine ausführlichere Behandlung zu erfordern schien, als ihr in einem allgemeinern Werke hätte zu Theil werden können.

Breslau, im December 1836.

Inhalts-Verzeichniß.

Zweites Kapitel.

Von den Assignationen.

Drittes Kapitel.

Von der Novation.

§. 1.

Einleitung.

Die Obligation, als ein Verhältniß des Vermögensrechts zwischen zwei bestimmten Individuen in Beziehung auf eine bestimmte Handlung des Einen, bietet der Betrachtung fünf Hauptgegenstände, nämlich: ihre Wesenheit, den Inhalt, das Subject, die Entstehung, und die Aufhebung. Wir wollen uns hier mit dem Subject, jedoch nur in einer gewissen Beziehung, beschäftigen. Der angegebene Begriff der Obligation erfordert wesentlich zwei Personen: einen Creditor und einen Debitor (Gläubiger und Schuldner). Es ist jedoch möglich, daß auf beiden Seiten, und zwar entweder nur auf Seite des Creditors, oder nur auf Seite des Debitors, oder auch auf beiden Seiten zugleich, mehrere Subjecte vorkommen. Dieß kann wieder auf zweierlei Weise der Fall sein, nämlich entweder gleichzeitig, oder ungleichzeitig. Die gleichzeitige Beziehung einer Obligation auf mehrere Personen (Correalobligation) ist nicht Gegenstand dieser Darstellung. Die ungleichzeitige Beziehung setzt die Nachfolge eines Dritten in die Stelle des ursprünglichen Subjects voraus, und es entsteht dabei die Frage:

> wer ist fähig in schon bestehende Rechtsverhältnisse eines Creditors oder Debitors einzutreten?

Regel des Römischen Rechts ist, daß außer dem Falle einer Universal-Succession, wider den Willen des Andern keine Änderung in dem Rechtsverhältnisse zulässig ist. Einen Singular-Successor in Forderungen kennt das Römische Recht nicht. Das Allgemeine Landrecht hat das Gegentheil zur Regel gemacht. Es findet daher auch durch Singular-Succession der Eintritt eines Dritten in das bestehende Verhältniß eines Creditors oder Debitors Statt. Der Übergang der obligatorischen Verhältnisse auf dritte Personen, sowohl durch Universal- als durch Singular-Succession ist es, mit dessen specieller Darstellung wir uns hier beschäftigen wollen.

Erster Abschnitt.

Von der ungleichzeitigen Beziehung, oder von dem Übergange einer Obligation auf Andere durch Universal-Succession.

§. 2.

1) Im Allgemeinen.

Wilhelm Franke: Vom Übergange der persönlichen Klagen auf die Erben des Schuldners; in den Beiträgen zur Erläuterung einzelner Rechtsmaterien. I. Abth. Göttingen 1828. No. I.

Durch Vererbung geht ein ganzes Vermögen als Ganzes, als ein Inbegriff von Rechten und Pflichten, auf einen Andern über; und nothwendige Folge davon ist, daß der Erbe auch in die einzelnen Rechte und Pflichten davon tritt [1]). Von dieser Regel giebt es zwei Ausnahmen:

1) Fortgehende persönliche d. h. solche obligatorische Verhältnisse, bei welchen auf die Individualität der Person gesehen wird. Deshalb hören z. B. das Mandat [2]), der Dienstvertrag [3]), die Societät in dem Falle, wo es auf die Persönlichkeit ankommt [4]), und der Mieth- und Pacht-Contract [5]) in Folge des Todes Eines der Contrahenten auf.

2) Passive Pönalklagen ex delicto, wenn sie nicht schon gegen den Erblasser so weit geltend gemacht sind, daß die Strafe bereits erkannt ist, oder doch die Untersuchung soweit geschlossen worden, daß der rechtlichen Festsetzung nichts weiter im Wege steht, daher die Kosten in allen Fällen von dem Erben getragen werden müssen, sobald aus der schon vor dem Tode des Erblassers eröffneten Untersuchung so viel erhellet, daß der Verstorbene auch nur durch Versehen oder unvorsichtiges Betragen gegrün-

---

[1]) A. L. R. I. 9. §. 351. 361—366. — L. 37. D. de acquirenda vel omittenda hereditate. (XXIX. 2.) — L. 7. C. de hereditariis actionibus. (IV. 16).

[2]) A. L. R. I. 13. §. 185. — L. 26. pr. L. 27. §. 3. L. 57. Mandati (XVII. 1). — L. 15 C. eod. (IV. 35.). — §. 10. J. de Mandato. (III. 26. [27]).

[3]) Gesinde-Ordn. §. 101. u. 103. ALR. II. 5. §. 101.

[4]) A. L. R. I. 17. §. 278. Dieß wird nach Röm. R. immer angenommen. L. 63. §. 10. L. 65. §. 9. 11. D. pro Socio. (XVII. 2.) — §. 5. J. de societate. (III. 25. [26]). — Gajus Lib. III. §. 152.

[5]) A. L. R. I. 21. §. 366. u. f. — Das Röm. R. stimmt damit in den Fällen, wo ganz besonders auf die Individualität der Person Rücksicht genommen worden, welches sonst nicht als Regel angesehen wird, überein. §. 6. J. de locatione conductione. (III. 24. [25.]) — L. 10. C. de locato conducto. (IV. 65). — L. un. §. 1. C. de caducis tollendis. (VI. 51.)

beten Anlaß zu der Untersuchung gegeben hat [6]). Confiscationsklagen gehen jedoch in allen Fällen auch gegen den Erben, wenn sie auch bei Lebzeiten des Erblassers nicht mehr anhängig gemacht sind, weil das Eigenthum der zu confiscirenden Sachen durch die Contravention ipso jure auf den Fiscus übergeht [7]). Pönalklagen aus Verträgen gehen aber immer auch gegen die Erben [8]). In Ansehung der Klagen auf Schadensersatz aus Delicten unterschied das Römische Recht zwischen Culpa und Dolus. Klagen aus culposen Beschädigungen waren gegen den Erben zulässig [9]); für dolose Beschädigungen hafteten die Erben aber nur so weit als sie durch die unerlaubte Handlung bereichert waren [10]), weil die Actio doli, wie es heißt, ex delicto oriatur, poenaeque nomine concipiatur, nisi quatenus ad eum pervenit, daher diese Klage zu den passiven Pönalklagen ex delicto gerechnet wurde. Die gemeinrechtliche Gerichtspraxis nahm hier aber das canonische Recht [11]) zur Richtschnur,

---

[6]) L. 22. D. de operis novi nunciat. (XXXIX. 1). „in poenam heres non succedit.“ — A. L. R. I. 9. §. 360. 363. 365. — Franke a. a. O. §. 4. u. 5. S. 34. u. f.

[7]) A. L. R. §. 364. a. a. O. u. Th. II. Tit. 20. §. 297.

[8]) A. L. R. I. 9. §. 366.

[9]) L. 36. D. pro socio. (XVII. 2.) — L. 9. §. 1. D. quod falso tutore. (XXVII. 6.)

[10]) L. 12. §. 1. D. si quis omissa causa testamenti. (XXIX. 4). — L. un. C. ex delict. defunctor. (IV. 17). — L. 4. § 6. L. 5—7. D. de alienat. jud. mut. causa facta. (IV. 7). — L. 3. §. 5. D. si mensor falsum modum. (XI. 6). — L. 7. §. 5. D. de tribut. act. (XIV. 4). — L. 1. §. 48. D. de vi et vi armata. (XLIII. 16). — L. 9. §. 8. u. L. 10. D. de rebus auct. jud. poss. (XLII. 5). — L. 10. §. 25. u. L. 11. D. quae in fraudem creditor. (XLII. 8).

[11]) Cap. 14. X. de sepult. (III. 28). — Cap. 5. X. de raptoribus. (V. 17).

und hielt die Erben ohne Unterschied zum Ersatz des von ihrem Erblasser angerichteten Schadens, jedoch nur so weit die Erbschaft reicht, für verbunden [12]). Diese Praxis ist die Quelle des Allg. Landrechts. Nach demselben geht die Klage auf Schadensersatz aus unerlaubten Handlungen unbedingt gegen die Erben [13]), mit Ausnahme der Tutelklage, welche gegen die Erben des Vormundes und des Vormundschaftsrichters unbedingt nur bei einem groben Versehen des Erblassers, bei einem mäßigen Versehen aber nur alsdann gegen die Erben statt findet, wenn sie von dem Verstorbenen schon beantwortet worden ist [14]). In dem Zeitpunkte des Überganges weicht hier [15]) also das Allgemeine Landrecht von der gemeinrechtlichen Praxis, welche diese Wirkung an die Insinuation knüpfte [16]), ab, und folgt dem Grundsatze des Römischen Rechts, wonach erst die Litiscontestation diese Wirkung hatte [17]).

---

[12]) Kleinschrod, Doctrina de reparatione damni delicto dati. Specim. I. (Wirceb. 1798. 4). §. 12—14. — Pufendorf Observat. jur. univ. Tom. IV. obs. 95. — Mevius Decis. P. V. dec. 39. u. P. VI. dec. 317. — J. H. Boehmer Jus. eccles. Protestant. Tom. V. Lib. V. Tit. 17. §. 136. 137. — Schröters vermischte juristische Abhandlungen Bd. I. S. 492. — Quistorp Grundsätze des deutschen peinl. Rechts. §. 87. S. 124. — Franke a. a. O. S. 49—51.

[13]) I. 9. §. 361. 362. — I. 6. §. 28. — I. 7. §. 148. 149. — II. 10. §. 145. 128. — Deposit. Ordn. Tit. I. §. 55. Auch nach dem Östr. Ges.-B. §. 1337. Es wird so angesehen, als hafte die Schuld auf dem Vermögen.

[14]) II. 18. §. 293. 291. 304.

[15]) Die Regel ist sonst, daß schon die Insinuation der Klage die Sache auf die Erben überträgt. A. G. O. I. 7. §. 48. lit. b.

[16]) Clem. 2. Ut lite pendente nihil innovat. (II. 5). — Vrgl. Franke a. a. O. S. 43. u. f. — Böhmer Jus eccl. Prost. T. I. Lib. II. Tit. 16. §. 2. Martin Lehrb. des bürg. Proz. 11. Aufl. §. 152. — Linde Lehrb. des Civ.-Proz. 2. Aufl. §. 206.

[17]) L. un. C. ex delictis defunctor. in quantum hered. conven. (IV. 17).

Daß Rechte, Verbindlichkeiten und Lasten, welche bloß an der Person des Erblassers haften, nicht auf die Erben übergehen [18]), ist als Ausnahme nicht anzusehen, weil höchst persönliche Rechte und Pflichten nicht zu dem Inbegriff des Vermögens, sondern zum Status einer Person gehören. Es versteht sich aber, daß wenn aus solchen mit dem Tode des Erblassers erlöschenden Rechten oder Pflichten noch bei seiner Lebenszeit Folgen entstanden sind, die ein Geldinteresse begründen, dasselbe als zum Vermögensrechte gehörig vererbt wird [19]).

§. 3.

2) Insbesondere von dem Verhältnisse mehrerer Erben.

a. Bei Passiv-Obligationen.

aa. Zum Creditor.

1) Von den zu einer, auf mehrere Erben gekommenen Erbschaft gehörigen einzelnen Sachen und Rechten war nach Römischem Rechte, zufolge einer ausdrücklichen Bestimmung der zwölf Tafeln [1]), Alles gemeinschaftlich, und mußte, wenn die Erben sich nicht gütlich auseinandersetzten, durch ein eignes Theilungsverfahren (familiae erciscundae judicium) getheilt werden; nur die Forderungen

[18]) I. 9. §. 360. — Einleit. §. 102—104. — I. 2. §. 40.

[19]) I. 9. §. 361.

[1]) Jac. Godofred. setzt in seinen quatuor fontes juris civilis, Fragm. XII. Tab. V. die Worte dieser Bestimmung so zusammen: Nomina inter heredes pro portionibus hereditariis ercta cita sunto, ceterarum familiae rerum ercto non cito, si volent heredes, erctum citum faciunto. Prätor ad erctum ciendum arbitros tris dato.

und Schulden (nomina) machten eine Ausnahme. Diese waren ipso jure unter den Erben nach Verhältniß ihrer Erbquoten getheilt [2]), wovon das Gegentheil durch Vertrag selbst zwischen dem Creditor und dem Erblasser, nicht angeordnet werden konnte [3]). Nur bei untheilbaren Gegenständen fand die Regel von selbst keine Anwendung [4]), bis es zur Geldcondemnation kam, welche wieder nur pro parte geschehen konnte [5]).

Das Französische Recht hat den Grundsatz des Römischen beibehalten [6]), wiewohl aus dessen Grundsatz, daß der Familie ein Gesammteigenthum an dem Vermögen jedes einzelnen Familienmitgliedes zustehe, die Solidarität folgen würde [7]).

II) Das Allg. Landrecht weicht, wie das Östreichische Gesetzbuch [8]), von dem Römischen Rechte hier völlig ab.

---

[2]) L. 25. §. 13 D. famil. erciisc. (X. 2). — L. 1. C. si unus ex plurib. (VIII. 32). — L. 6. C. famil. erciisc. (III. 36). — L. 1. C. de hereditar. act. (IV. 16). — Crell de divis. nominum in jud. fam. erc. interdum necessaria; in diss. et program. Fasc. VII. No. 62. u. Vitemb. 1743.

[3]) L. 56. §. 1. D. de verb. oblig. (XLV. 1).

[4]) Quia talis stipulatio dividi non potest. L. 25. §. 9. u. 10. D. fam. erc. (X. 2). L. 192. pr. D. de reg. jur. — L. 2. §. 1. L. 85. D. de verb. obl. (XLV. 1). — L. 78. §. 2. D. de contrah. emt. (XVIII. 1.)

[5]) L. 25. §. 9. u. 10. D. fam. erciisc. (X. 2). — Daß ein Paktum unter den Erben des Debitors, wonach Einer von ihnen die Schuld in solidum übernehmen sollte, den Gläubiger nicht hinderte, Jeden pro rata in Anspruch zu nehmen, folgt schon aus andern Gründen. L. 26. C. de pactis. (II. 3). L. 3. D. fam. erc. (X. 2).

[6]) Code civil. Art. 873. 1220. 1221. — Pothier Traité des obligations. no. 300.

[7]) Chabot ad art. 871.

[8]) §. 820. 550. 821. l. t.

Es unterscheidet zwischen Passiv- und Activ-Obligationen. Bei den erstern wird unterschieden zwischen dem Verhältniße der Erben unter sich, und dem zu dem Gläubiger: und rücksichtlich des letztern Verhältnisses wird wieder ein Unterschied in dem Verhältnisse vor und nach der Theilung gemacht.

§. 4.

α. Vor der Theilung.

Vor der Theilung gilt die Erbschaft als ein Ganzes, als eine juristische Person [1]), was dem Römischen Rechte fremd ist. Die Stelle I. 17. §. 127. welche heißt:

> »zu den die Erbschaft betreffenden Schulden und Lasten sind die Erben gegen die Erbschaftsgläubiger gemeinschaftlich verpflichtet,«

wird sehr verschieden ausgelegt. Es giebt drei Hauptmeinungen. Nach der Einen sollen die Erben nur pro rata haften, und die Bestimmung des §. 127 soll nichts weiter andeuten, als daß die Erben sich in foro hereditatis belangen lassen müßten, wogegen der folgende §. 128:

> »Unter sich aber sind sie dazu, nach Verhältniß ihrer Erbtheile, beizutragen schuldig,«

die eigentliche Disposition enthalten soll [1]a). Diese Erklärung ist entschieden zu verwerfen, da der Römische Grund-

---

[1]) Gerade so das Östreichische Recht vor der Einantwortung (gerichtlichen Übergabe). Doch haften sie zugleich Einer für Alle und Alle für Einen. §. 550. 820. Beneficialerben sollen nach der Theilung nur pro rata haften. §. 821.

[1]a) Vergl. Neues Archiv für Preußisches Recht und Verfahren. Heft 3. S. 535. und 550. Thöne Handbuch des Preuß. Privatrechts. B. I. S. 96.

satz nicht beibehalten worden ist [2]). Nach der andern Auslegung sollen die Erben immer in solidum haften [3]). Die dritte Meinung ist die, daß die Erben vor der Theilung immer nur insgesammt haften [4]). Eine bdisidrti vierte Meinung geht dahin, daß zwar jeder Erbe vor der Theilung solidarisch hafte und belangt werden könne, daß aber,

---

[2]) Vergl. Suarez Vorträge zur Schlußrevision des Landrechts in: Jahrb. B. XLI. S. 55. u. 56, wonach man absichtlich den Römischen Grundsatz verlassen hat. Es heißt: „der Grund der Abweichung ist der, aus welchem bei der Lehre von Correal-Obligationen angenommen worden, daß Correi debendi regulariter in solidum haften. Es ist nehmlich gegen die ersten Grundsätze des Rechts und selbst gegen die natürliche Billigkeit, daß der Creditor des Erblassers, welcher nur mit einem Menschen contrahirt, und von diesem das Ganze zu fordern und zu erwarten hat, durch den Zufall, daß sein Schuldner mit Hinterlassung mehrer Erben stirbt und daß diese zu einer übereilten Theilung des Nachlasses schreiten, unter mehrere Debitores distrahirt und genöthigt werden soll, statt Eines Schuldners zehen nachzulaufen, und seine Forderung von ihnen Stückweise, mit vervielfachten Kosten und Weitläuftigkeiten einzuziehen.

Es ist ferner ein in der Natur der Sache sowohl als in dem Satze: quod hereditas non intelligatur, nisi deducto aere alieno gegründete Pflicht der Erben, daß dieselben, ehe sie sich theilen, zuförderst für die Berichtigung der von der Masse dividenda abzuziehende Schulden sorgen. Dadurch, daß sie diese Pflicht vernachlässigen, können sie nicht das Recht erlangen, dem Cred. hereditario Partikular-Zahlungen aufzudringen."

Nur um nicht zu stark von der bisherigen Theorie abzuweichen, ist nachgelassen worden, daß durch die Bekanntmachung der Theilung die Gläubiger verpflichtet werden sollten, sich an jeden pro rata zu halten, und daß der Erbe nicht über seine Quota haften solle, weil ein solcher von der bevorstehenden Theilung unterrichteter Gläubiger es sich selst beizumessen habe, wenn er später jedem einzelnen Erben nachgehen müsse.

[3]) Neues Archiv. a. a. O. S. 552. — Bielitz Nachtrag zum Commentar I. S. 74.

[4]) Vergl. das im Neuen Archiv a. a. O. mitgetheilte Präjudicat des Hofgerichts zu Arnsberg; und das in der Jurist. Zeit. Jahrg. 1834. No. 44 mitgetheilte Präjudicat. Col. 1617. unten.

wenn die Execution in die Erbschaft vollstreckt werden solle, sämmtliche Erben gemeinschaftlich in Anspruch genommen werden müßten [5]).

Das Richtige ist, daß vor der Theilung der Einzelne von mehrern Erben gar nicht, weder in solidum noch pro rata haftet. Eine ungetheilte Erbschaft wird nach den Grundsätzen vom gemeinschaftlichen Eigenthum beurtheilt [6]), und daraus folgt, daß zu einem Prozesse, welcher diese Gemeinschaft betrifft, alle Miteigenthümer zusammen concurriren müssen. Eine Passivforderung gehört als integrirender Theil dieser Gemeinschaft, nicht dem Einzelnen, weder ganz noch zu einem bestimmten Theil, ausschließlich an, vielmehr ist die Erbschaft als solche, gleichsam als eine juristische Person, die Schuldnerin, welche von allen Erben vertreten wird; deshalb betrifft der Prozeß um eine solche Forderung allemal die Gemeinschaft, und kein Erbe kann einzeln, weder auf das Ganze noch auf einen Theil belangt werden, eben so wenig, wie eine dingliche Klage gegen Einen von mehrern Mitbesitzern der verpflichteten Sache mit rechtlicher Wirkung geltend gemacht werden kann. Vor der Theilung der Erbschaft sind die Erbschaftsschulden nicht personae sondern rei obligationes [7]), also keine persönlichen Schulden der Erben: die Succession in die Rechte und Pflichten des Erblassers wird erst durch die Aufhebung der juristischen Person vermittelst der Theilung vollendet, wodurch der Erbe in den ausschließlichen

---

[5]) Jurist. Z. Jahrg. 1835. Col. 1093.

[6]) A. L. R. I. 17. §. 115. — A. G. O. I. 5. §. 4. No. 8.

[7]) Dieß ist der Grund, warum der Erbschaftskäufer in Anspruch genommen werden kann, der mit den Erbschaftsgläubigern in keinem persönlichen Rechtsverhältniß steht.

Besitz kommt, und die damit verbundenen Schulden zu seinen **eigenen** macht. Aus diesen Gründen findet, wie gesagt, die Klage gegen Einen oder Einige der Erben, vor der Theilung weder in solidum, noch pro rata statt: sie müssen Alle zusammen belangt werden. Man hat dagegen bei einem Falle eingewendet, daß wenn nicht Alle, sondern nur Einer der Erben der Befriedigung des Gläubigers aus der Erbschaft widerspräche, der Gläubiger doch unmöglich gezwungen werden könne, gegen **sämmtliche** Erben zu klagen. Dieser Einwand ist eigentlich nicht aus der Sache hergenommen, und kann daher die juristische Beschaffenheit derselben, und was daraus folgt, nicht ändern. Derselbe ist aber sonst auch leicht zu wiederlegen. Die Allg. Ger. Ordn. Th. I. Tit. 5. §. 4. Nr. 8 bestimmt: daß wenn auf Seiten des Beklagten mehrere Theilnehmer vorhanden seien, und der Kläger von Einem oder Einigen das Ganze fordere, er **besondere Gründe anführen müsse, warum der in Anspruch genommene Interessent für das Ganze zu haften schuldig sei.** Der Kläger muß also, wenn der erwähnte Fall eintritt, seine Intention danach einrichten. Wenn er aber **aus einer ungetheilten Erbschaft** schlechthin das Ganze verlangt, so muß er die Klage gegen **sämmtliche** namentlich anzugebende Erben richten. Es versteht sich von selbst, daß wenn der Beklagte die behauptete Erben-Qualität in Abrede nimmt, der Kläger den Beweis darüber führen muß [7a]). Das gilt auch von dem Falle, wenn der in Anspruch genommene Erbe leugnet, **alleiniger** Erbe zu sein [8]). Hiergegen relevirte man in

---

[7]a) Rescr. v. 12. September 1835. Jahr.-B. Bd. XLVI. S. 123.

[8]) Diese Grundsätze hat die Deputation des II. Senats des Oberlandes-Gerichts zu Breslau für summarische Appellations-

den genannten Rechtsfällen (Note 8) die Schwierigkeit, ja die Unmöglichkeit der Rechtsverfolgung; denn, sagte man, der Kläger habe kein Mittel, **sämmtliche** Erben kennen zu lernen, weil er den Einzelnen nicht anhalten könne, die Miterben namhaft zu machen. Auf das Ganze könnte er also nur alsdann klagen, wenn er zufällig die Namen der sämmtlichen Erben erfahren habe; von bloßen Zufälligkeiten aber könne das Recht des Gläubigers nicht abhangen. Gegen den Einzelnen pro rata könne er auch nicht klagen, weil er die Rate desselben eben nicht kenne.

Aber davon, daß der Kläger seinen Gegner kenne, ist die Rechtsverfolgung in jedem Falle abhängig, mag man den Römischen Rechtsgrundsatz, oder den landrechtlichen annehmen. Will man dieß eine Zufälligkeit nennen, so ist sie bei Einem Erben nicht weniger eine solche als bei Zweien. Wie der Erbschaftsgläubiger den Einen kennen lernt, kann er auch Zweie kennen lernen. Der Kläger darf aber, wenn er gegen einen oder mehrere nahmhaft gemachte Erben, **bei ungetheilter Erbschaft** klagt, und diese den Einwand: daß auf des Beklagten Seite mehrere Interessenten vorhanden, machen, die Klage den nahmhaft gemachten Mitinteressenten bloß nachträglich insinuiren lassen, um den Einwand zu beseitigen; oder er muß den Beweis übernehmen, daß der in Anspruch genommene Beklagte diejenige Qualität habe, durch welche die Klage gegen ihn allein begründet wird. Dieß alles gilt jedoch wohlverstanden nur alsdann, wenn der Erbe nicht für seine Person als Erbe ohne Vorbehalt in Anspruch genommen wird. Denn der Erbe ohne Vorbehalt wird ipso

---

sachen am 2. u. 7. Juli 1836 in Sachen Lazarus C. Kühnel, u. Schweitzer C. Kühnel. (Akt. S. 59. 1836.) angenommen.

jure persönlicher Schuldner, und kann daher sogleich für seine Person auf das Ganze belangt werden, wenn er auch Miterben und seinen Theil der Erbschaft auch noch nicht erhalten hat. Dieser Grundsatz ist auch von dem Geheimen Ober-Tribunal angenommen. Es heißt in den Gründen eines Präjudicats desselben [9]):

»Erben ohne Vorbehalt — und dafür sind die Beklagten rechtskräftig erachtet worden — können auch über diesen Erbtheil hinaus, und selbst in dem Falle einer Insufficienz des Nachlasses zur Befriedigung der Gläubiger, oder, wenn gar kein Nachlaß vorhanden ist, die Schulden des Erblassers zu tilgen verpflichtet werden. Ob eine Theilung des Nachlasses schon erfolgt ist, oder nicht, erscheint hierbei völlig gleichgültig. — Im vorliegenden Falle gründet — Kläger seine Klage keinesweges auf eine erfolgte Theilung, sondern lediglich darauf, daß die Beklagten Erben ohne Vorbehalt geworden sind, und dieses ist zur Anstellung der Klage allein hinreichend. — Die Ansicht des Appellationsrichters, nach welcher nur auf den Grund einer vorgenommenen Theilung geklagt werden müsse, läßt sich daher auf keine Weise rechtfertigen. Vielmehr folgt die Verurtheilung der Beklagten zur solidarischen Befriedigung des Klägers daraus, daß sie Erben ihres Vaters und zwar Erben ohne Vorbehalt geworden sind.«

Nur wenn aus der noch ungetheilten Erbschaft Befriedigung verlangt wird, müssen dennoch alle Theilnehmer belangt werden. Um das Beneficium inventarii nicht wider Willen zu verlieren, müssen die Erben bei der Bezahlung

---

[9]) Simon u. v. Strampff Rechtsspr. Bd. IV. S. 317. u. f.

der Erbschaftsschulden diejenige Ordnung beobachten, welche die Gläubiger nach Beschaffenheit ihrer Forderungen bei eintretender Concurrenz unter sich haben. Bleiben bevorzugte Gläubiger wegen Unzulänglichkeit des auf Bezahlung nachstehender Gläubiger verwendeten Nachlasses unbezahlt, so haftet der Erbe als Selbstschuldner, soweit als die Befriedigung hätte geschehen können, wenn der Nachlaß in gesetzlicher Ordnung wäre vertheilt worden [10]). Schon nach alter Praxis hatte der Erbe, um sich zu sichern, die Befugniß, die ihm unbekannten Gläubiger per edictales mit der Wirkung der Ausschließung in Ansehung des Vorrechts, vorladen zu lassen [11]). Hieraus ist der, wie sich von selbst ergiebt, nur dem Beneficial-Erben [12]) gestattete förmliche erbschaftliche Liquidations-Prozeß entstanden, ein Institut, welches bei den, von dem Verhältnisse der Erben gegen die Gläubiger geltenden, Grundsätzen völlig unentbehrlich ist, daher es sich, wenn gleich in anderer Gestalt, dort wieder findet, wo ähnliche Grundsätze gelten [13]). So lange der Erbe von seiner Befugniß keinen Gebrauch macht, wird die Execution in den Nachlaß vollstreckt, sobald er aber auf die Zusammenberufung der Gläubiger (auf die Eröffnung des Liquidations-Prozesses) anträgt, wird die Execution gehemmt [14]), und die sich mel-

---

[10]) A. L. R. I. 9. §. 452—454. A. G. O. I. 51. §. 57.

[11]) Mynsinger Observat. Cent. II. 47. — Gail Pract. Observat. Lib. I. obs. 57. No. 7.

[12]) A. L. R. I. 4. §. 455. — A. G. O. I. 51. §. 53. u. f.

[13]) Das Östr. Ges.-Buch §. 813 giebt ebenfalls dem Erben die Befugniß, alle Gläubiger durch ein Edict einzuberufen, und bis nach verstrichener Frist mit der Befriedigung der Gläubiger inne zu halten. Dieß war schon altes Recht. Abhandlungs-Edict v. 31. Jänner 1760. §. 5.

[14]) Verordn. über die Execution in Civil-Sachen. V. 4. März 1834. §. 2. (Gesetz-Samml. S. 31).

denden Gläubiger müssen bis zum rechtskräftig gewordenen Prioritätsurtel warten [15]). Nur die laufenden Lasten und Abgaben von unbeweglichen Gütern, so wie die laufenden Zinsen der eingetragenen Capitalien können auch während des Liquidations-Prozesses von dem verwaltenden Erben aus den Revenüen eingezogen werden [16]). Rücksichtlich dieser Schulden wird es so angesehen, als wenn gar kein erbschaftlicher Liquidations-Prozeß vorhanden wäre: es findet das gewöhnliche Schuld- und Executionsverfahren gegen das zur ungetheilten Erbschaft gehörige Immobile statt [17]). Die Sache ist äußerst einfach, wenn man sich die rechtliche Natur der dem Erben beigelegten Befugniß, die Gläubiger zusammenzurufen, um sich zu sichern, klar macht. Die Gläubiger sollen, wie es die Natur der Sache mit sich bringt, bis zur Beendigung dieses Verfahrens warten. Aber die Kassen wegen der currenten Lasten und Abgaben, und die Hypothekengläubiger wegen der laufenden Zinsen sollen nicht schuldig sein zu warten. Daraus folgt, daß die Zinsenklagen und die Execution durch Beschlagnahme der Revenüen, oder Sequestration gerade eben so statt findet, als wenn der Erbe nicht auf Eröffnung des erbschaftlichen Liquidations-Prozesses angetragen hätte. Dennoch werden den, wegen der laufenden Zinsen, andringenden Hypotheken-Gläubigern so oft Schwierigkeiten von den Gerichten gemacht, indem sich die Meinung verbreitet hat, daß nur die Beschlagnahme der ganzen Erbschaft, und die Entsetzung des Erben aus der Verwaltung, in den gesetzlich zuläßigen Fällen, nicht aber

---

15) A. G. O. a. a. O. §. 61.
16) Ebd. §. 61 u. 76.
17) Rescr. v. 19. April 1833. Jahrb. Bd. XLI. S. 177.

die Vollstreckung der Execution in einen einzelnen Gegenstand auf Antrag eines Einzelnen, zuläßig sei. Dieß bezieht sich aber, wie von selbst einleuchtet, nur auf diejenigen Gläubiger, welche warten müssen, jedoch bei schlechter Verwaltung des Erben befugt sind, Maaßregeln zur Sicherstellung der Masse zu treffen, und zu diesem Zwecke, nicht um die Execution zu ihrer Befriedigung zu vollstrecken, den Erben aus der Verwaltung zu setzen [18]).

§. 5.

β. Nach der Theilung.

Nach der Theilung hat der Creditor die Wahl, ob er nach wie vor sämmtliche Erben insgesammt, als Vertreter der Erbschaft, in foro hereditatis in Anspruch nehmen, oder ob er sich an sie wie an persönliche Schuldner in ihrem Gerichtsstande pro rata, oder in solidum halten will [1]). Durch die Theilung sind die Einzelnen vermittelst der Besitznahme der Erbschaft persönliche Schuldner geworden; vorher waren sie nur Vertreter des eigentlichen Schuldners, nämlich der Erbschaft. Es läßt sich also allerdings behaupten, daß die Solidarität zwar nicht in Beziehung auf die Erbschaft, als verschuldetes Object, wohl aber in Beziehung auf die Person des Erben erst durch die Theilung entsteht, da die persönliche Schuldverbindlichkeit selbst erst jetzt zur Entstehung kommt, wenn er nicht Erbe ohne Vorbehalt ist. Der Theilung völlig gleich zu achten ist es, wenn die Erben den Nachlaß ohne ordnungs-

---

[18]) A. G. O. l. c. §. 70—72. u. 81. — Vergl. das in der vor. Note alleg. Rescript.

[1]) A. L. R. I. 17. §. 131—133. 136.

mäßige Theilung fortbringen oder fortkommen lassen [1]a). — Regel ist jedoch, daß Keiner mehr zu zahlen braucht, als er überhaupt aus der Erbschaft erhalten hat, oder als seine Erbquote beträgt, ausgenommen, wenn die Erbschaft ohne Vorbehalt angetreten ist [2]). Die solidarische Verpflichtung entsteht aber nur alsdann, wenn die Erben vor Erfüllung ihrer gemeinschaftlichen Verbindlichkeiten sich in den Nachlaß getheilt haben. Dieß ist der Fall, wenn sie den unbefriedigt gelassenen Gläubigern die bevorstehende Theilung nicht bekannt machen [3]); eine Bekanntmachung nach bereits geschehener Theilung ist wirkungslos, weil der Zweck der ist, dem Gläubiger Gelegenheit zu geben, sich noch aus der Gemeinschaft befriedigen zu lassen. Hieraus folgt: daß diejenigen Gläubiger, welche sich um ihre Befriedigung bei den Erbtheilungsverhandlungen gemeldet haben, und nicht befriedigt worden sind, nachher Jeden der Erben in solidum in Anspruch nehmen können, ohne daß ihnen der Einwand, es sei ihnen die bevorstehende Theilung bekannt gewesen, gemacht werden kann. Anders ist es, wenn die Erben eine zur Befriedigung angemeldete Forderung ausdrücklich bestreiten, und dieß dem Gläubiger bekannt machen. Alsdann muß dieser seinen Anspruch gegen die Gemeinschaft noch vor der Theilung rechtshängig machen, oder sich nachher an die einzelnen Erben pro ratis halten.

In Ansehung der unbekannten Erben muß die Bekanntmachung dreimal hintereinander durch die Intelli-

[1]a) Präjud. des Geh. Ober-Trib. in Simon's u. v. Strampff's Rechtsspr. Bd. IV. S. 347.

[2]) §. 134. ebd. u. das in der vor. Note angeführte Präjudicat.

[3]) §. 137. a. a. O. — Es kommt in Praxi zuweilen vor, daß die geschehene Theilung bekannt gemacht wird.

genz-Blätter der Provinz, und wenn der Erblasser Handel außerhalb der Provinz getrieben hat, noch außerdem in den Intelligenz-Blättern einer andern Provinz geschehen [4]). Mit dem Tage, an welchem das Blatt, worin die Bekanntmachung zum ersten Male steht, ausgegeben wird, ist die Insinuation für geschehen zu erachten. Wer sich binnen Drei Monaten, oder von Handelsgläubigern außerhalb der Provinz binnen Sechs Monaten nach geschehener Bekanntmachung nicht meldet, gegen den tritt, nach erfolgter Theilung, die Römische Regel ein, daß jeder Erbe nur für seinen Antheil haftet [5]). Dieses Verhältniß kann weder durch Verordnung des Erblassers, noch durch Vertrag unter den Erben, zum Nachtheil der Gläubiger geändert werden; eben so wenig erlangen aber auch die Gläubiger daraus ein Recht, die einzelnen Erben zu andern Antheilen, als wozu sie von Rechtswegen verpflichtet sind, zu belangen [6]). Nur alsdann, wenn einem Gläubiger seine Forderung als ein Legatum debiti vermacht, und mit demselben Einer der Erben allein beschwert ist, kann dieser Gläubiger, wenn er das Legat annimmt, sich nur an diesen Belasteten halten, ohne daß er auf die ursprüngliche Forderung wieder zurückzugehen, und sämmtliche Erben in Anspruch zu nehmen berechtigt ist [7]), weil in der Annahme des Legats eine Delegation

---

4) §. 138—140. Verordn. v. 3. Mai 1804. §. 2. N. C. C. Tom. XI. no. 16. — Neues Arch. Bd. III. S. 391. — Mathis Bd. I. S. 18. — Rabe Sammlung Bd. VIII. S. 43.

5) §. 141—146. a. a. O.

6) §. 130. a. a. O. — L. 3. D. fam. ercisc. (X. 2). — L. 69. §. 2. D. de legat. I. (XXX). — L. 25. C. de pact. (II. 3). — L. 23. C. fam. ercisc. (III. 36.) — L. 40. §. 2. D. de pact. (II. 14).

7) Westphal, System der Lehre von den Vermächtnißarten. §. 723.

liegt. Durch bloße Verabredungen unter den Erben aber können die auf den ganzen Nachlaß angewiesenen Legatarien nicht geschmälert werden [8]). Ältere Verordnungen, welche diesen Gegenstand berühren, und bloße Anwendungen des damaligen Gemeinen Rechts enthalten, harmoniren mit dem Allg. Landrecht in dem in Rede stehenden Grundsatze nicht. Dieß ist insbesondere der Fall mit der Deposital-Ordnung, welche, zufolge des damals [9]) practisch gültigen Rechts, die Erben der Gerichtspersonen eben so wie ihren Erblasser, wenn er noch am Leben wäre, zum Ersatz für schuldig erklärt; »und zwar, wenn mehrere Erben sind, in der Regel einen Jeden nach Proportion seines Erbtheils« [10]). Da diese Bestimmung damals Gemeines Recht, und keine Lex specialis war, das Landrecht aber an die Stelle des frühern gemeinrechtlichen Grundsatzes einen andern allgemeinen Grundsatz stellt, so müssen hierin die Bestimmungen der ältern einzelnen Verordnungen, auch wenn sie im übrigen noch gelten, für abrogirt angesehen werden, wenn man nicht zwei einander ausschließende allgemeine Grundsätze gleichzeitig statuiren will, wozu jeder innere Grund fehlt, und was augenscheinlich nicht beabsichtigt worden ist.

§. 6.

bb. Unter sich.

1) Unter sich tragen die Erben nach Verhältniß ihrer Erbtheile zu den Schulden bei; dieser Betrag kann jedoch unter den Erben selbst, sowohl durch Verordnung des Erb-

---

8) A. L. R. a. a. O. §. 130.

9) Vergl. §. 2. Note 11. u. 12.

10) Titel 1. §. 55.

lassers, als durch Vertrag willkührlich anders bestimmt werden [1]); und jeder der Erben kann den belasteten Miterben im eigenen Interesse anhalten, die übernommenen Schulden zu bezahlen [2]).

II) Vor der Theilung kann jeder Erbe darauf bestehen, daß, ehe man zur Theilung schreite, erst sämmtliche Schulden bezahlt werden; er kann auch die Theilung desjenigen Theils der Erbschaft, welcher zur Tilgung der Schulden erforderlich ist, gänzlich verhindern, so daß, wenn die übrigen Erben auf die Auseinandersetzung bestehen wollten, nur der Überschuß zur Theilung gezogen werden könnte. Denn jeder Erbe hat wegen seiner Sicherheit ein Interesse dabei, daß das zur Tilgung der Schulden erforderliche Quantum von den Einzelnen zu ihren Antheilen nicht ausschließlich in Besitz genommen werde, weil sie ihr Erbe durchbringen, und die Gläubiger unbefriedigt lassen könnten, so daß der Zahlungsfähige allein auf das Ganze verhaftet bleiben würde. Bis dahin also, daß die Solidarität ausgeschlossen werden kann, muß die Gemeinschaft, soweit es zur Sicherheit des Einzelnen nöthig ist, beibehalten werden, wenn auch nur ein Einziger darauf besteht. Vor Ablauf von Drei oder Sechs Monaten nach der öffentlichen Bekanntmachung kann daher gar keine Theilung wider den Willen eines Miterben verlangt werden; und wegen der bekannten Gläubiger, welche sich gemeldet haben und keine Befriedigung erhalten sollen, kann die Fortsetzung der Gemeinschaft einer sol-

---

[1]) A. L. R. I. 17. §. 128. 129. — L. 20. §. 3. 5 u. 8. — L. 69. §. 2. D. de leg. I. (XXX). — L. 34. §. 3. D. de leg. III. (XXXII). — L. 7. §. 3. D. de liberal. legata (XXXIV. 3).

[2]) L. 2. §. 5. L. 18. §. 4. D. famil. ercisc. (X. 2). — L. 69. §. 2. D. de leg. I. (XXX).

chen Quantität einzelner Gegenstände auch von einem Einzigen verlangt werden, als zur gänzlichen Tilgung der angemeldeten und noch nicht berichtigten Schulden erforderlich ist. Hierdurch ist aber der vorsichtige Beneficial-Erbe alsdann noch nicht hinlänglich gesichert, wenn die Zulänglichkeit der Erbschaft zu den Schulden zweifelhaft ist. Dafür, daß er von den unbekannten Gläubigern nicht auf das Ganze belangt werden kann, ist er nun zwar sicher; aber unter den Unbekannten können bevorzugte Gläubiger mit solchen Forderungen sein, welche allein schon die Kräfte des Nachlasses übersteigen, und für die Bekannten nichts übrig lassen. Könnte also der Einzelne durch die übrigen Unvermögenden, welchen es nur darauf ankommt, so schleunig wie möglich in den ausschließlichen Besitz ihrer Erbtheile zu gelangen, genöthigt werden, nach erfolgter Bekanntmachung zu theilen, so würde er durch sie um das Seinige gebracht werden können, indem er den auf ihn fallenden Theil der bevorzugten unbekannten Schulden später aus seinem eigenen Vermögen zu bezahlen hätte. Denn nach der Theilung giebt es kein Mittel mehr, die unbekannten Gläubiger unter dem Präjudiz der Präclusion vorzuladen, weil der erbschaftliche Liquidations-Prozeß nur über eine Erbschaft als Ganzes gedacht werden kann, diese Universitas aber durch die Theilung aufgehoben wird. Das, was der Einzelne auf seine Quote bei der Theilung erhält, ist keine Universitas juris, sondern es sind einzelne Sachen, welche in das ausschließliche Eigenthum des Einzelnen, durch die Theilung übergehen. Ein Lebender aber kann über sein Vermögen, oder gar über einzelne Stücke desselben, keinen erbschaftlichen Liquidations-Prozeß eröffnen lassen.[3] Hieraus folgt, daß dieser Prozeß nothwendig vor der Theilung statt finden, und daß derselbe eröffnet werden muß, wenn auch nur ein einziger Beneficial-Erbe [3]) darauf anträgt, und alle Übrigen widersprechen [4]). Dasselbe gilt, wenn von mehreren Erben nur ein Einziger Beneficial-Erbe ist, und auf den Liquidations-Prozeß anträgt. Dagegen kann der Extrahent den Prozeß, wider den Willen der Übrigen, auf gemeinschaftliche Kosten nicht weiter als bis zur Präclusions-Sentenz treiben, weil er nunmehr gegen unbekannte Ansprüche gesichert ist, und kein Interesse mehr hat, die Theilung des Überschusses aufzuhalten.

III) Nach der Theilung hat jeder Miterbe zwei Mittel zu seiner Sicherstellung. Er kann

a. Sicherheitsbestellung von dem Andern dafür, daß derselbe seine Verbindlichkeit erfüllen und ihn schadlos halten werde, fordern, ohne daß, wie bei Correal-Verpflichteten aus Verträgen, Gründe vorhanden zu sein brauchen, welche künftiges Unvermögen wahrscheinlich machen [5]).

---

[3]) Legatarien können niemals auf Eröffnung des erschaftl. Liquidationsprozesses antragen, wie doch von Merkel ad §. 21 Tit. 46. u. §. 59 Tit. 51. Th. I. d. A. G. O. behauptet wird; sie können nur, wie Gläubiger, den Erben durch Andringen nöthigen, auf den Liquidations-Prozeß anzutragen A. L. R. I. 12. §. 297.

[4]) In einem Falle wurde dieß heftig bestritten, aber von dem Gerichte dennoch angenommen. Man trifft öfter die Meinung an, daß sämmtliche Erben übereinstimmend den Antrag machen müßten.

[5]) A. L. R. I. 17. §. 149. Vergl. I. 5. §. 449. — L. 25 §. 13 D. fam. ercisc. (X. 2). „prospiciendum est per cautionem, ut de indemnitate caveat, per quem factum fuerit, ne omnis pecunia solveretur; aut ut caveat: se ei, qui solidum solverit, partem praestaturum." — Diese Cautio hatte jedoch eine andere Bedeutung: sie bestand bekanntlich bloß in der Begründung einer formellen Obligation oder in einer Stipulation, bei deren Mangel aber immer noch praescriptis verbis geklagt werden konnte. (Vergl. die folgende Note). Aus dieser Cautio

Ein innerer Grund zu dieser Ungleichheit ist nicht vorhanden; es scheint, als hätte man bei den Miterben nur an die Römischen Bestimmungen gedacht, ohne sich des bei den Correal-Verpflichteten ausgesprochenen, auf keiner historischen Grundlage beruhenden neuen Grundsatzes zu erinnern. Jeder Miterbe kann aber auch

b. Klage gegen den Andern erheben, und den Nachweis fordern, daß die von ihm übernommenen Theile der Erbschaftsschulden und Lasten berichtigt, oder doch der Kläger von seiner Verbindlichkeit dazu befreit worden, zu welchem Nachweise der Richter, wenn die Partheien sich darüber nicht einigen, in dem Urtel eine angemessene Frist bestimmet [6]).

§. 7.

b. Bei Activobligationen.

Es wird auch hier wieder vor und nach der Theilung unterschieden.

1) Vor der Theilung können die Activforderungen nur von allen Miterben gemeinschaftlich eingezogen werden; ein Einzelner ist nicht befugt, die Schuldner auf einen Theil oder auf das Ganze in Anspruch zu neh-

---

haben die Ausleger „Sicherstellung" gemacht, womit der Begriff von Pfand oder Bürgschaft verbunden ist. Westphal System von Vermächtnißarten. §. 721. 722. Diese Bedeutung hat der Ausdruck auch im Preuß. Recht.

[6]) A. L. R. a. a. O. §. 147. 148. 150. — L. 23. C. fam. ercisc. (III. 36.) „Licet pacto divisionis adversus singulos actio pro hereditariis portionibus creditori parata mutari non possit: tamen ad exhibendam fidem his, quae convenerant, stipulationis et juris adhibito remedio, qui placitum excedit, urgeri potest: cum et hoc omisso — praescriptis verbis conveniri potuisset."

men [1]). Ganz wider den Grundsatz des Gemeinen Rechts, wonach die Forderungen einer Theilung ganz unfähig waren, weil sie als gemeinschaftlich nicht gedacht werden konnten [2]), nahm schon die gemeine Praxis an, daß Capitalien einstweilen auf gemeinschaftliche Gefahr noch in Gemeinschaft behalten [3]), und auf gemeinschaftliche Kosten beigetrieben werden könnten [4]).

2) Nach der Theilung ist Derjenige alleiniger Gläubiger, welchem die Forderung auf seinen Theil überwiesen worden ist. Die Überweisung einer ganzen Forderung an Einen der Erben war auch schon dem Römischen Rechte bekannt. Dieß widersprach nicht dem Grundsatz, daß Forderungen nicht zur Gemeinschaft gehörten, weil der Judex die Befugniß hatte, bei den Theilungsklagen dem Einen das ausschließliche Eigenthum eines Andern zur bequemern Ausgleichung zu adjudiciren [5]). In diesem Falle konnte der Schuldner an diesen Einen sicher zahlen, und sich gegen die Andern mit der exceptio doli schützen [6]); um aber den Schuldner zur Zahlung zu zwingen, mußte der Erbe sich von seinen Miterben die

---

[1]) A. L. R. a. a. O. §. 151.

[2]) L. 6. C. fam. ercisc. (III. 36). Ea, quae in nominibus sunt, non recipiunt divisionem: cum ipso jure in portiones hereditarias ex Lege duodecim tabularum divisa sint.

[3]) Man sieht, daß dabei das Verhältniß nicht klar gedacht worden ist. Vom Behalten kann bei dem nicht die Rede sein, was noch niemals (in Gemeinschaft) gewesen ist.

[4]) v. Trützschler Anweisung zur vorsichtigen und förmlichen Abfassung rechtlicher Aufsätze. Th. I. Hptabth. 3. Hptst. 4. §. 23. S. 530. — Glück Commentar Band XI. S. 69.

[5]) L. 3. D. fam. erc. (X. 2). „plane ad officium judicis nonnunquam pertinet, ut debita et credita singulis pro solido, aliis alia attribuat, quia saepe et solutio et exactio partium non minima incommoda habet."

[6]) L. 1. C. de exception. (VIII. 36).

Klage cediren lassen [7]). Nur wenn mit der Forderung ein Pfandrecht verbunden war, und dieses Einem adjudicirt wurde, bedurfte es der Cession nicht, weil, wenn der Eine die Übrigen wegen ihres Antheils an der Forderung befriedigt, welches durch die Theilung geschieht, er vermittelst des ihm zustehenden jus offerendi et succedendi ipso jure in die Rechte derselben tritt [8]). Für überwie-

---

[7]) L. 2. §. 5. L. 3. D. fam. erc. (X. 2). — L. 108. §. 13. D. de legat. I. (XXX).

[8]) L. 16. D. qui potior. in pign. (XX. 4). — Paulus Sent. rec. L. II. T. 13. §. 8. — L. 29. D. fam. ercisc. (X. 2). Diese Stelle hat Glück Bd. XI. S. 59, wie der von ihm extrahirte Westphal a. a. O. §. 825, gänzlich mißverstanden. Es heißt darin unter anderm: „Si pignori res data defuncto sit, dicendum est, in familiae erciscundae judicium venire. Sed is, cui adjudicabitur, in familiae erciscundae judicio pro parte coheredi erit damnandus: nec cavere debet coheredi, indemnem eum fore adversus eum qui pignori dederit; quia pro eo erit ac si hypothecaria vel Serviana actione petita litis astimatio oblata sit: ut et is, qui obtulerit, adversus dominum vindicantem exceptione tuendus sit.“ Dieß, sagt Glück, heiße: „der andere Miterbe, der seine Bezahlung erhalten, braucht demjenigen Erben, dem das Pfand adjudicirt worden, keine Caution zu leisten, daß er die Bezahlung der ganzen Forderung von dem Schuldner erhalten solle. Denn dieser kann den Besitzer des Pfandes anders nicht actione pigneratitia directa belangen, als wenn er demselben die ganze Schuld bezahlt. Der Besitzer kann ihm sonst die exceptio doli entgegensetzen.“ Nicht eine Silbe davon ist wahr. Es heißt gerade umgekehrt: derjenige, welchem das Pfand adjudicirt worden, braucht nicht einmal dem Miterben dafür Schadloshaltung zu versprechen, daß er (der Miterbe) dem Pfandgeber verhaftet bleibe (denn dieser kann gegen Jeden der Erben in solidum auf Zurückgabe des Pfandes klagen); weil es eben so ist, als wenn der Miterbe gegen den Andern mit der Actio hypothecaria oder Serviana geklagt hätte, und dieser (dem das Pfand adjudicirt worden) die litis aestimatio (die Forderung des Klägers) gezahlt (von dem jus offerendi Gebrauch gemacht) hätte; so wie auch der, welcher das jus offerendi ausgeübt hat, gegen den vindicirenden Eigenthümer des Pfandes durch eine Exception geschützt ist.

fen gilt eine Forderung nach Preuß. Recht an denjenigen Erben,

a. welcher nach getheilter Erbschaft im Besitze des über die Forderung sprechenden Instruments ist, ausgenommen, wenn die übrigen Erben dem Schuldner gerichtlich bekannt gemacht haben, und bei eingetragenen Forderungen auch im Hypothekenbuch haben vermerken lassen, daß dem Inhaber des Instruments nicht gezahlt werden solle [9]); wenn aber kein Instrument darüber vorhanden ist, an denjenigen,

b. welchem sie bei der Theilung schriftlich angewiesen worden ist [10]). Fehlt es an einer solchen Anweisung, so bleibt die Forderung gemeinschaftlich.

Durch diese Abweichungen von dem Römischen Rechte hat man beabsichtigt, die Verschlimmerung der Condition des Schuldners durch den Tod des Gläubigers zu verhindern, indem dem Schuldner, der nur mit Einem Manne contrahirt habe, nicht zugemuthet werden könne, statt dessen sich mit zehn und mehreren Personen einzulassen; auch soll hierin die Praxis schon damals mit der angenommenen Theorie ziemlich conform gewesen seyn [11]).

Zweiter Abschnitt.

Von dem Übergange einer Obligation auf Andere durch Singular-Succession.

§. 8.

Einleitung.

Das Römische Recht kennt keinen Übergang der obli-

[9]) A. L. R. a. a. O. §. 152. u. 153.
[10]) §. 151. 155.
[11]) Suarez Vortr. z. Schlußrevision rc. Jahrb. Bd. XLI. S. 56.

gatorischen Rechte durch Singular-Succession. Eine Stelle, welche diesen Gegenstand ausdrücklich behandelt, fand man bisher in den übrig gebliebenen Quellen des Römischen Rechts nicht; nur sagt Ulpian gelegentlich einmal: non solet stipulatio semel cui acquisita, ad alium transire: nisi ad heredem, vel adrogatorem [1]). Indeß fehlte es an einer Form für die Übertragung obligatorischer Rechtsverhältniße auf Andere, und man glaubte, daß die Ausbildung derselben vernachläßigt worden sei. Diese Meinung war schon wegen der großen Sorgfalt der Römischen Juristen zu verwerfen, auch wenn das gänzliche Stillschweigen über diesen Gegenstand, und die gelegentliche Verneinung der Zuläßigkeit einer Übertragung kein Zeugniß dafür gewesen wäre, daß eine solche Singular-Succession nicht für möglich gehalten wurde, und also auch eine Form dafür niemals vorhanden gewesen sein konnte. Der Grund davon ist darin zu suchen, daß es bei den Obligationen wesentlich auf Individualität ankommt, und daß es keinem von beiden Theilen gleichgültig ist, wer ihm individuell gegenüber steht. Dieses Individuelle, welches der Obligation, ihrem innersten Wesen und Grundverhältniße nach, eigenthümlich ist, findet sich bei den Eigenthumsverhältnissen nicht: denn die bei Diesen dem Berechtigten gegenüberstehenden Personen — und dieß sind alle Menschen — haben bloß die negative Pflicht, den Berechtigten nicht zu stören. Für sie kann es also völlig gleichgültig sein, wer grade Eigenthümer einer gewissen Sache ist. Ganz anders ist es damit bei dem, auf Persönlichkeit berechneten obligatorischen Verhältniße, welches seine wechselseitige Beziehungen zwischen zwei bestimmten Individuen

[1]) L. 25. §. 2. D. de usufructu. (VII. 1.).

hat. Deshalb widerspricht es der innersten Natur einer Obligation, dem Debitor ohne dessen Zustimmung einen neuen Creditor aufzudringen; und aus diesem Grunde mußte die Singular-Succession an einer Obligation von den Römischen Juristen für unmöglich gehalten werden. Eine Entäußerung des obligatorischen Rechts seiner Substanz nach ist nothwendig eine Vernichtung des Rechtsverhältnisses, und wirkt also die Liberation des Schuldners; denn aus der Auflösung des Bandes zwischen den beiden Individuen folgt der Untergang des nur durch dieses Band gehaltenen Verhältnißes. Hierin liegt der Grund zu der sonst unerklärlich scheinenden Verschiedenheit der Wirkung, welche die in jure cessio auf obligatorische, und auf dingliche oder absolute, aber an die Person des Berechtigten gebundene, Rechte äußerte. Diese absoluten höchst persönlichen Rechte sind ihrem Wesen nach durch keine Beziehung zu einer andern bestimmten Person, durch kein Band zwischen zweien Personen, bedingt; die Fortdauer derselben kann daher nicht so, wie bei den obligatorischen Rechten, durch Auflösung des Bandes, die durch bloße Willensäußerung möglich ist, aufgehoben werden. Wenn also der Berechtigte, in Beziehung auf diese, seinen auf Vernichtung des Rechts gerichteten Willen auch erklärt, so kann dadurch allein begreiflich nichts bewirkt werden: denn durch bloße einseitige, oder nicht an die rechte Person gerichtete Erklärung kann nicht vernichtet werden, was nicht durch einseitig ausgesprochene Worte allein zur Existenz kommen kann. Hiernach müßte denn also einer, auf Veräußerung der Substanz eines absoluten an die Person geknüpften Rechts gerichtete Willenserklärung gar keine Wirkung haben: denn übergehen kann das Recht der Substanz nach, auf eine andere Person nicht, weil es wesentlich an die Person des Berechtigten gebunden ist; und untergehen kann es auch nicht, weil die bloße Willensäußerung des Berechtigten keine Art ist, wie der Untergang eines absoluten Rechts bewirkt werden kann. Dagegen muß bei obligatorischen Rechten eine solche Erklärung gerade die entgegengesetzte Wirkung äußern: denn durch Lösung des Bandes, welche von Seiten des Berechtigten durch bloße Willenserklärung möglich ist, wird das Rechtsverhältniß selbst zerstört. Diese nach dem Gegenstande verschiedene Wirkung hatte nun allerdings die in jure cessio. Eine in jure cedirte Erbschaft, welche der Erbe wirklich schon erworben hatte, ging nicht auf den Andern über, sondern dieser erwarb nur die einzelnen darin enthaltenen körperlichen Sachen, und der Cedent blieb Erbe; die Obligationen aber gingen unter: die Schuldner wurden liberirt [2]). Eben so hatte die in jure cessio keine Wirkung, wenn ein Ususfructus von dem Usufructuar auf einen Andern übertragen werden sollte [3]). Durch den aufgefundenen Gajus ist nun klar geworden, daß der nach den bisherigen Quellen hier scheinbar fehlende Zusammenhang allerdings vorhanden ist, und daß durch diese Unmöglichkeit

---

[2]) Gajus Lib. II. §. 35. u. 36. — Ulpiani Fragm. Tit. XIX. §. 14. — L. 2. C. de hered. vel. act. vend. (IV. 39).

[3]) Gajus II. §. 30. — §. 3. J. de usufructu. — L. 66. D. de jure dot. (XX. 3). — Pugge im Rhein. Mus. I. S. 145. u. f. ist der Meinung, daß die Römischen Juristen hierüber uneinig gewesen wären, und will die Controverse durch eine Beziehung derselben auf die Repräsentation durch freie Personen auflösen. Aus den Stellen ist jedoch eine solche Streitfrage nicht zu entnehmen. (Vrgl. Huschke Studien S. 240. u. f.), und bei der Gleichheit beider Rechte darin, daß die Erben-Qualität wie der Usufructus wesentlich an die Person des Berechtigten gebunden ist, ist eine solche Verschiedenheit der Wirkung der in jure cessio auch an sich unwahrscheinlich.

der Übertragung obligatorischer Rechte, der Substanz nach, auf Andere keineswegs der Verkehr mit Forderungen ausgeschlossen war. Für diesen genügt es nämlich, wenn der letzte Effect einer solchen Übertragung, nämlich die Einkassirung der Forderung durch einen Andern, rechtlich möglich gemacht wird. Dafür war aber durch zwei Umwege gesorgt. Der eine bestand darin, daß die alte Schuld zerstört, und eine neue an deren Stelle gesetzt wurde [4]), welcher Weg das Prinzip im höchsten Grade unverletzt erhielt, indem Schuldner und Gläubiger, so wie der Dritte, übereinstimmend verbis wirken mußten. Dieß ist die Novation, welche zu den verschiedensten Zwecken vorgenommen werden konnte. Weil dabei aber alle Drei Personen zusammenkommen mußten, so konnte dieses Institut allein das Bedürfniß nicht befriedigen. Hierzu diente vollkommen der andere Weg. Dieser bestand in der Übertragung der Ausübung des Rechts, oder in der Cession der Klagen [5]). Bei diesem Institute in seiner Reinheit bleibt das ursprüngliche Rechtsverhältniß völlig unverändert: denn dem Debitor muß gleichgültig sein, durch wen der Gläubiger seine Forderung einziehen läßt; der Schuldner kann darum den Gläubiger auch nicht hindern, durch einen Procurator zu klagen. Wenn nun zwi-

[4]) Gajus II. §. 38. — Obligationes quoquo modo contractae nihil eorum recipiunt; nam quod mihi ab aliquo debetur, id si velim tibi deberi, nullo eorum modo, quibus res corporales ad alium transferuntur, id efficere possum, sed opus est, ut jubente me tu ab eo stipuleris: quae res efficit, ut a me liberetur, et incipiat tibi teneri; quae dicitur novatio obligationis.“

[5]) Ebd. §. 39. „Sine hac vero novatione non poteris tuo nomine agere, sed debes ex persona mea, quasi cognitor, aut procurator meus, experiri.“

schen dem Gläubiger und dem Prokurator ausgemacht ist, das der Letztere Dasjenige, was er einziehen wird, für sich behalten soll, so ist der praktische Zweck vollständig erreicht.

Diese Grundansicht des Römischen Rechts ist von den Neuern völlig verkannt. Sie haben in ihrer ungründlichen Behandlung desselben keinen Zweifel dabei gehabt, daß obligatorische Rechte eben so gut wie absolute (dingliche) Rechte von dem Einen auf den Andern unversehrt übertragen werden könnten; sie haben daher eine wirkliche Singular-Succession in obligatorische Rechte nicht etwa als Etwas, das mit den heutigen gesellschaftlichen Verhältnissen besser harmonire, und zur Befriedigung des Bedürfnisses gegenwärtig nothwendig sei, neu begründen wollen, sondern sie haben solche, als sich schon nach Römischem Rechte ganz von selbst verstehend, stillschweigend vorausgesetzt, und Alles, was mit dieser Voraussetzung in den Quellen nicht harmoniren wollte, für Subtilitäten und Spitzfindigkeiten erklärt. Diese Rechtsansicht liegt denn ganz natürlich auch allen neuern Gesetzgebungen [6]), und namentlich dem Allg. Landrechte zum Grunde. Dasselbe geht davon aus, daß Novation und Cession eine Singular-Succession bewirken.

Als drittes Institut zur Übertragung der Ausübung obligatorischer Rechte ist von Particulargesetzgebungen, und auch von dem Allgemeinen Landrechte, die Assignation angewendet.

---

[6]) Der Franz. Code civil, wie das Östreich. Gesetzbuch nehmen eine Singular-Succession in Forderungen an. Code civil Art. 1689. u. f. Öster. G.-B. §. 1392. u. f. Die Redaktoren thun als wäre es nie und nirgend anders gewesen.

Wie mittelst dieser Institute die Ausübung einer Activ-Obligation übertragen werden kann; so ist auch der Übergang einer Passiv-Obligation durch Singular-Succession denkbar, und mittelst der Novation zu vermitteln. Es soll zuvörderst von der Cession, sodann von der Assignation, und zuletzt von der Novation gehandelt werden.

Erstes Kapitel.

Von der Cession.

A. L. R. I. 11. §. 376—444. — Dig. de hered. vel act. vend. (XVIII. 4). Cod. eod. (IV. 39). — Hugo Donellus Comment. XV. 44. u. XVIII. 11—13. — Jo. a. Sande Tract. de cessione actionum. Franeq. 1623. u. Leovardiae 1657. — Christoph Lenz de nominibus et actionibus cessis. Lips. 1661. 4. — Jo. Brunnemann de cessione actionum Francf. ad Viadr. 1662. 12. 1671. 8, cum notis et animadversionibus Sam. Stryckii. Ibid. 1662. 1698. 4. — Alphons de Olea Tract. de cessione jurium et actionum. Col. Allobrog. 1665. 1683. 1701. 1721. fol. Lugd. 1723. fol. et cum Additionibus A. Cencinii. Genevae 1740. 2 Tomi Fol. — Geog. Ankelmann de cessione nominis, et in specie de concursu plurium creditorum, in exigendo debito cesso. Gött. 1791. — Glück Commentar. XVII. 4. — Besonders: Mühlenbruch die Lehre von der Cession der Forderungsrechte. Dritte Auflage. Greifswald. 1836.

§. 9.

1) Begriffsbestimmung.

In den Römischen Rechtsquellen giebt es kein bestimmtes technisches Wort, wodurch die Übertragung eines obligatorischen Rechts bezeichnet würde. Diejenige Person, welche die Ausübnug erhielt, wird rein technisch Procurator in rem suam genannt. Für die Übertragung selbst werden die Ausdrücke: actionibus cedere, mandare actiones, cessio actionis am gewöhnlichsten gebraucht, doch kommen dafür auch andere Ausdrücke in ihrer allgemeinen Bedeutung z. B. praestare, exhibere, transferre, tribuere u. dgl. m. vor [1]), auch findet sich die Umschreibung: facere aliquem procuratorem in rem suam [2]). Heut zu Tage sind die Ausdrücke: Cession, cediren, jura cessa geben, ertheilen, technische Bezeichnungen für die Übertragung obligatorischer Rechte. Der Sprachgebrauch des Allgemeinen Landrechts weicht davon ab. Derselbe kann jedoch erst bei der Begriffsbestimmung klar werden.

Nach gemeinem Rechte besteht, nach richtiger Auffassung des Rechtsverhältnißes, das Wesen der Cession in der Übertragung der Befugniß, ein fremdes Forderungsrecht als eignes geltend zu machen, worunter jedoch nicht bloß der Act, wodurch der Gläubiger seine Forderungen auf einen Andern überträgt, sondern jedes Rechtsgeschäft zu verstehen ist, welches den Grund zu einem nothwendigen Übergange dieser Befugniß enthält, so daß die Fälle, wo entweder eine solche wörtliche Erklärung der Übertragung (Cessions-Urkunde) gefordert werden kann, (nothwendige Cessionen), oder wo es derselben gar nicht erst bedarf, sondern actione utili geklagt werden kann, durch diesen Begriff nicht ausgeschlossen sind [3]).

Die neuern Juristen, seit den Glossatoren, hatten je-

---

[1]) Brissonius de verb. signif. voc. cedere §. 3, praestare §. 4, transferre §. 1, tribuere. — Mühlenbruch a. a. O. §. 18.

[2]) L. 2. in f. D. famil. ercisc. (X. 2). — L. 8. in f. D. mandati. (XVIII. 1.) — L. 24pr. D. de minoribus. (IV. 4.) — L. 3. §. 5. D. de in rem verso. (XV. 3).

[3]) Mühlenbruch a. a. O. §. 18. S. 222. 223.

doch ganz andere und verschiedene Vorstellungen von der Cession. Uns interessiren nur zwei Meinungen. Nach der Einen soll es im Römischen Rechte eine bestimmte Cessionsform gegeben haben, durch welche obligatorische Rechte, der Substanz nach, auf Andere hätten übertragen werden können; und diese Form soll die in jure cessio gewesen sein [4]). Dieser Irrthum gründete sich auf den zweideutigen Ausdruck „cedere", und auf die bekannte Stelle des Ulpian [5]), wo er sagt, daß auch unkörperliche Sachen in jure cedirt werden könnten. Aber schon die Beispiele, welche er dabei gleich nennt, zeigen, daß er darunter absolute Rechte versteht, an welchen eine juris-possessio möglich ist, so daß sich eine dingliche Klage (Vindication) denken läßt; und sodann ist nicht zu übersehen, daß die in jure cessio eine scheinbare Vindication war [6]), und folglich nur da angewendet werden konnte, wo die Vindication Statt fand. Die andere Meinung ist mit der vorigen in der Grundansicht verwandt, und nur eine weitere Ausdehnung derselben; denn beide kommen darin überein, daß die Begriffe von Besitz und Eigenthum auch auf Forderungsrechte übertragen werden. Daher stellt man sich, nach dieser Meinung, die Cession als eine Quasi-Traditio vor, und denkt sich, nach den be-

---

4) Gruber D. de action. mand. Halae 1723. — J. H. Boehmer Introductio in jus Digestorum XVIII. 4. §. 13. 14. — Hofacker Principia juris rom. germ. § 1947. — Westphal Lehre vom Kauf-, Pacht-, Mieth-Contract u. der Cession. §. 825. C.

5) Fragm. Tit. XIX. §. 11. — „In jure cedi res etiam incorporales possunt, velut ususfructus, et hereditas, et tutela legitima libertae."

6) Ulpian a. a. O. §. 10. Es ist dort auch nur die Rede vom Eigenthum und dessen Erwerbung.

kannten Lehren der Neuern, daß zur Erwerbung eines dinglichen Rechts allemal ein Titel und ein davon verschiedener Modus gehöre, das der Cession zum Grunde liegende Rechtsgeschäft als den Titel [7]). Diese Theorie ist die des Allg. Landrechts. Schon dem Entwurfe zum Gesetzbuch lag dieselbe zum Grunde, indem bestimmt werden sollte [8]):

die Abtretung der Rechte ist ein Vertrag, wodurch Jemand sich verpflichtet, einem andern das Eigenthum seines Rechts, gegen eine bestimmte Vergeltung zu überlassen.

Nur war der Ausdruck unklar, indem durch die Worte die causa praecedens als Cession bezeichnet wird. Suarez bemerkte hiezu in der revisio monitorum:

»Um accurat zu sprechen, und Chicanen gegen die Definition zu vermeiden, muß man nicht sagen: die Cession der Rechte ist ein Vertrag u. s. w.,

---

[7]) Alph. de Olea de cessione jur. Tit. I. Anm. 1. Nr. 1. — „quasi traditio et juris et actionis ex aliquo titulo in alium facta translatio.“ — Glosse ad L. ult. C. quando fiscus vel privatus (IV. 15). — Bachov Tr. de actionib. Disp. IV. no. III. pr. 123. — Franzkius Commentar. in Pand. Lib. XXI. Tit. 2. nr. 50. — Lauterbach Colleg. th. pr. Pand. Lib. XVIII. Tit. 4. §. 32. — Schilter Exercit. ad Pand. XXX. §. 64 will die Subtilität. Röm. R., daß — wie er glaubt — die Actio directa immer dem Cedenten verbleibe, für gar nicht recipirt ansehen, und giebt die in Rede stehende Theorie für deutsches Recht aus: „Ex quibus conficitur, moribus et usu fori nostri — cessionem jurium plene transferre dominium —, atque efficere cessionarium non procuratorem tantum in rem suam, sed plene dominum, absque reservatione actionis seu juris directi. — Ac jus Romanum hac in parte non mutatum, sed haud receptum dici debet. — Unde sequitur ut non demum litis contestatio facit dominum litis cessionarium, sed ipsum factum cedentis ac tradentis jus agendi —, Erb- u. Eigenthümlich.“ —

[8]) Th. II. Abth. II. Tit. 8. §. 340.

sondern die Abtretung der Rechte setzt einen Vertrag voraus. Denn Cession ist eigentlich traditio des Rechts, oder die Handlung selbst, wodurch das Eigenthum des Rechts dem Andern übertragen wird« [9]).

Jetzt können die Bestimmungen des Allg. Landrechts klar werden. Es heißt:

§. 376. Die Abtretung der Rechte setzt einen Vertrag voraus, wodurch Jemand sich verpflichtet, einem Andern das Eigenthum seines Rechts, gegen eine bestimmte Vergeltung zu überlassen.

§. 377. Die Handlung selbst, wodurch das abzutretende Recht dem Andern wirklich übertragen wird, wird Cession genannt.

Cession ist also nach dem Begriffe des Landrechts bloß der Act, wodurch Jemand das Eigenthum seines Rechts auf Grund eines onerosen Titels einem Andern überträgt. Der Umstand, daß der Titel mit diesem Act zusammenfällt oder gleichzeitig entsteht, schließt den Begriff der Cession nicht aus [10]). In den Fällen

---

[9]) Motive der Gesetzrevision zum Entwurf der Tit. 11 u. 13. S. 66.

[10]) Dieß wird jedoch in dem, in Simon's und v. Strampff's Rechtssprüchen I. 155 mitgetheilten Urtel angenommen. Es heißt dort: „Ein Vertrag, wodurch Jemand, gegen eine bestimmte Vergeltung, einem andern das Eigenthum seines Rechts, u. zugleich die Erfüllung gewisser Verbindlichkeiten gegen einen Dritten überläßt, ist — keine reine Cession mehr, sondern ein lästiger Vertrag, der nicht bloß die bei Cessionen vorgeschriebene, sondern zugleich die gesetzliche Form anderer Verträge, zu seiner Gültigkeit fordert.“ Dadurch aber, daß der Andere die Cession annimmt, wird das der Cession zum Grunde liegende Rechtsverhältniß ein Realcontract, was auch in dem reformirenden Tribunalsurtel S. 159 a. a. O. angenommen ist.

aber, wo es einer solchen Erklärung nicht erst bedarf, wo der Übergang vermöge einer Rechtsbestimmung bewirkt wird, kann der Begriff der Cession nicht angewendet werden. Ferner wird der Begriff der Cession nach den Worten bloß auf solche Übertragungen beschränkt, welche sich auf einen onerosen Titel gründen. Es heißt in dieser Beziehung ferner:

> §. 378. Wird ein Recht ohne Vergeltung abgetreten, so ist die Handlung als eine Schenkung anzusehen.

Dieß ist nicht consequent. Wenn die Cession bloß die Tradition vorstellt, so leuchtet nicht ein, warum nicht auch auf das Versprechen, einem Andern ein Recht schenkungsweise zu überlassen, eine Tradition nöthig sein soll, da diese ja auch bei Schenkungen körperlicher Sachen dazu kommen muß, wenn das Eigenthum der zu schenken versprochenen Sache übergehen soll. So ist es aber auch wohl nicht gemeint, vielmehr soll der §. 378 bloß bestimmen, nach welchen Grundsätzen eine Cession beurtheilt werden soll, welche sich auf einen lucrativen Titel gründet. Dieß wird aus dem Gegensatze des folgenden §. 381 klar:

> »Bei der eigentlichen Cession finden, je nachdem dafür baares Geld, oder eine andere Sache oder Recht gegeben worden, die Regeln des Kaufs oder Tausches Anwendung.

Es ist zwar hier von Rechten im Allgemeinen die Rede; es werden jedoch nur obligatorische Rechte darunter verstanden. Das Österreichische Gesetzbuch drückt sich in beiden Beziehungen bestimmter aus. Es bezieht die Cession ausdrücklich nur auf Forderungen, und nennt auch die Übertragung einer Forderung ohne Entgeld eine Cession [10a]). Das Allg. Landrecht nimmt aber den Übergang solcher Rechte, der Substanz nach, an; denn es heißt: das Eigenthum des Rechts selbst gehe über [11]). Hierdurch ist die rechtliche Natur des Instituts gänzlich verändert. Deshalb hat man die regelrechten Folgen des Gemeinen Rechts durch positive Bestimmungen beizubehalten gesucht. Man würde also irren, wenn man Grundsätze des Gemeinen Rechts, welche aus der Natur der übertragenen Ausübung eines fremden Rechts nothwendig folgen, ohne eine solche positive Bestimmung für gültig anerkennen wollte. Der Übertragende heißt Cedent, der Erwerber Cessionarius; der für den Schuldner gebräuchliche Ausdruck: debitor cessus, kommt im Landrecht nicht vor. Was die Stellung dieser Lehre im System betrifft, so würde man sie nach der Theorie des Landrechts bei der mittelbaren Erwerbungsart des Eigenthums zu suchen berechtigt gewesen sein; die Redactoren haben jedoch diese Materie, nach dem Muster der Pandecten und des Codex, bei der Lehre vom Kaufcontract vorgetragen. Im System des Obligationenrechts hat die Cession ihre passendste Stelle in dem Capitel von der Erwerbung der Forderungen durch Singular-Succession.

[10a]) §. 1392. „Wenn eine Forderung von einer Person an die Andere übertragen — wird; so entsteht die Umänderung des Rechtes mit Hinzukunft eines neuen Gläubigers. Eine solche Handlung heißt Abtretung (Cession), und kann mit oder ohne Entgeld geschlossen werden."

[11]) §. 376. 393.

§. 10.

2) Gegenstand.

a. Im Allgemeinen.

Den allgemeinen Grundsatz der Cessibilität der Rechte drückt das Allg. Landrecht negativ dahin aus:

> Alle Rechte, welche nicht an die Person des Inhabers oder an gewisse Eigenschaften desselben gebunden, oder sonst unveräußerlich sind, können an Andere abgetreten werden [1]).

Gegenstand der Cession können hiernach sein, und zwar ganz oder *theilweise* [1a]):

1) Forderungen im engern Sinne, d. h. die Verbindlichkeit des Schuldners, oder Dasjenige, was der Gläubiger vermittelst seines Klagerechts fordern kann. Dieß ist ganz einfach bei solchen Obligationen, wo nur von der Einen Seite zu erfüllen ist. Wo aber das Verhältniß zwischen beiden Theilen in der Art wechselseitig ist, daß Beide Gläubiger und Schuldner zugleich sind, da ist die Forderung des Einen kein Gegenstand der Cession in der Art,

---

[1]) §. 382. h. t. — Einleit. §. 99. u. 104. Gesetzrevis. Pensum XIV. Entwurf des Tit. 11. §. 270. Das Oest. G. - B. §. 1393 drückt sich so aus: „Alle veräußerliche Rechte sind ein Gegenstand der Abtretung - Rechte, die der Person ankleben, folglich mit ihr erlöschen, können nicht abgetreten werden."

[1a]) Die Controverse, welche sich auf Grund der L. 5 §. 7 in f. D. judicatum solvi. (XLVI. 7.) — L. 2 D. de exercitoria act. (XIV. 1.) u. L. 27 §. 8 D. de peculio. (XV. 1.) schon unter den Gemeinen Rechtsgelehrten findet, ist durch die Verordn. v. 8. Febr. 1811. (Ges.-Samml. S. 150) dahin entschieden, daß allerdings Partialcessionen zuläßig sind, daß jedoch die Kündigung so zeitig geschehen muß, um es dem Schuldner möglich zu machen, auch die andern Antheile zu kündigen, und die ganze Schuld auf Einen Tag abzuzahlen. Vrgl. über die frühere Controverse Stengel's Beiträge Bd. XV. S. 235.

daß der Cedent aus dem Verhältniße ganz ausscheiden könnte, weil sich Niemand von seiner Verbindlichkeit willkühılich losmachen kann.

2) Dingliche Klagen, welche, sobald sie entstanden sind, die Natur eines obligatorischen Rechts annehmen. Denn dadurch, daß eine bestimmte Person dem Inhaber eines absoluten Rechts, wegen desselben, Grund zur Klage giebt, entsteht zwischen diesen beiden bestimmten Individuen eine wechselseitige Beziehung, also ein relatives Vermögensrecht, neben dem absoluten oder dinglichen Rechte. Durch die Cession des Klagerechts, z. B. einer Vindicationsklage, wird daher nur dieses relative Vermögensrecht, oder das Recht, die Exhibition der Sache von einer bestimmten Person zu fordern, abgetreten, keineswegs das dingliche Recht (Eigenthum) selbst; denn dingliche Rechte sind auch nach dem Landrechte nicht Gegenstand einer Cession [2]), vielmehr erfordern diese allemal eine Übergabe der Sache, an welcher sie zustehen. Aus diesem Grunde findet z. B. das Institut der Cession auf Instrumente, welche auf jeden Inhaber lauten, und welche im Verkehr wie körperliche Sachen behandelt werden, keine Anwendung [3]). Die Cession der Vindicationsklage führt aber zum Eigenthum, wenn in Folge derselben der Cessionarius die Sache ausgehändigt erhält.

---

[2]) Bornemann meint in seinem System Band III. S. 135 Lit. e.: es könnten auch dingliche Rechte eben so gut wie persönliche cedirt werden. Es müßte danach also auch die Erwerbung des Eigenthums z. B. an einem Landgute, durch Cession möglich sein.

[3]) §. 401. h. t. — Oest. G.-B. §. 1393. „Schuldscheine die auf den Überbringer lauten, werden schon durch die Übergabe abgetreten, und bedürfen nebst dem Besitze keines andern Beweises der Abtretung."

Nach Röm. Rechte war schon zur Zeit der classischen Juristen die Abtretung dinglicher Klagen eben so gewöhnlich wie der persönlichen [4]), und Justinian setzt dieses als certi et indubitati juris voraus [5]). Die aus dessen Verordnung entstandene Controverse: ob der Cessionarius die actio directa, oder nur eine actio utilis habe, ist für das practische Recht ganz bedeutungslos. Eine andere nicht klar ausgeprägte Meinung der Glosse und der Theoretiker nach Accursius: daß durch die Cessio actionis in rem ein dominium utile auf den Cessionar übergehe [6]), hat keine Anhänger gefunden, und auf das Preußische Recht gar keinen Einfluß gehabt.

Eines in der Praxis sehr häufig vorkommenden Verhältnißes muß noch besonders erwähnt werden. Bei nothwendigen, im Wege der Execution verfügten, Subhastationen findet es sich oft, daß von dem zur Hypothek eingesetzten Gute einzelne Stücke ohne Consens der Gläubiger abgetrennt und verkauft worden sind. Das rechte Mittel, um diese Stücke mit dem Hauptgut zugleich zu subhastiren, wäre, zuvor die Besitzer derselben mit der hypothekarischen Klage zu verfolgen. Das geschieht aber gewöhnlich nicht, vielmehr wird das ihnen gegen die Besitzer zustehende Recht, welches zuweilen ein Vindicationsrecht genannt wird, mit feil geboten und in der Adjudicatoria überlassen. Dadurch erlangen nicht nur die ver-

---

4) L. 21. 63. D. de rei vindicatione. (VI. 1.) — L. 35 §. 4. D. de contrah. emtione. (XVIII. 1.) — L. 25 §. 8. D. locati cond. (XIX. 2.) — L. 14 pr. D. de furtis. (XLVII. 2).

5) L. 9. C. de hereditate vel act. vendita. (IV. 39).

6) Glosse Debeat ad L. 3 D. fam. ercisc. (X. 2.) — Gl. Facultate ad L. 9 C. de hereditate vel actione vendita. (IV. 39.) — Saliceti Summarium ad h. L.

kaufenden Realgläubiger keinen Vortheil, denn der Licitant bietet wegen dieses ihm mit zu überlassenden s. g. Vindicationsrechts selten mehr; sondern der Adjudicatar und Cessionar erlangt auch selten Etwas. Durch die Benennung verleitet, bringen die Adjudicatarien die Vindicationsklage an. Damit werden sie abgewiesen, zwar nicht aus dem Grunde, wie in einem solchen Falle die beiden Referenten ausgeführt hatten, weil durch den Zuschlag des Hauptguts der Kläger nicht Eigenthümer der abgetrennten Stücke geworden sei, mithin auch nicht vindiciren könne: denn das Vindications-Recht kann cedirt werden, und ist in der That in dem Kaufcontract cedirt; sondern aus dem Grunde, weil die Cedenten (die verkaufenden Realgläubiger) selbst kein Vindicationsrecht haben, und also keins cediren können. Die Sache ist einfach. Die Gläubiger können bloß ihre Hypothekenklage mit verkaufen. Daraus folgt: wenn sie befriedigt werden durch das Hauptgut, so können sie gar nichts cediren. Diejenigen Gläubiger also nur, welche zum Theil ausfallen, oder welche bloß aus dem Grunde, weil ihr Recht gegen die Parzellen-Käufer mit verkauft worden, Befriedigung erhalten, können als Cedenten angesehen werden. Nun hat aber der Cessionarius (Adjudicatar) nichts weiter erlangt als die Hypothekenklage des Gläubigers. Diese ist gerichtet auf Herausgabe der Sache zum Zweck der Befriedigung des Gläubigers durch öffentlichen Verkauf. Eigenthümer kann der Gläubiger niemals durch diese Herausgabe werden. Der Besitzer aber hat das Recht, die Hypothekenklage durch Bezahlung der Schuld (Befriedigung des Klägers) abzukaufen, und hierdurch stellt sich das Recht des Klägers (Adjudicatars) practisch so: er kann nur verlangen, daß ihm entweder die Forderung seines Cedenten bezahlt, oder das Grundstück zum öffentlichen Verkaufe (nicht als Eigenthum) herausgegeben werde. Hier entsteht nun in dem Falle, daß der als Cedent anzusehende Gläubiger befriedigt worden, die unauflösliche factische Frage:

> wieviel hat derselbe aus den Kaufgeldern des Hauptguts erhalten, und wieviel ist auf das mit verkaufte Recht des Gläubigers auf die Parcelle zu rechnen?

Denn der Parcellen-Besitzer ist nicht schuldig, mehr zu bezahlen als noch zur gänzlichen Befriedigung des Gläubigers erforderlich ist.

3) Klagen oder Forderungen, welche aus Rechten, die an die Person des Inhabers oder an gewisse Eigenschaften desselben gebunden, oder sonst unveräußerlich sind, als ein besonderes Vermögensrecht entstanden sind.

4) Bloße Exceptionen, z. B. Natural-Obligationen [7]).

Eine allgemeine Regel, nach welcher sich entscheiden ließe, welche Rechte cessibel und welche incessibel sind, giebt es nicht. Die von den Glossatoren angegebene Regel: Quae non sunt transmissibilia ad heredes, per cessionem non transeunt [8]); so wie der später umgekehrte Satz: quod est transmissibile, id est cessibile [9]), ist als

---

7) L. 40 pr. 64 pr. D. ad S. C. Trebellianum (XXXVI. 1.) Mühlenbruch a. a. O. S. 252—254.

8) Glosse Procuratorem, ad L. 24. (25) pr. D. de minorib. (IV. 4.) — Summarium Bartoli ad L. 42 (43.) D. de administr. et peric. tut. (XXVI. 7).

9) Coler de proc. exec. P. I. c. 3. Nr. 265. — Berlich Concl. P. I. concl. 74. Nr. 150. u. P. — II. concl. 2. Nr. 27. — Olea l. c. Tit. 3 Q. 8. — Carpzow Jurispr. for. P. II. const. 1. def. 12. — Brunnemann de cessione action. et versur. Cap.

trüglich[10]) längst wieder beseitigt[11]). Es kann keine speciellere Regel angegeben werden, als: daß alle obligatorischen Rechte cessibel, bei welchen keine positiven Beschränkungen nachzuweisen sind[12]). Es sollen jetzt einige besondere Fälle der Cessibilität, und sodann die vorhandenen Beschränkungen vorgetragen werden.

§. 11.

b) Einige besondere Fälle.

aa) Forderungen aus Kaufcontracten.

1) Der Käufer kann unbezweifelt seine Actio emti, auf Tradition der gekauften Sache, cediren, wenngleich dieselbe bedingt dadurch ist, daß er seinerseits das Kaufgeld zahle oder die sonst übernommenen Gegenverpflichtungen erfülle, da auch bedingte Forderungen cessibel sind. Deshalb kann ein Pluslicitant das Recht aus seinem Meist-

---

IV. Nr. 21. sqq. — Sam. de Cocceji Jus controvers. civ. XVIII. 4. Qu. 14. Nr. 5. Dieser Satz ist aber schon von Alexander de Imola u. von Jason ad L. 76 D. de verb. obl. widerlegt. M. s. auch Andr. Tiraquellus de retraict lignagier. §. 26 Glossa 1. Nr. 48. (Opp. Francof. 1516. Fol. Tom. IV. S. 297).

[10]) Daß er auch nach Preuß. Rechte keine Wahrheit hat, zeigt sich daran, daß das privilegium dotis cessibel, aber, ausgenommen an Descendenten, nicht transmissibel ist. Vrgl. Recht der Ford. Bd. I. S. 552; und daß umgekehrt streitige Forderungen an Justizbeamte transmissibel, aber nicht cessibel sind. §. 385. h. t.

[11]) Lauterbach Colleg. theor. pract. XVIII. 4. §. 26. i. f. — Heinr. Cocceji de cessione eorum, quae ad heredes non transeunt, et contra. Francof. 1709 et in Disp. Vol. II. Nr. 65.

[12]) Schon die spätere gemeinrechtliche Praxis erkennt diesen Grundsatz an. Wernher Obs. Tom. II. P. III. obs. 185. „Omnia jura in alterum per cessionem transferri queunt, quoties neque lex, neque conventio resistit."

gebote vor der Publication des Adjudicationsbescheides, also so lange das Eigenthum noch nicht übergegangen ist (das sogenannte jus primae licitationis), an einen Andern abtreten [1]). Nur versteht sich von selbst, daß hierdurch in der Wechselseitigkeit der ursprünglichen Contrahenten nichts geändert, und mithin der Käufer von seiner Verpflichtung gegen den Verkäufer nicht frei wird.

II) Der Verkäufer kann eben so sein Forderungsrecht, soweit es ein Anderer für sich ausüben kann, abtreten. Hiernach entscheidet sich die in der neuesten Zeit so sehr bestrittene Frage: ob die Rechte, welche der Verkäufer gegen den Käufer dadurch erlangt, daß Dieser Hypothekenschulden auf Abrechnung der Kaufgelder übernimmt, an die Hypotheken-Gläubiger cediren kann. Wird darunter die actio venditi gemeint, um den Gläubiger in den Stand zu setzen, den Käufer, außer der Hypothekenklage, auch mit der persönlichen Klage für sich darauf zu belangen, daß der Käufer seine persönliche Verbindlichkeit aus dem Contracte dadurch erfülle, daß er das Kaufgeld in der versprochenen Art, nämlich durch Berichtigung der übernommenen Schulden, bezahle, so muß die Frage bejahet werden [2]). Das practische Interesse für den Gläubiger besteht hierbei darin, daß er wenn die Hypothekenklage wegen Unzulänglichkeit des verpfändeten Grundstücks erfolglos ist, einen persönlichen Anspruch an den Käufer erlange, um aus dessen übrigem Vermögen

---

[1]) Rescr. v. 30. October 1835. (Jur. Wochenschr. Jahrg. 1835. S. 414.) — Vergl. **Wernher Observat. Tom. II. P. III. obs. 185, p. 517.** —

[2]) Simon's u. v. Strampff's Rechtssprüche Bd. I. S. 15 u. f. — Derselben Zeitschr. Band. II. S. 281 u. f. — Ulrich, Sommer u. Voele, Neues Archiv. Band II. S. 83. u. f.

Befriedigung zu fordern. Der Verkäufer hat das Recht aus dem Kaufcontract, den Käufer anzuhalten, das Kaufgeld an die genannten dritten Personen, welche als creditores cessi anzusehen sind, abzuführen, denn der Käufer ist passiver Cessionarius, und als solcher schuldig, die auf ihn übertragene Passiv-Schuld des Cedenten zu tilgen, d. h. den Auftrag zu vollziehen. Der creditor cessus kann dieß freilich nicht fordern, denn sonst wäre es eine Delegation, wohl aber kann der Debitor cedens von Demjenigen, welcher ihm die Schuld abgenommen hat, vermöge dieser Übertragung verlangen, daß derselbe die eingenommene Stelle gehörig vertrete. Man hat dem Verkäufer dieses Klagerecht absprechen wollen, weil der Käufer, zufolge §. 222. Tit. 11. Th. I. des Allg. Landr. von dem Kaufgelde soviel zurückhalten könne, als zur Tilgung der auf dem Grundstücke haftenden Hypothekenschulden erforderlich sei. Aber der Käufer ist in Beziehung auf den Verkäufer, dem er vermöge der passiven Cession succedirt, Selbst derjenige, welcher diese Schulden zu tilgen hat, daher sein Einwand ex §. 222 durch die replicatio doli unwirksam wird. Statt daß der Verkäufer das ihm zustehende Klagerecht geltend macht, kann er dasselbe auch dem Gläubiger abtreten, damit er es für sich und in seinem Interesse ausübe.

Ein anderer Einwand: der Verkäufer könne bei dergleichen Verabredungen auch nicht auf die Zahlung des Kaufgeldes an den Dritten dringen, wenn es nicht ausdrücklich ausbedungen sei, daß der Käufer die übernommenen Schulden auch bezahlen solle, indem die bloße Uebernahme noch kein Zahlungsversprechen sei, hat einen scheinbaren Grund in den Worten des §. 3 der

Declar. v. 21. März 1835 [3]), ist aber übrigens unjuristisch. Der Käufer hat die Bezahlung schon versprochen, dadurch, daß er gegen die ihm tradirte Sache die verabredete Kaufsumme zu geben verspricht; er braucht bei den einzelnen Posten das Versprechen, daß er diese übernommenen Schulden auch bezahlen wolle, nicht mehr zu wiederholen: die Bezahlung versteht sich von selbst; ja es versteht sich alle Mal von selbst, daß er dem Verkäufer für die Bezahlung der ganzen Kaufsumme auch persönlich hafte; denn durch den Contract verpflichtet er sich seinem Verkäufer grade persönlich. Dieser Einwand würde zu der Ungereimtheit führen, daß in einem Falle der Käufer die tradirte Sache haben, und von Niemand zur Bezahlung des Kaufgeldes angehalten werden könnte, nämlich alsdann, wenn er auf Abrechnung des ganzen Kaufgeldes lauter persönliche Schulden des Verkäufers übernommen hätte. Die Gläubiger als dritte Personen

---

[3]) Die Declaration v. 21. März 1835 bestimmt im §. 3: „Wenn jedoch der Erwerber nicht bloß die Pfand- und Hypothekenschulden übernimmt, sondern sich außerdem zu deren Tilgung persönlich verpflichtet, so ist der Veräußerer befugt, seinen Anspruch aus diesem Versprechen den Gläubigern abzutreten." Der Käufer verpflichtet sich aber immer persönlich für die versprochene Kaufsumme; dieß bringt die Natur jedes Contracts mit sich. Es würde sonst folgen, daß wenn der Verkäufer in seinem Interesse veranlaßte, daß die Hypotheken fortfielen, der Käufer Nichts schuldig wäre, was allen Rechtsgrundsätzen widerspräche. Daß der Käufer dem Verkäufer persönlich verhaftet bliebe, wenn die übernommenen Schulden keine Pfand- und Hypothekenschulden wären, wird wohl Niemand leugnen. Warum soll der zufällige Umstand, daß die Gläubiger zugleich eine dingliche Klage gegen jeden Dritten haben, hindern, daß durch den Kaufcontract eine Obligation zwischen dem Verkäufer u. Käufer auf Berichtigung des Kaufgeldes contrahirt werde?

könnten, in Ermangelung eines dinglichen Klagerechts, den Käufer nicht in Anspruch nehmen; und der Verkäufer soll nach dieser Meinung auch keine Klage haben.

Die oben erwähnte Frage wird jedoch in einem anderen Sinne verstanden. Dem Verkäufer ist es nämlich bei solchen Contracten darum zu thun, daß er für seine Person von den Schulden, welche der Käufer ad rationem pretii übernommen hat, auch befreiet werde. Man sagt also, der Verkäufer könne gegen den Käufer auf Exnexuation klagen, und die Streitfrage wird so gefaßt: ob der Verkäufer die Exnexuations-Klage cediren, namentlich dem Hypothekengläubiger selbst cediren könne. Der Gegenstand einer solchen Klage ist eine Handlung des Käufers, durch welche die Person des Verkäufers von einer Schuldverbindlichkeit frei werden soll; mit andern Worten: die Klage geht auf Auflösung eines individuellen wechselseitigen Obligationsverhältnisses zwischen der Person des Klägers und eines Dritten. Ein solches Klagerecht kann ein Anderer für sich selbst zwar in dem Sinne nicht ausüben, daß die Handlung (die Liberation) seiner Person zu statten käme. Es hat auch den Anschein, als hätte er dabei kein Interesse[4]), denn aus der

[4]) Wenn der Gläubiger als Cessionar sagen wollte: er habe ein Interesse dabei, daß der Cedent liberirt werde, so würde man ihm antworten; er sei Selbst derjenige, der ihn ex nexu lassen könne; er beschwere sich über sich Selbst. Man sieht aber hieran, daß es ihm nicht um die Liberation seines Cedenten, sondern um die Bezahlung zu thun ist. Er will also in der Klage sagen: der Bekl. (der Käufer) kann zwar meinen Cedenten nicht ex nexu lassen, sondern dazu bin nur ich allein im Stande, aber er ist schuldig: mich dazu durch Zahlung willig zu machen. Dieß zeigt klar, daß es nicht eine Klage auf Exnexuation, sondern auf Zahlung des Kaufgeldes oder der dafür übernommenen Passiv-Schuld ist, welche der Verkäufer cedirt u. cediren kann.

Liberation entsteht für einen Dritten kein pecuniairer Vortheil. Dieß hindert indessen noch nicht das Klagerecht zu cediren. Denn wenn Jedermann zugeben muß, daß der Verkäufer (Kläger) durch einen gewöhnlichen Procurator klagen lassen kann, so kann Nichts verhindern, daß die dabei entstehenden pecuniairen Vorheile oder Nachtheile auf Rechnung des Procurators überlassen und angenommen werden, weil die Übereinkunft zwischen ihnen Beiden keinen Dritten etwas angeht. Diese Übereinkunft ist aber Cession. Die Frage kann jedoch überhaupt nicht auf diese Art gefaßt werden; denn es giebt keine Exnexuationsklage aus dem Kaufcontracte für den Verkäufer, sondern nur eine actio venditi, auf Bezahlung des bedungenen Kaufgeldes in der versprochenen Art, welche zwar rücksichtlich der darauf angewiesenen Schuldposten zur Liberation des Verkäufers führen, aber nicht unmittelbar darauf gerichtet werden kann, daß der Käufer die Entlassung des Verkäufers aus der Schuldverbindlichkeit bewirke. Die sogenannte Exnexuation setzt eine Fortdauer des Schuldverhältnisses in der Art voraus, daß der alte Schuldner (der Verkäufer) ausscheidet, und ein Anderer an dessen Stelle tritt. Der Käufer, welcher dieses vermitteln sollte, müßte entweder Selbst als Schuldner eintreten, oder einen Anderen dazu suchen und den Gläubiger bewegen, für diesen Stellvertreter den alten Schuldner zu entlassen. Dazu ist der Käufer nicht schuldig: er braucht bloß die auf Rechnung des Kaufgeldes übernommene Schuld zu tilgen, ohne sich sonst weiter mit Jemand in Rechtsgeschäfte einzulassen. Der Verkäufer hat aber zwei Wege zu seinem Ziel. Entweder kann er selbst den Käufer anhalten, seine Schuld nach der Verabredung an den Dritten zu bezahlen, in welchem Falle er durch Zahlung liberirt wird. Oder er kann dieses sein, auf Berichtigung des Kaufgeldes durch Erfüllung der übernommenen passiven Obligation des Verkäufers gehendes, Klagerecht durch den Gläubiger selbst ausüben lassen. Dieses geschieht entweder so, daß er dem Gläubiger eine Anweisung auf den Käufer giebt, wo er ebenfalls erst durch die Zahlung liberirt wird, wenn der Assignatar sich nicht etwa durch Versehen um sein Recht bringt; oder so, daß er die actio venditi cedirt; und hierbei kommt es denn auf die der Cession zum Grunde liegende Verabredung an. Der gewöhnlichste Fall ist eine Angabe an Zahlungsstatt. Dadurch wird der Cedent von seiner Schuld liberirt, er contrahirt aber gleichzeitig eine neue Verbindlichkeit, welche in der Gewährleistung für das cedirte persönliche Klagerecht besteht. Die Zweifel und widersprechenden Meinungen sind aus der verschiedenen Beurtheilung der rechtlichen Natur einer solchen Verabredung, wodurch der Käufer Schulden des Verkäufers auf Abrechnung übernimmt, entstanden. In neuester Zeit ist die Meinung geäußert, daß durch diese Verabredung eine Intercession bezweckt werde [5]. Es kann dadurch jedoch gar keine Intercession, weder eine cumulative noch eine privative entstehen, weil zwei wesentliche Voraussetzungen dazu fehlen. Die eine ist: der Intercedent muß sich dem Gläubiger verpflichten, also mit Diesem in Vernehmen und in ein Obligationsverhältniß treten, wobei die Concurrenz des Schuldners unwesentlich ist [6]. Dieß geschieht hier nicht, vielmehr ist bloß eine Verabredung zwischen dem Schuldner (Verkäufer),

---

[5]) Hinschius in der juristischen Wochenschrift. Jahrgang 1835. S. 921.

[6]) Apud creditorem pro debitore intervenire. L. 8. §. 2. D. ad S. C. Vell. (XVI. 1.) u. an vielen andern Orten.

und dem Dritten (Käufer) vorhanden, und dieser letztere verpflichtet sich dem Gläubiger nicht. Das könnte zwar hinterher noch geschehen, dann fehlt aber noch das andere Merkmal, nämlich: der Intercedent muß eine fremde Schuld übernehmen, ohne dem Schuldner oder Gläubiger zu Etwas verbunden zu sein. Deshalb ist es keine Intercession, wenn Jemand das was er schuldig ist, an den Gläubiger seines Gläubigers zahlen soll, oder wenn sich Jemand gegen den Schuldner verbindlich gemacht hat, dessen Schuld zu bezahlen [7]). Dieß ist hier der Fall. Der Käufer thut nichts weiter, als was er dem Verkäufer aus dem Kaufcontracte schuldig ist. Wenn der Käufer also auch später, statt zu bezahlen „apud creditorem pro debitore" intervenirt, so ist es darum doch keine Intercession im rechtlichen Sinne, weil er bloß seine Schuldigkeit thut.

Die Verabredung enthält dagegen von zwei ganz andern Dingen Eins: nämlich entweder einen solutionis causa adjectus, so daß der Käufer durch Zahlung an diesen, selbst wenn sie wider Willen des Verkäufers geschieht, frei wird, indem der Verkäufer die Zahlung nur alternativ an den Adjectus oder an ihn, fordern kann [8]); oder sie ent-

[7]) L. 17. pr. D. eod. — „Vir uxori donationis causa rem viliori pretio addixerat, et in id pretium creditori suo delegaverat: respondit, venditionem nullius momenti esse, et si creditor pecuneam a muliere peteret, exceptionem utilem fore." Es ist also nur darum eine Interecession, weil der Kauf als eine eigentliche Donatio inter virum et uxorem nichtig, folglich die Frau aus dem Kauf nichts schuldig ist. — L. 8. §. 2. — L. 24. pr. D. eod. — L. 2. i. f. C. eod. (IV. 29) — Glossa Est delegata ad L. 8. §. 2. D. eod. „— delegatio, qua se mulier ut debitricem obligavit, non est intercessio." Dieser Rechtssatz ist niemals bezweifelt worden.

[8]) L. 10. 59. 71. pr. L. 106. D. de solutionibus et liberat. (XLVI. 3).

hält einen Zahlungsauftrag [9]). Das Erstere ist der Fall, wenn der Käufer die Befugniß erhalten hat, an den Verkäufer oder an einen Dritten zu zahlen. Dann kann der Verkäufer nur unter dem Erbieten klagen, daß, wenn der Käufer es vorziehen sollte, an den Verkäufer selbst und nicht an den Adjectus zu zahlen, er dessen Hypothek, Zug um Zug, löschen lassen wolle. Dieses Klagerecht kann von jedem Dritten ausgeübt werden. Der angenommene Auftrag zur Zahlung einer Schuld für eigene Rechnung dagegen ist eine passive Cession, so wie der Auftrag zur Einziehung einer Schuld für eigene Rechnung eine active Cession ist. Der passive Cedent (Verkäufer) hat dabei ein Interesse, daß sein Stellvertreter die übernommene Obligation erfülle, und kann ihn dazu natürlich anhalten. Insofern nun ein Dritter dieses Klagerecht möglicherweise auch im eigenen Interesse ausüben kann, welches bei dem creditor cessus der Fall ist, kann es diesem auch cedirt werden.

§. 12.

bb) Ungewisse Rechte.

Die Ungewißheit liegt entweder darin, daß überhaupt noch gar kein Rechtsverhältniß existirt, aus welchem ein künftiges Recht entstehen könnte, so daß die Hoffnung

---

[9]) Dieß ist der gewöhnliche Fall, und ganz der nämliche, von welchem **Pomponius L. 21. D. eod.** sagt: „**Si debitorem meum jussero tibi solvere, non statim tu etiam stipulando id novare possis: quamvis debitor solvendo tibi liberaretur.**“ Der Käufer kann zwar durch Zahlung an den Dritten frei werden; aber dieser kann mit jenem in Beziehung auf den Zahlungsauftrag in kein Rechtsverhältniß treten. Vergl. **L. 64. 49. 58. D. eod.**

auf dasselbe sich auf die bloße Möglichkeit gründet [10]; oder darin, daß zwar ein gewisses Rechtsverhältniß vorhanden ist, aus welchem ein bestimmtes Recht entstehen kann, daß es jedoch noch ungewiß ist: 1) ob es wirklich zur Existenz kommen [11]), oder 2) wann [12]), oder 3) in welchem Umfange [13]) es entstehen wird. Die ungewissen Rechte der zweiten Art, zu welchen schon ein Rechtsgrund vorhanden ist, zerfallen in zwei Classen [14]), nämlich:

a) in solche, welche bereits erworben sind, (jus futurum ex causa de praesenti);

b) in solche, welche noch nicht erworben, oder auch noch nicht einmal zum Erwerb deferirt sind, wie die Erbschaft eines noch Lebenden, und ein Legat sub conditione [15]).

1) Ob die künftigen ungewissen Rechte der ersten Art, zu welchen die Hoffnung aus keinem Rechtsverhältnisse hervorgeht, cedirt werden können, ist nach Gemeinen Rechte streitig [16]). Da aber keine Beschränkung nachzuweisen ist, so hindert nichts, eine künftige lediglich in der

---

[10]) Z. B. es hofft Jemand, er werde von einer bestimmten Person zum Testamentserben ernannt werden.

[11]) Z. B. das durch Verwandschaft begründete Erbrecht; auch gehört hierher der Spielcontract.

[12]) Von dieser Art ist ein bedingtes Recht.

[13]) Hierher gehört der Kauf künftiger Sachen.

[14]) Daraus erhalten die unvereinbar scheinenden beiden Stellen I. 11. §. 1039. u. I. 16. §. 393. ihre verschiedene Bedeutung.

[15]) Dieß unterscheidet sich von einem debitum sub conditione wesentlich darin, daß bei dem erstern Dies nondum cessit, bei dem letztern aber dies tantum nondum venit. L. 26. D. de stipul. servorum. (XLV. 3). — L. 42. pr. D. de. Obl. et act. (XLIV. 7.) — L. 78. pr. D. de verbor. oblig. (XLV. 1).

[16]) Alphons de Olea l. c. Tit. III. Q. 10. — Tiraquellus de legibus connubialibus, et jure maritali Gl. II. Nr. 38—41. Nr. 42. fertigt er die verneinende Meinung sehr kurz ab, ohne

Hoffnung bestehende Forderung zu cediren [17]), welches auch nach Preußischem Rechte nicht untersagt ist [18]).

2) Eben so stritt man darüber, ob die letzte Classe ungewisser Rechte der zweiten Art, welche zwar aus einem bereits bestehenden Rechtsverhältnisse hervorgehen können, aber doch noch nicht zur Existenz gekommen sind, cessibel seien. Insbesondere bezog sich die Verschiedenheit der Meinungen auf eine noch nicht angefallene Erbschaft. Nach einer richtigen Auslegung des Römischen Rechts war die Abtretung der Hoffnung auf den künftigen Anfall einer Erbschaft nichts Verbotenes [19]). Nur eigentliche Erbverträge waren verboten. Indeß wurde von Vielen [20]) behauptet, daß jeder Vertrag, wodurch das Recht auf die Verlassenschaft eines noch lebenden Dritten auf einen Anderen übertragen werden sollte, als contra bonos mores unstatthaft sei. Dieß bestimmt auch das Allg. Landrecht [21]):

---

sich auf eine Zusammenstellung der Gründe derselben weiter einzulassen.

[17]) L. 3. C. de donationibus. (VIII. 54). Glossa futurae actionis ad h. L. — L. 9. C. quae res pignori obligare possunt. (VIII. 17). — Tiraquellus l. c. No. 41.

[18]) I. 11. §. 527. — Es fehlt auch gänzlich an Grund, den Verkauf einer solchen Hoffnung zu verbieten, so lange man die Staatsbürger für befugt hält, über das Ihrige frei zu verfügen.

[19]) L. 11 vergl. m. L. 7. u. 1. D. de hered. vel act. vend. (XVIII. 1). — L. 3. §. 2. D. pro socio (XVII. 2). Nur als Kauf einer gegenwärtig vorhandenen Sache war das Geschäft nichtig, quia in rerum natura non sit, quod venierit. Aber als alea oder spes hereditatis war sie allerdings Gegenstand eines erlaubten Contracts. Vergl. Mühlenbruch a. a. O. §. 24. Note 31. S. 260.

[20]) a Ludwig Different. jur. Rom. et Germ. in pact. de superst. hered. C. 4—6. — Lauterbach Coll. th. pr. XVIII. 4. §. 2. — Leyser Spec. 375 m. 27. — a Pufendorf Observ. T. III. obs. 12. §. 1.

[21]) I. 11. §. 445. 446.

Nur eine wirklich angefallene freie Erbschaft kann verkauft, und einem Andern gültig abgetreten werden.

Der Verkauf einer bestimmten oder unbestimmten [22]) Erbschaft, die dem Verkäufer noch erst anfallen soll, ist nichtig.

Hiervon ist der Fall zu unterscheiden, wenn unter den gesetzlich berufenen Miterben zu einer künftigen Erbschaft im Voraus eine Vereinigung über die Theilung oder Entsagung getroffen wird. Diese Übereinkunft war unter Zustimmung Desjenigen, über dessen Nachlaß paciscirt wurde, zuläßig, nur sollte Dieser an seine Zustimmung nicht gebunden sein [23]). Hiermit ist die deutsche Rechtsansicht in Verbindung gebracht, nach welcher man annahm, daß zu solchen Entsagungen und Vereinbarungen der gesetzlich berufenen Erben unter sich die Zustimmung des künftigen Erblassers nicht erforderlich sei [24]), wogegen derselbe, wenn ein Fremder ein Recht erlangen solle, dem Vertrage als Mitcontrahent beitreten müsse, an

---

[22]) Die Abtretung des Rechts auf die künftige Erbschaft eines unbestimmten Dritten hielt man nach L. 3. §. 2. D. pro socio (XVII. 2.) für zulässig, indem man die Stelle: — si ita coita societas sit, ut si qua justa hereditas alterutri obveniat, communis sit", auf die Verlassenschaft einer unbestimmten dritten Person bezog. Glück Th. XVI. S. 312. Diese Erklärung giebt schon die Glosse ad h. L. justa hereditas. „incerti hominis. alioqui non valet. ut C. de pactis l. fin. quae est contra. Das ALR. weicht also hierin von dem Gemeinen Recht ab, ganz consequent, da die gemeinrechtlich angenommene Erklärung der Glosse unrichtig ist. Vergl. oben Note 19.

[23]) L. 30. C. de pactis (II. 3). — Hasse im Rhein. Mus. Bd. II. S. 218. u. f.

[24]) Just. H. Böhmer de jure futuro. Cap. II. §. XX. (in exercit. ad Pand. Tom. I. S. 195). — Schilter Praxis jur. Rom. Exercit. XXX. §. 59.

den er dann aber auch, wie an einen Erbvertrag, gebunden bleibe [25]). So ist es auch nach dem Allg. Landrechte [26]).

Andere Einschränkungen als das Verbot der Abtretung des Rechts auf eine künftige Erbschaft hat das Preuß. Recht in Beziehung auf solche ungewisse Rechte nicht, welche zwar aus einem bereits vorhandenen Rechtsverhältnisse hervorgehen können, von welchen es aber noch ungewiß ist, ob sie zur Wirklichkeit kommen werden. Zu dieser Klasse gehören namentlich noch alle bedingten Forderungen, wobei es ungewiß ist: ob das zur Bedingung gemachte Ereigniß jemals eintreten wird, wovon die Forderungen aus Verträgen über erlaubte noch unentschiedene Spiele und Wetten eine Art sind.

Das Recht des Cessionars auf die Forderung oder vielmehr gegen den Schuldner wird bei solchen Verträgen natürlich erst von dem Augenblick an, wo das Ereigniß, von welchem sie abhängt, eingetreten ist, wirksam; wer aber von den beiden Contrahenten die Gefahr zu tragen habe, ist nach dem, der Cession zum Grunde liegenden, Vertrage zu entscheiden.

3) Die andere Klasse ungewisser, in einem vorhandenen Rechtsverhältniße gegründeter Rechte sind solche, welche ihrem Rechtsgrunde nach vollständig erworben sind, und von keinem ungewissen Ereignisse mehr abhängen, bei welchen aber der Gegenstand noch nicht bestimmt ist. Die Ungewißheit kann bestehen:

---

[25]) Claproth Rechtswissenschaft von richtiger und vorsichtiger Eingehung der Verträge und Contracte. Th. II. §. 280. S. 818. — Wernher Select. observat. for. P. VII. obs. 145.

[26]) I. 12. §. 649—654.

a. in der unbekannten Summe der Forderung. Man sollte glauben, daß die Cessibilität solcher Forderungen an sich unmöglich unerlaubt sein könnte. Wie es aber nicht leicht einen unzweifelhaft und vernunftgemäß scheinenden Satz giebt, den nicht irgend ein Jurist einmal bestritten hätte: so ist auch die Cession dieser Forderungen für unerlaubt erklärt worden[29]). Dieselbe ist aber nach Gemeinem Rechte[30]) sowohl, wie nach dem Preuß. Recht[31]) unzweifelhaft zuläßig. Die Ungewißheit kann auch bestehen:

b. in der Unbestimmtheit des Gegenstandes bei alternativen Forderungen. Gebührt dem Schuldner die Wahl, so ist die Cessibilität des Rechts außer allem Zweifel. Ob aber der Gläubiger das ihm zustehende Wahlrecht cediren könne, ist gemeinrechtlich sehr bestritten[32]). Das Allg. Landrecht entscheidet diese Controverse nicht; es enthält aber auch keine Bestimmung, durch welche die Zuläßigkeit der Cession zweifelhaft würde; und die Natur der Sache schließt die Übertragung des Wahlrechts an einen Andern nicht aus[33]). Was sich dagegen sagen ließe, besteht darin, daß der Schuldner dabei interessire, daß grade die-

---

29) Der Pariser Rechtsgelehrte Conanus in seinem Comment. juris civilis Libri decem, (zuerst Paris 1553.) Lib. VII. c. 8. Nr. 2. hält die Cession wegen des Verbots des pacti de quota litis für unzuläßig.

30) L. 5. D. de hered. vel. act. vend. (XVIII. 4.) — Mühlenbruch a. a. O. §. 24. S. 262.

31) §. 421 h. t.

32) Nach L. 75. §. 3. D. de legat. I. (XXX) ist es zuläßig. Nach L. 76. pr. u. L. 141. pr. D. de verb. oblig. (XLV. 1.) wird es für zweifelhaft gehalten. Die Glosse erklärt die Wahl für ein an die Person gebundenes Recht. Gl. cohaeret ad L. cit. 76. — Die verschiedenen Meinungen sind vollständig zusammengestellt bei Mühlenbruch a. a. O. S. 266. u. f.

33) Vergl. Mühlenbruch a. a. O. S. 261.

jenige Person, für welche die Wahl ausbedungen, und keine Andere wähle, weil Diese eine für ihn nachtheiligere Wahl treffen könne als jene. Dieser Grund müßte aber auch gelten, wenn der Gläubiger vor angestellter Wahl stirbt; und daß in diesem Falle das Wahlrecht auf die Erben überging, war von jeher unbestritten [34]). Dem Grundsatze zufolge, daß jedes Recht und dessen Ausübung Andern abgetreten werden kann, wobei sich keine Einschränkung nachweisen läßt, muß nach Preuß. Rechte das Wahlrecht für cessionsfähig gehalten werden.

c. Wiederkehrende Forderungen, deren Zahl unbestimmt ist, und

d. unsichere oder in Beziehung auf die Richtigkeit und Gültigkeit zweifelhafte Forderungen [35]), sind eben so wohl cessionsfähig wie

e. ein ganzer Inbegriff von Forderungen, z. B. die sämmtlichen Forderungen einer Person, oder aus einem bestimmten Geschäft, welcher Fall öfter vorkommt, wenn ein Handel- oder Gewerbtreibender einem Andern sein ganzes Geschäft überträgt [36]).

---

[34]) L. cit. 76. „— in heredes tamen transit obligatio, et ante electionem mortuo stipulatore.“ Gl. ad h. L. „Personalis est electio servo vel filio stipulante et vivente: sed non est personalis, quin ad legatarium transeat, et ad heredem.“ — Summarium Bartoli ad L. 78. (75). §. 3. D. de leg. I. „— potestas eligendi non transit in cessionarium vivo creditore, sed eo mortuo transit ad heredem, qui praesumitur voluntatem defuncti scire“ — Dieß konnte von dem Procurator in rem suam (Cessionarius), welcher mit dem Gläubiger Rücksprache nehmen kann, noch mit mehrerm Grunde präsumirt werden. Der anscheinende Widerspruch in den angef. Stellen erklärt sich aus dem Verhältniß der hausunterthänigen Personen zum Hausherrn. Mühlenbruch a. a. O. S. 271. a. a. O.

[35]) §. 421. 422.

[36]) Voet Commentar. ad Pandect. XVIII. 4. §. 9. in f. „— et

§. 13.

cc. Forderungen aus unerlaubten Handlungen.

Daß solche Vermögens-Ansprüche, welche aus einer unerlaubten Handlung entsprungen waren, auf Andere übertragen werden können [37]), war von jeher anerkannt. Auch in Hinsicht der zu diesen Klagerechten gehörigen possessorischen Interdicte findet sich keine Ausnahme. Bei diesem kommt es auch nicht darauf an, daß der Cessionar eben dieselben Rechte an der Sache habe wie der Cedent, nur versteht es sich, daß der Cessionar die Sache, deren Gewahrsam er durch die possessorische Klage erhält, für sich muß besitzen sollen. Unter den ältern gemeinrechtlichen Juristen war es streitig: ob possessorische Interdicte, insbesondere die interdicta recuperandae possessionis titulo singulari auf Andere übertragen werden könnten [38]). In der neuern Zeit wird dieß für ausgemacht angesehen [39]), wie denn auch so wenig das Allg. Landrecht eine

---

actionum universitas recte venditur, veluti totum mercatoris calendarium (t'gehele Schultboek), quod subinde fieri, ubi mercator foro cessit, apparet ex Responsis Jurisc. Holl. Part. 4. consil. 195."

[37]) L. 12. D. de verb. sign. (L. 16). — L. 7. §. 1. D. commodati (XIII. 6). — L. 35. §. 4. D. de contrah. emt. (XVIII. 1). — L. 31. pr. D. de act. emti. (XIX. 1). — L. 14. pr. u. L. 80. i. f. D. de furtis. (XLVII. 2). — L. 38. §. 1. D. de solut. (XLVI. 3). — Tiraquellus de retraict lign. §. 26. Gl. III. nr. 10—12. (Opp. Ed. 1516. Tom IV. p. 305).

[38]) Wegen L. 18. D. de vi et vi armata. (XLIII. 16), wo von dem Auftrage zu einer gewaltsamen Entsetzung, aber nicht von der Übertragung eines durch gewaltsame Entsetzung begründeten Interdicts die Rede ist. — Tiraquellus l. c. §. 26. Gl. I. Nr. 65—67. p. 299. u. Gl. III. Nr. 17. u. 18. p. 305.

[39]) v. Savigny Besitz §. 23. (4te Aufl. S. 210. 5te Aufl. S. 281). — Mühlenbruch a. a. O. §. 25. S. 277. u. f. —

Beschränkung enthält [40]), als aus der Beschaffenheit des Rechtsverhältnisses eine solche folgt: da der Entstehungsgrund einer einmal erworbenen Forderung keinen Einfluß auf die Ausübung derselben hat.

§. 14.

dd. Rechte aus unveräußerlichen Verhältnissen.

Deshalb, weil der Entstehungsgrund ohne Einfluß auf die Ausübung einer Forderung ist, können auch Rechte welche aus an sich nicht veräußerlichen Rechten und Verhältnissen entstanden sind, cedirt werden. Dahin gehören:

I. Rechte, welche aus Privilegien entstehen. Man kann die Privilegien in zwei Hauptclassen scheiden: in ababsolute und in relative [41]). A. Die relativen sind solche, welche sich auf eine vorhandene Sache oder auf ein Rechtsverhältniß beziehen und damit verbunden sind.

1. Diejenigen, welche an einer Sache haften oder damit verbunden sind, die s. g. privilegia causae, gehen mit der Sache auf jeden Andern über. Dahin gehören z. B. gewisse mit einem Gute verbundene Immunitäten oder Berechtigungen, wie das Recht gewisser Gutsbesitzer, Brandtwein zu brennen [42], die Landstandschaft, ferner die mit gewissen Forderungen verbundenen gesetzlichen Pfandrechte (nicht die bloßen privilegia exigendi, wie das privilegium dotis, welche

---

Der von Leyser Sp. 451. m. 6 mitgetheilte Fall ist theils schief angesehen, theils enthält er keine Cession des Interdicts.

[40]) I. 7. §. 148—150.

[41]) Anders stellt die Sache dar: Mühlenbruch a. a. O. S. 281—286. u. Wasmuth Diss. de privilegiorum natura, in specie de modis, quibus finiuntur vel amittuntur. Gött. 1787. Cap. I. §. 2. u. A.

mit einem Rechtsverhältnisse nicht mit der Sache verbunden sind). Ebenso kann der Besitzer einer solchen Sache auch die bloße Ausübung des Rechts einem Andern übertragen, soweit die Ausübung für den Andern ein Vermögensrecht bleibt, ohne das Recht selbst zu dessen Ausübung zu erfordern und also die Eigenschaft des eigenthümlichen Besitzes vorauszusetzen. Daraus folgt, daß der Pächter eines Landguts zwar die Brennerei für sich betreiben, aber nicht den Landtag für sich besuchen kann.

2) Diejenigen, welche der Person in Beziehung auf ein bestimmtes Rechtsverhältniß zustehen (privilegia personae.) Diese sind entweder affirmativ, oder negativ. Die Ausübung der affirmativen, wie das privilegium dotis [42]), die Rechte des Ehemannes auf das Vermögen der Frau, kann in der Regel auf Andere übertragen werden, deshalb sind die Rechte des Ehemannes auf das Vermögen der Frau auch Gegenstand der Execution für dessen Gläubiger; denn sie sind befugt, die Vermögensrechte ihres Schuldner zu ihrer Befriedigung, wider dessen Willen, im Wege der Execution auszuüben. Deshalb sind die Gläubiger eines Ehemannes nach der richtigen Meinung wohl befugt, dessen Rechte auf das Eingebrachte der Frau auszuüben; sie können daher auch die eingebrachten Mobilien veräußern. Man leugnet das gewöhnlich aus dem Grunde, weil das Recht des Mannes ein jus personalissimum sei. Dies beruht aber auf einer reinen Verwechselnng der Erwerbung und Fortdauer des Rechts des Mannes mit dessen Ausübung. Freilich kann kein Anderer als eben ein Ehemann Rechte auf das Vermögen einer Ehefrau vermöge der Ehe er-

---

[42]) Vergl. Recht der Forderungen. Bd. I, S. 552.

werben, das leuchtet ein; aber wenn er sie einmal erworben hat, so sind diese Rechte als bloße Vermögensrechte der gewöhnlichen Ausübung unterworfen. Wäre es, wie nicht der Fall ist, ein s. g. jus personalissimum, so müßte ja der Mann auch nicht berechtigt sein, freiwillig einem Andern die Ausübung zu überlassen, wie man das an den Rechten der Ehegatten auf die Person des Andern sehen kann. Bei Vermögensrechten hat, wie gesagt, die Erwerbungsart auf die Ausübung gar keinen Einfluß.

Die negativen Privilegien dagegen, wie das beneficium competentiae, welches seinem Wesen nach darin besteht, daß der Schuldner den Gläubiger nicht vollständig befriedigt, sondern von seinem Vermögen soviel er braucht behält, können von Andern nicht ausgeübt werden. Dagegen können die Forderungsrechte, welche daraus entstehen, als dadurch besonders erworbene Vermögensrechte, z. B. die Prästationen, welche einem Lehnsschuldner zur Competenz aus dem Lehn gegeben werden müssen, Andern überlassen werden [43]).

B. Die absoluten Privilegien sind entweder

1) für sich bestehende Gerechtigkeiten, an welchen ein Eigenthum gedacht werden kann, wie die persönliche Gerichtsbarkeit und die Monopole, wohin auch die in der neusten Zeit gewöhnlich gewordenen Patente auf neue Erfindungen gehören. Diese sind, wenn in dem Privilegium nicht ausdrücklich eine Beschränkung gemacht worden ist, veräußerlich, und auch von Andern auszuüben [44]). Oder

2) es sind bloße Befreiungen (privilegia personalia), welche Jemanden für seine Person beigelegt worden sind,

---

[43]) Ebendas. §. 42. Nr. III. S. 125.
[44]) Leyser Spec. 10. m. 2.

wie persönliche Immunitäten von gewissen Diensten [45]), Lasten und Abgaben; oder Rechte, welche einer physischen oder juristischen Person wegen gewisser Eigenschaften zustehen. Dahin gehören das Armenrecht, die fiscalischen Rechte, das beneficium aetatis. Diese sind von der Person unzertrennlich [46]). Dagegen sind bestimmte Forderungsrechte, welche daraus gegen Jemand erworben worden sind, allerdings cessibel.

II. Forderungen aus solchen Obligationsverhältnissen, welche selbst der Übertragung auf Andere unfähig sind, z. B. Forderungen aus einer Societät, oder fällig gewordene Alimente [47]), sind unzweifelhaft cessibel.

§. 15.

ee. Erbschaftsrechte.

Die Erben-Qualität, d. h. das Erbrecht selbst, kann nicht cedirt werden, weil dieses als eine persönliche Eigenschaft, welche von der Person unzertrennlich ist, also eigentlich zum Status gehört, anzusehen ist, woraus nicht bloß Rechte, sondern auch Verbindlichkeiten folgen. Dagegen kann der Erbe bekanntlich die Erbschaft, als ein Ganzes, die Universitas juris mit allen Rechten, Klagen, aber auch Lasten an einen Andern abtreten. Weil er aber nicht aufhört, Erbe zu sein, und weil kein Schuldner sich willkührlich von seiner Verbindlichkeit losmachen kann: so folgt, daß er auch von seinen Verbindlichkeiten nicht frei wird. Die Gläubiger können sich daher nach wie vor an

---

[45]) Städte-Ordn. §. 31. 45.

[46]) A. L. R. Einleit. §. 104.

[47]) Arg. L. 8. C. de transact. (II. 4). — Mühlenbruch a. a. O. S. 286.

ihn halten, ohne daß ihnen ihr Recht auf die Erbschaft selbst und gegen dessen Besitzer genommen ist[48]).

Es fragt sich: ob der Erbschaftskäufer das ihm übertragene Recht weiter abtreten kann, und, wenn dieß angeht: ob der zweite Verkäufer zu den Erbschaftsgläubigern in eben demselben Verhältnisse steht, wie der Erste. Die weitere Übertragung der Universitas als solcher ist nirgend verboten. In der Natur der Sache liegt auch kein Hinderniß. Aber die Verhältniße der Erbschaftsgläubiger zu dem zweiten und fernern Verkäufer, welcher nicht Erbe ist, sind nicht dieselben wie die des Ersten. Der Erbschaftskäufer ist als solcher den Gläubigern nicht persönlich verhaftet, weil er mit ihnen in keinem obligatorischen Verhältnisse steht. Nur als Besitzer der mit Schulden belasteten Universitas juris kann er in Anspruch genommen werden. Hört er gänzlich auf, Besitzer zu sein (und dieses geschieht, wenn er die Erbschaft als Ganzes weiter abtritt, ohne Etwas davon mit seinem Vermögen zu vermischen): so fehlt jede Beziehung zwischen ihm und den Gläubigern. Anders wäre es, wenn er vorher sich mit ihnen in ein obligatorisches Verhältniß eingelassen hätte. Alsdann würde er nach der Abtretung in demselben Verhältnisse aus den nehmlichen Gründen wie der Erste Verkäufer bleiben. Nach gemeinem Rechte konnte der Erbe die Erbschaft nicht vor der Erwerbung, d. h. vor der Antretung übertragen, weil das Recht, eine Erbschaft zu erwerben, nicht cessibel ist[49]). Dieß ist nach Preuß. Rechte anders, weil nach diesem die Erbschaft

48) A. L. R. I. 11. §. 162—164.

49) Mühlenbruch a. a. O. §. 4. S. 33. u. §. 25. S. 288. — Dess. Doctr. Pandectarum Vol. III. §. 703. Not. 4.

ipso jure erworben wird [50]). Deshalb kann auch der gesetzliche Erbe, wenn er durch ein ungültiges Testament ausgeschlossen ist, schon vor der Ungültigkeitserklärung desselben sein Recht und die ihm zustehenden Angriffsmittel abtreten [51]). Ein Ehemann z. B., welcher von seiner Ehefrau enterbt ist, kann sein Klagerecht cediren, und eben so gut können, wenn er im Einverständniß mit der Frau gewesen ist und sein Recht nicht ausüben will, seine Gläubiger im Wege der Execution davon Gebrauch machen. Nach Gemeinem Rechte wurden darüber Zweifel erhoben [52]): ob das Recht auf die Restitution eines Universalfideicommisses cedirt werden könne. Die Stelle [53]), welche das Gegentheil bestimmen soll, handelt aber von der Delegation [54]), und diese ist allerdings unmöglich, weil dadurch das Verhältniß des Fideicommissars gänzlich aufgehoben worden sein würde, so daß auch der Delegatar Nichts gehabt hätte, während durch die Cession eben das noch fortdauernde Recht des Cedenten auf den Cessionar zur Ausübung übertragen wird. Das Recht, die Antretung und Restitution von dem Fiduciarerben zu fordern, ging aber ipso jure mit dem Tode des Testators auf den Fideicommissar über, und die Restitution konnte auch an einen Procurator des Letztern geschehen [55]), weil es dazu

[50]) I. 9. §. 367. M. Abh. in der jurist. Wochenschr. Jahrg. 1836. Nr. 21 u. 22.

[51]) Mühlenbruch Lehre von der Cession. §. 25. S. 289

[52]) Andreas Tiraquellus de retraict lignagier §. 26. Gl. I Nr. 52. — Anton Faber Error. Pragmaticor. Decad. XXXI. Error. 1.

[53]) L. 59. (60). §. 1. D. de jure dotium. (XXIII. 3).

[54]) Dieß bemerkt schon die Glosse. M. s. über die Auslegung dieser Stelle Mühlenbruch a. a. O. S. 289. u. f.

[55]) L. 11. §. 2. — L. 40. §. 2. — L. 46. §. 1. — L. 66. §. 1. D. ad S. C. Trebell. (XXXVII.). — Casus Viviani ad d. L. 46. §. 1.

keiner Förmlichkeiten bedurfte. Es war also zur Cession nichts weiter als die Verabredung zwischen dem Fideicommissar und dem Procurator erforderlich, daß dieser die restituirte Erbschaft für sich behalten sollte.

Das Allg. Landrecht hat den nämlichen Grundsatz, daß das Recht, die Restitution zu seiner Zeit zu fordern, mit dem Tode des Testators auf den Fideicommissar übergehe, und von keiner Handlung desselben weiter abhängig sei, sondern ohne weiteres auf dessen Erben transmittirt werde [56]). Der Fiduciar behält daher, nach Preuß. Recht, keinesweges die Erbschaft, wenn der Fideicommissar vor dem Restitutionsfall verstirbt [57]). Es hindert mithin nichts, die Forderung auf Restitution zu cediren.

16. §.

e) Beschränkungsgründe.

β. An und für sich.

I) Rechte, welche nicht zu den Vermögensrechten gehören.

I) Aus der bisherigen Darstellung ergiebt sich, daß nur solche Rechte cessibel sind, welche zum Vermögensrechte gehören. Das Vermögensrecht ist im Allgemeinen

---

[56]) I. 12. §. 467. Nach einem Präjudicat in Hymmen's Beiträgen Bd. I. S. 65. Nr. 3 ist von der ältern Praxis der entgegengesetzte Grundsatz angenommen worden. Aber die dafür angeführte L. 25 pr. D. ad S. C. Trebell. ist unrichtig angewendet, da dieselbe von einer testamentarischen Bestimmung handelt, welche ausdrücklich einen Andern substituirt, wenn der Fideicommissar vor der Restitution versterben würde.

[57]) Dieser Meinung ist Merkel im Commentar ad I. 12. §. 467, auf Grund des in der vorigen Note angef. Präjud. Die übrigen Allegate passen nicht.

der Inbegriff von Rechten, welche sich auf solche Rechtsobjecte beziehen, die eine Schätzung nach Gelde zulassen. Daraus folgt:

> Forderungen, welche nicht einmal mögliches Object des Vermögensrechts sein können, lassen sich nicht cediren.

Umgekehrt hat der Satz aber keine allgemeine Gültigkeit. Man kann nicht sagen, daß Rechte, welche einer Schätzung nach Gelde fähig sind, auch cedirt werden können, wovon die actio aestimatoria injuriarum für das Gemeine Recht ein Beispiel ist, und weiterhin (Nr. 2.) auch für das Preuß. Recht ein Beispiel vorkommen wird. Um diese Fälle der Ausnahme unter die Regel zu fassen, sucht man den Begriff des Vermögensrechts anders zu bestimmen. Man nimmt nämlich Fälle an, wo zwar das Object des Rechts einer pecuniären Schätzung fähig, das Recht selbst aber unschätzbar sein soll. Dieß soll z. B. bei der ästimatorischen Injurienklage, der querela inofficiosi, und der actio revocatoria bei Schenkungen der Fall sein. Hier müßte, sagt man, das Recht selbst von dem Object desselben, unterschieden, und also der Begriff eines Vermögensrechts als eines solchen gefaßt werden, welches schon an und für sich selbst, nicht aber bloß seinem Objecte nach einer pecuniären Schätzung fähig sei [1]). Aber nach diesem Begriffe würden die mehrsten Vermögensrechte ausscheiden; denn die mehrsten sind bloß wegen ihres Objects einer Schätzung nach Gelde fähig. Ferner liegt in der Beschaffenheit der actio revocatoria, d. h. des Klagerechts, durch welches ein Geschenkgeber die geschenkte Sache zurückfordern kann, nichts, welches bei dieser einen solchen Unterschied erfor-

---

1) Mühlenbruch a. a. O. S. 293.

dern, und bei andern Klagerechten, z. B. der actio redhibitoria unmöglich machen sollte. Bei dieser wie bei jener läßt sich das Recht nur nach dem Objecte schätzen. Dieser aus der Natur der Sache nicht hervorgehende Unterschied erklärt also nicht, warum die genannten Klagerechte nicht cessibel sein sollen. Nach ihrer Beschaffenheit gehören sie wohl zum Vermögensrecht. Dieß muß auch von der actio injuriarum aestimatoria angenommen werden; denn das Object des Klagerechts, und dieß Letztere ist immer der Gegenstand der Cession — ist eine Geldsumme. Die Entstehungsursache desselben kann in einem andern Rechte ihren Grund haben. Dieß kommt dabei nicht in Betracht. Wenn aber diese Fälle ebenfalls zum Vermögensrecht gehören, und gleichwohl keine Cession zulassen, so müssen es bloße Ausnahmen sein, und als solche werden sie im Römischen Rechte allerdings auch angesehen. Diese sind folgende:

1) die s. g. actiones vindictam spirantes. Dahin gehört:

a. die Injurienklage. Wo die Genugthuung für die Verletzung eines Menschen an seiner Ehre in einer öffentlichen Strafe besteht, da kann von einer Cession des Klagerechts gar nicht die Rede sein, weil ein solches nicht zu den Vermögensrechten zu zählen ist. Wo aber dem Beleidigten zur Genugthuung eine Summe Geldes von der positiven Gesetzgebung zuerkannt ist, da ist das durch die erlittene Beleidigung erworbene Recht, diese Summe Geldes zu fordern, ein wahres Vermögensrecht geworden. Dieß ist der Fall mit der Römischen actio injuriarum auf eine Geldsumme. Ohne eine positive Beschränkung wäre daher die Cession des Klagerechts nicht unmöglich gewesen. Es widerspricht aber den Begriffen von Ehre und

Anstand, die Ehrverletzung zum Handelsartikel zu machen, vielmehr erfordert es die Ehre, die erlittene Verletzung zu repariren, und nicht die Forderung als ein Vermögensstück zu behandeln [2]). Daher ist derjenigen Meinung der Vorzug zu geben, welche die Injurienklage ausnahmsweise für nicht cessibel erklärt [3]).

Das Allg. Landrecht hat diese Controverse entscheiden zu müssen geglaubt, und bestimmt:

> §. 388. Injurienklagen können niemals Andern abgetreten werden.

Dieser Bestimmung hätte es nicht bedurft, indem nach Preuß. Recht schon aus dem Grunde keine Cession denkbar ist, weil die Klage nicht auf eine Privatstrafe geht. Dagegen war schon nach Röm. Recht die concurrirende Forderung auf Schadloshaltung als ein reiner Gegenstand des Vermögensrechts cessibel [4]); und diesen Grundsatz spricht auch das Landrecht aus [5]). Deshalb wird auch der, den Personen vom Bauer- oder gemeinen Bürgerstande zuste-

---

[2]) L. 7. §. 1. L. 28. D. de injur. (XLVII. 10). — L. 32. pr. D. ad Leg. Falcid. (XXXV. 2). — Cicero pro Caecina Cap. 12. in f. sagt zwar: actio enim injuriarum non jus possessionis assequitur, sed dolorem imminutae libertatis judicio poenaque mitigat." Das erstere bezieht sich aber auf den Fall, wo der Kläger gewaltsam an dem Eingang in sein Haus verhindert worden war, und nun in den Besitz eingesetzt sein wollte. Die actio injuriarum, meint Cicero, sei dazu nicht das rechte Rechtsmittel, mit der Äußerung „non jus possessionis assequitur," ist aber nicht gesagt, daß das Object der Injurienklage nicht zum Vermögensrecht gehöre.

[3]) Gl. u. Summ. Bartoli ad L. 28. D. de injur. — Azonis Summa in C. de her. vel act. vend. Nr. 18. — Vergl. über die verschiedenen Meinungen Mühlenbruch a. a. O. S. 297. u. f.

[4]) L. 5. §. 1. D. ad leg. Aquil. (IX. 2.)

[5]) §. 389. h. t.

hende Anspruch auf Schmerzengeld [6]) für cessibel erachtet werden müssen.

b. Die inofficiosi testamenti vel donationis querela wurde nach Röm. Recht nur dem Verletzten für seine Person zugestanden, und nur unter gewissen Voraussetzungen auch auf die Erben transmittirt [7]), sonst aber gewöhnlich wie die Injurienklage, nicht als zum Vermögensrecht gehörig, angesehen [8]). Es ist deshalb auch hier gemeinrechtlich controvers: ob diese Klage cessibel sei [9]). Das Allg. Landrecht hat hierüber keine Bestimmung. Da es aber keine Beschränkung enthält [10]), so hindert nichts, dieses Klagerecht zu cediren. Die Praxis bezweifelt es auch nicht.

c) Eben so will man die Klage eines Geschenkgebers auf Rescission der Schenkung wegen Undanks zum Vermögensrecht nicht rechnen, und für incessibel erklären [11]). Dafür fehlt es, wie schon vorhin angedeutet ist, an zureichendem Grunde. Nach Preuß. Rechte ist dieß in keinem Falle anzunehmen [12]).

2) Die Dienste der Freigelassenen [13]). Diese bestanden in s. g. operae officiales, d. h. solchen, welche in Abgaben und gemeinen häuslichen Verrichtungen bestanden [16]); und in operae fabriles, welche eine Kunstfertigkeit erforderten. Nur die Letztern wurden für ein Vermögensrecht

6) I. 6. §. 112. 113. — Jahrb. Bd. XLI. S. 8.

7) L 6. §. 2. L. 7. D. de inoff. test. (V. 2). — L. 34. 36. C. de inoff. test. (III. 28).

8) L. 8. pr. D. eod. L. 1. §. 1. D. si quid in fraudem patroni (XXXVIII. 5.).

9) Mühlenbruch a. a. O. S. 301.

10) II. 2. §. 432. u. f. u. I. 11. §. 1113—1116.

11) Mühlenbruch a. a. O. 302.

12) I. 11. §. 1151—1159.

13) Über dies. s. m. bes. Cujacius Observ. lib. XIV. Cap. 11. — Mühlenbruch a. a. O. S. 303—306.

16) L. 7. §. 3. — L. 18. pr. D. de operis libert. (XXXVIII. 1).

und für cessibel gehalten, die Erstern nicht [17]). Diese galten für rein persönliche Rechte und Pflichten, welche nicht schätzbar, und weder von einem Andern als dem individuell Verpflichteten geleistet, noch von einem Andern als dem Patron empfangen werden konnten [18]). Man hielt dieß Verhältniß also für so individuell, daß der active oder passive Übergang auf einen Fremden für eine Vernichtung des Verhältnisses selbst angesehen wurde. Eigentlich hören darum diese Dienste nicht auf, ein Gegenstand des Vermögensrechts zu sein; sie sind nur an die Person gebunden, wie dieß mit mehrern andern obligatorischen Verhältnissen auch der Fall ist. Gerade so wie bei diesen, können daher auch die versäumten rückständigen Dienste angeschlagen, und an Andere zur Einforderung abgetreten werden [19]). Diese Grundsätze sind für das Preuß. Recht von practischem Interesse bei dem Verhältniß der Pflegekinder, wo etwas Ähnliches vorkommt. Von Pflegekindern gemeiner oder unbekannter Herkunft nämlich können die Pflegeältern Dienstleistungen zur Entschädigung fordern. Das Kind muß, nach zurückgelegtem vierzehnten Jahre, so viel Jahre ohne Lohn dienen, als es vorher verpflegt worden ist; und diese Dienste können an Fremde nicht überlassen werden, und hören mit dem Tode der Pflegeältern

---

[17]) L. 6. 9. §. 1. L. 25. D. eod. — L. 26. §. 12. D. de cond. indeb. (XII. 6).

[18]) L. 9. §. 1. D. de operis libertor. „Sed officiales quidem futurae nec cuiquam alii deberi possunt quam patrono, cum proprietas earum et in edentis persona, et in ejus, cui eduntur, consistat.“ L. 20. §. 2. D. de acquir. vel. omitt. hered. (XXIX. 2). Der Schluß dieser Stelle ist corrumpirt.

[19]) L. 4. in f. D. de operis libert. „Nam etiam praeteritarum operarum actionem dari heredi extraneo sine metu exceptionis placet.“

auf [20]). Wahrscheinlich haben hierbei die vorhin vorgetragenen Römischen Bestimmungen zum Muster gedient. Daß für die verweigerten Dienstleistungen eine Entschädigung gefordert werden könne, und daß diese Forderung für die Rückstände cessibel sei, ist wohl nicht zu bezweifeln. Nur die künftigen Dienste können keinem Andern überlassen werden.

§. 17.

II) Mit der Person verbundene Rechte.

II) Die bisher genannten Rechte sind solche, welche ihrem Objecte nach zwar ebenfalls Vermögensrechte sind, aber ausnahmsweise aus speciellen Gründen als solche nicht behandelt, und deshalb nicht für übertragbar erachtet werden. Andere Rechte werden in jeder Hinsicht für reine Vermögensrechte, aber doch nicht für cessibel gehalten, weil sie entweder durch die Verabredung, oder durch besondere, nur in der Person der Contrahenten vorhandene, Bedingungen, oder durch ihren Zweck an die Person des Berechtigten gebunden sind [21]).

1) Die Verabredung kann sowohl eine ausdrückliche, als eine stillschweigend vorausgesetzte, sich von selbst verstehende, sein. Ein Vertrag welcher die ausdrückliche Übereinkunft enthielte, daß der Gläubiger sein Recht nicht cediren solle, würde vollkommen gültig sein, und die dennoch erfolgte Cession unwirksam machen, insoweit der Cessionar

---

[20]) II. 2. §. 761. 765. 767. 768. u. II. 5. §. 206.

[21]) Mühlenbruch a. a. O. S. 307. — Ein rein positives Verbot war für das bereits vorübergegangene Verhältniß der Compensations-Anerkenntnisse gegeben, welches jetzt nicht mehr interessirt. C. O. v. 1. Juli 1820. Nr. 4. Ges. S. S. 112.

diese Verabredung aus dem Vertrage hätte entnehmen können; sonst würde er der Exception seinen guten Glauben entgegen setzen können. Bei solchen Rechtsgeschäften, wo die Rechte wechselseitig zugleich durch Verbindlichkeiten bedingt sind, versteht sich diese Bedingnng immer stillschweigend von selbst, weil Verbindlichkeiten nicht cedirt werden können. Hierher gehört unter andern:

a. Die Societät, soweit darunter die persönlichen Gesellschaftsrechte verstanden werden [22]). Davon sind jedoch die Rechte mehrerer Miteigenthümer an einer gemeinschaftlichen Sache zu unterscheiden. Diese bilden keine eigentliche Gesellschaft [23]), und können daher ihren Antheil an der gemeinschaftlichen Sache ungehindert veräußern [24]).

---

[22]) L. 49. D. pro socio. (XVII. 2). „socius mihi esse non potest, quem ego socium esse nolui.“ A. L. R. I. 17. §. 68. „Hat — in diesem (Gesellschafts-) Vertrage ein Mitglied zugleich gewisse Handlungen und persönliche Pflichten übernommen: so kann derselbe seinen Mitgenossen, durch Veräußerung seines Anrechts, einen Fremden, wieder ihren Willen nicht aufdringen.“

[23]) L. 31. D. pro socio. „ut sit pro socio actio, societatem intercedere oportet, nec enim sufficit, rem esse communem, nisi societas intercedit“

[24]) L. 3. de communium rerum álienatione (IV. 52). „Falso tibi persuasum est, communis praedii portionem pro indiviso, antequam communi dividundo judicium dictetur, tantum socio, non etiam extraneo posse distrahi.“ A. L. R. a. a O.

„§. 60. Bei gemeinschaftlichem Eigenthume, welches weder durch Vertrag, noch durch Verordnung eines Dritten entstanden, ist jeder Theilnehmer sein Anrecht auf einen Fremden zu überlassen wohl befugt.“

§. 64. Auch ist die Abtretung des Miteigenthums an einen Fremden, bei Gemeinschaften, welche durch Verordnung eines Dritten entstanden sind, in der Regel zulässig.

§. 67. Bei Gemeinschaften — durch Vertrag -- haben eben diese Vorschriften in soweit Anwendung, als der Vertrag bloß die Erwerbung eines gemeinschaftlichen Eigenthums zum Gegenstande hat.

b) Das Mandat. Vor Beendigung des Mandats hat der Mandatar gar keine Forderung, sondern nur eine Verbindlichkeit. Er kann zwar seine künftige Forderung, welche er aus dem Mandatsverhältnisse erhalten wird, cediren, nicht aber den ihm ertheilten Auftrag [25]).

c) Der Pacht- und Miethscontract. Die Frage: ob der eine Contrahent sein ganzes Recht auf einen Andern dergestalt übertragen könne, daß dieser beziehungsweise als Miethsberechtigter angesehen werden müsse, ist unter den Gemeinen Rechtsgelehrten noch jetzt streitig [26]), ungeachtet das Römische Recht, welchem hierin das Franz. Recht folgt [26a]), die Sublocation gestattet. Das Allg. Landrecht verwirft selbst diese Anomalie, und bestimmt Th. I. T. 21. ausdrücklich:

> §. 309. Der Miether einer Sache ist nicht befugt, den ihm eingeräumten Gebrauch der Sache einem Andern — zu überlassen.
>
> §. 310. Insonderheit darf der Miether einer Wohnung — Andere darin für Geld nicht aufnehmen.

Da hierdurch auch der Grund, welcher nach dem Gemeinen Recht den Zweifel, bei der sonst nach der Natur der Sache anerkannten Incessibilität des Verhältnisses an sich, veranlaßte, sehr unzweideutig beseitigt ist, so sollte man glau-

---

Das Pr. Landr. Bd. IV. Tit. 6. Art. 2. §. 7. dehnt diese Grundsätze auch auf die Gütergemeinschaft unter Eheleuten aus. Vergl. Hasse Beitr. z. Revis. d. bisherigen Theorie von der ehelichen Gütergemeinschaft. Kiel 1808. §. 57.

[25]) I. 13. §. 38. — L. 28. D. de negot. gest. (III. 5). — L. 8. §. 3. D. Mandati. (XVII. 1).

[26]) Mühlenbruch a. a. O. S. 310. u. f.

[26a]) Code civil Art. 1717. u. 1763. Dieser Grundsatz ist nicht ohne Widerspruch beibehalten. Maleville ad Art. 1717.

ben, daß nach Preuß. Recht die Sache für völlig ausgemacht angesehen werden müßte. Den Rechtssatz erkennt man auch an; aber in Beziehung auf die Wirkung einer solchen unzulässigen Cession hat man behaupten wollen, daß der Vermiether den Cessionar doch nicht zur Räumung anhalten könne, weil zwischen beiden kein obligatorisches Verhältniß vorhanden sei; sondern daß der Vermiether nur gegen seinen Miether auf Austreibung des Aftermiethers klagen könne[27]). Diese Behauptung ist einer juristischen Würdigung nicht fähig. Dem Cedenten ein Klagerecht gegen den Cessionar auf Aufhebung der Cession aus dem Grunde zuzuschreiben, weil dem Cessionar ein Recht abgetreten worden ist, welches er auszuüben verhindert wird, ist eben so widersinnig, als wenn man dem Verkäufer das Recht beilegen wollte, auf Rescission des Kaufcontracts deshalb zu klagen, weil dem Käufer die verkaufte Sache evincirt werden soll[28]). Der Vermiether

[27]) Jur. Zeit. Jahrg. 1832. S. 613. 837. u. 1168. — Diese Aufsätze eines Unbekannten scheinen von keinem Sachverständigen herzurühren. Er meint, es könne ja aus dem, zwischen dem Vermiether und Miether ergangenen, Erkenntniß Execution ad faciendum gegen den Letztern auf Räumung der Miethe Seitens des Aftermieters vollstreckt werden. Diese Bemerkung ist vollends aus dem Wege. Als wenn Jemand durch Execution ad faciendum angehalten werden könnte, den Strasburger Münster nach Berlin zu tragen! Zuletzt meint er, der Miether könne seinen Aftermiether zur Verlassung der Miethe nöthigen, weil der Vertrag nach I. 5. §. 62. u. 67. ungültig sei.

[28]) Ausführlich ist das Sachverhältniß entwickelt in den Aufsätzen S. 713 u. 1016 der Jur. Z. pro 1832. — Ein unbekannter Dritter tritt in der Jur. Z. Jahrg. 1835. S. 1232. als Obmann auf, und meint die rechte Entscheidungsnorm gefunden zu haben, welche die Beiden (a + b u. K . . .) „in der Hitze des Streits übersehen“ haben sollen, und weshalb er denn den Ausspruch thut, daß K . . . zu weit gehe, wenn er glaube, daß

ist contractlich nichts anders schuldig, als dem Miether den Gebrauch der Sache zu prästiren. Gegen einen Dritten und einen Singular-Successor des Miethers ist er dazu nicht schuldig, folglich kann er denselben austreiben. Mit dem Miether hat er dieserhalb nichts zu thun.

Die actio locati — das Verhältniß des Vermiethers — ist nach Römischem Rechte eben so wenig cessibel. Der gewöhnlichste Fall, wo dieses zur Sprache kommt, ist die Veräußerung der vermietheten Sache. Hier wird die aus dem Grundsatze, daß mit Verbindlichkeiten gemischte Rechte nicht cedirt werden können, folgende Incessibilität dieses Verhältnisses durch ausdrückliche Bestimmungen entschieden bestätigt [29]). Gleichwohl hat man das Gegentheil behauptet [30]). Nach Preuß. Recht hat die Sache dadurch eine andere Lage erhalten, daß der Grund-

---

auch das Erkenntniß, was nicht gegen den Aftermiether, sondern gegen den Hauptmiether ergangen, nicht executirt werden könne. Mit dieser Stelle meint er den §. 7. Tit. 24. Th. I. d. A. G.

„Derjenige, dessen Gerechtsame in Ansehung eines gewissen Gegenstandes lediglich von den Gerechtsamen eines Andern abhängen, muß alles das gegen sich gelten lassen, was wider jenen wegen sothanen Gegenstandes rechtlich erkannt worden ist.“

Diese Bestimmung handelt, wie auch das Marginale wörtlich ausdrückt, von der Execution gegen den Singular-Successor, also von dem Falle, wo Jemand eine Sache erwirbt, nachdem vorher schon mit dem Autor der Prozeß ausgemacht worden, wie z. B. wenn ein Gut für decempflichtig erkannt worden ist, und nachher veräußert wird. Auf die vorliegende Frage paßt die Stelle nicht besser, als jede beliebige andere..

[29]) L. 32. D. locati conducti (XIX. 2). — L. 13. (14.) §. 30. D. de act. emti vend. (XIX. 1).

[30]) Glück Commentar Band XVIII. §. 1062. S. 26. u. f.— Cropp in seinen und Heise's juristischen Abhandl. Bd. II. Nr. X. §. 4. Sehr gut und überzeugend widerlegt von Mühlenbruch a. a. O. S. 313. u. f.

satz: Kauf bricht Miethe, verworfen worden ist [31]). Hiernach ist der Pächter berechtigt, jeden Singular-Successor des Verpächters zur Fortsetzung des Contracts, aus eigenem Rechte, zu zwingen, und die Gleichheit der Rechte unter den Partheien, auf welche man sich hier besonders beruft [32]), hat nun allerdings die Consequenz, daß auch der Pächter seinerseits angehalten werden kann, den Contract fortzusetzen, wenn der neue Erwerber jura cessa erhalten hat. Dieß wird in der Praxis auch für unzweifelhaft angenommen. Hierin weicht denn das Preuß. Recht von Dem, was die Consequenz mit sich bringt, ab; indeß geht diese Abweichung doch nicht so weit, daß der Verpächter seine Verbindlichkeit einseitig auf einen Andern übertragen könnte, vielmehr bleibt er nach wie vor dem Pächter verhaftet, soweit nicht der neue Eigenthümer den Contract erfüllt, und der Pächter Jenen nicht der eingegangenen Verpflichtungen ausdrücklich entlassen hat.

Bei der locatio conductio operarum (dem Dienstvertrage) findet sich diese Anomalie nicht. Nach Gemeinem Rechte wird auch hier die Zulässigkeit der Cession der Dienste an einen Andern von Einigen [33]), ohne jede Würdigung des Rechtsverhältnisses, und Erwägung der aus demselben gegen die Zulässigkeit der Cession sich ergebenden Gründe, behauptet; indeß sind deren, schon ohnehin gegen die Consequenz verstoßenden, und dazu von allen positiven Bestimmungen verlassenen, Meinungen gegen die

---

[31]) I. 21. §. 358.

[32]) Glück a. a. O. S. 27.

[33]) Westphal Lehre vom Kauf-, Mieth- und Pachtcontrakt. §. 909. — Berger Oec. jur. Lib. III. Tit. V. Th. 22. Not. 5. — Lauterbach Coll. theor. pract. Pand. XIX. 2. §. 29. u. A.

wirkliche Bewandniß der Sache [34]) völlig gewichtlos. Das Preuß. Recht ist hierin frei von dem Einflusse jener Meinungen geblieben. Daß der zur Dienstleistung Verpflichtete sein Verhältniß auf keinen Andern übertragen könne, ist ausdrücklich anerkannt [35]). In Beziehung auf das Verhältniß des Dienstherrn fehlt es an einer ausdrücklichen Bestimmung. Der Satz: daß der Dienstherr keinem Andern den Dienstboten ohne dessen Willen abtreten könne, ist jedoch als unzweifelhaft anerkannt. Bei dem ländlichen, d. h. solchem Gesinde, welches zu Dienstleistungen bei der Landwirthschaft gedungen ist, kommt derselbe in den Fällen der Veräußerung des Landguts häufig zur Anwendung. Man hat hierin auch eine Änderung des gültigen Rechts auf dem Wege der Gesetzgebung zu erlangen gesucht. Im Jahre 1826 trug die Regierung zu Breslau den Anspruch der Käufer von Landgütern auf das Gesinde des Vorbesitzers dem Polizei-Ministerium vor, und die Neuvorpommerschen Stände schlugen, um dieselbe Zeit, in ihrer Petition um Einführung der Gesindeordnung, das Amendement vor: daß das Landgesinde, bei Veränderungen der Person des Gutsbesitzers, im Dienste des neuen Gutsbesitzers, bis zur nächsten gesetzlichen Umzugszeit, verbleiben solle. Es ist indeß in der Vorsorge für die Landwirthschaft kein genügender Grund gefunden worden, bei der allgemein aufgehobenen glebae adscriptio das Gesinde wieder schollenpflichtig zu machen [36]).

---

[34]) Glück Commentar. Th. XVII. S. 316. u. f. — Mühlenbruch a. a. O. S. 322.

[35]) A. L. R. Th. II. Tit. 5. §. 62. — Gesinde-Ordnung v. 8. November 1810. §. 62. Ges.-Samml. S. 108.

[36]) Motive der Gesetz-Revision zu dem Entwurf des Allg. Landrechts. Th. II. Tit. 5. S. 57.

Die locatio operis ist von andern Miethsverhältnissen ganz verschieden. Auf den Besteller wird von Seiten des Entrepreneurs oder Werkmeisters (redemtor operis) in der Regel keine andere persönliche Rücksicht genommen, als solches bei Eingehung eines jeden andern contractlichen Verhältnisses geschieht. Auf Seiten des Bestellers ist keine solche Wechselseitigkeit von Rechten und Verbindlichkeiten wie bei der locatio rerum und operarum. Der Cession seines Rechts steht daher eben so wenig etwas entgegen, als der Cession der Actio emti. Nach denselben Grundsätzen ist die Cession der Engagementsbriefe zu beurtheilen [36a]). Anders ist es mit dem Verhältniß des Entrepreneurs. Die Römischen Juristen sahen zwar die Überlieferung des Werks als Hauptsache, die Verfertigung desselben als etwas Untergeordnetes an. Deshalb konnte der Unternehmer, wenn auch nicht sein Recht an einen Andern cediren, doch die Arbeit einem Andern überlassen [37]), ausgenommen, wenn auf die Person des Künstlers oder Werkmeisters besonders gesehen worden war [38]). Allein das Preuß. Recht geht davon aus, daß bei dem Verdingungsvertrage immer stillschweigend vorausgesetzt werde, das Werk solle auch von dem gewählten Werkmeister oder Künstler selbst gemacht werden, mit andern Worten: der locator operarum vermiethe seine eigenen Dienste. Deshalb soll er in keinem Falle die Ausführung des Werks einem Andern übertragen können, wo-

---

[36]a) Simon's Rechtsspr. I. 159. — Vergl. Linde rc. Zeitschrift für Civilrecht und Prozeß. Bd. II. S. 468.

[37]) L. 48. pr. D. locati conducti (XIX. 2). — L. 38. §. 21. D. de verb. oblig. (XLV. 1).

[38]) L. 31. D. de solut. et liberat. (XLVI. 3).

durch aber die Annahme fremder Hülfe nicht ausgeschlossen ist [39]).

Mit diesen Rechtsgrundsätzen harmonirt das ausdrückliche Verbot, die Rechte auf übernommene Postfahrten und Postritte zu cediren, oder den in Entreprise übernommenen Transport der Posten zu sublociren [39a]).

Daß die aus den verschiedenen Miethsverhältnissen entstandenen einseitigen Forderungsrechte, wie z. B. das verdiente Lohn, oder die Pachtforderung cedirt werden können, versteht sich von selbst. Die Cession des Rechts zur Einziehung der künftig fälligen Lohnforderung ist als die Abtretung eines künftigen Rechts anzusehen, welches von der richtigen Leistung der Dienste abhängig ist. Die Cession fixirter Besoldungen, Emolumente und Pensionen der Beamten, soweit sie nicht rückständig oder fällig sind, ist jedoch im öffentlichen Interesse für unwirksam erklärt [40]).

d) Das Wiederkaufsrecht. Auch in Beziehung auf dieses waren die Meinungen über die Frage wegen der Cessibilität einander entgegengesetzt. Nach der Einen sollte das Recht, ohne ausdrückliche Bestimmung nicht auf die Erben übergehen, und deshalb auch nicht cedirt werden können [41]), weil die ausbedungene Befugniß zum Rück-

---

[39]) I. 11. §. 928. 929.

[39a]) Cours-Ordre v. 19. Febr. 1790, welche dem Circular des General-Postamts v. 7. Novbr. 1803 u. 2. Febr. 1805. (Rabe Samml. VII. S. 514 u. VIII. S. 242) zum Grunde liegt, aber in keiner öffentlichen Sammlung abgedruckt ist.

[40]) Anh. z. A. G. O. §. 163. — Publ. v. 18. November 1802 (Stengel Bd. XVI. S. 102). — V. v. 28. Febr. 1806. (Mathis II. S. 396.) — Rescr. v. 14. Juli 1831. (Jahr-B. Bd. XXXVIII. S. 101). — Cab.-Ordre v. 19. Januar 1833. (Ges. S. S. 4).

[41]) Hartm. Pistor Observat. 151. Nr. 14.

kauf eine in der Willkühr des Verkäufers stehende conditio potestativa, vel arbitraria sei, welche zu erfüllen nicht auf die Erben übergehe [42]). Dagegen hielt die andere Meinung den Rückkauf für eine Resolutiv-Bedingung, wodurch der Contract nicht erfüllt, sondern aufgehoben würde; so daß also, da potestative Resolutiv-Bedingungen auf die Erben übergingen, auch das Wiederkaufsrecht vererbt werden müsse, folglich, weil Alles, was auf die Erben transmittirt werde, cessibel sei, auf Andere cedirt werden könne [44]).

Das Allg. Landrecht hat die letztere Ansicht verworfen, und nach der erstern bestimmt, daß das Wiederkaufsrecht, ohne ausgedrückte oder vorausgesetzte Verabredung, nicht auf den Erben übergehe [45]), und auch nicht cedirt werden könne [46]). Der eigentliche Grund davon ist aber der [47]), daß bei dem Verhältnisse nur auf die Person Rücksicht genommen ist, und dem Käufer kein fremder Contrahent für den künftigen Wiederkauf aufgedrungen werden kann, da dasselbe kein einseitiges Recht, sondern aus Rechten und Verbindlichkeiten gemischt ist.

e) Der Inhaber eines Wechsels kann, wenn der Acceptant nicht zahlt, und der Aussteller den Wechsel einlö-

---

[42]) Gail Observ. Lib. II. obs. 2. Nr. 3. — Berlich Conclus. P. II. concl. 2. Nr. 22.

[44]) Carpzow Jur. for. P. II. const. 1. def. 12. — Berlich Concl. P. II. concl. 2. Nr. 27. — Stryck Us. mod. XVIII. 1. §. 50. in f. Dieser, welcher den Grundsatz: quae ad heredem transmiti possunt etc., nicht anerkennt, giebt als Grund an: „cum et actio personalis cedi possit."

[45]) I. 11. §. 316. 317.

[46]) Ebd. §. 312.

[47]) Der Grund der angenommenen Meinung, daß otestativ Resolutivbedingungen nicht auf die Erben übergehen sollen, findet sich nicht anerkannt.

set, demselben seine Rechte an den Acceptanten nicht cediren [48]); weil das Wechselgeschäft durch die Zurückgabe der Valuta, die nur sub conditione, daß der Trassat die auf ihn gezogene Summe zahlen würde, an den Trassanten entrichtet worden, wieder aufgelöset wird, folglich kein Wechselrecht bestehen bleibt, welches übertragen werden könnte [49]).

2) Zu den Rechten, welche durch gewisse Eigenschaften in der Person des Berechtigten bedingt sind, gehört das Retractrecht. Daß dasselbe kein Gegenstand der Cession sein könne, wenn dasselbe in einer persönlichen Qualität, wozu auch die Eigenschaft als Besitzer eines in gewissen Verhältnissen befindlichen Grundstücks gehört, gegründet ist, wird nicht bezweifelt [50]). Desto streitiger ist es, wenn der Grund desselben in einem Vertrage oder Testamente liegt. Die mehrsten Anhänger hat die Meinung, nach welcher die Cession aus dem Grunde zulässig sein soll, weil Vertragsrechte auf die Erben übergehen und veräußerlich, also auch, weil der Schluß von der Veräußerung auf die Cession gültig, cessibel seien [51]). Diese

[48]) II. 8. §. 1133.

[49]) Scherer Handbuch des Wechselrechts sub voce. Trassant. §. 11 u. 17. in f. — Mevius Decis. P. IV. dec. 114. Nr. 3. P. IX. dec. 53. Nr. 3. 4.

[50]) Walch Näherrecht S. 120. — Overbeck Meditationen. Bd. I. Med. 15. — Daß ein Näherer dem Entferntern cediren könne, behauptet unter Andern Tiraquellus de retr. lign. §. 26. Gl. I. No. 32. u. Gl. II. No. Nr. 1. Eine solche Cession ist aber ein bloßer Verzicht, und es tritt der Folgende aus eigenem Rechte ein. Walch a. a. O. S. 318. Note 14. Glück Th. XVI. S. 195. A. L. R. II. 4. §. 210. 242. — Gründler Polemik des Land- und Leh rechts. (Merseburg 1833). §. 294.

[51]) Carpzov Jurispr. for. P. II. const. 32. def. 8. — Glück a. a. O. S. 193 u. die Note 48 das. angeführten Schriften. —

Meinung, welche in dem Gemeinen Rechte keinen Grund findet [52]), ist jedoch von dem Allg. Landrechte verworfen: das Retractrecht, so wie das Vorkaufsrecht, kann Andern, die für sich selbst dazu nicht befugt sind, nicht abgetreten werden [53]).

3) Nach ihrem Zwecke an die Person des Berechtigten gebundene, und aus diesem Grunde incessibele [54]) Rechte sind:

a. Forderungen auf solche Alimente, welche dem Alimentar wegen dessen Bedürftigkeit aus einer gesetzlichen Vorschrift gereicht werden müssen. Diese Alimente bestehen ursprünglich in der Reichung des Unterhalts, nämlich der Leibesnahrung, Kleidung und Wohnung [55]). Daraus folgt schon, daß kein Anderer als der Alimentarius in Person die Alimente empfangen kann. Nur aus besondern Gründen findet eine Verwandlung der Obligationen in eine Geldschuld statt. Dieses Surrogat kann dann zwar ein Anderer in Empfang nehmen; dasselbe würde aber ebenfalls fortfallen, wenn das Bedürfniß dazu in der Person des Berechtigten nicht mehr vorhanden wäre [55a]).

Tiraquellus l. c. §. 26. Gl. III. Nr. 1. S. 301. — Gründler a. a. O. §. 291.

[52]) Walch a. a. O. S. 120. — Mühlenbruch a. a. O. S. 324—329.

[53]) I. 20. §. 594. — Das Preuß. Landr. Buch IV. Tit. 7. Art. 4. §. 1. hat die andere Meinung sanctionirt.

[54]) A. L. R. I. 19. §. 22. „Rechte, welche nur zur Nothdurft einer bestimmten Person oder Sache bewilligt worden, können auf andere Personen oder Sachen nicht übertragen werden.“

[55]) L. 6. D. de alim. et cibar. legat. (XXXIV. 1). „Legatis alimentis cibaria, et vestitus et habitatio debebitur, quia sine his ali corpus non potest.“ L. ult. D. eod. L. 43. 44. 231. §. 2. D. de verb. signif.

[55a]) Recht der Forderungen Bd. I. S. 425. Nr. III.

Die aus Verträgen oder ex testamento entstandene Alimentations-Forderung kann unter der Voraussetzung: daß die Alimente in Natur zu reichen sind, eben so wenig cedirt werden. Dagegen sind gekaufte oder sonst nicht durch das persönliche Bedürfniß bedingte Leibrenten sogut ein Gegenstand der Veräußerung, wie jede andere Forderung, nur daß die Dauer des Rechts an die Person des ursprünglichen Berechtigten gebunden ist. In Beziehung auf die, aus der Allgemeinen, oder Offizier-Wittwen-Casse zu zahlende, Wittwenpensionen findet sich keine ausdrückliche Einschränkung [56]); nur würde der Cessionar die Pension ohne Concurrenz der Wittwe, welche bei jeder Hebung ihren unveränderten Wittwenzustand nachweisen muß, nicht erheben können.

b. Das Wohnungs- und Gebrauchsrecht [57]). Gegenstand einer Cession könnte dasselbe überhaupt nicht sein, weil dingliche Rechte, welche mit dem Besitz einer Sache verbunden sind, tradirt werden müssen. Dieses Recht ist jedoch von der Person des Berechtigten unzertrennlich. Die Ausübung aber kann, nach Preußischem Rechte eben so wie nach Römischem, durch Andere geschehen [58]). Die Handlung, wodurch die Ausübung übertragen wird, ist auch

---

[56]) Nach Bornemann's Meinung (System III. S. 131) soll die Cession unzulässig sein, weil die Pension kein Gegenstand der Execution sein kann. Es gilt jedoch kein Schluß von dem Einen auf das Andere; denn es kann Jemand sehr wohl Etwas veräußern, was ihm wider seinen Willen nicht abgepfändet werden darf.

[57]) L. 10. D. de usu et habitatione. (VII. 8). — A. L. R. I. 19. §. 22.

[58]) L. 12. §. 2. — L. 67. D. de usufructu (VII. 1). — L. 11. §. 2 de pignorib. (XX. 1). — A. L. R. I. 21. §. 110.

keine Cession, sondern ein Pacht-, Mieths-, oder Kauf-Contract, zu dessen Erfüllung die Übergabe erforderlich ist.

c. Eine gleiche Bewandniß hat es mit dem Rechte eines Familien-Fideicommiss-Besitzers an den zum Fideicommiss gehörigen Gütern. Er kann nicht verhindert werden, die Ausübung seines Nutzungsrechts zu verkaufen oder dasselbe zu verpachten, und dieser Kauf und Pacht muß auch als eine Dispositions-Beschränkung in das Hypothekenbuch sub Rubr. II. eingetragen werden können; dagegen ist eine Cession des ganzen Inbegriffs seiner Rechte, besonders in Beziehung auf die politischen und Ehrenrechte, welche auch hinsichtlich der Ausübung an die Person des Besitzers gebunden sind, unzulässig.

§. 18.

III) Accessorische Rechte.

III) Accessorische Rechte sind für sich allein und ohne das Hauptrecht nicht cessibel. Die vorzüglichsten Rechte dieser Art sind die aus der Bürgschaft, und der Hypotheken- oder Pfandbestellung.

Von der Forderung aus der Bürgschaft erkennt man allgemein an, daß sie für sich, ohne die Hauptforderung nicht abgetreten werden könne [59]).

Die Hypothek, wie das Pfand, ist ihrem Wesen nach eine Real-Bürgschaft. Daraus folgt schon, daß eine Übertragung ohne die Forderung juristisch eigentlich nicht gedacht werden kann. Indessen wird dieß doch, schon nach

---

[59]) In G. L. Böhmer's Rechtsfällen Bd. I. S. 339 kommt der Fall vor, wo die Hauptschuld an den Einen, und die Bürgschaft an den Andern cedirt worden war.

Gemeinem Rechte [60]) von Einigen [61]) behauptet. Diese sind schon lange, in der neuesten Zeit am Befriedigendsten von Mühlenbruch [62]), widerlegt worden. Unter den Preuß. Praktikern und Theoretikern ist ein Streit über diese Frage erst in der neusten Zeit, durch ein Justiz-Ministerial-Rescript v. 24. März und 13. Mai 1831 [63]), erweckt worden; bis dahin war darüber keine bestimmte Meinung klar hervorgetreten. In diesem Rescr. wird behauptet, daß das Hypothekenrecht allerdings ein selbstständiges Recht, in dem Sinne ein selbstständiges Recht sei, daß es ohne ein Hauptrecht Wirklichkeit habe, und auf Andere übertragen werden könne [64]). Aus diesem Grunde wurde in dem, dem Rescr. zum Grunde liegenden Rechtsfalle, angenommen, daß der Hypothekenschuldner einen Locus, auf welchen der Gläubiger, dessen Forderung conjunctim auf mehrere Grundstücke eingetragen stand, bei dem Einen Grundstücke Verzicht geleistet hatte, ohne seine Forderung ganz oder zum Theil aufzugeben,

---

[60]) Die Stelle, woraus dieß bewiesen wird, ist die L. 2. C. de luitione pignor. (VIII. 31). (Gordian). „Intelligere debes, vincula pignoris durare actione personali submota."

[61]) Olea l. c. Tit. VI. Q. 6. No. 11. — Lenz l. c. cap. XIV. membr. 2. — Sande l. c. Cap. 5. §. 24.

[62]) §. 28. S. 332–348. a. a. O.

[63]) Mit dem Rechtsfall, welcher dazu Veranlassung gegeben hatte, abgedruckt in der kleinen Schrift: Ist die Hypothek, nach Pr. R., ein accessorisches oder ein selbstständiges dingliches Recht? und kann der Hypotheken-Schuldner über den Locus, ohne Einwilligung der postlocirten Gläubiger verfügen, wenn der dort eingetragene Gläubiger der Hypothek entsagt, ohne daß er die Forderung aufgiebt? Marienwerder 1831. gr. 8.

[64]) S. 12. der angef. Schr. — Dieses soll in dem §. 52. des Anh. ad §. 484. Tit. 16. Th. I. d. ALR. anerkannt sein. Man sehe dagegen die Bemerkungen über die Bedeutung des §. 52. in der angef. Schr. Note 6. S. 12–17.

weiter cediren könne, dergestalt, daß nunmehr die nachstehenden Gläubiger Zwei Mal 1761 Rthl. vor sich stehen hatten, während bis dahin nur Einmal 1761 Rthlr. vorgestanden hatten. Die rechtliche Möglichkeit dazu wird von Mehrern aus der Idee erklärt, daß es der leere Locus, oder ein gewisses wieder frei gewordenes Stück des Grundstücks sei, worüber der Besitzer anderweit beliebig disponiren könne. Diese Vorstellung findet in den bisherigen Rechtsansichten keinen Grund, und harmonirt auch nicht mit der Beschaffenheit der Rechtsverhältnisse [64]a).

---

[64]a) Die Revisoren der Gesetzgebung (Motive zum Allg. L. R. I. 16. S. 160), nachdem sie jenen Rechtsfall vorgetragen und beurtheilt haben, sagen: „Die Forderung erlischt in der Hand des Schuldners nicht durch Consolidation; daraus folgt, er kann sie weiter cediren, und man muß nur nicht weiter gehen, nur an kein Dispositionsrecht über die Hypothekenstelle denken, welches dem Schuldner nicht gegeben ist.“ Und S. 156: „Die Entscheidung aller dieser Fragen wird unsicher, wenn man, wie es häufig geschieht, sagt: „Der Eigenthümer erlange eine Dispositionsbefugniß über die Stelle im Hypothekenbuche.“ Bemerkenswerth ist, daß schon in dem erneuerten Schuld- und Pfand-Protokoll-Reglement für die s. g. verglichenen Capitel-Dörfer des vormaligen Domcapitels zu Lübeck, v. 22. Febr. 1799, welches Christian Ludwig Runde in seinen patriotischen Phantasieen eines Juristen (Oldenburg 1836) mittheilt, sich diese Idee verwirklicht findet. Es heißt darin S. 250. §. 17: „Der Regel nach geschiehet die Tilgung auf die erwähnte Art, nur vor der, die Summengröße befassenden Linie. Alsdann verbleibt dem Schuldner die Befugniß, den dadurch erledigten Platz mit einem Protocollat, bis auf eine gleiche Summe ausfüllen zu lassen. Wird aber das Protocollat mit seiner dazu immer erforderlichen ausdrücklichen Bewilligung auch hinter der Linie getilgt, so hat solches den Verlust dieser Befugniß, und ein Aufrücken aller nachprotocollirten Gläubiger zur Folge.“

Runde bemerkt dazu S. 243. daß dieses Deliren ante lineam mit der Wirkung, daß der Schuldner die Befugniß habe, den dadurch erledigten Platz mit einer neuen Post ausfüllen zu lassen, auch schon in Württemberg und Meklenburg zum Theil Eingang gefunden habe.

Das Hauptargument für die in jenem Rescript geltend gemachte Meinung besteht darin, daß kein postlocirter Gläubiger vor erfolgter Löschung darauf Anspruch machen könne, in eine frühere Stelle einzurücken, und dadurch seine Sicherheit zu verbessern. Daraus folgt aber nicht, daß er sich eine Verschlechterung seiner Sicherheit gefallen lassen muß; eine Verschlechterung aber ist es, wenn die vorstehende Summe verdoppelt wird. Dieser Einwand soll durch die Behauptung beseitigt werden, daß durch den Verzicht auf die Hypothek an dem Einen Grundstücke nichts verändert werde, da die nachstehenden Gläubiger dadurch, daß wegen der ihnen vorgehenden Forderung noch eine andere Sicherheit bestellt worden, auf die Beibehaltung dieser Sicherheit durchaus kein Recht erlangt hätten. Diese Argumentation erregt manche Bedenken. Zuerst wird dadurch, daß die Hypothek aufgegeben wird, zum Nachtheil der Postlocirten freilich noch nichts verändert; aber dadurch daß dieser s. g. Locus als ein selbstständiges Recht an einen Andern weiter abgetreten wird, während der erste Gläubiger seine Forderung auch ganz behält, entsteht die bedeutende Veränderung, daß die vorstehende Post sich verdoppelt. Hiergegen könnte man sagen, daß die Postlocirten es sich ja auch gefallen lassen müßten, wenn der Vorstehende, noch anderswo conjunctim eingetragene Gläubiger gerade dieses Grundstück angriffe, wo sie auch ausgefallen sein würden. Darauf ist zu antworten: es kann eben so gut auch grade die andere Hypothek angegriffen werden, welche Möglichkeit durch selbstständige Veräußerung des Locus zum Nachtheil der Postlocirten verhindert wird. Man sieht also, daß allerdings etwas sehr Wichtiges verändert wird. Sodann aber wird den nachstehenden Gläubigern noch dazu ein sehr wichtiges Recht willkührlich genommen, und dieses berührt den in dem Rescr. angegebenen weitern Grund: daß diese Gläubiger dadurch, daß wegen der ihnen vorgehenden Forderung noch eine andere Sicherheit geleistet worden, auf die Beibehaltung dieser Sicherheit durchaus kein Recht erlangt hätten. Das kann man gern zugeben, man muß sogar hinzufügen: daß sie kein Interesse dabei haben: ob ein Anderer seine Sicherheit behalten will oder nicht. Allein sie haben ein Recht auf Beibehaltung ihrer eigenen Sicherheit, und diese kann ihnen der Vorstehende nicht willkührlich nehmen. Ein Beispiel erläutert die Sache: Jemand hat zwei Grundstücke, wovon Jedes eine Sicherheit von 1000 Rthl. gewährt. Er will darauf 2000 Rthl. anleihen, findet aber keinen andern Gläubiger als den **A**, welcher nur 1000 Rthl. hergeben will. Dieser wird auf beide Grundstücke conjunctim eingetragen. Später findet er auch den **B**, der ihm in Betracht, daß beide Grundstücke 2000 Rthl. werth sind, und erst 1000 Rthl. darauf versichert stehen, folglich noch für 1000 Rthl. Sicherheit gewähren, noch die zweiten 1000 Rthl. leihet. Auch dieser wird conjunctim auf beide Grundstücke eingetragen, und er ist versichert, hinlängliche Sicherheit unter den Umständen, unter welchen er das Darlehn gegeben hat, zu haben. Nun leistet **A** auf die Hypothek an dem Einen Grundstücke Verzicht, und der Schuldner cedirt das aufgegebene Hypothekenrecht über 1000 Rthl. dem **C**. Hat **B** seine Sicherheit behalten? Wer sieht nicht, daß sie ihm ganz und gar genommen ist! Statt Eintausend hat er nun Zweitausend Thaler vorstehen, und mehr sind die Grundstücke nicht werth. Ein Rechtssatz von solchen practischen Resultaten kann unmöglich richtig sein. Der postlocirte Gläubiger muß also bei seiner Sicherheit, welche ihm einmal eingeräumt worden ist, nothwendig Schutz fordern können. Es fragt sich nur, aus welchem Rechtsgrunde er die Beibehaltung des Status quo fordern könne. Dieser Grund liegt in dem, dem postlocirten Gläubiger zustehenden Eintrittsrecht (jus offerendi)[65]), durch welches er völlig gesichert ist. In dem gesetzten Falle würde B dadurch auch alsdann, wenn er nur auf Einem Grundstücke eingetragen worden wäre, noch sicher gewesen sein. Denn hätte A dasjenige Grundstück angegriffen, worauf B nicht eingetragen war, so wäre die Hypothek des A durch Befriedigung aus den Kaufgeldern getilgt worden, mithin würde dem B das andere Grundstück ganz zur Sicherheit gedient haben. Hätte A aber dasjenige Grundstück angegriffen, auf welchem B eingetragen war, so hätte B, vermöge seines Eintrittsrechts dem A 1000 Rthl. gezahlt, und wäre dadurch ganz an dessen Stelle getreten. Dieses Recht, welches jeder postlocirte Gläubiger gegen den bereits Eingetragenen ipso jure erwirbt[66]), hat man ganz ignorirt. Es bedarf aber keiner Ausführung, daß kein vorstehender Gläubiger dasselbe dem Nachfolgenden willkührlich entziehen kann[66]a), und deshalb hat der Letztere allerdings ein Recht auf Beibehaltung[67]) des Status quo zur

---

[65]) ALR. I. 20. §. 37. 38.

[66]) L. 2. D. de distractione pignor. (XX. 5). — Vrgl. die angef. Schrift S. 18—20. Note 8. u. 9.

[66]a) Der unbekannte Recensent jener kleinen Schrift sagt: das Eintrittsrecht könne ja der nachstehende Gläubiger immer ausüben, die vorgehende Post möge gehören wem sie wolle!! Jur. Zeit. 1832. Col. 1218. a. E.

[67]) Diese Meinung ist auch sonst schon von Gerichten vertheidigt. M. s. den Bericht des Leobschützer Fürstenthumsgerichts in den Jahrb. Bd. XIII. S. 40.

Aufrechthaltung der ihm eingeräumten Sicherheit. Es ist mit der Natur der Sache unvereinbar, das Hypothekenrecht in dem gedachten Sinne als ein selbstständiges Recht zu behandeln, und das Wesen desselben ist durch die Preuß. Gesetzgebung keineswegs verändert [68]). Nach spätern Verfügungen ist das Justiz-Ministerium von dieser Ansicht auch wieder abgegangen [69]). In einem andern Sinne aber ist nach Preuß. Rechtsgrundsätzen das Hypothekenrecht allerdings ein selbstständiges Recht, in dem Sinne nämlich, als nicht wesentlich eine persönliche For-

---

[68]) Allg. Lit. Zeitung. Jahrg. 1831. Nr. 226 u. oben Note 61. — Das Geh. Ob. Trib. hat in dem in der jur. Z. Jahrg. 1835. Col. 398. mitgetheilten Präjudicat ebenfalls den Grundsatz ausgesprochen, daß eine Hypothek als ein Accessorium nicht ohne die Forderung existiren könne.

[69]) In dem Rescr. v. 29. Septbr. 1832. heißt es: „Die Beschlagnahme des Platzes, worauf eine Forderung eingetragen steht, ist etwas juristisch unmögliches, weil sich der Locus ohne eine Forderung nicht als etwas für sich bestehendes denken läßt." Jahrb. Bd. XL. 1833. S. 161. — Vrgl. das Rescr. v. 25. Febr. 1833. Ebd. Bd. XLI. S. 267. — Ganz entschieden ist das Rescr. v. 6. Mai 1835. (Jahrb. Bd. XLV. S. 502) für die in der Broschüre: Ist die Hypothek ꝛc. vertheidigte Meinung. Es heißt darin: „Daß auch das Interesse der nachstehenden Gläubiger durch derartige Substituirung gefährdet werden könne, davon überzeugt man sich am deutlichsten, wenn man sich den Fall denkt, daß der postlocirte Gläubiger auf demselben Grundstücke wie der ihm vorgehende versichert sei. Dieser konnte darauf rechnen daß ihm nur Eine Forderung auf beiden Grundstücken vorging; ließ auch der Schuldner die vorstehende Post auf dem Einen Grundstück löschen, so gewann er hier, was er dort verlor; giebt man nun aber zu, daß statt der Löschung eine andere Forderung eingetragen werden könne, so tritt ihm ganz wider alle mögliche Berechnung statt des einfachen der doppelte Betrag vor." Die Stelle ist wörtlich aus den Motiven der Gesetzrevisoren zum Entwurf des A. L. R. Th. I. Tit. 16. S. 160 entnommen. Dieser Gegenstand ist noch behandelt von dem Hrn. K. G. R. Bornemann in der jur. Wochenschrift Jahrg. 1835. No. 5—12. welcher jedoch anderer Meinung ist.

derung das Hauptrecht sein muß, sondern vielmehr die Forderung, ohne welche freilich das Hypothekenrecht nicht bestehen kann, als mit dem Objekt der Hypothek verbunden gedacht wird, so daß gleichsam die verhypothecirte Sache als Schuldner angesehen wird. Nur so ist es zu erklären, daß der Contrahent einer solchen dinglichen Obligation Selbst Gläubiger seiner eigenen Sache sein kann. »Der Eigenthümer eines Grundstücks, welcher eine auf dasselbe hypothekarisch versicherte Geldsumme auszahlt, und die Forderung in dem Hypotheken-Buche nicht hat löschen lassen, hat alle Rechte eines Cessionars, ohne Unterschied, ob ihm bei der Auszahlung eine förmliche Cession, oder nur eine Quittung ertheilt worden ist." [70]). Es hat sobald nicht ein Rechtssatz den Auslegern soviel Schwierigkeiten gemacht als dieser; es hat sobald nicht ein Gesetz den Praktikern soviel Zweifel und Streitfragen veranlaßt als dieses. Den Juristen, welche Alles nach Römischen Rechtsbegriffen erklären wollen, ist der Rechtssatz ein Problem, etwas juristisch Widersinniges, welches ganz anders zu nehmen sei, als die Worte zu verstehen geben. Denn, meinen sie, es sei juristisch nicht zu denken, daß der Schuldner sein eigener Gläubiger sein, und die Forderung an sich Selbst weiter cediren könne. Der Gesetzgeber könne das Unmögliche nicht möglich machen, und daher Niemanden eine Forderung an sich Selbst geben. Wenn derselbe also bestimme: der Eigenthümer des verpfändeten Grundstücks solle alle Rechte eines Cessionars haben, so sei dieß nicht ernstlich zu nehmen. Cedire der Eigenthümer weiter, so sei das Geschäft keine Cession, son-

[70]) So bestimmt es die Declaration v. 3. April 1824. wörtlich. (Gesetz-Samml. 1824. S. 77).

dern ein Darlehnscontract und Constituirung einer neuen Hypothek, und könne nicht nach den Regeln von der Cession, sondern nur nach den vom Darlehn u. s. w. beurtheilt werden [71]).

Andere [72]) verstehen mit der Praxis [73]) den Rechtssatz wörtlich, und erkennen auch dessen juristischen Werth an; sie geben jedoch, abgesehen von der gesetzlichen Bestimmung, keine Erklärung des eigentlichen Rechtsverhältnisses. Nach Römischen Rechtsansichten läßt sich die Sache juristisch nicht erklären; es muß aber vor Allem deren rechtliche Bedeutung klar werden, um mit Sicherheit und Bewußtsein Fragen zu entscheiden, zu welchen der Rechtssatz Veranlassung giebt. Diese Erklärung bietet das Deutsche Rechts-Element, welches dem Preuß. Rechte bei-

---

[71]) Weiter ausgeführt ist diese Ansicht in dem Aufsatze des H. Dr. von der Hagen; in der juristischen Wochenschrift, Jahrgang 1836. No. 33 und 34. Daß es mit der Forderung, der Hypothek und mit allen Rechten eines Cessionars, welche dem Eigenthümer zugeschrieben werden, nicht durchweg so ernstlich gemeint sei, soll daraus folgen, daß man sonst auch die Consequenz gelten lassen müßte: der Gläubiger, uun Gläubiger seiner selbst, sei auch befugt, das Gut mit allen Wirkungen einer nothwendigen Subhastation, seiner Befriedigung willen, zum Verkauf zu bringen, und seine Forderung gegen sich selbst einzuklagen, um ein Judicat zuerstreiten. Diese Consequenz ist nicht richtiger als die sein würde, daß der Eigenthümer, welcher im Besitz seiner Sache ist, gegen sich selbst die Vindicationsklage anstellen könne. Denn die Hypothekenklage geht ihrer juristischen Natur nach auf Herausgabe der Sache zum Zweck des Verkaufs. Wer verwehrt aber dem Eigenthümer in dem in Rede stehenden Falle den Verkauf seiner Sache, wenn er sie zu Gelde machen will? Wozu soll er den Richter angehen?

[72]) v. Strombeck in der Recension der Grävellschen Schrift über Protestationen. Jahr-B. Bd. V. Abth. 2. S. 114.

[73]) Vergl. die in der Jurist. Wochenschrift, Jahrg. 1835. Nr. 3. u. 4, und Jahrg. 1836. No. 17 u. 18 mitgetheilten Präjudicate.

gemischt ist. Es ist eine alte Deutsche Rechtsansicht, nach welcher ein Grundstück gleichsam Selbst als Subject einer Leistung in der Art erschien, daß der Besitzer als solcher die Schuldigkeit zu leisten hatte, die Person des Besitzers aber nicht in Betracht kam [74]). Die Verpflichtung zu solchen Leistungen hatten nicht bloß ihren Grund in dem kirchlichen oder Gemeinde-Verbande, oder in Schutz- und Voigteiverhältnissen, in welchen sich das Gut befand, sondern sie konnten auch durch specielle Rechtshandlungen, welche der Besitzer gleichsam als Vertreter des Grundstücks vornahm, entstehen. Von gewissen immerwährenden Prästationen ist dieß allgemein bekannt. Diese haben den Charakter rein subjectiv-dinglicher Obligationen [75]). Aber auch auf Darlehnscontracte wurde dieß in der Art angewendet, daß das Grundstück gleichsam als der Darlehnsnehmer erschien. Ein Zeugniß dafür giebt die Danziger Willkühr Th. 2. Cap. 2. Art. 8.

»So wie in Bestätigung der Gelder auf liegende Gründe des Creditoris Absicht nicht sowohl auf des Debitoris Person, als vielmehr auf das Pfand gerichtet ist; also kann — kein Creditor, der sein Geld auf ein Erbe, jure hypothecae hat verschreiben lassen, sich an des Debitoris Person, oder anderweitige Güter desselben, wegen seines versicherten Geldes halten oder bezahlt machen, sondern ist lediglich an sein Pfand gebunden, aus demselben sich bezahlt zu machen, dergestalt, daß wenn auch das ihm verpfändete Erbe durch Brand oder andere Unfälle vernichtet würde, er dennoch

---

[74]) Mittermaier Grundsätze des Deutschen Privat-Recht. §. 153.

[75]) Runde Rechtslehre von der Leibzucht S. 385. 401. — Puchta Anleitung zum vorsichtigen Creditiren. S. 86. 130.

allein mit dem Grunde sich zu befriedigen gehalten, und irgend einigen Anspruch auf die Person oder Güter des Debitors zu machen keineswegs berechtigt ist.

Dieses Institut von subjectiv-dinglichen Darlehnsobligationen lebt in dem Preuß. Rechte fort [76]). Bei dem Pfandbriefs-Wesen ist dieß unbestritten [77]). Nur bei den Privat-Hypotheken wird der Character der subjectiven Dinglichkeit der Hypotheken-Schulden dadurch verdunkelt [78]), daß zufolge der, in dem Allg. Landrecht statt gefundenen, Verschmelzung der Deutschen und Römischen Rechtsansichten, neben der subjectiv-dinglichen Obligation auch noch eine persönliche besteht. Beide sind aber nicht nothwendig mit einander verbunden. Die Eine kann fortdauern, während die Andere aufgehoben wird; die persönliche kann sogar von Anfang ganz fehlen [79]). Aus dieser

[76]) Das nämliche drücken die Revisoren der Gesetze in den Motiven zum Entwurf des Allg. Landr. Th. I. Tit. 16. S 155. so aus: „die eingetragene Forderung mußte unter diesen Umständen, daß die Forderung gelöscht und das Instrument cassirt werden muß, gewissermaaßen als dem Instrumente anklebend gedacht werden, und man darf wohl behaupten, daß die Gewalt dieser Idee über den Buchstaben des Gesetzes den Sieg davon getragen hat." „Der Besitz des Grundstücks und der Besitz des Realrechts stehen jetzt nebeneinander, wenn auch der Besitzer eine und dieselbe Person ist, und diese aus der Natur der Hypotheken-Instrumente hervorgehende Consequenz hat entschieden."

[77]) Auch derjenige Pfandbriefsschuldner oder vielmehr Besitzer des bepfandbrieften Guts, welcher den Pfandbriefscredit erhalten hat, hat gar keine persönliche Verbindlichkeit. Vrgl. Rabe Darstellung des Wesens der Pfandbriefe. §. 10. Nr. XIV. Bd. I. S. 25.

[78]) Er ist nicht erst durch den §. 52 des Anh. z. A. L. R. geschaffen, sondern aus alter Rechtsgewohnheit, gleich bei Entstehung des Landrechts in dasselbe übergegangen.

[79]) Ein Darlehnscontract mit der Verabredung, daß der Darlehnsnehmer nicht mit seiner Person und seinem übrigen Vermö-

deutsch-rechtlichen Beschaffenheit der Hypotheken-Forderungen erklärt es sich z. B. auch, wie das Allg. Landrecht zu der, dem Röm. R. entgegengesetzten, Bestimmung gekommen ist: daß der Legatar einer mit Hypotheken beschwerten Sache diese Lasten ohne Beitrag des Erben ablösen soll [79a)] gerade so wie es nach Röm. R. mit den Dienstbarkeiten der Fall ist [79b)], während Hypothekenschulden nach Röm. Rechtsansichten in der Regel von dem Erben bezahlt werden müssen [79c)]. Daraus wird ferner das Rechtsverhältniß klar, in welches der Hypothekenschuldner dadurch tritt, daß er die Hypothekenforderung durch Cession oder Zahlung an sich bringt. Das subjectiv-dingliche Recht kann durch die bloße Vereinigung nicht erlöschen, sondern dazu gehört die wirkliche Löschung im Hypothekenbuch. Deshalb kann er diese subjectiv-dingliche Obligation mit allen Wirkungen einer wirklichen Cession auf einen Andern übertragen, so lange die Löschung nicht Statt gefunden hat. Von dieser subjectiv-dinglichen Obligation, und nur von dieser und deren Cession, ist in den Gesetzstellen die Rede, wo es heißt:

> §. 484. I. 16. Das subjectiv-dingliche Recht kann jedoch erhalten werden, wenn der Verpflichtete während seines Besitzes gegen die Vereinigung ausdrücklich protestirt, und diese Protestation in dem Hypothekenbuch der berechtigten Sache vermerken läßt.

---

gen verhaftet, sondern daß der Gläubiger sich seiner Forderung wegen lediglich nur an das Pfand zu halten befugt sein solle, würde vollkommen rechtgültig sein.

79a) Th. I. Tit. 12. §. 326.

79b) L. 69. §. 3. D. de leg. I. — L. 26. 66. §. 6. L. 76. §. 2. D. de leg. II.

79c) §. 5. 12. J. de leg. (II. 20). — L. 57. D. de legat. I. — L. 3. C. de legat. (VI. 37).

Anh. §. 52. Hypothekenrechte werden nicht durch die bloße Vereinigung ihres Eigenthums mit dem Eigenthümer des verpflichteten Grundstücks in einer Person aufgehoben, so lange nicht eine, von dem Antrage des Besitzers abhängende Löschung erfolgt ist, und kann der Besitzer bis dahin, ein solches ungelöschtes Hypothekenrecht gültig an einen Andern abtreten.

Hiernach steht der Schuldner, welcher eine eingelös'te Hypothek weiter cedirt, zu dem Gläubiger (Cessionar) allerdings in dem Verhältniß eines Cedenten, und nicht in dem eines neuen Schuldners, und er kann keinen Einwand daraus hernehmen, daß er weniger als den Nominalwerth für die Forderung gezahlt erhalten hat. Die richterlichen Urtheile (Note 73), welche diese Frage ebenso entscheiden, können aus Römischen Rechtsansichten nicht widerlegt werden. Die persönliche Obligation dagegen, welche, wie gesagt, nach der dem Institut zum Grunde liegenden Rechtsansicht, von Anfang ganz fehlen könnte, geht zufolge derselben Rechtsprincipien, welchen sie ihre Entstehung verdankt [80]), durch die Consolidation unter. Daraus folgt, daß die Frage: ob der cedirende Eigenthümer des verpflichteten Grundstücks, wenn er persönlicher Schuldner gewesen ist, dem Cessionario auch persönlich verhaftet sei, zu verneinen ist; es sei denn, daß er sich von Neuem persönlich verpflichtete. Aber auch durch diese neue Verpflichtung wird die alte getilgte Obligation nicht

---

[80]) Daß auch eine persönliche Obligation, neben der dinglichen, contrahirt wird, wenn nicht das Gegentheil ausdrücklich verabredet worden, ist eine Folge der Verschmelzung Röm. Rechtsprincipien mit deutschrechtlichen Ansichten.

wieder hergestellt, vielmehr müssen die Regeln von der Intercession zur Anwendung kommen. Nach den Regeln vom Darlehn kann die neue persönliche Verbindlichkeit in keinem Falle beurtheilt werden, weil die bezahlte Valuta für die Cession nicht Kaufpreis und Darlehn zugleich sein, ein Darlehnscontract aber nur re, nicht verbis contrahirt werden kann. Hieraus folgt, daß selbst in diesem Falle, aus der nicht zum Vollen gezahlten Valuta cessionis kein Einwand entnommen werden kann, außer in soweit ein Cedent, welcher für die Sicherheit haftet, überhaupt für das, was er unter dem Nominalwerth erhalten hat, nicht aufzukommen schuldig ist, wenn dieß nicht in der Verabredung liegt. (§. 38. Nr. III.).

§. 19.

B. Beziehungsweise

I) Auf gewisse Personen.

A) Von den relativen gemeinrechtlichen Verboten der Cession kennt das Preuß. Recht nur Dasjenige, welches sich auf das Vorschieben eines beschwerlichen Gegners bezog, und zwar auch nur in einer ganz speciellen Beziehung. Das Römische Recht enthält eine Anzahl Bestimmungen, deren Zweck es war, zu verhindern, daß durch arglistiges Entgegenstellen eines beschwerlichen Gegners die Lage des Schuldners verschlimmert, und seine Vertheidigung erschwert würde. In dieser Absicht war

1) die arglistige Veräußerung seines Antheils an einer gemeinschaftlichen Sache und der Theilungsklage, so wie die Cession einer Reivindication an einen beschwerli-

cheren Gegner, durch das Provinzial-Edict für ungültig erklärt [1]. Eben so sollte

2) die in arglistiger Absicht geschehene Abtretung einer Forderung jeder Art an den Landesherrn oder den Fiscus ungültig sein [2]. Ferner war es, um die Bedrückung der Schuldner zu verhindern, den Advocaten verboten, sich statt des Honorars einen Theil des Prozeßobjects versprechen zu lassen [3], oder litem redimere [4], d. h. hier in dieser Verbindung, die Gefahr eines Prozesses gegen eine Belohnung zu übernehmen [5]. Diese gegen die Prozeßredemtionen und Advokatenkunstgriffe gerichteten Verordnungen genügten jedoch zum Schutz der Schuldner nicht. Es erging deshalb von Aurelius Claudius das Verbot, bei Verlust der Forderung sich des Beistandes eines Mächtigern zu bedienen, um durch dessen Einfluß seine auf gewöhnlichem Wege nicht zu erreichende Absicht durchzusetzen [6]. Hieran schließt sich die Verordnung von Arcadius, Honorius und Theodosius [7]:

---

[1]) L. 12. u. 11. D. de alienat. jud. mut. causa facta. (IV. 7).

[2]) L. 22. §. 2. D. de jure fisci (XLIX. 11). — L. 91. D. de hered. instit. (XXVIII. 5). — §. 8. J. quibus modis testamenta infirmantur. (II. 17). — L. 2. C. ne fiscus vel respublica (II. 18). — Pauli Sent. recept. Lib. V. Tit. 12. §. 7 u. 8.

[3]) L. 53. D. de pactis (II. 11). — L. 1. §. 12. D. de extraord. cognit. (L. 13). — L. 5. C. de postulando. (II. 6). Eben so nach dem ALR. II. 20. §. 1340—1311.

[4]) L. 9. §. 2. D. de officio proc. (I. 16). — L. 7. D. mandati. (XVII. 1).

[5]) Über die verschiedenen Bedeutungen dieses Ausdrucks s. m. Mühlenbruch a. a. O. S. 364. u. Brissonius V. redimere.

[6]) L. 1. C. ne liceat potentioribus (II. 14). — Gloss. ad h. L. — Azonis Summa in Cod. ad h. T. Nr. 2.

[7]) L. 2. C. eod. Richtiger im C. Theod. L. 1. de actionib. ad potent. translatis. (II. 13).

„Si cujuscunque modi actiones ad potentiores fuerint delatae personas, debiti creditores jactura multentur. Aperta enim credentium videtur esse voracitas, qui alios actionum suarum redimeut exactores.“ Was damit gemeint sei, darüber ist man nicht einig. Gesterding [8]) bezieht die Verordnung bloß auf einen von einem Potentior übernommenen Beistand. Dieser war aber schon vorher (Note 6) verboten, es würde daher die neue Verordnung umsonst gewesen sein. Mühlenbruch [9]) ist der Meinung, daß dadurch bloß simulirte Cessionen an einen Mächtigern verboten seien, so daß also — da die Ungültigkeit solcher Cessionen sich von selbst versteht — der damit verknüpfte Verlust der Forderung das Neue in der Verordnung sei. Daß durch diese Verordnung überhaupt die Cessionen an Mächtigere nicht verboten worden, sondern nur arglistige und chicanöse Übertragungen haben verhindert werden sollen, darüber sind Alle einstimmig. Viele legen die Stelle aber so aus, daß der Dolus schon in der Cession an einen potentior liege [10]), und daß das Verbot fortfalle, wenn die Forderung ganz unstreitig, d. h. eine solche sei, gegen welche der Schuldner nichts zu erinnern habe [11]).

Dieser Theorie schließt sich das Allg. Landrecht an, und bestimmt:

§. 385. Richterliche Personen und Justizcommissarien können streitige Rechte, deren Erörte-

---

[8]) Alte und neue Irrthümer der Rechtsgelehrten S. 436. u. f.

[9]) §. 30. S. 372 u. 373. a. a. O.

[10]) Stryck. D. de potent. cessionariis. Halae 1706. Cap. IV. §. 14. seq. Mühlenbruch a. a. O. Note 284.

[11]) Stryck. L. c. §. 23. — Mevius Decis. P. III. dec. 50 u. 51. — Glück Th. XVI. S. 429.

rung vor den Gerichtshof, bei welchem sie angestellt sind, es sei in erster oder in einer der folgenden Instanzen, gehören würde, nicht an sich lösen.

§. 387. Haben dergleichen Personen sich auf solche Cessionen dennoch eingelassen, so sind dieselben nichtig, und der Cessionarius bleibt dem Cedenten, so wie dem Schuldner zur Schadloshaltung, dem Staate aber, nach näherer Bestimmung der Criminalgesetze, zur Strafe verhaftet.

Th. II. Tit. 20.

§. 404. Justizbediente sollen Forderungen, welche vor dem Gerichte, bei dem sie stehen, in Prozessen oder in der Execution befangen sind, durch Kauf, Tausch, Cession, oder sonst, weder als Gläubiger, noch als Schuldner übernehmen.

§. 405. Soll durch dergleichen Übernahme eine dem Justizbedienten an den Cedenten vorher schon zugestandene rechtmäßige Forderung, oder Passivschuld, ganz oder zum Theil getilgt werden: so muß derselbe seinem unmittelbaren Vorgesetzten davon Anzeige machen, und dessen Genehmigung abwarten.

§. 1339. Justizcommissarii können streitige Forderungen, welche vor das Gericht gehören, bei welchem sie stehen, ohne vorgängige Anzeige und Genehmigung der vorgesetzten Behörde, durch Kauf, Tausch, Cession, oder sonst, weder als Gläubiger noch als Schuldner übernehmen.

Anh. §. 17. Durch die Genehmigung des Vorgesetzten kann nur die Strafe des Cessionarii, nicht aber das Privatinteresse des Schuldners aufgehoben werden.

Diese Bestimmungen haben mehrfache Streitigkeiten zur Folge gehabt. Es fragt sich:

1) Welche Justizpersonen sind für ausgeschlossen anzusehen und welche nicht? Versteht man die Stellen wörtlich, so sind die Mitglieder des Geheimen Ober-Tribunals ganz unfähig, inländische Forderungen durch Übertragung ohne Zustimmung oder Anerkenntniß des Schuldners zu erwerben, weil dessen Jurisdiction sich fast über die ganze Monarchie erstreckt; und eben so ist das Verbot dann auch auf Unterbedienten der Justiz zu beziehen. Beides ist jedoch nicht beabsichtigt worden. In der Revisio monitorum zum §. 385. (347 des gedr. Entwurfs) bemerkte Suarez [12]:

Die Monenten unterscheiden Gerichtspersonen und Justizkommissarien. Erstere sollen gar keine streitige Rechte an sich lösen können, nicht bloß, wenn dieselben schon rechtshängig sind, sondern auch, wenn der Prozeß bevorsteht, sobald die Erörterung der Sache in erster oder zweiter Instanz vor das Judicium, bei welchem sie angestellt sind, gehören würde. Diesem würde ich beitreten, weil es der bisherigen Theorie gemäß, und wirklich zur Salvirung der Integrität der richterlichen Personen in den Augen des Publikums heilsam ist. — In Ansehung der Justizkommissarien könnte es so bleiben, wie es gefaßt ist, ob ich gleich allenfalls nichts dawider hätte, wenn sie den richterlichen Personen gleich gesetzt würden. Auf bloße Subalternen aber es zu extendiren, scheint kein hinlänglicher Grund zu sein.

[12]) Motive der Gesetz-Revisoren zum Entwurf des A. L. R. Th. I. Tit. 11. S. 86.

Die Mitglieder des Revisionsgerichts und Subalternen waren also nicht gemeint. Daher verbietet der §. 385 nur den richterlichen Personen, womit nur die der ersten und zweiten Instanz gemeint sind, die Erwerbung streitiger Forderungen. Da aber der §. 404, Tit. 20. Th. II. den allgemeinen Ausdruck: Justizbediente gebraucht, so dehnte man die Bestimmung auch auf Actuarien aus. Diese Ansicht wurde durch ein Rescr. v. 5. Septbr. 1796 [13]) bestätigt, und durch den §. 16 des Anh. gesetzlich sanctionirt. Die Consequenz hätte es mit sich gebracht, das Verbot auf alle Subalternen [14]) auszudehnen, oder die Ausdehnung auf die Actuarien als eine Ausnahme zu bezeichnen, und als eine solche muß, bei der bekannten Absicht des Gesetzgebers, die Bestimmung des §. 16 des Anh. auch angesehen werden.

2) Welche Forderungen werden unter streitigen verstanden? Die gemeinrechtlichen Praktiker verstanden darunter solche, gegen welche der Schuldner nichts zu erinnern habe [15]). Dieß setzt also eine Anfrage bei ihm zur Zeit der Cession voraus. Darauf bezieht sich die vorhin angeführte Bemerkung Suarez's, worin es weiter heißt:

Eine Gerichtsperson also, welche eine Forderung an sich lösen will, muß sich immer erst bei dem debitori cesso

---

[13]) N. C. C. Tom. X. S. 635. Rabe, Sammlung. Bd. III. S. 523.

[14]) So meint es auch das Rescript v. 3. Octbr. 1801. ad 2. (N. Arch. Bd. III. S. 250. — Mathis Bd. II. S. 6. 2ter Abschn. — Rabe Bd. VI. S. 603) und die Gesetz-Revisoren haben es eben so vorgeschlagen. Vergl. unten Note 19.

[15]) Mevius Decis. P. III. dec. 51. — Glück a. a. O. S. 429. Eben so wurden nach älterm Franz. Rechte solche Forderungen für streitig angesehen, welche noch bestritten werden konnten Pothier Traité du contrat de vente. Nr. 593.

erkundigen, ob er solche pure et simpliciter anerkenne. Leugnet oder bezweifelt er sie, so muß die Gerichtsperson sich auf die Cession nicht einlassen.

Daraus entstand die Bestimmung:

> §. 386. Streitig heißen hier alle Rechte, welche zur Zeit der Cession von dem Verpflichteten ganz oder zum Theil nicht anerkannt worden.

Der §. 404. Tit. 20. Th. II. dagegen versteht darunter nur solche, welche im Prozeß oder in der Execution befangen sind. Man nahm indeß in Beziehung auf die civilrechtlichen Wirkungen an, daß jede Forderung, auch eine hypothekarische, für streitig zu erachten, welche zur Zeit der Cession von dem Schuldner nicht ausdrücklich anerkannt worden [16]), worunter man sich wol ein schriftliches Anerkenntniß gedacht hat, da in dem Rescr. v. 17. November 1823 von dessen Beibringung die Rede ist. Dieser Ansicht ist man indessen nicht treu geblieben. Das Geh. Ober-Tribunal hat in einem Revisions-Urtel publicirt den 7. Aug. 1829 [17]) den Grundsatz ausgesprochen: »daß der §. 386 nicht in der Art zu verstehen, als wenn alle diejenigen Rechte für streitig zu achten wären, welche der Verpflichtete vor deren Abtretung an eine richterliche Person oder an einen Justizkommissarius nicht annoch erst anerkannt hätte, sondern daß diese Stelle nur die Bestimmung enthalte: daß diejenigen Rechte für streitig gehalten werden sollen, welche der Verpflichtete zur Zeit der Cession schon bestritten gehabt hat, und mithin

---

[16]) R. v. 3. Octbr. 1801. ad 1. — Rescr. v. 17. Novbr. 1823. (Jahrb. Bd. XXII. S. 161. u. f.)

[17]) Acta des Oberlandes-Gerichts zu Breslau in Sachen Kletke c. v. Woikowski K. 30. Durch dieses Urtel wurden duae conformes reformirt.

schon von ihm nicht anerkannt wurden, als die Cession geschah.« Jedenfalls ist die Stelle, nach der Ansicht des Geh. Ober-Tribunals, nicht auf Hypothekenforderungen zu beziehen. »Man kann es, heißt es in den Gründen des Urtels, auf sich beruhen lassen, wie jene Gesetzstelle zu interpretiren sei, indem die Forderung des Klägers (eines Justizcommissarius) so wenig vor als zur Zeit der an ihn erfolgten Cession für streitig zu achten war. Sie stand seit dem Jahre 1791 im Hypothekenbuche, es befand sich keine Protestation dabei vermerkt, und es war nie Streit darüber entstanden, ungeachtet sie durch Cession mehrfach in das Eigenthum dritter Personen, und zuletzt auf den Kläger übergegangen war. Eine solche hypothekarische Forderung aber ist gesetzlich unstreitig, und kann von dem debitore cesso nicht mehr streitig gemacht werden, weil nach Vorschrift der Hypothekenordnung Tit. 3 §. 181, ingleichen des Allg. Landr. Th. I. Tit. 20 §. 423 seq. und des §. 50 des Anh. keine Einwendungen dagegen, in Beziehung auf den Cessionarius, insofern derselbe nicht schon vorher damit bekannt gemacht worden, zuläßig sind, ja selbst solche nicht, die der debitor cessus vor der Cession gegen den Cedenten gehabt hat. Da hiernach der Kläger eine durch das Gesetz selbst für unstreitig erklärte Forderung erworben hat, so bedurfte es weder vor noch bei deren Abtretung an den Kläger noch eines besondern Anerkenntnisses derselben von Seiten des Verklagten, welches die ihr beigelegte, unstreitige Qualität so wenig vergrößern als vermindern konnte.«

Das Justiz-Ministerium ist selbst in der neuern Zeit von der Ansicht, daß die Gültigkeit der Cession durch ein solches Anerkenntniß bedingt sein solle, wiederum abgegangen [18]). Die Gesetzrevisoren haben vorgeschlagen: nur wirklich rechtshängige Sachen für incessibel zu erklären [19]).

3) Welche Wirkung hat die Cession streitiger Forderungen an solche Personen? Wegen der verschiedenen Bezeichnung der streitigen Forderungen in dem §. 386 und in dem Criminal-Recht §. 404 nahm man an: die Cession aller streitigen Forderungen sei nichtig, strafbar dagegen nur die Cession solcher Forderungen, welche schon im Prozesse oder in der Execution befangen seien [20]).

4) Welche Wirkung hat die Genehmigung des Vorgesetzten für die Gültigkeit des Geschäfts? Diese Genehmigung soll nur die Strafe des Cessionars, nicht aber diejenigen Folgen aufheben, welche das Privatinteresse des Schuldners betreffen [21]); die Cession soll also dadurch nicht gültig werden.

5) Bezieht sich das Verbot auf alle Erwerbungen streitiger Forderungen, oder nur auf freiwillige Cessionen?

Das Letztere scheinen die Worte des §. 386: »an sich lösen,« das Erstere aber die Worte des §. 404

---

[18]) In einem ungedruckten Rescr. v. 19. Febr. 1820. Journ. D. Nr. 62, welches in den Motiven a. a. O. S. 68. allegirt ist.

[19]) Entw. zum Tit. 11. Th. I. §. 273. „Mitglieder und Unterbeamte eines Gerichts, so wie auch Justizkommissarien, können solche Rechte, welche von dem Gerichte, bei welchen sie stehen, im Prozesse oder in der Execution befangen sind, nicht an sich lösen." Diesen Grundsatz hat auch das neuere Franz. Recht. Code civil, Art. 1700. — Sirey 1809. II. 157.

[20]) R. v. 5. Septbr. 1796 ad 2. — R. v. 3. Octbr. 1801. ad 1. in f.

[21]) R. v. 5. Septbr. 1796. ad 4. — Anh. z. A. L. R. ad h. t. §. 17. — Der neue Entwurf zum Strafgesetzbuch abstrahirt von der Bestrafung: man hält die Nichtigkeit des Geschäfts für genügend. Motive a. a. O. S. 70.

und 1339 des Criminal-Rechts: »oder sonst« zu bestimmen. Wären alle Erwerbungen streitiger Forderungen gemeint, so könnte ein Justiz-Beamter kein legatum nominis erwerben, kein nomen erben oder bei der Erbtheilung auf seinen Theil übernehmen, und zu seiner Befriedigung keine Forderung seines Schuldners im Concurse oder im Wege der Execution durch den Richter überwiesen erhalten. Daß dieß nicht beabsichtigt worden, und daher auch nicht hineingelegt werden kann, ist wol nicht zweifelhaft. Ein datio in solutum soll nach §. 405 des Criminal-Rechts mit Genehmigung des Vorgesetzten zuläßig sein. Nach dem ursprünglichen Zwecke dieses Verbots, wonach nur das arglistige Vorschieben eines beschwerlichen Gegners, und die Erschwerung des Schuldners in seiner Vertheidigung verhindert werden sollte, liegen derartige Übertragungen von Forderungen ganz außer den Grenzen des Verbots, und es fehlt an Grund, dasselbe auf andere Geschäfte als auf das Ankaufen streitiger Forderungen auszudehnen: allemal aber wird die Arglist in jeder Form unter das Verbot fallen, und deshalb könnte eine Prüfung des Geschäfts von Aufsichtswegen vorgeschrieben sein. Die Simulation ist von selbst unkräftig. An solche Fälle der nicht käuflichen Erwerbung scheint man bei der Gesetzrevision gedacht zu haben, indem es heißt: »— ist es zweckmäßig, einen Weg anzuweisen, wie die Cession rechtshängiger Sachen an einen Gerichtsbeamten möglich gemacht werden könne; denn es sind Fälle gedenkbar, in denen solche Erwerbungen nach den Familien- und Vermögens-Verhältnissen der Beamten höchst wünschenswerth erscheinen. Erfordert man zur Gültigkeit einer solchen Cession, außer der Genehmigung des Vorgesetzten, nur noch die Einwilligung des Gegentheils, so hat die Sache gar keine Schwierigkeit [22].« In Betracht dessen ist folgende Bestimmung vorgeschlagen:

> §. 274. Nur mit Genehmigung des Gegentheils und des unmittelbaren Vorgesetzten kann die Cession solcher rechtshängigen Sachen an die im vorigen § bezeichneten Personen gültig erfolgen.

Hierdurch werden jedoch die Bedenken nicht beseitigt. Wenn der Schuldner ausdrücklich seine Zustimmung giebt, so kann die Sache, nach dem Grunde und dem Zwecke des Verbots, schon nach den jetzigen Bestimmungen keine Schwierigkeit haben, da nur im Interesse des Schuldners die Cession nichtig sein soll. Die Frage: ob jene Fälle der nicht käuflichen Erwerbung von Forderungen unter das Verbot fallen, ist unentschieden geblieben. Es kann aber wol nicht von dem Willen des Schuldners abhängen: ob ein Legatar das ihm vermachte Aktivum solle erwerben, und sich also von dem Erben cediren lassen dürfen [23].

Man hat das Verbot auch auf Assignationen angewendet [24]. Eben so gut könnte es auf das Mandat ausgedehnt werden; denn der Assignatar ist, so lange zwischen ihm und dem Assignanten das Geschäft in den Grenzen der bloßen Assignation bleibt, bei der Verfolgung

---

[22]) Motive a. a. O. §. 70.

[23]) Es könnte zwar auch hier, wie die L. 3. C. de litigios. (VIII. 37) allgemein vorschreibt, der Erbe den Prozeß auf seine Gefahr fortsetzen, und dem Legatar den Werth bezahlen; dazu würde es aber einer ausdrücklichen gesetzlichen Bestimmung bedürfen; und zudem sind durch die spätere Verordnung Justinian's (L. 4. C. eod.) dergleichen Veräußerungen litigiöser Forderungen von dem Verbot ausgenommen.

[24]) Juristische Wochenschrift. Jahrg. 1835. Nr. 27.

der angewiesenen Forderung gegen den Assignaten ein bloßer Mandatar des Assignanten [25]).

Das Pactum de quota litis, dessen gemeinrechtliches Verbot in dem §. 1340 des Criminal-Rechts wiederholt ist, steht mit der Cession in keiner rechtlichen Beziehung. Nach dem Vorschlage der Gesetz-Revisoren soll es fortbleiben, weil ein solches Geschäft schon nach allgemeinen Grundsätzen nichtig sei [26]).

Das Franz. Recht hat eine dem Preußischen ähnliche Bestimmung. Es verbietet den Richtern, Procuratoren, den Gerichtsschreibern, den Gerichtsdienern (Huissiers), den Anwälden und Advocaten, so wie den Notarien, die in dem Bezirke des Gerichts, vor welches die Sache gehört, ihr Amt verwalten, bei Strafe der Nichtigkeit, streitige Ansprüche durch Cession an sich zu bringen [27]).

§. 20.

II. Auf gewisse Gegenstände.

II. Die Cession streitiger Forderungen (actionum litigiosarum) war bis auf Gratian, Valentinian und Theodosius unverboten. Erst diese dehnten das Verbot der Veräußerung litigiöser Sachen durch eine Ver-

---

25) A. L. R. I. 16. §. 281. — Jungmeister in der jurist. Wochenschr. a. a. O. S. 231.

26) Motive a. a. O. unten. — Entwurf des Strafgesetzbuchs. §. 515.

27) Code civil Art. 1597. Da hier das Verbot sich nur auf den Kauf bezieht, so folgt, daß die Fälle der Übertragung außer dem Kauf nicht unter das Verbot fallen. Über die Geschichte dieser Lehre s. m. Jurisprudence du Code civil V, 21. — Man begreift unter diesem Verbot auch das Pactum de quota litis. Maleville ad Art. 1597. Vergl. Östr. Ges.-B. §. 879. Nr. 3.

ordnung v. J. 380 [28]) auf ein „ambiguum chirographum“ aus. Bis dahin war nur die Veräußerung litigiöser Sachen verboten gewesen, wozu der Anfang schon in den XII Tafeln lag [29]), deren Bestimmung zuerst durch das Provinzial-Edict [30]) erweitert, und zuletzt durch ein Edict von August in ein allgemeines Verbot der Veräußerung einer res litigiosa verwandelt wurde [31]). Durch dieses Verbot wurde verhindert, daß dem Kläger der Gegenstand seines Anspruchs entzogen, oder doch die Verfolgung seines Rechts erschwert wurde. Erstritt er gegen den Besitzer die Sache, so wurde dieselbe Demjenigen, welcher sie während des Prozesses an sich gebracht hatte, genommen, und dem Kläger zugestellt; Dieser aber war gegen den Anspruch desselben durch die exceptio litigiosi geschützt. Daß der Kläger nicht hätte seine Klage sollen abtreten können, war nie behauptet worden. Die Lehre von dem Verbot der Veräußerung litigiöser Sachen paßte auch nicht auf Prozesse oder anhängige Klagen; denn dieses war nur auf Verhinderung der Fortschaffung

---

[28]) L. 3. C. de litig. (VIII. 37).

[29]) Dirksen übersicht der bisher. Versuche zur Kritik der XII. Tafelgesetze. S. 719. u. f. — Gajus in L. 3. D. de litigiosis. (XLIV. 6).

[30]) Den neusten Versuch der Wiederherstellung desselben s. m. b. Mühlenbruch a. a. O. S. 350.

[31]) Fr. vet. J. C. ti de jure fisci §. 8. „Qui contra edictum divi Augusti rem litigiosam — comparavit, praeterquam quod emtio nullius momenti est etc.“ Es gab gegen die nicht ipso jure nichtige Veräußerung nur eine exceptio (L. 1. §. 2. D. quae res pignori oblig. [XX. 3]). — Gajus IV. §. 117. L. 1. D. de litig. (XLIV. 6). Der obsiegende Kläger wurde in den Besitz der Sache gesetzt, und die gegen ihn de jure fundirte Klage wurde per exceptionem unwirksam gemacht. Daher sahe man später den Erwerb auch für ganz wirkungslos an. L. 27. §. 1. D. ad S. C. Vellej. (XVI. 1).

der Sache aus dem Besitz des Beklagten berechnet, als zur Unterstützung des Klägers gegeben; der Beklagte bedurfte eines solchen Schutzes nicht, da seine Lage durch Veränderung der Person des Klägers mittelst einer Cession eben so wenig verschlimmert wurde, als wenn der Kläger sich durch einen Procurator vertreten ließ. Erst Gratian und seine beiden Mitregenten bezogen das Verbot aus Mißverständniß auch auf Forderungen, und Justinian [32]) änderte an dieser Verordnung manches, theils bestimmte er die Folgen gewisser Veräußerungen näher, theils nahm er gewisse Fälle von dem Verbote aus (Note 23). Gemeinrechtlich hat dieses Verbot aber kein allgemeines Ansehen gewinnen können; denn die Praxis ist schon alt, welche die Cession rechtshängiger Klagen für statthaft erklärte, weil dadurch die Lage des Schuldners nicht verschlechtert, und der Kläger, bei der Langwierigkeit der heutigen Prozesse, sonst oft nicht zum Genuß seines Rechts kommen würde [33]); und diesen Grundsatz dehnte man auch auf die Veräußerung litigiöser Sachen mit der Beschrän-

---

[32]) L. 4. C. de litig. (VIII. 37). — In der Abhandlung von Jungmeister in der Jur. Wochenschr. Jahrg. 1835. S. 226 wird unrichtig behauptet, daß in den Pandekten der ganze 6. Titel des 44 B. der Pandekten von der Veräußerung und Cession streitiger Forderungen und Klagen handele. Die weiter dafür mitgetheilten Stellen der Pandekten enthalten davon nichts; denn auch die L. 2. C. de litig. von Constantin handelt noch von der Veräußerung litigiöser Sachen, welche mit der Cession von Klagen nichts gemein hat. Dagegen ist die eigentliche Beweisstelle L. 3. C. eod., welche die Vorgängerin von Justinian's Verordnung ist, nicht angeführt.

[33]) Grotius Introduct. in jurisprud. Lib. III. part. 14. N. 21. — Wissenbach ad Dig. P. II. disp. 25. Nr. 26. — Struvius ad D. Exerc. 46. Nr. 44. — Berger Resp. P. II. resp. 267. und Oecon. juris. Lib. III. Tit. 5. Th. 5. not. 22. — Leyser Spec. 518. m. 1. Hommel Rhaps. quaest. for. obs. 681.

kung aus, daß der Erwerber die Vollstreckung des gegen seinen Autor ergangenen Erkenntnisses gegen sich ergehen lassen mußte [34]). Diese Praxis ist von der Preuß. Gesetzgebung sanctionirt. In Beziehung auf die Veräußerung litigiöser Sachen finden sich zwei Bestimmungen in der Gerichtsordnung, von welchen Eine die Andere ergänzt. Die erste, nämlich der §. 48. lit. c. Th. I. Tit. 7 bestimmt die Wirkungen der Veräußerung in Beziehung auf den Beklagten:

(Die richtig insinuirte Vorladung) hat auch folgende Wirkungen:

c. Wird die in Anspruch genommene Sache dadurch streitig (res litigiosa), und ihr Besitzer darf damit keine Veränderung vornehmen, wodurch dem Gegner, wenn er den angefangenen Prozeß gewönne, ein Nachtheil erwachsen könnte. Hieraus folgt, daß eine solche streitige Sache nicht vernichtet, veräußert, abhanden gebracht, oder durch übermäßigen Gebrauch, oder vernachläßigte Aufsicht verschlimmert werden dürfe: widrigennfalls derjenige, welcher sie zur Zeit der insinuirten Citation besaß, den Gegner, wenn derselbe ein obsiegliches Urtel erhält, vollständig entschädigen, und den Werth der Sache, oder die entstandene Verschlimmerung, nach der Zeit der insinuirten Citation vergüten muß.

Der Beklagte wird also als ein solcher, qui dolo desiit possidere, behandelt. Diesen Grundsatz wiederholt das A. L. R. I. 15. §. 10. — Man hat dem §. 48 der

---

[34]) **Berger Resp. P. II. resp. 288. — Horn Sent. et Resp. Cl. IX. resp. 20. Nr. 549. 6. — Cramer Observat. jur. univ. T. II. P. 1. obs. 491. P. II. obs. 741. §. 19. — Hommel Rhaps. obs. 683.**

G. O. den Vorwurf gemacht, daß er der Bestimmung des A. L. R. I. 11. §. 383 widerspreche, welchen die Ges. Revis. in sofern für gegründet erklärt, als die Fassung der Stelle genau genommen unrichtig sei [34a]). Beides scheint jedoch nicht gegründet. Der §. 48 spricht von dem Fall, wenn der Beklagte den Besitz der Sache, um welche er in Anspruch genommen ist, aufgiebt; der §. 383 des Landr. aber von dem davon ganz verschiedenen Fall, wenn der Kläger seinen Anspruch cedirt. Beide Fälle stehen in keiner Beziehung. Der Eine könnte so, und der Andere anders bestimmt sein, ohne daß ein Widerspruch Statt finden würde, wie es auch im Röm. R. in der That gewesen ist. Die Fassung erscheint auch nicht unrichtig. Denn es ist in der Stelle nur von den Wirkungen die Rede, welche die Veräußerung in Beziehung auf den Beklagten hat. Wenn dieser den Werth und das Interesse ersetzen soll, so kann die Voraussetzung keine andere sein, als ein unerlaubtes Begehen. Die Bestimmung fängt also ganz richtig mit dem Verbot der Veräußerung an. Über die Folgen der dennoch geschehenen Veräußerung kann kein Zweifel entstehen, da sie klar ausgedrückt sind.

Die andere Stelle, Tit. 24. §. 9. dagegen bestimmt die Wirkungen der Veräußerung in Beziehung auf den Dritten (Erwerber):

> Wenn Jemand einen in Streit befangenen Gegenstand erst nach der Zeit, da dem bisherigen Inhaber die gerichtliche Vorladung zugestellt worden ist, durch Kauf, Tausch, Cession, Schenkung oder auf andere Art erhalten hat; so muß er sich demjenigen unterwerfen, was

[34a]) Motive a. a. O. S. 67.

darüber in dem rechtshängigen Prozesse entschieden wird, wenn er auch bei diesem Prozesse nicht zugezogen worden ist.

Es wird also, so wie nach Röm. Recht, gegen den dritten Inhaber die Execution in die Sache vollstreckt, vorausgesetzt, daß derselbe erst nach der Insinuation der Klage zum Besitz gelangt ist [35]). Auffallend ist es, daß hier der gute Glaube, der doch sonst nach Preuß. Rechte so wichtige Folgen hat, gar nicht berücksichtigt wird, was doch selbst nach dem Röm. Recht geschah [35]a). Es ist aber kein Grund vorhanden, die jüngere Bestimmung des Allg. Landr. [36]), wonach der redliche Erwerber die Sache nur gegen Erstattung des dafür Geleisteten herauszugeben schuldig ist, hier nicht gelten zu lassen, zumal durch die Gerichtsordnung nicht die Frage: ob der Dritte Etwas oder gar Nichts erstattet erhalten solle, sondern nur das hat bestimmt werden sollen: daß der Dritte ohne neuen Prozeß die Sache herausgeben solle. Verlangt er wegen seiner bona fides Erstattung seiner Auslagen: so kann ihm das rechtliche Gehör nicht versagt werden; der Gegenstand dieses Prozesses ist aber lediglich die Frage: ob und wieviel der Possessor gegen Herausgabe der Sache erstattet verlangen könne.

Litigiös wurde die Sache schon nach der Nov. 112.

---

35) Bericht des Just. Ministers an Se. Majestät v. 17. März 1834. u. Cab. O. v. 8. April 1834. (Jur. Wochenschr. Jahrg. 1836. S. 500).

35a) Gajus Inst. IV. §. 117. „Si fundum litigiosum sciens a non possidente emeris, eumque a possidente petas, opponitur tibi exceptio, per quam omnimodo summoveris.“ Die exceptio litigiosi sollte also nur dem sciens entgegengesetzt werden.

36) I. 15. §. 25. 26.

Cap. 1. durch die Insinuation der Klage. Auf den ersten Anblick dieser Nov. sieht man, daß lediglich von der Veräußerung litigiöser Sachen, in deren Besitz der Beklagte ist, spricht; von der Cession der Klage, d. h. des Anspruchs des Klägers, ist dabei nicht die Rede, und konnte auch nicht die Rede sein; denn in Beziehung auf die Unveräußerlichkeit der Forderung von der Insinuation der Klage zu sprechen, würde gar keinen Sinn geben, da ja dem Kläger seine eigene Klage nicht insinuirt wird, um ihm davon Kenntniß beizubringen. Einige Practiker [37]) aber meinten, daß was in Beziehung auf den Beklagten gelten solle, auch gegen den Kläger gelten müsse, so daß bei allen Realklagen überhaupt die Litigiosität mit der Insinuation der Klage eintrete, wogegen es bei den Personalklagen bei der Regel, daß erst mit der Litiscontestation die Sache rechtshängig werde, verbleibe. Die gemeine Praxis nahm jedoch an, daß die Insinuation der Klage ganz allgemein in allen Prozessen Litispendenz bewirke [37]a), und dieses gilt auch nach Preuß. Rechte [38]). Dieß sind die Grundsätze, welche von dem Falle gelten, wenn der Beklagte die Sache, wegen deren Besitz er in Anspruch genommen wird, aus seinem Besitze fortschafft.

In Beziehung auf den davon völlig verschiedenen Fall, wenn der Kläger sein Recht cedirt [39]), bestimmt das Allg. L. R. h. t.:

---

[37]) **Gail Observ. Lib. I. obs. 74. Nr. 16 u. obs. 118. Nr. 4. — Brunnemann ad Auth Litigiosa Nr. 1. C. de litig. — Lauterbach Coll. th. pract. Lib. XLIV. T. 6 §. 4. u. m. A.**

[37]a) S. oben §. 2. Note 16.

[38]) **A. G. O. Th. I. Tit. 7. §. 48. Lit. c. u. Tit. 24 §. 9.**

[39]) Über die Abtretung des Klagerechts vor und während des Rechtsstreits: v. Bülow Abhandlungen über einzelne Materien rc. Bd. II. S. 313.

§. 383. Auch die Abtretung schon rechtshängiger Sachen ist erlaubt.

§. 384. Durch die Cession einer rechtshängigen Sache wird weder in Ansehung des Gerichtsstandes, noch der Lage des Prozesses selbst etwas geändert.

Der Cedent kann wider den Willen des Beklagten aus dem Prozesse nicht ausscheiden, welches in Beziehung auf den Beweis durch Eid practisch wichtig ist. Dagegen kann der Cessionar das erstrittene obsiegliche Urtel unzweifelhaft ohne weiteres für sich vollstrecken lassen [40]). Hiernach stimmt also zufällig das Preuß. Recht mit dem Röm., wie es vor der Constitution Justinians und Gratians war, überein.

§. 21.

III. Verhältnisse des Schuldners.

III. Das Verbot Justinian's [1]), nach welchem Schuldforderungen gegen Pupillen und Minorenne an deren Vormünder und Curatoren nicht cedirt werden konnten, gilt nach Preuß. Rechte nicht: es ist in dieser Beziehung das Pandektenrecht wieder hergestellt, wonach bloß ein besonderer Curator für diese Angelegenheit bestellt wird [2]). Das Franz. Recht hat das Verbot beibehalten [3]).

---

[40]) Eben so nach Franz. R. Sirey 1809. II. 61. Archiv für das Civil- und Criminal-Recht der K. Pr. Rheinprovinzen. Bd. X. S. 257. u. Bd. II. S. 55.

[1]) Nov. 72. Cap. 5.

[2]) L. 12. D. de reb. cor. qui sub. tut. vel cura sunt. (XXVII. 9). — L. 21 pr. D. de excusat. (XXVII. 1). — L. 8. C. qui dari tutor. possunt. (V. 34). — L. 7. C. de excusat. tut. (V. 61). — A. L. R. II. 18. §. 148.

[3]) Code civil Art. 450. 1596.

Eben so sind die nach Gemeinem Rechte aus dem Stande, dem Gewerbe, und der Religion hergenommenen Einschränkungen aufgehoben [4]).

§. 22.

3) Gründe der Cession.

a. Überhaupt.

Ihrem Grunde nach ist die Cession eine freiwillige (Cessio voluntaria), wenn sie zufolge einer freiwilligen Übereinkunft, z. B. eines Kaufs oder einer Angabe an Zahlungs statt, geschieht, oder eine nothwendige (Cessio necessaria), wenn sie nach einer allgemeinen Rechtsregel gefordert werden kann. Wenn eine Cession durch ein freiwilliges Geschäft anderer Art als durch ein ausdrücklich erklärtes Cessionsversprechen, namentlich durch Zahlung eines Dritten, vorbereitet wird, so kommt es auf die Interpretation des Geschäfts an: ob es solvendi oder emendi causa geschehen ist [1]). In dem erstern Falle ist keine Cession mehr möglich, weil die Obligation getilgt ist[2]). Hierbei ist nach Pr. R. Regel: es wird vermuthet, daß der Zahlende nicht den Schuldner habe liberiren, sondern die Rechte des

---

[4]) §. 411. h. t. Vergl. Mühlenbruch §. 33. 34. Bielitz in s. Comment. Bd. 2. S. 547 meint, der Schuldner könne durch den Stand des Cessionar in eine schlechtere Lage kommen, wenn dieser höhere Verzugszinsen zu nehmen berechtigt sei. Dazu bemerken die Revisoren ganz richtig, daß der Verzug mit der Cession nichts zu thun habe. Motive a. a. O. S. 84.

[1]) L. 36. D. de fidejuss. (XLVI. 1).

[2]) L. 76. D. de Solut. (XLVI. 3). — Jo. Iken de cessione actionum post. solutionem. Tr. ad Rh. 1711. — a Pufendorf Observat. Tom. I. obs. 130. — Cocceji de cessione actionum post solutionem; in ej. exercit. curios. Tom. II. Nr. 57.

Gläubigers habe erwerben wollen. Daher tritt er in der Regel, d. h. wenn nicht durch Erklärung oder sonst aus den Umständen die Absicht, die Schuld zu tilgen, klar ist, auch ohne ausdrückliche Cession gegen den Schuldner in die Rechte des Gläubigers [3]). Unter dieser Voraussetzung kann aber auch jeder Zahlende, wenngleich er sonst in keinem Rechtsverhältniß zum Gläubiger oder Schuldner steht, eben so wie in Folge eines verabredeten Kaufs, ausdrückliche Cession fordern [4]). Hierin liegt eine bedeutende Abweichung von dem Römischen Rechte, nach welchem zwar ein Jeder für einen Andern zu zahlen, aber nicht ohne das Dasein eines besondern Rechtsverhältnisses Cession zu verlangen befugt ist [5]).

Die Rechtsgründe, zufolge welcher sonst die Cession gefordert werden kann, lassen sich auf folgende Regeln zurückführen:

I. **Wer rechtlich verpflichtet ist, die Schuld eines Andern zu bezahlen, kann die Cession der Forderung gegen Haupt- oder Mitschuldner verlangen.**

Darauf gründet es sich:

1) Daß Jeder, welcher eine fremde Schuld bezahlen muß, durch die Befriedigung des Gläubigers in dessen Rechte tritt [6]). Wenn der Schuldner nachher aus Irrthum an den Gläubiger zahlt, so muß er die dadurch

---

[3]) A. L. R. I. 16. §. 16. Hierher gehören auch die Fälle I. 18. §. 597 u. I. 21. §. 79.

[4]) Ebd. I. 11. §. 112. 111. Vergl. I. 16. §. 17. 18.

[5]) I. 16. §. 338 — L. 17. 11. §. 1. D. de fidejussor. (XLVI. 1) L. 28. D. mandati. (XVII. 1). — L. 95. §. 10. D. de solutionibus. (XLVI. 3). L. 11. C. de fidejussor. (VIII. 41).

[6]) L. 5. C. de solut. (VIII. 43). — L. 53. D. eod. (XLVI. 3) L. 39. D. de negot. gest. (III. 5).

erworbene condictio indebiti dem Bürgen überlassen [7]). In Beziehung auf die Bürgen unterscheidet das Allg. Landrecht: ob sich dieselben gemeinschaftlich, d. h. gleichzeitig in Einem Act, oder Jeder besonders verpflichtet haben. Im erstern Falle findet unter ihnen das Verhältniß wie unter correis debendi Statt [8]); in dem andern Falle aber ist der Römische Rechtsgrundsatz beibehalten: daß der, das Ganze zahlende Bürge, ohne ausdrückliche, vor der Zahlung geleistete Cession des Gläubigers, gegen die Mitbürgen keinen Anspruch hat [9]). Nach Römischem Rechte konnte aber die Zahlung bis zur erfolgten Cession verweigert werden [10]).

2) Daß auch solidarisch Verpflichtete (Correi debendi) das nämliche Recht haben, so daß derjenige, welcher mehr als seinen Theil zahlt, wegen desjenigen, was er für die Andern gezahlt hat, gegen diese in die Rechte des Gläubigers tritt, ohne daß es darauf ankommt, ob die Solidarität durch Privatwillkühr, oder durch eine Rechtsregel entstanden ist [11]), wobei auch nach Preuß.

---

7) L. 29. §. 3. D. Mandati. (XVII. 1).

8) I. 17. §. 371.

9) Ebd. §. 379. „Dagegen findet in Ansehung solcher Bürgen unter sich, so wie keine gemeinsame Verbindlichkeit, also auch keine gegenseitige Vertretung Statt.“

L. 39. D. de fidejussor. „Ut fidejussor adversus confidejussorem suum agat, danda actio non est: ideoque si ex duobus fidejussoribus ejusdem quantitatis, cum alter electus a creditore totum exsolvet, nec ei cessae sint actiones, alter nec a creditore, nec a confidejussore, convenietur.“ — L. 11. C. eod. „Cum alter ex fidejussoribus in solidum debito satis faciat, actio ei adversus eum, qui una fidejussit, non competit.“ Vergl. L. 37. D. de solut. (XLVI. 3).

10) L. 17. D. eod. L. 11. C. eod. — a Pufendorf Obs. Tom IV. obs. 62.

11) I. 5. §. 115. L. 17. D. locati conducti. (XIX. 2). — II. 18. §. 289 vergl. mit L. 2. C. de divid. tut. (V. 52).

Rechte die bekannte Ausnahme das Röm. Rechts in Beziehung auf die socii delicti [12]) nicht gilt [13]). Aus der Bedeutung der nothwendigen Cession erklärt es sich ganz einfach, warum Correi einen wechselseitigen Regreß haben, ohne daß man zu der Lehre von der Gemeinschaft, wodurch nichts erklärt wird, weil sie mit dem Correal-Verhältniß an sich nicht nothwendig verbunden ist, seine Zuflucht zu nehmen braucht.

3) Daß der Geschäftsführer, welcher wegen vernachläßigter Eincassirung ausstehender Forderungen verhaftet ist, oder für die durch Dritte in seinem Gewahrsam beschädigte oder aus derselben entwendete Sachen aufkommen muß, sich an den eigentlichen Schuldner des Prinzipals halten kann [14]). Dieß gilt auch von Vormündern und Curatoren [15]).

4) Daß derjenige, welcher zum Ersatz abhanden gekommener oder beschädigter Sachen verpflichtet ist, gegen den Entwender oder Beschädiger das sonst dem Eigenthümer zustehende Klagerecht geltend machen kann [16]).

II. Die Mittelsperson, durch welche ein Geschäft zu Stande gekommen, muß die sich darauf beziehenden Klagen gegen den Einen Contrahenten an den Andern abtreten, wenn aus

---

[12]) L. 53. D. pro socio (XVII. 2). — L. 1. §. 14. D. de tutelae et rat. distrah. act. (XXVII. 3).

[13]) I. 6. §. 31—35.

[14]) I. 13. §. 163. — L. 53. §. 3. D. de furtis. (XLVII. 2).

[15]) L. 95. §. 10. D. de solut. (XLVI. 3). — L. 20. §. 1. D. de tut. et rat. distr. act. (XXVII. 3). — L. 25. D. de administrat. tutor. (XXVI. 7).

[16]) I. 21. §. 254. vergl. mit L. 12. D. de re judicata. (XLII. 1). — II. 8. §. 444. 447. 1734. 1760. vergl. mit L. 6. §. 4. D. nautae, caupones. (IV. 9). L. 25. in f. D. locati conducti. (XIX. 2).

irgend einem Grunde keine directe Verbindung zwischen den Contrahenten Statt findet [17]). Ist die Mittelsperson ein gehörig bestellter Geschäftsträger, so wird nach Preuß. Recht ein directes Verhältniß zwischen den Geschäftsherren angenommen. Nach Röm. Recht war auch in diesem Falle Cession nöthig [18]).

III. Der Erbe ist verpflichtet, dem Legatar die ihm vermachten Forderungen abzutreten [19]). Ist eine gekaufte aber noch nicht tradirte Sache vermacht, so muß er die actio emti cediren [20]).

IV. Wer eine Sache zu leisten hat, muß auch die sich darauf beziehenden Forderungen cediren.

Daher ist der Verkäufer einer Sache schuldig, die ihm gegen den Pächter oder Miether zustehende Klage dem Käufer wegen des ihm nach Verhältniß der Zeit zukommenden Zinses abzutreten [21]). Aus demselben Grunde mußte der Verkäufer die ihm gegen seinen Vormann zustehende Klage auf Evictionsleistung dem Käufer abtreten [22]). Das Allg. Land-Recht hat nur eine sehr be-

---

[17]) I. 13. §. 9.

[18]) L. 10. §. 6. L. 8. §. ult. D. Mandati. (XVII. 1). — L. 67. D. de procurat. (III. 3). Mühlenbruch §. 13. No. II. u §. 37. No. I.

[19]) Arg. I. 12. §. 311. 305. Hyp. Ordn. Tit. 2. §. 65. 66. vergl. mit §. 21. J. de legat. L. 44. §. 6. L. 75. §. 3. L. 76. 82. §. 5. L. 105. D. de leg. I. L. 13. pr. L. 50. §. 2. D. de leg. II. — L. 10. D. de liber. leg. (XXXIV. 3). — Mühlenbruch §. 37. No. II. Vergl. unten §. 28.

[20]) L. 39. §. 3. D. de legat. I.

[21]) I. 11. §. 106. — L. 50. D. de jure fisci. (XLIX. 14). — Unter den gemeinrechtlichen Schriftstellern wird über diese Frage gestritten. M. s. Mühlenbruch a. a. O. S. 407. u. die Note 363. das. angef. Schriften.

[22]) L. 38. D. de evict. (XXI. 2). Vergl. Mühlenbruch S. 407. u. Note 361.

schränkte Anwendung davon in den Fällen gemacht, wenn der unmittelbare Vormann in Concurs versunken, oder außer Landes gegangen, oder wenn sein Aufenthalt unbekannt ist, wo dem Käufer eine Actio utilis unmittelbar gegen des Verkäufers Vormann gegeben ist [23]).

Die Forderung, deren Abtretung gefordert werden kann, muß vollständig, folglich mit allen accessorischen Rechten cedirt werden [24]).

23.

b. Insbesondere von der Zahlung des Hypothekenschuldners.

Daß auch der dritte Pfandbesitzer, möge er die Sache schon mit der Hypothek belastet erworben, oder Selbst dieselbe für eine fremde Schuld verpfändet haben, gegen den klagenden Gläubiger das beneficium cedendarum actionum habe [1]), folgt schon aus der vorhin (§. 22. Nr. I.) angegebenen Regel. Das Preuß. Recht geht aber weiter. Es hat den Grundsatz: daß jeder Hypothekenschuldner ohne Unterschied, ob er zugleich auch persönlicher Schuldner sei, oder nicht, ipso jure [2]) durch die gehörig quittirte

---

[23]) I. 11. §. 150.

[24]) I. 11. §. 442. I. 16. §. 47. 48. I. 14. §. 338. 339. I. 20. §. 37. — L. 23. D. de hered. vel. act. vend. (XVIII. 4). — L. 31. pr. D. de leg. III.

[1]) I. 20. §. 37. vergl. mit L. 19. pr. D. qui potiores in pign. (XX. 4). — L. 12. §. 1. D. quibus modis pignus. (XX. 6). — L. 3. C. de his qui in prior. (VIII. 19).

[2]) Declaration des §. 52. des Anhanges zum Allg. Landrecht. Vom 3. April 1821. Gesetz-Samml. S. 77. — Rescr. des Jurist. M. v. 16. Juli 1836. Jur. Wochenschr. Jahrg. 1836. S. 628.

Bezahlung des Gläubigers in dessen Rechte trete[3]). Nach Röm. Rechtsbegriffen ist dieß etwas Undenkbares[4]); das Röm. Recht kann daher zur Erklärung hier nichts beitragen, ungeachtet der Grundsatz ursprünglich aus demselben hergeleitet worden ist[5]). Anfänglich lag es auch nicht in der Absicht, etwas Eigenthümliches anzuordnen, denn der Fall: wo der persönliche Schuldner seinen Gläubiger befriediget, war nicht Gegenstand des Gutachtens der Gesetzcommission und der daraus entnommenen Bestimmung des §. 52 des Anhangs. Aber die altdeutsche Rechtsansicht, nach welcher ein Grundstück gleichsam als das Subject einer Leistung in der Art erschien, daß der Besitzer als solcher die Leistung übernahm, und die Person desselben dabei nicht weiter in Betracht kam, übte auf die weitere Ausbildung des Rechtssatzes einen unwiderstehlichen Einfluß, und führte zu der Behauptung, daß das Hypothekenrecht ein selbstständiges Recht sei[6]), ohne sich der Gründe davon klar bewußt geworden zu sein. Gegenwärtig ist der Kampf des Römischen Princips mit dem Deutschen noch unentschieden, das Letztere, welches dem Verkehr förderlicher ist als Jenes, wird, wenn die Gesetzgebung nicht hemmend einwirkt, wahrscheinlich die Oberhand gewinnen, und die Hypothekenrechte in rein subjectiv-dingliche Obligationen verwandeln, wozu weiter nichts mehr gehört, als daß die nach den, dem Preuß.

---

[3]) Anh. z. A. L. R. §. 52. (zu §. 184 I. 16). — Gutachten der Ges. Commiss. v. 10. Juli 1802. (Neues Arch. II. S. 157. Rabe Samml. Bd. VII. S. 203).

[4]) Schon die Glosse i. ad L. 1. §. 2. D. de pign. (XX. 1.) behandelt diesen Gegenstand.

[5]) M. s. das Note 3 angef. Gutachten.

[6]) Vergl. oben §. 18.

Rechte beigemischten Römischen Rechtsgrundsätzen bisher noch immer bei Contrahirung des Geschäfts angenommene persönliche Obligation negirt wird, wie es bei dem Pfandbriefs-Institut längst entschieden anerkannt ist, indem der Pfandbriefsschuldner, oder vielmehr der Besitzer des bepfandbrieften Guts, nicht für persönlich verpflichtet erachtet wird, wenn er auch selbst die Pfandbriefe aufgenommen hat [7]). Damit der Schuldner in die Rechte des Gläubigers außer dem Falle einer wirklichen Cession trete, ist wesentlich erforderlich:

1) Auszahlung des Gläubigers durch den Besitzer des Grundstücks, sei es durch eigentliche Zahlung, oder durch Angabe an Zahlungsstatt, oder durch Compensation. Er kann also nicht in die Rechte des Gläubigers treten, wenn der Gläubiger blos auf die Hypothek verzichtet [8]), weil hier der Gläubiger seine Forderung behält, und nur Einen der beiden Schuldner, nämlich das Grundstück, aus der Verbindlichkeit entläßt. Das Object, welches durch Succession erworben werden könnte, nämlich die Forderung, bleibt unveräußert. — Ferner ist das Eintreten des Schuldners in die Rechte des Gläubigers nicht gedenkbar, wenn die Forderung eine zukünftige war, und gar nicht zur Existenz gelangte, weil das Hypothekenrecht als ein bedingtes, dessen Bedingung deficient geworden ist, nie bestanden hat. Dieß ist der Fall mit Cautionen, wenn der künftige Anspruch, zu dessen Sicherheit die Caution bestellt worden, nicht zur Wirklichkeit gekommen, und das Verhältniß, aus welchem möglicherweise ein solcher Anspruch,

---

[7]) Rabe Darstellung des Wesens der Pfandbriefe §. 5 u. §. 10. Nr. XIV. Bd. I. S. 11 u. 25.

[8]) Vergl. oben §. 18. — Über diese Frage handelt besonders die kleine vorhin alleg. Schrift: Ist die Hypothek rc.

hätte entstehen können, ganz aufgelöst ist [9]). Dieß ist auch von dem Justiz-Ministerium auf eine Beschwerde aus dem Jahre 1831 für richtig erkannt worden, und die Revisoren der Gesetzgebung sind derselben Meinung. Es heißt in den Motiven zum Entwurf des Allg. Landrechts [10]): »Es ist vorgekommen, daß Jemand an die Stelle einer eingetragenen Caution von 2000 Rthlr., nachdem der Cautions-Berechtigte erklärt hatte, daß er nicht mehr zu fordern habe, eine andere Forderung von gleicher Höhe eintragen lassen wollte [11]). Diese neue Eintragung ward verweigert, und das Justiz-Ministerium wies die darüber erhobene Beschwerde zurück; unseres Erachtens mit vollem Grunde Rechtens, weil nur das Recht aus der Caution und kein anderes auf den Eigenthümer des Grundstücks übergegangen sein, mithin auch kein anderes auf einen Dritten zum Nachtheil der postlocirten Gläubiger übertragen werden konnte.« — Endlich kann der Besitzer auch nicht in die Rechte des Gläubigers eintreten, wenn die Auszahlung nicht durch ihn geschehen ist. Dieß ist von praktischer Wichtigkeit bei Subhastationen. Diejenigen Posten, welche aus den zur gerichtlichen Verwahrung gezahlten Kaufgeldern bezahlt werden, müssen gelöscht werden, und können nicht zur Disposition des Adjudicatars stehen bleiben. Denn der Zahlende ist hier der Exequendus, und der Adjudicatar hat bloß seine schuldigen Kaufgelder bezahlt; er kann daher auch der Löschung, welche im Interesse des Exequendus und persönlichen Schuldners,

---

[9]) Ist die Hypothek rc. S. 8. — Merkel Commentar zur Hypotheken-Ordn. Tit. 2. §. 195 u. 269.

[10]) Th. I. Tit 16. S. 158.

[11]) Derselbe Fall kam im J. 1831 bei dem Land- und Stadt-Gericht zu Glogau vor, welches den Antrag ebenfalls zurückwies.

und der Inhaber der nachstehenden, vielleicht übernommenen Posten geschehen muß, nicht widersprechen. Soll ein solches Ingrossat stehen bleiben, so kann es nur mit Zustimmung der postlocirten stehen gebliebenen Gläubiger, und unter Sicherung des frühern Schuldners wegen seiner Befreiung geschehen; alsdann kann zwar die Stelle für ein anderes Intabulat benutzt werden, weil Niemand ein widersprechendes Interesse hat, die alte Post ist es aber in der That doch nicht: denn diese ist einmal aus den Kaufgeldern getilgt worden, ohne auf den Adjudicatar überzugehen, und kann daher durch keine spätere Erklärung irgend Jemands mehr übergehen, weil sie nicht mehr existirt. Die Handlung des neuen Besitzers, wodurch eine solche alte Stelle benutzt wird, ist eine neue Hypothekbestellung, und die dazu kommende Erklärung der nachstehenden Gläubiger ist eine Prioritätseinräumung. Nur in Ansehung derjenigen Posten, welche der Adjudicatar nach den Bedingungen des Kaufs in partem pretii übernimmt, wird er Selbst-Schuldner, weil diese Übereinkunft eine Expromission enthält, wodurch der Exequendus ipso jure liberirt wird.

2) Quittungsleistung. Diese hat mit einer ausdrücklichen Cession gleiche Wirkung, »indem die bloße Quittung so ausgelegt werden soll, als ob darin eine ausdrückliche Cession enthalten wäre.« (Note 2).

Bloße Zahlung ohne Quittung überträgt das Forderungsrecht des Gläubigers noch nicht auf den Hypothekenschuldner, derselbe kann deshalb auch die Post noch nicht weiter cediren [12]).

---

[12]) Ein Hypothekenschuldner hatte auf eine Post Theilzahlungen geleistet, ohne daß ihm Quittung ertheilt und ein Instru-

3) Aushändigung des Instruments, wie bei der ausdrücklichen Cession [13]). Was von gewöhnlichen Hypothekenforderungen, das gilt auch von Pfandbriefen, welche der Besitzer durch Zahlung an die Landschaft ablöst. Durch die Cession des auf den Besitzer übergegangenen Hypothekenrechts an eine Privatperson entsteht dann eine gewöhnliche Hypothekenforderung. Das Besondere hierbei besteht darin, daß kein Instrumentum ex quo ausgehändigt werden kann, da die Pfandbriefe kassirt werden müssen. Das Hypotheken-Instrument wird neu geschaffen, und zusammengesetzt aus der quittirenden Erklärung der Landschafts-Direction, und der Cession des Gutsbesitzers.

Der bezahlende Eigenthümer des verhafteten Grundstücks erlangt übrigens alle Rechte eines Cessionars dieser Hypothekenforderung, ohne Unterschied, ob er dieselbe förmlich cedirt erhalten, oder nur durch quittirte Auszahlung erworben hat. Er kann daher dieselbe, gleich jedem andern Cessionar, auch auf seinen eigenen Namen im Hypothekenbuche umschreiben lassen, was man in Praxi ohne Grund verweigert hat [14]).

---

nent abgezweigt worden war; er hatte aber die bezahlten Antheile weiter cedirt. In dem später über das Grundstück entstandenen Kaufgelder-Liquidationsprozeß meldeten sich diese Cessionarien, und verlangten gleiche Rechte mit dem Gläubiger. Sie wurden jedoch wegen der fehlenden Quittung (Cession) nicht für Theilgläubiger der Realforderung erkannt, und deshalb von dem Oberlandes-Gerichte zu Breslau abgewiesen. Conclus. des II. Senats v. 11. August 1836. Cred. Akten. G. 30.

13) Vergl. unten §. 26. Nr. II. 2.

14) Rescr. v. 16. Juli 1836. (Jur. Wochenschr. II. Jahrg. S. 628).

§. 24.

c. Lex Anastasiana.

Mit der angegebenen (§. 18) rechtlichen Beschaffenheit der Hypothekenforderungen, und der Bedeutung der Cession des Schuldners, der die Forderung an sich gelös't hat, ist eine weitere Streitfrage schon entschieden, die nämlich: ob der cedirende Hypothekenschuldner dem Cessionarius den Einwand entgegensetzen könne, daß er die Valuta nicht zum Vollen erhalten habe. Diejenigen, welche die Sache nur nach Römischen Rechtsansichten beurtheilen, halten diesen Einwand natürlich für zuläßig, weil sie nichts weiter als ein gewöhnliches Darlehnsgeschäft, unter der äußern Form einer Cession, sehen [1]). Diejenigen aber, welche eine wirkliche Cession für rechtlich möglich erklären, verwerfen denselben [2]), weil die Lex Anastasiana nach dem Allg. Landr. aufgehoben ist. Welches von beiden richtig sei, kann von den streitenden Theilen keiner aus seinem Standpunkte beweisen; denn Jeder hat in seiner Art Recht. Es ist ein Streit zwischen zwei sich fremden Rechtselementen, und es kommt bei der Entscheidung der vorliegenden Rechtsfrage lediglich darauf an: ob die Deutsche, oder die Römische Rechtsansicht herrschend ist. Bloß diese Thatsache giebt den Ausschlag, deswegen,

[1]) Grävell von Protestationen. S. 9. — v. d. Hagen Jur. Wochenschr. Jahr. 1835. Nr. 33. — Merkel Commentar z. A. L. R. I. 20. §. 520. u. I. 11. §. 391.

[2]) Präjudicat des Geh. Ober-Tribunals, mitgetheilt in der Jur. Wochenschrift Jahrg. 1836. S. 148. — Präjudicate des Instructions- und Appellations-Senats des Kammergerichts; in ders. Schrift Jahrg. 1835. S. 25. — Rescr. v. 25. Januar 1833. (Jahrb. Bd. XLI. S. 267). — Strombeck in der Recension der Grävellschen Schrift über Protestationen, in: Jahr-B. Bd. V. Abth. II. S. 114.

weil nur das practisch wirklich gültige Recht entscheidet. Nun sind aber in den Rechtsbüchern die aus den deutschen Rechtsansichten hervorgegangenen Grundsätze ausdrücklich ausgesprochen, und eine überwiegende Praxis wendet sie an, ohne sich von den Anfechtungen irre machen zu lassen, die aus einer gänzlichen Verkennung der Quelle, und aus dem Glauben, daß diese Rechtssätze aus einem Mißverständniß des Römischen Rechts entstanden, hervorgehen.

Die Lex Anastasiana [3]), die zu vielen Controversen Veranlassung gegeben hat, und den Verkehr hemmt, ohne ihren Zweck zu erreichen, hatte durch die Preuß. Gesetzgebung schon lange in einigen Punkten eine nähere Bestimmung erhalten [4]), und ist durch das Allg. Landrecht gänzlich aufgehoben, so daß es der willkührlichen Übereinkunft der Contrahenten überlassen bleibt: wieviel der Cessionar dem Cedenten für das cedirte Recht zu geben hat, ohne daß der Schuldner daraus einen Einwand hernehmen kann [5]). Das Oesterreichische und Französische Recht kennt ebenfalls die Lex Anastasiana nicht.

§. 25.

4) Entstehungsarten.

a) Übersicht.

So lange zur Cession eine eigentliche Form gehörte, hatte die nothwendige Cession noch den Sinn, daß man

---

[3]) Mühlenbruch a. a. O. §. 53. S. 531—551.

[4]) Concurs- und Hypotheken-Ordn. v. 4. Febr. 1722. §. 27 u. f. (C. C. M. II. II. No. 39. S. 112). Declar. v. 14. Juni 1726. §. 8. (S. 238. ebd.).

[5]) §. 390. 391. h. t. Der §. 392, wonach jeder bei einer Ces-

deren Begriff auch auf freiwillige Cessions-Gründe in sofern beziehen konnte, als der Cedent noch zu der erforderlichen formellen Übertragungshandlung verpflichtet war. Diese Form war ursprünglich, wie bekannt, das Mandatum actionum. Die Ertheilung des Mandats war indeß noch nicht der Zeitpunkt, wo die Cession als gültig vollendet angesehen wurde, vielmehr mußten, worauf schon die Form hindeutet, gewisse Prozeßhandlungen eintreten, um ein Rechtsverhältniß zwischen dem Cessionar (Procurator in rem suam), und dem Schuldner zur Entstehung zu bringen. Bei den alten Römern war es die Litiscontestation, welche den Procurator zum dominus litis [1]), d. h. zur Prozeß-Parthei [2]) machte, und zwischen ihm und dem Schuldner ein bestimmtes Obligationsverhältniß begründete [3]). Später verband man diese Wirkung schon mit der Denunciation des Procurator in rem suam an den

---

sion vorgefallene Betrug untersucht und bestraft werden soll, ist müßig.

[1]) L. 4 in f. D. de appellat. (XLIX. 1) — „procurator lite contestata dominus litis efficitur." L. 22. 23 C. de procurat. (II. 13.)

[2]) Hierüber, so wie über das von Neuern daraus gemachte s. g. dominium litis s. m. vorzüglich: Bethmann-Hollweg Versuche über einzelne Theile der Theorie des Civil-Prozesses. 1827. Nr. III. S. 138 u. f. u. Mühlenbruch a. a. O. §. 6. Note 91. Von den ältern Schriften zeichnet sich auch hier aus: Donellus Commentar. Lib. XVIII. C. 12. §. 25. seq. — Die sehr ausführliche Abhandlung v. J. H. Böhmer de dominio litis Hal. 1709 u. 1716, und in den Exercitat. Tom. II. exerc. 32. p. 443—504 enthält viele Unrichtigkeiten, hat aber bei spätern Schriftstellern Ansehen. Heineccius Antiquit. jur. Rom. Lib. IV. Tit. 10. §. 4. u. 5. — Glück Commentar. B. III. Tit. 3. §. 389 u. 390. (B. V. S. 241 u. f.)

[3]) L. 11. §. 1. D. de novat. (XLVI. 2) — Gajus II. §. 38. 39. — Frag. Vat. §. 263. 260. — Mühlenbruch S. 37.

Schuldner, deren Form nicht bekannt ist [4]), weshalb man in der Praxis jede bestimmte Anzeige des Cessionar an den Schuldner an deren Stelle setzt [5]). Nachher hielt man aber in den Fällen, wo die Ertheilung des Mandats gefordert werden konnte, diese Form nicht mehr für nöthig, und es bildete sich daraus der Rechtssatz, daß jede nothwendige Cession zugleich eine fingirte Cession sei, welches man so ausdrückte: die Actio sei eine utilis. Diese wurde in jedem einzelnen Falle vom Prätor causa cognita erkannt, und war nichts anders als die eigentliche, aus dem Rechtsverhältniß hervorgehende, Klage (actio directa) selbst, welche dem Cessionar ohne formelle Cession, nach erkanntem Dasein des Cessions-Grundes, zugestanden wurde. Praktisch steht jetzt die Sache so: Bei den freiwilligen Cessionsgründen fällt die Willenserklärung des Cedenten, woraus dessen bestimmte Absicht, daß er eine gewisse Forderung auf den Andern übertragen wolle, erkannt wird, mit der formellen Cession zusammen. Was aber die nothwendigen Cessionsgründe betrifft, so giebt es Fälle, welche den unmittelbaren Übergang des Rechts auf den Cessionar zur Folge haben, welche nach gemeinem Rechte diejenigen sind, wo nach den Rechtsbestimmungen eine actio utilis zusteht, wobei es bloß auf den Zeitpunkt ankommt, wo das Rechtsverhältniß entstanden ist. Es giebt aber auch Fälle, wo der Übergang erst noch durch eine dazu kommende Willenserklärung des Cedenten vermittelt wird, und welche deshalb nöthigenfalls entweder erzwungen, oder durch ein Surrogat ersetzt werden muß. Hiernach giebt es eine aus-

---

4) M. s. darüber Mühlenbruch a. a. O. §. 8.

5) Klein's Rechtssprüche B. I. Nr. 18. S. 147. — Schilter Exercitat. XXX. §. 65. — Voet L. XVIII. Tit. 4. §. 15. u. A.

drückliche und eine gesetzliche Übertragung. Jede setzt einen gültigen Grund (Titel) voraus. Daß ein Mangel desselben nicht durch Verjährung ersetzt werden kann, versteht sich nach Gemeinem Recht von selbst. Nach dem Landrecht könnte indeß danach, wegen der allgemeinen Anwendung des Begriffs vom Besitz auf Rechte, wol gefragt werden. Bei dem Mangel einer positiven Bestimmung ist jedoch diese Abnormität, welche nicht in der Absicht der Redactoren gelegen zu haben scheint, nicht anzunehmen. Die Revisoren scheinen jedoch die Acquisitiv-Verjährung nicht für unmöglich gehalten zu haben; denn sie sprechen von einem gegenwärtigen Inhaber der Forderung, welchen der Schuldner bei einer unvollständigen Cession, in Folge langjähriger Zinszahlung anerkennen muß [6]).

§. 26.

b. Ausdrückliche Übertragung.

aa. Freiwillige.

1) Es versteht sich von selbst, daß Rechte als unkörperliche Dinge nur durch Willenserklärung übertragen werden können. Dazu ist, nachdem die dafür vorhanden gewesene Form für überflüßig angesehen worden, jede von dem Andern angenommene Willenserklärung geeignet, wodurch die Absicht, das Recht auf den Andern übertragen zu wollen, zu erkennen gegeben wird. So bestimmt es auch das Allg. Landrecht [1]). Es ist dazu erforderlich:

---

[6]) Motive zum Entwurfe des A. L. R. Th. I. Tit. 11. S. 83. Es wird dort ein Aufgebot zur Ergänzung der Legitimation zum Besten des gegenwärtigen Inhabers vorgeschlagen.

[1]) §. 393 h. t. „Durch die Erklärung des Cedenten, daß der Andere das abgetretene Recht von nun an als das seinige aus-

1) die Erklärung des Cedenten, daß er das Recht übertrage. Es genügt auch jede gleichbedeutende Erklärung, wenn sie nur so deutlich und bestimmt ist, daß über den Willen zu cediren, und über den Gegenstand der Cession kein Zweifel sein kann. Es genügt selbst eine stillschweigende Erklärung, welche aus andern Thatsachen deutlich und bestimmt zu erkennen ist. Dieß ist der Fall bei der Verpfändung einer Forderung oder eines Pfandrechts, womit von selbst auch das Klagerecht abgetreten ist, weil sonst der Pfandgläubiger sein Pfandrecht niemals würde ausüben können [2]). Diese Abtretung ist jedoch nur eine conditionelle, unter der Bedingung nämlich, daß der Schuldner zu der bestimmten Zeit seine Verbindlichkeit nicht erfülle. Daraus folgt, daß für den Fall, daß die Bedingung nicht eintreten sollte, der Schuldner die Forderung an einen Dritten cediren kann, welches wieder eine bedingte Cession ist [2a]). Da bei Hypothekenforderungen zur Perfection der Cession das Instrument erforderlich ist, so ist die Frage entstanden: ob in einem solchen Falle der Pfandgläubiger angehalten werden könne, das Instrument

---

zuüben befugt sein soll, und durch die Annahme dieser Erklärung geht das Eigenthum des Rechts selbst auf den neuen Inhaber über."

[2]) I. 20 §. 289. — L. 4 C. quae res pignori obligari poss. (VIII. 17.) — L. 18. pr. D. de pig. act. (XIII. 7.) — L. 7 C. h. t. — L. 20 D. de pignorib. (XX. 1.) — Mühlenbruch a. a. O. §. 16. Nr. III. S. 189 u. f.; §. 28 S. 336 u. f.; §. 42 S. 454.; §. 52 Nr. 4, wo die neue Lehre von Trotsche, das Verpfändungsrecht des Pfandgläubigers (Güstrow 1834) §. 19 u. f. befriedigend widerlegt wird. Nach derselben soll der Pfandinhaber ein Actio hypothecaria auf das Object des Nomen haben. Nach dieser Vorstellung müßte der Cessionarius eine Reivindication haben! Diese müßte doch wol auch dem ursprünglichen Gläubiger zustehen.

[2a]) Vergl. unten §. 29 am Ende.

vorzulegen, und die Cession darauf vermerken zu lassen. Eine obligatorische Handlung existirt nicht, aus welcher er vom Cessionar dazu genöthigt werden könnte: eben so wenig ein dingliches Klagerecht, da der Cessionar die Einwendungen gegen sich gelten lassen muß, welche dem Cedenten selbst entgegengesetzt werden könnten. Es müßte daher ein solcher Rechtsgrund vorhanden sein, welcher dem Cedenten selbst das Recht beilegte, die Edition der Urkunde zu verlangen. Daran fehlt es auch in der That nicht. Es ist eben derselbe, auf welchen sich die actio ad exhibendum und das Recht gegen Dritte auf Eidition von Urkunden gründet, nämlich die natürliche Billigkeit, Jemanden Das zu gestatten, was ihm nützlich ist, und uns nicht schadet [2aa]. In ihrer Allgemeinheit wird diese Regel zwar mit Recht bezweifelt [2b], indeß giebt sie anerkanntermaaßen doch einen entfernten Grund zur Klage, deren nächster Grund das Recht ist, von Jedem zu fordern, sich die ihm unschädliche Ausübung der Befugniß des Andern gefallen zu lassen. Der Eigenthümer der verpfändeten Sache hat aber die Befugniß, darüber soweit, als es den Rechten und der Sicherheit des Gläubigers unnachtheilig ist, frei zu verfügen [2c]. Der Wechsel des Eigenthümers ist den Rechten des Pfandinhabers ganz unnachtheilig; der Eigenthümer kann daher die verpfändete Sache veräußern. Bei beweglichen Sachen bedarf es dazu keiner Herausgabe derselben, um sie tradiren zu können, sondern es genügt dazu die Anweisung des bisherigen Eigenthümers an den Pfandbesitzer, daß derselbe im Namen des neuen Erwer-

[2aa]) L. 2. §. 5. D. de aqua et aquae pluv. arc. (XXXIX. 3.) „— haec aquitas suggerit, etsi jure deficiamur.“

[2b]) Weber von der natürl. Verbindlichkeit. §. 101.

[2c]) I. 20. §. 21.

ders fortbesitze [2d]. Bei Hypothekenforderungen aber kann hierdurch die Übertragung nicht vollständig vollzogen werden, sondern dazu ist der Vermerk der Cession auf dem Instrumente selbst nöthig. So wie der Pfandinhaber sich in jenem Falle, wo ihm eine körperliche, bewegliche Sache verpfändet worden ist, die Anweisung gefallen lassen muß, statt des bisherigen Eigenthümers den Besitz für dessen Nachfolger fortzusetzen, und dadurch die Übergabe vollziehen zu helfen, so muß er sich in diesem Falle auch den Übergang der Forderung an einen Andern gefallen lassen, und den dazu nothwendigen Vermerk auf dem Instrumente dulden [2e].

Der Fall einer stillschweigenden Erklärung ist ferner vorhanden bei der Theilung einer Gemeinschaft, wobei es genügt, daß die Theilung vorgenommen, und die Forderung dem Einen Theilnehmer auf seinen Theil zugewiesen worden ist [3]. Die bloße Innehabung des Schuldscheins dagegen läßt auf gar keine bestimmte Erklärung des Gläubigers schließen [4]. Die auf jeden Inhaber lautenden öffentlichen (denn dergleichen Privatschuldscheine giebt es nicht) Schuldscheine (lettres payables au porteur) gehören hierher nicht; denn diese werden im Verkehr wie

---

[2d] I. 7. §. 66.

[2e] Einl. z. A. L. R. §. 89. „Wem die Gesetze ein Recht geben, dem bewilligen sie auch die Mittel, ohne welche dasselbe nicht ausgeübt werden kann."

[3] L. 17. §. 152. 151. — Die L. 2. §. 5. D. fam. erc. (X. 2) setzt bloß eine so allgemeine Verabredung voraus, daß noch eine specielle Überweisung zur bestimmten Bezeichnung nothwendig ist.

[4] I. 13. §. 129 — Leyser Spec. 201 m. 2. — Mevius Decis. P. VIII. dec. 236. — Cramer Obs. jur. un. Tom. II. P. I. Obs. 411.

körperliche Sachen behandelt [5]), ohne jedoch gegen den Schuldner die Natur eines bloßen Schuldscheins zu verlieren, so daß, wenn das Papier vernichtet wird, oder abhanden kommt, die demselben zum Grunde liegende Obligation noch immer geltend gemacht werden kann [6]).

2) Die Annahme der Erklärung Seitens des Cessionarii. Daß dieselbe auch stillschweigend, d. h. durch concludente Handlungen, abgegeben werden könne [7]), würde als eine überflüßige Bemerkung angesehen werden müssen, wenn nicht dieser Gegenstand als eine Streitfrage behandelt worden wäre [8]), wozu ein Präjudicat des Appellations-Senats des Kammergerichts [9]), welches man aus einem Mißverständniß als irrig verwirft [10]), Veranlassung gegeben hat. Es wird darin keinesweges die stillschweigende Annahme der Cession an sich für ungültig erklärt, sondern nur behauptet, daß die Cession als Scriptum proprium, gegen einen Menschen, der sie nicht verstehe und nicht lesen könne, nicht beweise: daß der Contract, worauf sie sich angeblich gründet (das Kaufsgeschäft), auch

---

[5]) §. 401 h. t. Pfeiffer pract. Ausführungen aus allen Theilen der Rechtsw. Bd. I. S. 45. — Bender Verkehr mit Staatspapieren II. Ausg. Gött. 1830. §. 35. — Diese Papiere können aber auch zu gewöhnlichen Wirkungen cedirt werden. I. 15. §. 47. — Gönner von Staatsschulden ꝛc. S. 183 fgg. — Bender S. 169 u. fgg.

[6]) A. G. O. I. 51. §. 120 u. f. — Verordn. v. 16. Juni 1819. Ges. S. 157. — Gönner a. a. O. S. 173. — Bender a. a. O. §. 35. — Schumm die Amortisation verlorner Schuldurkunden (Beilageheft zum Bd. XIII. des Arch. für civil. Praxis) S. 53

[7]) Vergl. I. 13 §. 11 u. I. 5. §. 81.

[8]) Motive zum Entwurfe des Allg. Landrechts Th. I. Tit. 11. S. 73.

[9]) Mathis I. S. 236 u. f.

[10]) Grävell Credit-Gesetze Bd. 4 S. 102. —

wirklich zu Stande gekommen sei. Wenn das der Cession zum Grunde liegende Rechtsgeschäft nicht bewiesen werden kann, oder nicht gültig ist, so gilt auch die Cession nicht. In dem Falle des angegriffenen Präjudicats leugnete der angebliche Cessionar, ein Analphabet, daß er die Forderungen, welche ihm cedirt worden waren, gekauft habe. Daß diese causa praecedens, der Cessions-Grund, durch das eigne Scriptum des Cedenten nicht bewiesen werden kann, leuchtet von selbst ein. Man sagt: durch die Annahme der Cession werde der Contract von beiden Seiten erfüllt. Dieß kann man zugeben. Aber die Cession ist der Contract nicht, sondern sie ist die Erfüllung eines Contracts, dessen Dasein bewiesen werden muß, weil die Übergabe aus verschiedenen Gründen geschehen kann. Daß ein auf Abtretung der Forderung gerichteter Kaufcontrakt zu Stande gekommen war, wurde dadurch, daß in jenem Falle dem Analphabeten eine schriftliche Cession in die Hände gesteckt worden, keinesweges erwiesen, mithin paßt auf diesen Fall dasjenige nicht, was man von der Erfüllung mündlicher Verträge dagegen anführt. Es wird daher auch dadurch, daß man in dem Entwurfe des revidirten Titel 11. §. 281 zur Vermeidung von dergleichen vermeintlichen Irrthümern den Satz vorgeschlagen hat: »die Annahme kann ohne Unterschied des Gegenstandes auch stillschweigend geschehen,« weder etwas geändert, noch in ähnlichen Fällen eine gleiche Entscheidung verhindert.

3) Eine rechtsbeständige Form der Erklärung. Dieselbe soll immer schriftlich sein, ausgenommen, wenn keine briefliche Urkunden über die Forderung vorhanden sind, und zugleich die Forderung nicht über 50 Rthl.

beträgt [11]). Es sollte auch diese Ausnahme nicht Statt finden, da es auf einen Ausweis gegen einen Dritten (den Schuldner) ankommt, gerade so wie bei dem Vollmachtsvertrage.

II) Dieß sind die einzigen wesentlichen Erfordernisse einer gültigen Cession. Es ist namentlich nicht nothwendig:

1) das Bekenntniß über den Empfang der Valuta. Schon nach Gemeinem Recht ist die von Manchen aufgestellte Behauptung, daß im Falle eines Verkaufs das Kaufgeld bezahlt oder creditirt worden sein müsse, nicht zu rechtfertigen [12]). Nach Preuß. Rechte fällt auch der dafür angeführte Grund, daß ohne Bezahlung das Eigenthum von Sachen durch die Tradition nicht übergehe, fort. Daß es zur Gültigkeit des Cessionsacts an sich keiner weitern Erklärung über die Valuta bedürfe, folgt schon daraus, daß die Cession der Tradition gleich gestellt wird. Wenn aber die Cession mit dem ihr zum Grunde liegenden Rechtsgeschäfte zusammenfällt, so versteht es sich von selbst, daß daraus die wesentlichen Erfordernisse desselben ersichtlich sein müssen. Das nämliche ist nützlich, aber nicht immer wesentlich nöthig, wenn über die vorausgegangene causa praecedens keine Urkunde vorhanden ist. In diesem Falle würde zwar die Cession an sich, als Traditionsact, noch immer gültig, und als Erfüllung eines mündlichen Vertrags zu betrachten sein; es würde aber, wenn es darauf ankäme, dieser Vertrag anderweit bewiesen werden müssen. Deshalb ist es in jedem Falle zweckmäßig, in der Cession das derselben zum Grunde liegende

---

[11]) §. 394. h. t.

[12]) Mühlenbruch a. a. O. S. 156.

Rechtsgeschäft, und die erfolgte Gegenleistung des Cessionars, anerkennen zu lassen [13]).

2) Die Aushändigung der über die Forderung vorhandenen Urkunde. Nach Gemeinem Recht ist dieser Satz unzweifelhaft. Auch das Allg. Landr. betrachtet die Aushändigung der Urkunde nicht als Erforderniß der Cession, sondern als eine Verbindlichkeit des Cedenten in Folge der Cession; indeß ist die Sache in Beziehung auf Dritte nicht ohne Zweifel. Nach §. 395 d. T. soll der Schuldner nur an einen solchen Cessionar zahlen können, der durch den Besitz des Instruments, und durch eine schriftliche auf ihn gerichtete Cession zugleich legitimirt ist. Ferner, nach §. 396. 397. soll er sich, nach geleisteter Zahlung, die Urkunde aushändigen, oder wenn es nur eine Abschlagszahlung war, dieselbe auf der Urkunde vermerken lassen, und wenn er dieses vernachläßigt, sich gegen einen dritten redlichen Inhaber der Forderung, mit der geleisteten Zahlung nicht schützen können. Weiter wird aber bestimmt:

> §. 407. »Der Schuldner einer cedirten Post kann alle Einwendungen und Gegenforderungen, die er gegen den Cedenten rügen könnte, auch dem Cessionar entgegensetzen.«
>
> §. 413. »So lange dem Schuldner die geschehene Cession noch nicht gehörig bekannt gemacht worden, sind alle zwischen ihm und dem

---

[13]) Aus diesem Grunde hat man bei der Revision des Allg. Landrechts vorgeschlagen, zur Form der Cession ein Bekenntniß über erfolgte Befriedigung des Cedenten zu erfordern, und ohne dasselbe die Cession nur in sofern gelten zu lassen, als das Geschäft als Schenkung bestehen könne. Entwurf z. Tit. 11. §. 282. 283 u. Motive dazu S. 75.

Cedenten vorgefallene Verhandlungen zu Gunsten des Schuldners giltig.«

Hierbei ist der Urkunde nicht gedacht. Wenn nun der Schuldner Zahlung leistet, ohne sich den Schuldschein zurückgeben zu lassen, soll diese Zahlung keine solche Verhandlung oder Einwendung sein, welche er dem Cessionario entgegensetzen kann? Offenbar. Die tägliche Praxis ist darin ganz gleichförmig. Da dieses aber so ist: wie sind diese Bestimmungen mit dem §. 396 und 397 zu vereinigen? Man hat es durch zwei Erklärungsarten versucht. Die Einen sagen: der §. 413 beziehe sich auf das Verhältniß des Schuldners zu dem ursprünglichen Gläubiger und dessen Cessionar; der §. 397 aber auf das Verhältniß des Schuldners zu dem ersten und weitern Cessionar. Es ist möglich, daß man sich dieß gedacht hat; der daraus entstehende Satz verschlimmert aber nicht blos die Lage des Schuldners, indem dieser zwar dem ursprünglichen nicht aber dem folgenden Gläubiger, ohne sich um den Schuldschein zu bekümmern, sicher zahlen könnte; sondern es fehlt auch an jedem Rechtsgrunde zu dieser Verschiedenheit der Verhältnisse. Man will einen solchen darin finden, daß bei dem Anspruche des ursprünglichen Gläubigers an den Schuldner die Schrift nicht wesentlich sei, wogegen der Cessionar sich durch Vorlegung der Cession in Verbindung mit dem Instrumente legitimiren müsse, und seine Klage nicht so wie der ursprüngliche Gläubiger, ohne den Schuldschein, begründen könne. Dies ist eine irrige Voraussetzung. Wenn der Schuldner den Mangel des Schuldscheins rügt, so kann der ursprüngliche Gläubiger von ihm auch eher keine Zahlung erzwingen, als bis er den Schuldschein schafft oder amortisirt [14]); und gerade so gestaltet sich das Verhältniß auch gegen den Cessionar; dieser bedarf, außer der Cession, zur Begründung der Klage nicht mehr oder weniger als der ursprüngliche Gläubiger selbst: weil er gerade das nämliche Klagerecht ausübt, welches dem Cedenten zustand. Die Cession verändert das Rechtsverhältniß selbst gar nicht.

Andere wollen die Bestimmungen durch einen singulairen Fall erklären, wenn nämlich der Schuldner dem Cessionar Zahlung geleistet habe, ohne sich den Schuldschein zurückgeben zu lassen; der letztere darauf zufällig wieder in die Hände des ursprünglichen Gläubigers komme, und dieser es zum zweiten Male an einen redlichen Dritten cedire. Diesem solle dann die geleistete Zahlung nicht entgegengesetzt werden können, weil er sein Recht nicht von demjenigen ableite, an den der Schuldner gezahlt habe. Hiergegen ist schon von Andern bemerkt, daß auf irgend eine Weise doch immer von Demjenigen, der die Zahlung erhielt, das Instrument entweder durch Zurückgabe der Cession, oder durch eine neue Übertragung wieder in die Hände des ursprünglichen Gläubigers gekommen sein müsse, mithin kein dritter Inhaber vorkommen könne, der sein Recht nicht von dem Zahlungsnehmer, wenn diesem die Forderung zustand, mittelbar oder unmittelbar, ableite [15]). Bei dieser Gegenbemerkung ist vorausgesetzt, daß die Cession auf das Instrument vermerkt worden. Wenn dieses aber nicht geschehen, und der Schuldschein in die Hände desjenigen, auf den er lautet, ohne Zuthun des Zahlungsnehmers wieder zurückgekommen wäre, so

---

[14]) I. 16. §. 125 u. f.
[15]) M. s. Motive a. a. O. S. 75—77.

würde der Einwand nicht passen. Allein in diesem Falle kommt dem Schuldner der im §. 407 anerkannte Rechtssatz zu statten, daß er dem Cessionario alle ihm gegen den Cedenten zustehende Einwendungen entgegensetzen kann, wodurch er gegen diese betrügliche zweite Cession ope exceptionis doli geschützt sein würde. Daß dies auch hier genügen muß, folgt aus §. 128 Tit. 16 Th. I, wonach unter der dort gedachten Voraussetzung der zahlende Schuldner sich mit dem Mortificationsschein des Cessionarius begnügen muß. Dieser Schein würde ihm aber gar nichts helfen, sondern der Schuldner würde noch einmal bezahlen müssen, wenn in dem hier gesetzten Fall der ursprüngliche Gläubiger den Schuldschein wieder erlangt, und an einen Andern cedirt hätte.

Hiernach muß man den Revisoren darin beistimmen, daß der §. 397 mit 407 und 413 nicht zu vereinigen ist [16]). Da nur Eine von beiden Bestimmungen gültig sein kann, so muß diejenige verworfen werden, welche der Natur der Sache, und den sonst für gültig anerkannten Grundsätzen widerspricht. Dies trifft die §§ 395—397, jedoch mit Unterscheidung. Gewöhnliche Schuldscheine nämlich sind nichts weiter als bloße Beweismittel. Auf diese kann es, ihrer Natur nach, bei der Zahlung oder Cession nicht wesentlich ankommen, sie sind, wenn davon Mißbrauch gemacht wird, durch Gegenbeweis, zu welchem Zweck schon die bloße Erklärung des Gläubigers, daß die Urkunde verloren gegangen, die Verbindlichkeit aber getilgt sei (Mortificationsschein), genügt [17]). Es giebt aber andere Instrumente, welche wesentlich selbst als reelle Rechtsobjecte (als Waare)

[16]) Ebendas. S. 77.

[17]) I. 16. §. 126. 127. — Cramer Obs. jur. un. T. I. obs. 61. p. 155.

angesehen werden, wie die auf jeden Inhaber lautenden öffentlichen Schuldscheine; oder mit welchen die Forderung dergestalt verbunden ist, daß mit deren Veräußerung alles Recht des bisherigen Inhabers, das bei gewöhnlichen Forderungsrechten als fortbestehend und nur von einem Andern ausgeübt gedacht wird, vollständig aufhört, so daß Einreden aus seiner Person dem neuen Inhaber nicht entgegengesetzt werden können. Dieß ist der Fall bei Wechseln und Hypotheken-Instrumenten. Diese Verschreibungen können daher nicht durch eine simple Erklärung des Gläubigers mortificirt, sondern müssen öffentlich aufgeboten, und durch richterliches Erkenntniß amortisirt werden [18]). Instrumente dieser Art müssen nicht nur bei der Cession nothwendig mit übergeben; sondern es soll die Cession darauf selbst vermerkt werden [19]). Diese beiden Arten von Instrumenten sind bei der Redaction des Landrechts nicht unterschieden. Man wollte zuerst alle Schuldscheine wie Literal-Contracte und Rechtsobjecte behandeln, welches mit der Idee vom absoluten Eigenthumsrechte an Forderungen augenscheinlich mehr harmonirt, als der dazu gar nicht passende Satz: daß der Schuldner dem neuen Eigenthümer Einwendungen aus der Person des vorigen Eigenthümers solle entgegensetzen können. Der Vorschlag Suarez's wurde aber nicht angenommen; der §. 397 blieb jedoch als ein zu den angenommenen Grundsätzen nicht

---

[18]) I. 11. §. 739. I. 20 §. 423. u. f. Anh. §. 53. u. §. 522 u. f. II. 8. §. 1159 u. f. 1172 u. f. — Hyp. Ord. Tit. 2 §. 211. u. f. §. 273 u. f. Vergl. Cramer. l. c.

[19]) II. 8. §. 811. — I. 11. §. 399. Hyp. Ordn. Tit. 2. §. 206. — Doch ist dieser Vermerk auf dem Instrumente selbst nicht wesentlich. R. v. 20. Septbr. 1819. (Jahrb. Bd. XIV. S. 61.)

passender Überrest jenes Vorschlags stehen [20]). Aus der nämlichen Idee von der absoluten Dinglichkeit der Forde-

---

[20]) Entw. z. Gesetzbuch Th. II. Tit. 8 §. 351—359. An Stelle der §. 357—358 hatte Suarez, um die darin angedeutete Unzertrennlichkeit der Forderung von dem Schuldschein bestimmter auszudrücken, bei der Umarbeitung des Entwurfs folgende Sätze vorgeschlagen:

§. a. So lange der Vermerk noch nicht geschehen, ist das Eigenthum der Forderung auf den Cessionarius noch nicht übergegangen.

§. b. Der Schuldner ist also dem Vorzeiger der cedirten Urkunde Zahlung zu leisten weder berechtigt noch verpflichtet.

§. c. Hat er solches gleichwohl gethan, so kann er damit gegen den dritten redlichen Inhaber der Forderung sich nicht schützen.

§. d. Der Cedent aber muß die geleistete Zahlung wider sich gelten lassen, sobald die von ihm geleistete Cession auch nur auf andere Art nachgewiesen werden kann.

§. e. Wird von mehrern u. s. w. (wörtlich wie im §. 399. h. t. des A. L. R.)

Gegen diesen Vorschlag wurde erinnert: es sei dunkel, in wiefern der Schuldner, welcher auf die ihm vorgezeigte Urkunde Zahlung geleistet habe, und nachher an einen Dritten nochmals zahlen müsse, gegen den Cedenten zurückgehen könne. Auch bemerkte man, daß wenn man sage, der Schuldner sei nicht berechtigt, dem Vorzeiger der Urkunde Zahlung zu leisten (§. b.), vorauszusetzen sei, der Schuldner habe die vorgezeigte Urkunde nicht an sich behalten. Man vermuthet, daß diese letztere Bemerkung veranlaßt habe, von dem, nach Analogie der Hypothekenordnung verlangten, Vermerk auf der Urkunde abzugehen; denn die sämmtlichen §§ a bis d, welche von dem Vermerk handeln, sind im Manuscript des Gesetz-Buches durchstrichen, und am Rande sind dafür die §§ 394—398 dies. Tit. vermerkt. Motive a. a. O. S. 78. 79. Es ist dort richtig bemerkt, daß wenn man das Monitum: es sei dunkel, in wiefern der Schuldner bei doppelter Zahlung an den Cedenten zurückgehen könne, weiter verfolgt hätte, man gefunden haben würde, daß ebenso, wie der Cedent die Zahlung gegen sich gelten lassen müsse, ebenso jeder Dritte darauf verwiesen werden könne, weil dem Cessionar Einwendungen aus der Person des Cedenten entgegengesetzt werden könnten, so daß es mithin keinen dritten redlichen Erwerber gäbe, der nach diesem Grundsatze nicht zurückgewiesen werden

ungsrechte waren die mit deren wirklichen Beschaffenheit n Widerspruch stehenden Bestimmungen über die Verpfändung ausstehender Forderungen hervorgegangen. Es heißt I. 20:

§. 281. Ausstehende Forderungen können nur durch Aushändigung der darüber auf einen gewissen Inhaber ausgestellten Urkunden gültig verpfändet werden.

§. 282. Ist dieses geschehen, und der Schuldner der verpfändeten Post hat an den Verpfänder Capitalszahlungen geleistet, ohne sich das Instrument zurückgeben, oder die Abschlagszahlungen darauf vermerken zu lassen: so kann er sich damit gegen den Pfandinhaber nicht schützen; sondern muß sich deshalb an den Verpfänder, als seinen eigentlichen Gläubiger halten.

Diese, der Natur obligatorischer Rechte widerstreitende [21]) Bestimmung ist schon lange aufgehoben [22]), welches ein Grund mehr ist, dem §. 397 in Beziehung auf gewöhnliche Schuldforderungen alle Bedeutung abzusprechen. Die Sache steht hiernach so:

1) die Cession ist gültig und gegen Jeden wirksam, wenn die Schuldurkunde auch nicht ausgehändigt wird; der Cessionar ist aber die Aushändigung der Verschreibung, oder, wenn sie verloren gegangen, eines Mortificationsscheins zu fordern berechtigt, weil der Schuldner nur ge-

---

müßte. Es ist danach kein Fall gedenkbar, auf den der §. 397 angewendet werden könnte.

[21]) M. s. über diesen Widerspruch den Aufsatz in Mathis Bd. III. S. 419.

[22]) Verordn. v. 9. Decbr. 1809 §. 2. Mathis Bd. IX. S. 16. u. f.

gen Zurückgabe des Schuldscheins, oder gegen einen von dem anerkannten Gläubiger ausgestellten Mortifications-schein zu zahlen schuldig ist [23]).

2) zur Cession einer Hypotheken-Forderung, eines Wechsels, oder einer kaufmännischen Assignation ist die Aushändigung des Instruments wesentlich erforderlich.

Bei Partial-Cessionen wird von dem Instrumente beglaubte Abschrift genommen, und auf diese die Cession gesetzt, auf dem Hauptinstrumente aber die erfolgte Cession bemerkt [24]).

§. 27.

bb. Erzwungene.

Wider seinen Willen kann Jemand zur ausdrücklichen Cession genöthigt werden:

1) wenn er sich dazu verbindlich gemacht,

2) wenn er von einem Dritten Zahlung empfangen hat [1]). Die Befugniß, Cession zu fordern, welche nur demjenigen, der zur Zahlung für den Schuldner rechtlich verpflichtet war, gemeinrechtlich zustand [2]), während ein Anderer sich bei der Zahlung die Cession ausbedingen mußte [3]), hat das Allg. Landrecht jedem Zahlenden ohne

---

[23]) I. 16. §. 126 – 129.

[24]) §. 399. h. t. Verordn. v. 8. Febr. 1811 (Ges. S. S. 150) — Ges. v. 4. Juli 1822 §. 9 (Ges.-Samml. S. 178) — Hyp.-Ord. Tit. 2. §. 206—208. R v. 31. Decbr. 1820 (Jahr-B. Bd. XVI. S. 255.)

[1]) §. 442. h. t. I. 14. §. 339. Schacher de quibusdam cessionibus necessariis. Lipsiae 1612.

[2]) L. 17. 39. 41 §. 1. D. de fidejussor. (XLVI. 1.) — L. 2. 11. C. eod. (VIII. 41).

[3]) L. 5. C. de solut. (VIII. 43.) — Sande l. c. Cap. VI. Nr. 68. Mühlenbruch a. a. O. §. 37. S. 418.

Unterschied beigelegt, wenn nicht ausdrücklich solvendi animo (um die Schuld zu tilgen), gezahlt worden ist [4]). Man [4a]) will damit den Begriff von der Schenkung in Verbindung bringen, wovon hier, in Beziehung auf den Gläubiger, gar kein Merkmal anzutreffen ist. In Beziehung auf den Schuldner aber kann es eine Liberalität sein. Wenn es diese aber auch nicht ist, so folgt doch nicht, daß der Zahlende in die Stelle des bezahlten Gläubigers tritt, wenn ausdrücklich in der Absicht gezahlt und die Zahlung angenommen worden ist, um dieses Schuldverhältniß zu tilgen, und davon den Schuldner zu liberiren; denn in ein aufgehobenes Schuldverhältniß kann Niemand mehr eintreten. Dagegen aber kann der gewesene Schuldner dem Zahlenden ex negotiorum gestione verhaftet sein.

Wenn der bezahlte Gläubiger sich in diesen Fällen weigert, die Cession zu leisten, so soll er dazu, im Wege Rechtens, durch Zwang angehalten werden [5]). Wie es gehalten werden soll, wenn der Zwang fruchtlos bleibt, ist unbestimmt gelassen. Man will hier eine Vollziehung der Unterschrift durch den Richter, nach Analogie des §. 123 Tit. 5 Th. I. eintreten lassen [6]). Diese setzt aber voraus, daß die Willenserklärung selbst schon in rechtsverbindlicher Form vorhanden sei, und daß nur die nochmalige Vollziehung der Unterschrift, zur Ergänzung einer Form, vor Gericht verlangt werde. Hier soll jedoch die Willenserklärung selbst erst noch abgegeben werden. Der I. Sen. zu Breslau hat in einem solchen Falle einem

---

[4]) Vergl. oben §. 22.

[4a]) Gräwell Credit-Gesetze Bd. IV. S. 406.

[5]) §. 413. h. t. I. 16. §. 50.

[6]) Gräwell a. a. O. S. 122. Note **).

Justizcommissario den Auftrag gegeben, die Cession zu leisten. Dieses Verfahren ist nur für solche Handlungen vorgeschrieben, welche so beschaffen sind, daß sie ein Anderer eben so wohl und mit gleicher Wirkung verrichten kann; welches mit der Willenserklärung einer bestimmten Person augenscheinlich nicht möglich ist. Die gemeine Praxis ist darin voraus. Diese legt dem richterlichen Decret die nämliche Wirkung wie einer ausdrücklichen freien Willenserklärung bei; und nur wegen Herausgabe des dazu erforderlichen Schuld-Instruments werden die gewöhnlichen Executionsmittel angewendet [8]). Dieselbe Procedur findet in Concursen Statt, und ist für Particular-Prozesse, welche sich mit der executivischen Wegnahme der Forderungen des Schuldners endigen, ausdrücklich vorgeschrieben [9]). Zwischen Prozessen dieser Art, und solchen, welche über die Verpflichtung zur Cession einer gewissen Forderung geführt werden, ist in Beziehung auf die Execution gar kein Unterschied; es ist daher völlig angemessen, die Cession der erstrittenen Forderung, eben so wie die einer richterlich weggenommenen Forderung, durch eine Verfügung des Gerichts, in Vollziehung des Urtes zu ertheilen.

Die nothwendigen Cessionen aus dem zweiten Grunde haben jedoch nach Preuß. Recht nur eine geringe Bedeutung. Denn der Zahlende soll schon ipso jure, gerade so wie nach Röm. Recht in den Fällen, wo eine actio utilis erkannt wurde, in die Rechte des Gläubigers treten [10]). Man hat zwar davon die Vorrechte und die

---

[7]) A. G. O. Th. 1. Tit. 23. §. 50.

[8]) Olea l. c. Tit. V. Qu. 8. — Mühlenbruch a. a. O. §. 10.

[9]) Ges. v. 4. Juli 1822, §. 6—9. Ges.-Samml. S. 178.

[10]) I. 16. §. 46.

zur Sicherheit der Forderung dienenden accessorischen Rechte ausgenommen, wegen welcher eine ausdrückliche Cession erfordert wird [11]); dies ist jedoch eine willkührliche Inconsequenz, wozu jeder juristische Grund fehlt.

Es ist eine allgemein gültige Rechtsregel: qui in jus alterius succedit, jure ejus uti debet [12]), welche besonders auf die vorliegenden Verhältnisse angewendet wird [12a]). Man fragt daher umsonst nach dem Rechtsgrunde: warum der Zahlende nicht alle Rechte des bezahlten Gläubigers ausüben soll, wenn er ipso jure in dessen Forderungsrecht tritt. Von der Bürgschaft ließe sich sagen: dies sei eine für sich bestehende Forderung sub conditione, welche besonders cedirt werden müsse, von den Vorrechten aber, welche der Forderung nach ihrer Qualität ankleben, so wie von dem Pfand = und Hypothekenrechte ist, in Betracht, daß das Recht des Cessionars eben nur in der Ausübung des Actionenrechts des Gläubigers besteht, ein juristischer Grund unerfindlich. Bei den Forderungsrechten lassen sich die Rechte des Gläubigers gegen den Schuldner von den gegen Dritte nicht trennen: das bestimmte Forderungsrecht ist, so wie es ist, untheilbar.

Für den Fall des formellen Concurses ist man von dem Satz auch abgegangen [13]). Die ausdrückliche Cession ist daher nur außer dem Falle des formellen Concurses zu dem Zwecke von practischem Werth, die accessorischen Rechte gegen Dritte auszuüben. Aber auch hier ist man schon darauf gekommen, der bloßen Quittung die Wirkung

---

[11]) Ebd. §. 17. 18.

[12]) L. 177. pr. D. de reg. jur.

[12a]) L. 7. 13. D. de hered. vel. act. vend. (XVIII. 4). L. 2. pr. L. 6. L. 23. pr. D. eod.

[13]) A. G. O. I. 50. §. 160. Anh. zur Allg. G. O. §. 331.

einer Cession in dem Fall beizulegen, wenn der Hypothekenschuldner gezahlt hat. Diese gesetzliche Bestimmung [14]) würde zwar jeder Praktiker für eine Lex specialis, als welche sie äußerlich auch erscheint, erklären; sie ist aber in der That nichts weiter als eine consequente Anwendung des Grundsatzes: daß der Zahlende ipso jure in die Rechte des Gläubigers tritt.

§. 28.

c. Stillschweigende (gesetzliche) Übertragungsart.

In vielen Fällen, in welchen Jemand, zufolge einer allgemeinen Rechtsregel, nach Röm. Recht die Übertragung eines Forderungsrechtes verlangen konnte, kam man darauf, die Weitläuftigkeit, den Verpflichteten zur Ertheilung des Mandats zu zwingen, zu umgehen, und dem Berechtigten eine, der Actio directa oder derjenigen Klage, welche ihm zu übertragen gewesen sein würde, nachgebildete Klage mit den nämlichen Wirkungen als Actio utilis zu bewilligen. Dieß übertrug man später auch auf die freiwilligen Übertragungsgründe, indem man in der Übereinkunft, mittelst welcher ein Forderungsrecht veräußert wurde, zugleich die zur Ausübung des Rechts zureichende Willenserklärung des Cedenten fand, und deshalb die äußere Form einer Cession nicht für absolut nöthig hielt. Zuerst wurde dies auf den Erbschaftskauf angewendet, wobei vorher die Klagen speciell hatten cedirt werden müssen [1]); dann beim Kaufe einzelner Klagen [2]); des-

---

[14]) Decl. v. 3. April. 1824. G.-S. S. 77.

[1]) L. 16. pr. D. de pactis. (II. 14).

[2]) L. 8—9 C. de hered. vel. act. vend. (IV. 39).

gleichen beim Legatum nominis [3]); zuletzt von Justinian bei der Schenkung einer Forderung [4]). Der practische Vortheil dieses Grundsatzes bestand darin, daß die Forderungen von dem Augenblick an, wo der Grund der nothwendigen Cession entstanden war, auf die Erben des Cessionar transmittirt wurde, während so lange, als ein förmliches Mandat erforderlich war, die Rechte des Cessionar für dessen Erben verloren gingen, wenn derselbe vor der Litiscontestation verstarb. (Note 4). Neuere nennen dies das Edictum Divi Pii [5]), als wenn Antoninus Pius den lange vor ihm gültigen Grundsatz aufgebracht hätte [6]). In allen diesen Fällen bedurfte es weder einer ausdrücklich erklärten Cession, noch eines richterlichen Ergänzungsdecrets für den Fall der Weigerung des Cedenten. Es giebt aber noch Fälle auch nach Röm. Recht, wo zwar eine Cession gefordert werden kann [7]), aber keine utilis actio gegeben wird [8]), welches namentlich von der Zahlung eines Dritten für den Schuldner gilt. Hier muß also entweder eine ausdrückliche Cession, oder ein Ergänzungs-Decret des Richters beigebracht werden. Der practische Unterschied zwischen den Fällen, wo eine gesetzliche Übertragung geschieht, und denjenigen, wo die

---

3) L. 18. C. de legatis. (VI. 37).

4) L. 33. C. de donat. (VIII. 51).

5) Glück Bd. XVI. S. 387. 396. Bucher Recht der Ford. §. 21 u. 28.

6) Ein solches Edikt existirt nicht. Ulpian erwähnt eines Rescr. dieses Kaisers in L. 16. pr. D de pactis nur als Autorität für die Anwendung des längst gültigen Grundsatzes auf den Erbschaftskauf.

7) L. 17. 41. §. 1. D. de fidejussor. (XLVI. 1). — L. 2. C. eod. (VIII. 41).

8) L. 39. D. eod. — L. 11. C. eod.

Cession wider den Willen des Cedenten erzwungen werden kann, besteht, wie schon oben bemerkt ist, darin, daß der oft sehr wichtige[9]) Zeitpunkt, wo die Cession für geschehen anzunehmen, in den Fällen der erstern Art schon mit der Entstehung des den Cessionsgrund enthaltenden Rechtsgeschäfts zusammenfällt; in den Fällen der letztern Art dagegen erst mit der Erklärung des Cedenten, oder dem Decrete des Richters eintritt.

Derselbe practische Unterschied findet sich im Preuß. Recht. Das Landrecht stimmt jedoch darin mit dem Röm. Recht nicht überein, daß es in Fällen, wo eine utilis actio gegeben wurde, eine ausdrückliche Cession verlangt, und umgekehrt dieselbe in den Fällen für entbehrlich hält, wo das Röm. Recht keine utilis actio kannte, weil durch die Zahlung der Schuld die Obligation getilgt wurde, folglich auf den Zahlenden nicht übergehen konnte, wenn nicht emendi animo gezahlt worden war. Diese Fälle, wo das Allg. Landrecht, von dem Röm. Rechte abweichend, ohne ausdrückliche Cession, dem Zahlenden die Rechte eines Cessionarius beilegt, sind folgende:

1) wenn der Bürge den Gläubiger bezahlt. In diesem Falle gehen alle Rechte, also auch die Vorrechte ipso jure über [10]).

2) wenn ein Lehnsbesitzer gewisse Lehnsschulden bezahlt hat, welche der Lehnsfolger zu bezahlen nicht schuldig ist [11]).

---

[9]) Wenn Concurs über das Vermögen des Cedenten ausbricht, hängt die factische Gültigkeit des ganzen Rechts des Cessionarii von dieser Frage ab.

[10]) I. 13. §. 338. Vergl. die Note 7 u. 8. angef. Stellen.

[11]) I. 18. §. 597.

3) wenn Jemand die Schuld eines Andern bezahlt, ohne zu ihm oder dem Gläubiger in einem Rechtsverhältnisse zu stehen [12]). Jedoch soll es in diesem Falle zur Übertragung der accessorischen Rechte einer ausdrücklichen Cession bedürfen [13]). Dagegen soll ein Nutznießer welcher Capitalszahlungen leistet, wieder ohne Cession in die Rechte des bezahlten Gläubigers treten [14]). Damit scheint wieder nicht die, für den Fall der Ausübung des jus offerendi gegebene Bestimmung, womit der vorige Fall verwandt ist, zu stimmen. Die gemeinrechtliche Streitfrage: ob der Eintritt in das Recht eines vorstehenden Hypothekengläubigers nur durch ausdrückliche Cession, oder ipso jure Statt finde [15]), scheint nämlich für die erstere Alternative entschieden zu sein; denn es ist I. 20 §. 37 bloß bestimmt: daß der Pfandgläubiger schuldig sei, einem Jeden, der ein dingliches Recht auf die Sache, und der für die Schuld Bürgschaft geleistet habe, gegen vollständige Befriedigung sein Pfandrecht abzutreten. Die Bestimmung, daß der Zahlende auch ipso jure eintrete, fehlt. Da jedoch der Nießbraucher, der ebenfalls zu den dinglich Berechtigten gehört, eben so wie der Bürge keiner Cession bedarf, so ist wol anzunehmen, daß auch der nachstehende Pfandgläubiger ipso jure schon durch die Zahlung eintritt,

---

[12]) I. 16. §. 46.

[13]) S. d. vor. §. am E. Vor Diocletian bedurfte es auch nach Röm. R. einer besondern Cession des Pfandrechts. L. 6 u. 7. C. de obl. et act. (IV. 10). — L. 14. C. de fidejussor. (VIII. 41). — Mühlenbruch §. 28. Note 210. u. §. 37. S. 419. fgg.

[14]) I. 21. §. 79.

[15]) Nach der richtigen Meinung ist das Letztere anzunehmen. L. 11. D. qui potior. in pign. (XX. 4). — Gesterding die Lehre vom Pfandrecht. 2te Ausg. S. 301 u. f. — Mühlenbruch §. 15. S. 185.

und der abgefundene Gläubiger, nach jener Bestimmung, zur Cessionsleistung nur schuldig sein soll, wenn sie gefordert wird, gerade so wie es bei der Bürgschaft I. 16. §. 339 bestimmt ist. Die Cession, oder das an deren Stelle tretende richterliche Decret, dient in diesen Fällen bloß zur Ergänzung der Form, ohne daß davon die Erwerbung des Rechts selbst abhängig ist, gerade wie es in ähnlichen Fällen nach Röm. Rechte geschah [16]). Anders ist es, wo die zu erzwingende Cession zur Übertragung des Rechts gesetzlich ausdrückich gefordert wird [17]). In Ansehung derjenigen Fälle, wo ein Pfandgläubiger mit dem Gelde eines Dritten, auf Veranlassung des Schuldners bezahlt wird, oder Jemand zur Abfindung eines privilegirten Gläubigers dem Schuldner Geld giebt, weicht das Preuß. Recht von dem Römischen nicht ab [18]). Die Fälle dagegen, wo umgekehrt nach Preuß. Rechte eine Cession verlangt wird, während das Röm. Recht eine utilis actio zugesteht, sind diese:

1) wenn auf Grund eines Kaufcontracts [19]), oder aus einem andern Rechtsgrunde die Cession einer Forderung auf eine spätere Zeit versprochen wird [20]).

2) Wenn ein Nomen legirt worden ist. (Note 3). Dieser Fall ist zweifelhaft. Nach der richtigen Ansicht ist die Einwilligung des Erben erforderlich, aber diese dient bloß zur Ergänzung der Legitimation: das Recht selbst geht dadurch nicht erst über. Die Sache verdient ihrer

16) L. 57 in f. D. de leg. I.

17) I. 16. §. 47. 48. — L. 60. §. 2. D. loc. cond. (XIX. 2). Vergl. Mühlenbruch §. 43. S. 461. 465.

18) Vergl. Recht der Forderungen Bd. I. §. 57. S. 619.

19) I. 11. §. 376. 377. — S. die Note 2.

20) Simon u. v. Strampff Rechtsspr. Bd. II. S. 67. u. f.

praktischen Wichtigkeit wegen eine nähere Betrachtung. Im ältern Röm. Rechte gab es für das legatum nominis keine bestimmte Form, weil eine Singular-Succession in Obligationen nicht möglich war. Nur die indirekte Wirkung wurde einem solchen Legate beigelegt, daß der Erbe die Klage cediren mußte. Der Testirer konnte nämlich entweder dem Erben auflegen, Dasjenige zu prästiren, was ihm ein Dritter schuldig war, welches dann als ein legatum nominis betrachtet wurde, so daß der Erbe bloß die Klage zu cediren hatte [21]); oder es konnte per vindicationem das chirographum legirt werden, welches man wieder so interpretirte: daß der Erbe die Klage zu cediren habe, weil die Vindication des Chirographum nicht Statt fand, da nur die Obligation selbst Gegenstand des Rechtes ist [22]). Seitdem man das s. g. Decretum Divi Pii auch auf das legatum nominis ausdehnte [23]), bedurfte es selbst einer förmlichen Cession, d. h. eines Mandats des Erben, nicht mehr, sondern der Legatar konnte eine actio utilis erhalten. Damit war indeß nicht gesagt, daß er ohne alles Vorwissen des Erben die legirte Forderung sollte einkassiren können; das Interesse des Erben wegen der quarta Falcidia, und wegen der ihm dafür zu bestellenden Caution [24]), war gesichert durch die causae cognitio, welche der Ertheilung oder Zuerkennung der actio utilis vorausgehen mußte. Denn eines Theils konnte der Legatar vor Empfang des, die Cession vertretenden Erkennungs-Dekretes, sich zu dem Debitor in kein Rechtsverhältniß

---

[21]) L. 39. §. 3 u. L. 105. D. de legat. I.

[22]) L. 44. §. 5 u. 6. D. eod. — L. 88. §. 8. D. de legat. II.

[23]) L. 18. Cod. de leg. (VI. 37).

[24]) L. 1. §. 13. L. 5. L. 73. §. 2. L. 15. §. 1. D. ad Legem Falcid. (XXXV. 3).

setzen, mithin denselben auch nicht liberiren; anderntheils erhielt der Erbe dadurch Veranlassung, seine Gerechtsame zu wahren.

Dem heutigen Gemeinen, so wie dem Preußischen Recht ist bekanntlich diese Art der Vermittelung der beiderseitigen Interessen fremd; es ist daher die Frage: ob der Legatar schon auf Grund des Testamentes, ohne Wissen und Willen des Erben, über die Forderung verfügen könne, von praktischer Wichtigkeit. Wird sie bejahet, so kann der Legatar die Forderung gleich einziehen und weiter cediren, und der Erbe, der davon nicht einmal Etwas zu erfahren braucht, hat, wenn der Nachlaß zur Bezahlung der Schulden unzureichend ist, das leere Nachsehen. Auch der Besitz des Instrumentes, welches noch jetzt wie nach Röm. Recht ein bloßes Beweismittel ist, hilft ihm nichts, wenn der Schuldner den Legatar für legitimirt annimmt, oder annehmen muß. Wird aber die Frage verneint, so ist der Erbe für solche Fälle sicher. Die Praxis entscheidet diese Frage bald so, bald so. Ein Provinzialgerichtshof hat kurz nach einander zwei ganz entgegengesetzte Verfügungen erlassen. Im September 1835 wurde das Gesuch eines Legatars auf Umschreibung einer, ihm legirten Hypothekenforderung auf seinen Namen bis dahin zurückgewiesen, daß er dazu die Einwilligung des Erben beibringen würde. Im März 1836 wurde von demselben Collegium die ganz gleiche Verfügung eines Untergerichtes auf die Beschwerde des Legatars abgeändert, und die Einwilligung des Erben für unnöthig erklärt, weil der Legatar ipso jure Eigenthümer der legirten Sache werde, und schon durch das Testament legitimirt sei.

Wenn dieser Grundsatz richtig ist so kann der Erbe eines bloß in ausstehenden Forderungen bestehenden Nachlasses, der durch Legate erschöpft wird, ganz und gar um seinen ihm etwa gebührenden Pflichttheil gebracht werden. Diese Folge macht den Grundsatz sehr bedenklich, und bei einer nähern Betrachtung der positiven Bestimmungen läßt er sich auch keinesweges rechtfertigen.

Die Disposition des Testators, wodurch ein Legat ausgesetzt wird, ist nach der, dem Allg. Landrechte zum Grunde liegenden, Ansicht ein Auftrag an den Erben, die vermachten Sachen oder Rechte an den Legatarius auszuantworten [25]). Dadurch wird ein besonderes Verhältniß zwischen dem Erben und Legatarius begründet. Für dieses ist es ganz gleichgültig: ob der Letztere schon Eigenthümer ist, oder erst durch die Übertragung wird; nur im Verhältniß zu Dritten ist es von Wichtigkeit. Rücksichtlich des Erben kann er nur durch diesen zum rechtmäßigen Besitz oder zur Ausübung des Rechts gelangen. Die Form der Übertragung ist bei Sachen die Übergabe, und bei Rechten die bloße Willenserklärung. Eine eigenmächtige Besitznahme ist nur bei Erstern denkbar, und deswegen ist auch nur diese in dem Verbot des §. 311 ausgedrückt, wo es heißt:

> Eigenmächtigerweise darf kein Legatarius den Besitz der vermachten Sache sich anmaßen.

Bei Rechten verbietet sich dieses von selbst. Weil also das Verbot der eigenmächtigen Besitznahme auf Willenserklärungen, der Natur der Sache nach, nicht paßt, so folgt ja daraus nicht, daß der Legatar ohne die Übertragung von Seiten des Erben sich in die Ausübung oder den Besitz des Rechtes zu setzen befugt sei. Sollte die als Regel ausgesprochene Übertragung des legirten Gegen-

---

25) Th. 1. Tit. 12. §. 288.

standes bei Rechten ausnahmsweise nicht erforderlich sein, so wäre dieses ohne Zweifel ausdrücklich bestimmt worden, wie es ganz regelmäßig in allen Fällen geschehen ist, wo nach Gemeinem Rechte keine ausdrückliche Cession erforderlich war. Eine solche Bestimmung fehlt gerade bei dem legatum nominis. Außerdem fehlt jeder juristische Grund, aus welchem der Legatar ein legirtes Klagerecht sollte ausüben können, ohne erst nach dem Erben zu fragen, während er über eine Sache nicht soll verfügen dürfen, ohne daß dieselbe mit Willen des Erben in seine Gewahrsam gekommen.

Daß die Übergabe ein Modus ist, Eigenthum zu übertragen, berechtigt zu diesem Unterschiede nicht; denn zu diesem Zweck bedarf es der Übergabe einer körperlichen Sache eben so wenig wie der Cession einer Forderung, weil der Legatar ja schon vorher Eigenthümer ist. Deshalb beweiset der Grund, aus welchem man die Cession (soll heißen: die Einwilligung des Erben) für unnöthig erklärt, weil nämlich der Legatar schon durch das Testament Eigenthümer der Forderung geworden sei, gar nichts für diese Meinung. — Wenn nun der Zweck der Übergabe nicht Eigenthumsübertragung ist, so muß es einen andern rechtlichen Grund haben, weshalb ausdrücklich verlangt wird, der Legatar solle sich nur mit Zustimmung des Erben in den Besitz seiner Sache setzen. Dieser Grund liegt in dem Rechte des Erben, die Legate, ungeachtet die legirten Sachen und Rechte Eigenthum der Legatarien sind, so lange zurückzuhalten, bis rechtlich ausgemittelt worden:

1) ob der Nachlaß zur Tilgung der Schulden und Vermächtnisse hinreicht;

2) ob der Erbe nicht im Pflichttheil verletzt worden[26]).

Die Übergabe ist hier also nicht ein Modus zur Übertragung des Eigenthums, sondern nur die Willenserklärung des Erben, daß der Legatar, in dem Verhältnisse zum Erben, über die ihm legirte Sache zu disponiren befugt sein solle; und dieses paßt eben so gut auf Forderungen, wie auf andere Gegenstände eines Legats. Wenn der Nachlaß zufällig bloß aus Forderungen besteht: worin soll der juristische Grund davon liegen, daß alsdann der Erbe nach dieser Erklärung nicht soll gefragt werden, daß er jene Rechte nicht haben soll, vielmehr durch die Legatarien, wenn deren so viele sind, daß nichts übrig bleibt, um seinen Pflichttheil und in noch andere Nachtheile, von Rechtswegen, soll gebracht werden können? Warum soll dem Erben das Legat, wenn es eine Forderung ist, hinter seinem Rücken genommen; wenn es aber eine Sache ist, nicht wider seinen Willen entzogen werden dürfen?

Die Gesetze erkennen einen solchen die Rechte des Erben verletzenden Unterschied nirgend an. Die Hypothekenordnung verlangt, wenn ein Grundstück legirt worden, zur Berichtigung des Besitztitels für den Legatar, unabhängig von der Übergabe, noch die ausdrückliche Einwilligung des Erben[27]). Wenn eine Hypothekenforderung legirt worden, so verlangt sie zur Umschreibung derselben auf den Namen des Legatars die Einwilligung des Erben stillschweigend. Sie kennt nämlich eine Umschreibung auf den Namen eines Singular-Successors nur auf Grund einer förmlichen Cession.

---

[26]) Vergl. Th. I. Tit. 12. §. 296. 331.

[27]) Tit. 2. §. 66.

Ist es hiernach, wie wir glauben, klar, daß zur Legitimation des Legatars einer Forderung die Erklärung des Erben erforderlich sei, so wird diese Erklärung auch durch den Besitz des Schuldscheins nicht ersetzt. Man hat behauptet, daß die Übergabe einer Forderung nur in der Aushändigung des Schuldscheins bestehe; und relevirt, daß von mehreren Erben derjenige, welcher den Schuldschein in Händen habe, zur Einziehung der Forderung berechtigt sei. Wäre die Behauptung so richtig, wie sie es nicht ist, so würde dem Schuldscheine doch nicht anzusehen sein, daß er von dem Erben an den Legatar ausgehändigt worden. Das, aus dem Verhältniß mehrerer Miterben hergenommene, Argument beweiset aus zwei Gründen gar nichts. Zuerst setzt die Befugniß des Einen Erben, die Forderung allein einzuziehen, voraus, daß die Theilung geschehen ist. Es muß also auch ein solcher Erbe, welcher den Schuldschein producirt, durch den Nachweis der Theilung beweisen, daß er zu dem ausschließlichen Besitz des Schuldscheins mit Zustimmung der Miterben gelangt ist [28]). Sodann stehen Miterben zu einander in ganz anderen Verhältnissen, als Legatarien zu dem Erben.

Ein anderer Grund, aus welchem die Einwilligung des Erben nicht erst erforderlich sein soll, soll darin liegen, daß der Legatarius aus dem gesammten Nachlasse, so viel davon nach Abzug der Schulden übrig bleibt, das Recht, Sicherheitsbestellung in dem Nachlasse auch ohne besondere Einwilligung des Erben zu fordern habe [29]). Dieser Grund wird hier nur der Merkwürdig-

[28]) A. L. R. Th. I. Tit. 17. §. 152.

[29]) Ebd. Th. I. Tit. 12. §. 290.

keit wegen angeführt, einen juristischen Zusammenhang mit der vorliegenden Frage hat er nicht, wenigstens müssen wir unsere Schwäche gestehen, denselben nicht begriffen zu haben.

29.

5) Wirkungen.

a. Rechtsverhältniß zwischen dem Cedenten und dem Schuldner.

I. Das Recht des Gläubigers behält seine Beziehung zu dem Schuldner so lange, bis der Cessionarius in ein bestimmtes Rechtsverhältniß zu dem Schuldner getreten ist. Der Gläubiger kann daher noch gültig Zahlung empfangen, und den Schuldner auf jede andere Weise liberiren [1]). Hiernach ist die Frage zu entscheiden: wer von mehrern Cessionarien den Vorzug hat, wenn der Gläubiger die nämliche Forderung zu verschiedenen Zeiten an Mehrere cedirt [1]a). Es ist jedoch hierbei zwischen persönlichen und hypothekarischen Forderungen ein Unterschied zu machen.

1) Bei nicht hypothekarischen Forderungen hat derjenige Cessionar den Vorzug, welcher zuerst die Übrigen auf dieselbe Weise ausschließt, wie der Autor selbst sie hätte ausschließen können, nämlich dadurch, daß er von dem Schuldner Zahlung empfängt, oder das Schuldver-

---

[1]) §. 413. h. t. — L. 3. Cod. mandati. (IV. 35). — L. 3. C. de novat. et delegat. (VIII. 42). — L. 4. C. quae res pignori oblig. (VIII. 17). — Code civil. Art. 1691.

[1]a) Über den Fall, wenn dem Einen die Prinzipalschuld, dem Andern die accessorische (Bürgschaft) cedirt worden; s. m. Böhmer's auserles. Rechtsfälle Bd. I. S. 339.

hältniß auf andere Weise aufhebt. Kommt der Ältere früher dazu, so hat dieser den Vorzug, weil jeder Andere nicht bessere Rechte haben kann als der Autor selbst noch hatte, dieser aber durch die Herstellung des Rechtsverhältnisses zwischen dem ersten Cessionar und dem Schuldner sogleich ausgeschlossen wird, während er bis zu diesem Augenblick den Debitor gültig liberiren konnte, welches aber deshalb auch dem spätern Cessionar möglich ist [2]). Die Meinung Derjenigen [3]), welche der ältesten Cession unbedingten Vorzug geben, hat keinen Grund.

2) Bei Hypotheken-Forderungen und Wechseln hat Derjenige den Vorzug, welcher bona fide mit der Cession das Instrument erhalten hat, weil dessen Ausantwortung zur Vollständigkeit der Cession gehört [3a]).

Der Cedent, welcher nach der Cession Zahlung erhoben hat, ist aber schuldig, dem Cessionarius das Empfangene herauszugeben [4]), nicht aber der spätere Cessionar, weil dieser mit dem Frühern in keinem Rechtsverhältnisse steht; es sei denn, daß er schon bei seinem Cessionsgeschäft in mala fide gewesen wäre. Der Schuldner, welcher, nach-

---

[2]) Mühlenbruch a. a. O. §. 48. — M. G. Wernher lectiss. comment. ad Dig. XVIII. 4. §. 15 in f. — Sande l. c. Cap. XII. §. 8.

[3]) Stryck usus mod. XVIII. 4. §. 51. — Lentz l. c. cap. 30. Nr. 15. — Lauterbach Compend. juris h. t. p. 338.

[3a]) S. oben §. 26 Nr. II. 2. — ALR. I. 10. §. 23. 25. So ist diese Frage von beiden Senaten des Oberlandes-Gerichts zu Breslau in einer Sache entschieden, wo der Gläubiger dem ersten Cessionar Cession ohne Aushändigung des Instruments geleistet, einem zweiten aber das Instrument mit der vorschriftsmäßig darauf gesetzten Cession ausgehändigt hatte. Akt. Klettke c. Menzel 1835.

[4]) L. 55 D. de procurat. (III. 3) — L. 23 §. 1 D. de hered. v. act. vend. (XVIII. 4).

dem er bereits mit dem Cessionarius in ein Rechtsverhältniß getreten war, noch an den Cedenten gezahlt hat, und also dadurch nicht mehr liberirt wird, kann das Gezahlte von dem Cedenten mit der condictio sine causa zurückfordern [5]); hat er aber noch gültig gezahlt, so kann er den Schuldschein auch von dem Cessionar condiciren [5a]).

Die Klage des ursprünglichen Gläubigers nach der Zeit, wo das Verhältniß zwischen dem Cessionarius und Schuldner schon hergestellt worden ist, wird nach Röm. Recht durch die doli exceptio abgewiesen [6]). Nach der Vorstellung, welche dem Allg. Landrecht zum Grunde liegt, geschieht es durch eine negative Litiscontestation, da man sich das Recht von der Person des ersten Gläubigers als ganz abgelöst denkt.

II) Das Rechtsverhältniß zwischen dem Cessionarius und dem Schuldner, wodurch der erste Gläubiger gänzlich ausgeschlossen wird, entsteht nach Justinianischem [7]), so wie nach Preuß. Rechte durch jede Benachrichtigung [7a]), welche dem Schuldner von der Richtigkeit der Cession Überzeugung verschafft. Nach Röm. Rechte mußte dieser Act wesentlich von dem Cessionarius ausgehen, weil eben

---

[5]) Arg. L. 1 §. 2. 3 D. de cond. sine causa. (XII. 7). — Mühlenbruch §. 47. S. 492.

[5a]) Schilter Exercit. ad Pand. XXX. §. 65.

[6]) L. 16 pr. D. de pactis (II. 14) — L. 18 pr. D. de pignerat. act. (XIII. 7). — L. 55 D. de procurat. (III. 3).

[7]) L. 4 C. quae res pignori oblig. poss. (VIII. 17).

[7a]) Ohne ausdrückliche Benachrichtigung kann aber der Schuldner dem klagenden Gläubiger den Einwand, daß die Forderung cedirt sei, nicht entgegensetzen, weil dies eine exceptio de jure tertii sein würde, und den Schuldner das Verhältniß zwischen dem Gläubiger und einem Dritten nichts angeht. Eben so nach Fr. R. Code civil. Art. 1691, 1607. Archiv für Civ.= u. Cr.=R. in den Rheinprov. Bd. IX. S. 153. u. Bd. V. S. 113.—

dieser das Rechtsverhältniß mit dem Schuldner contrahiren wollte: eine Benachrichtigung von Seiten des Cedenten konnte daher keine Wirkung äußern. Nach den veränderten Ansichten hielt aber schon die Gemeine Praxis [8]) diese Benachrichtigung für zureichend, und nach dem Allg. Landrechte, welches darin einen bloßen Legitimationsact sieht, muß sie vorzugsweise als vom Cedenten ausgehend gedacht werden, weil dessen Anzeige den Cessionarius bei dem Schuldner am glaubwürdigsten legitimirt. Es ist bestimmt [9]):

»Jede von dem Cedenten, oder von Gerichtswegen erfolgte Bekanntmachung ist hinreichend, den Schuldner zu verpflichten, daß er sich über die abgetretene Forderung mit dem Cedenten nicht weiter einlasse. Geschieht aber die Bekanntmachung durch den Cessionarium, so muß dieser die Richtigkeit seiner Angabe, durch Vorzeigung des cedirten und gehörig überschriebenen Instruments, oder sonst, binnen drei Tagen bescheinigen. Wird diese Frist nicht inne gehalten, und der ursprüngliche Inhaber der Forderung leugnet die Cession; so kann der Schuldner gültige Verhandlungen über die Forderung mit Letzterem vornehmen.«

Auch nach Franz. Recht genügt die bloße Bekanntmachung durch den Cessionar. Es kann daher z. B. [9a]), wenn zwischen dem debitor cessus und dem Cedenten nach der Cession, aber vor der Signification derselben, ein Urtel ergangen, der debitor cessus dem Cessionar, welcher ihm die Cession gehörig bekannt gemacht, den Mangel der Qua-

---

[8]) Glück, Bd. XVI. S. 423.

[9]) §. 414—416. h. t.

[9a]) Code civ. Art. 1690. — Archiv für Civil- u. Criminal-Recht der K. Pr. Rhein-Provinzen. Bd. X. S. 257.

lification zur Fortsetzung des Prozesses nicht entgegensetzen. Nur in Beziehung auf Dritte wird die Cession erst durch Bekanntmachung oder durch Acceptation in einem authentischen Akte wirksam; und diese formelle Bekanntmachung wird selbst dann für nöthig gehalten, wenn der Notar, welcher den Cessionsact aufnimmt, Selbst der debitor cessus ist [9b]).

Nach der Bedeutung, welche das Landrecht der Benachrichtigung beilegt, läßt sich die Entscheidung der, unter den gemeinrechtlichen Rechtsgelehrten seit den Glossatoren [10]) her, viel bestrittene [11]) Frage vorhersehen: ob eine jede Wissenschaft, welche der Schuldner, gleichviel von wem, erhalten hat, zur Hervorbringung jener Wirkungen genüge. Nach Römischen Rechtsbegriffen, wonach eben der Cessionar erst ein bestimmtes Verhältniß mit dem Schuldner eingehen mußte, um den Gläubiger auszuschließen, ist die Frage unzweifelhaft zu verneinen [12]), da einleuchtend die zufällig erlangte

---

[9b]) Code civ. Art. 1690. Archiv. Bd. IX. S. 197.

[10]) Glossa ad L. 17 D. de transact. (II. 15).

[11]) Donelli Comment. jur. Lib. XV. c. 44. §. 20 sqq. — Brunnemann Comment. ad L. 3 C. de novat. Nr. 3. — Lauterbach Coll. th. pr. Pand. XVIII. 4 §. 47—50. — Cocceji jus controv. XVIII. 4. Qu. 19. — Wernher Lectiss. Commentat. XVIII. 4 §. 15. — Kind Quaest. for. Tom. II. c. 60. — Berger Oec. jur. Lib. III. Tit. 5. Not. 6. — Glück Bd. XVI. S. 424 u. v. A. halten eine jede zufällig erlangte Kenntniß für zureichend, Ant. Faber Conjectur. Lib. XII. Cap. 6 u. Cod. Sabaud. L. IV. Tit. 29 def. 18. — Schifordegher ad Ant. Fabrum L. III. Tr. 23. Q. 10. — Voet Comment. XVIII. 4 No. 15. — Mühlenbruch S. 493 u. v. A. verlangen eine ordentliche Denunciation. Nur in Fällen wo die Cession aus nothwendigen Gründen ipso jure eintritt, fällt auch die Benachrichtigung von selbst fort.

[12]) Die L. 17 D. de transact. (II. 15) u. die L. 1 §. 1 D.

Kenntniß von dem Faktum der Cession kein Act ist, wodurch der Cessionar mit dem Schuldner ein Rechtsgeschäft contrahirt; die Cession vielmehr nur als Legitimation dazu dient. Das Allg. Landrecht bestimmt §. 417 h. t. »Verhandlungen zwischen dem Cedenten und Schuldner, nach wirklich erfolgter Cession, sind ungültig; wenn klar erhellet, daß der Schuldner die Cession gewußt, und nur um seinen Vortheil mit dem Schaden des Cessionarii zu befördern, in diese Verhandlungen sich eingelassen habe.« Die bloße Wissenschaft des Schuldners für sich, soll also auch noch nicht die Wirkung einer ordentlichen Benachrichtigung haben, sondern erst die hinzutretende Absicht, seinen Vortheil zu befördern, und zwar durch den Schaden des Cessionars. Die Beförderung des Vortheils allein ohne Beschädigung des Cessionars, welche nur bei einer Zahlungsunfähigkeit des Cedenten eintreten könnte, oder die Beschädigung allein ohne die Beförderung des Vortheils, würde diese Wirkung auch nicht haben. Auch eine wirkliche Collusion ist hiernach wirkungslos, wenn nur der Schuldner keinen Vortheil davon hat. Daß aber eine zufällig erlangte Kenntniß von der

---

de act. emti venditi (XIX. 1), wodurch man die Richtigkeit der erstern Meinung für bewiesen hält, passen nicht. In der erstern ist von einem Erbschaftskauf und einem Fideicommiß die Rede, wo der Nachfolger ipso jure in die Rechte des Vorgängers tritt, und es also der Anknüpfung eines besondern Rechtsverhältnisses mit den einzelnen Schuldnern nicht bedarf, und die letztere Stelle handelt von etwas ganz Anderm. Es kommt nicht, wie beim Kauf einer fehlerhaften Sache, darauf an, ob der Schuldner, wie beim Kauf der Käufer, schon wisse was er wissen soll, wie es bei Glück a. a. O. S. 426 heißt, sondern daß der Cessionarius das Rechtsverhältniß, zu dessen Anknüpfung er durch die Cession wie durch eine Vollmacht legitimirt wird, mit dem Schuldner wirklich auch eingehe.

Cession für den Schuldner ohne Wirkung ist, hat seinen Grund darin, daß bis zur erfolgenden Benachrichtigung die Cession für ihn eine res inter alios acta ist, welche jederzeit wieder rückgängig werden kann [12a]).

III) In dem Wesen der Cession liegt nichts, was einer derselben beigefügten Condition andere Wirkungen als die gewöhnlichen beilegen könnte. Bei einer Suspensiv-Bedingung muß daher der Cedent in den bisherigen Verhältnissen zu dem Schuldner bleiben, und bei einer Resolutiv-Bedingung muß, rücksichtlich des Schuldners, der Cessionar sofort in alle Rechte des Gläubigers treten [13]). Die Handlung des bedingt Berechtigten begründet nur besondere Ansprüche des bedingt Verpflichteten gegen ihn, und kann zu Sicherheitsmaaßregeln berechtigen; der Schuldner ist in dieser Beziehung ein Dritter. Allein ein Forderungsrecht hat das Eigenthümliche, daß durch die Ausübung des bedingten Rechts der Gegenstand ganz untergeht, so daß also der Gebrauch des bedingten Rechts die Wirkung der Bedingung immer vereitelt, und das Recht des Andern alle Mal auf einen persönlichen Anspruch reducirt. Dieser, aus der physischen Beschaffenheit des Gegenstandes des Rechts hervorgehende Umstand ist jedoch in Beziehung auf das Recht selbst ein rein zufälliger. Sollte die Unmöglichkeit der Vereitelung zum Wesen gehören, so würde folgen: daß pendente conditione

---

[12a]) S. Note 7a. Das Oest. G.-B. §. 1395 erfordert bloß eine allgemeine Wissenschaft des Schuldners. Es sagt: „daher ist der Schuldner, so lange ihm der Übernehmer nicht bekannt wird, berechtigt, den ersten Gläubiger zu bezahlen, oder sich sonst mit ihm abzufinden."

[13]) L. 8 pr. D. de contr. emt. vend. (XVIII. 1). — ALR. I. 4 §. 102. 116.

es gar keinen Berechtigten gäbe [14]). Ein obligatorisches Rechtsverhältniß kann aber ohne einen Berechtigten keinen Augenblick gedacht werden. Einer von beiden muß nothwendig der Gläubiger sein, und den Schuldner liberiren können. Sollte ein Dritter diese Befugniß haben, so würde Dieser der bedingt Berechtigte sein; denn der Umstand, daß dieser das Erhobene zu einer bestimmten Zeit, aus einem besondern Rechtsgrunde an einen Andern heraus geben soll, setzt ihn ja nur in ein Verhältniß zu diesem, in welchem sich der bedingt Berechtigte zu dem Verpflichteten auch befindet: die Verhältnisse bleiben also die nämlichen. Sicherheit oder Unsicherheit des Berechtigten kann ihm seine Eigenschaft als solchen nicht nehmen und nicht geben; sie kann nur ein Grund sein, den Andern für den Fall des Eintritts der Bedingung zu sichern Ob nun Sicherheitsmaaßregeln in jedem speciellen Falle besonders getroffen werden, oder ob sie ein für allemal vorgeschrieben sind, das ist für die Sache völlig gleichgültig: der Berechtigte bleibt in dem einen wie in dem andern Falle doch der Berechtigte, er muß sich nur den Sicherheitsmaaßregeln unterwerfen. Eine solche ist es, welche das Allg. Landrecht durch die Bestimmungen der §§. 418. 419 anordnet:

»Ist die Cession unter einer aufschiebenden, oder auflösenden Bedingung geleistet, und dieses dem Schuldner gehörig bekannt gemacht worden, so kann Letzterer, vor völlig ausgemachter Sache, weder mit dem Cedenten, noch mit dem Cessionario einseitig, gültige Verhandlungen vornehmen.«

---

[14]) Dies behauptet Bornemann auch. System. Bd. III. S. 161 Note *.

»Will der Schuldner vor ausgemachter Sache Zahlung leisten; oder wird er dazu wegen des abgelaufenen Termins, von einem oder dem andern Theile aufgefordert: so muß die Zahlung auf Kosten des Cedenten [15]), in das gerichtliche Depositum [16]) geschehen.

Hierdurch hört der zur Zeit Berechtigte nicht auf, solches zu sein. Daraus folgt, daß wenn er auf andere Weise völlig genügende und annehmliche Sicherheit bestellen will, ihm die Ausübung seines Rechts nicht vorenthalten werden kann [17]). Dieß ist bei solchen Obligationen, welche auf Ablieferung einer unbeweglichen Sache, oder beweglicher lebendiger Gegenstände gehen, die durch fremde Verwaltung und Beaufsichtigung bei großen Kosten bedeutenden Verschlechterungen ausgesetzt sein können, von praktisch wichtigen Folgen.

---

[15]) Warum alle Mal auf Kosten des Cedenten, und nicht vielmehr auf Kosten des zur Zeit Berechtigten, nämlich bei einer Suspensiv-Bedingung auf Kosten des Cedenten; und bei einer Resolutiv-Bedingung auf Kosten des Cessionarii? Dazu ist kein Rechtsgrund. Denn die Kosten der Sicherstellung muß derjenige tragen, welcher die Sicherheit zu bestellen, nicht aber der, welcher sie zu fordern hat.

[16]) Es versteht sich, daß diejenige Art der Deposition eintritt, welche die Beschaffenheit der Sache erfordert. I 14. §. 96 u. f. — Zur Verwahrung lebendiger Gegenstände und unbeweglicher Sachen wird ein Sequester bestellt. §. 103 u. 104. ebend. u. I. 16 §. 234. — Sachen, welche dem Verderben ausgesetzt sind, oder deren Aufbewahrung unverhältnißmäßig große Kosten verursacht, werden in Geld umgesetzt. I. 11 §. 218. — Diese Bestimmungen scheint Mühlenbruch §. 50 S. 509, wo er die Frage aufwirft, wie es der Schuldner mit der Leistung von Sachen dieser Art, welche nicht ad depositum genommen werden könnten, halten solle, übersehen zu haben.

[17]) Wenn der Andere widerspricht, so muß natürlich von dem Richter darüber förmlich erkannt werden.

Die Cession einer verpfändeten[18]), oder einer mit Arrest belegten Forderung ist eine bedingte. Der Arrestant hat daher den Vorzug vor dem Cessionar[19]). Zahlt der Schuldner des angelegten Arrestes ungeachtet an den Cessionar, so kann der Arrestant nur den debitor cessus zur nochmaligen Zahlung, nicht aber den Cessionar zur Herausgabe des Empfangenen anhalten[20]).

§. 30.

b. Rechtsverhältniß zwischen dem Cessionar und dem Schuldner.

1) Überhaupt.

1) Der Cessionar tritt als Nachfolger in das Recht eines Andern, verfügt aber über dasselbe selbstständig aus eigenem Rechte. Daraus folgt zweierlei: Erstens erhält er nicht mehr, aber auch nicht weniger als sein Vorgänger hatte, d. h. er kann die Forderung mit allen Vorrechten, jedoch auch nur unter denselben Beschränkungen, wie der Cedent selbst, geltend machen[1]); zweitens können ihm nicht bloß Einwendungen aus der Person des Cedenten, sondern auch aus seiner eigenen entgegen gesetzt werden[1a]).

---

[18]) Von bedingten u. eventuellen Cessionen der zur Caution gestellten Schuld- u. Pfand-Verschreibungen. Hagemann u. v. Bülow pract. Erört. Bd. VII. S. 297.

[19]) Mainzer Archiv merkwürdiger Rechtsfälle u. Entscheidungen der Rheinhess. Gerichte ꝛc. Bd. II. S. 272.

[20]) Archiv für Civil- u. Criminal-Recht in den K. Pr. Rheinprovinzen. Bd. XIII. S. 4.

[1]) §. 402. 403. 408. 407. h. t. — L. 177. 175 §. 1 L. 143. 156 §. 2 D. de reg. jur. Über die Frage: ob das Pfandrecht mit übergehe: Hagemann u. v. Bülow pract. Erört. Bd. VII. S. 206. — Klöpfel Abhandl. über einzelne Theile des bürgerl. R. Stuttg. 1817. S. 240. — Code civil Art. 1692.

[1a]) Das Öst. Ges.-B. §. 1391 drückt dies so aus: „Die

§. 31.

II) In Beziehung auf die Vorrechte.

1) Aus der Person des Cedenten.

Die Frage: welche Vorrechte des Cedenten auf den Cessionarius mit übergehen, wird von den Gemeinen Rechtsgelehrten bekanntlich verschieden beantwortet. Es lassen sich Fünf Hauptmeinungen unterscheiden. Diejenige, welche wohl die mehrsten Anhänger [2]) gehabt haben mag, unterscheidet zwischen persönlichen und dinglichen Vorzugsrechten. Nur die letztern, nicht aber die erstern sollen nach der Regel: quae non sunt transmissibilia ad heredes, per cessionem non transeunt [3]), auf den Cessionarius übergehen. Nach einer zweiten Meinung wird zwischen der Actio directa und der Actio utilis unterschieden. Der Cessionar soll die Privilegien alsdann geltend machen können, wenn er mit der actio directa klagt, nicht aber alsdann, wenn er actione utili verfährt [4]). Hierbei finden sich noch zwei

---

Rechte des Übernehmers sind mit den Rechten des Überträgers in Rücksicht auf die überlassene Forderung eben dieselben."

[2]) Die Vorzüglichsten sind: Baldus in L. un. C. de priv. dot. Colum. 3. vers. quaerunt Dd. — Jo. de Imola Comment. super infort. ad L. 40 (41) D. sol. matr. col. ult. — Jason Digest. vetus ad L. 31. §. 1 de rebus cred. col. penult. vers. an sit differentia. — Nicolaus Spinellus s. de Neapoli Lect. in Institut. in §. 29 de act. — Tiraquell. de retr. lign. §. 26 Gl. I. Nr. 81. — Schneidevin. Commentar. in Instit. ad §. 29 de act. Nr. 70. — Carpzow Jurispr. for. P. I. const. 28 def. 95, und von Neuern die bei Glück Bd. XVI. S. 401 Note 31 u. Mühlenbruch S. 560 Note 94 Genannten.

[3]) Summ. Bartoli ad L. 42 (43) D. de administr. et per. tutor. (XXVI. 7).

[4]) Bartol. in L. 40 D. soluto matrim. n. 25. vers. intelligo, si agit jure directo nomine cedentis. — Mathaeus de Mathesilanis in L. un. C. de privil. dot. Nr. 4. — Donellus Commen-

alte Subdistinctionen. Die Eine unterscheidet freiwillige und nothwendige Cessionen. Bartolus meinte, daß die nothwendige Cession das Privilegium immer auf den Cessionarius übertrage [5]). Donellus behauptet das Entgegengesetzte [6]). Die Andere macht die Ausübung der Privilegien von dem Leben des Cedenten abhängig, weil dasselbe mit der Person aufhöre [7]). Die dritte eben so alte Distinction unterscheidet, ob die Cession dem Cedenten zum Vortheil gereicht: alsdann soll das Privilegium desselben mit übergehen; oder ob nur der Nutzen des Cessionarii bezweckt wird, in welchem Falle die Vorzüge auf ihn nicht transferirt werden [8]). Nach einer neuern Meinung Heinrich Cocceji's soll unterschieden werden zwischen solchen persönlichen Privilegien, welche mit den auf Verfolgung des Rechts zustehenden Mitteln zusammenhängen, wie z. B. die restitutio in integrum, und solchen, welche bloß in Rücksicht der Person gegeben sind, ohne sich auf andere Rechtsmittel oder Rechtsverhältnisse zu beziehen (quae solius personae intuitu concessa, nec aliis remediis vel causis implexa sunt), wie z. B. das Privilegium der

---

tar Lib. XV. c. 44 §. 26. — Georg Franzke Variar. Resol. Lib. I. res. 14 nr. 44 p. 290.

[5]) Wegen L. ult. C. de privil. fisci (VII. 73). Diese Meinung hat wenig Anhänger gefunden, u. ist schon von Baldus Bartolinius s. Novellus Tr. de dote P. XI. Qu. 4 Nr. 16 vers. sed advertendum duxi, u. Nr. 17 vers. reperio ausführlich widerlegt.

[6]) Wegen L. 18 D. de adim. leg. (XXXIV. 4). — L. 42 D. de administr. et peric. tutor. (XXVI. 7).

[7]) Baldus l. c. Nr. 6. — Jason l. c. Nr. 15 vers. invenio tamen. — Mynsinger Observat. Cent. III. obs. 3 Nr. 1 sq.

[8]) Paulus de Castro super infort. ad L. 63 §. 2 ad S. C. Treb. Baldus Bartolinius s. Novellus Tract. de dote P. XII. Qu. 4 n. 18. — Menoch. de praesumpt. Lib. IV. praes. 189. n. 15 sqq. — Neguzantius Tr. de pignor. P. II. membr. 4 n. 107. u. A.

Ehefrau. Die erstern sollen auf den Cessionarius übergehen, die letztern nicht [9]). Keine von diesen Meinungen ist mit den Rechtsquellen zu vereinigen. Nach diesen gehen persönliche Privilegien niemals auf Erben, wohl aber diejenigen, welche sich auf ein bestimmtes Rechtsverhältniß beziehen, alle, ohne Ausnahme, auf den Cessionar über, weil der Cessionar kein Successor ist, sondern dem Schuldner gegenüber nur als Prokurator des alten Gläubigers auftritt [10]). Nur die besondern Befugnisse, welche einer Person, ohne Beziehung auf ein bestimmtes Rechtsverhältniß, bei Verfolgung des Rechts allgemein beigelegt sind, kann der Cessionar nicht ausüben [11]), weil sie sich nicht auf das ihm abgetretene Recht beziehen, sondern Prärogativen des Cedenten sind, welche ihm als Prozeßparthei, als welche nur der Procurator angesehen wird, zustehen.

Diese Theorie ist auch die des Allg. Landrechts. Es heißt:

§. 403. »Auf besondere Vorrechte, welche der cedirten Forderung in Rücksicht ihrer Natur und

---

[9]) De Cocceji de cessione eorum, quae ad heredes non transeunt et contra. Cap. IV. §. 4—7. — Dieser Meinung ist auch Glück. Bd. XVI. S. 406.

[10]) L. 196 u. 68 D. de reg. jur. — L. 9 §. 8 D. de publicanis et vectig. (XXXIX. 4). Die scheinbar widersprechende L. 42 D. de administr. et peric. tutor (XXVI. 7) hat Mühlenbruch a. a. O. S. 658 befriedigend erklärt. Der Pupille hatte in dem gedachten Falle dabei kein Interesse, daß der Mitvormund die Forderung, zu deren Bezahlung ihm derselbe verurtheilt war, und welche der Pupille dem Vormunde gegen diese erzwungene Zahlung cediren mußte, mit dem Privilegio ausübte. Er hatte dasselbe gegen diesen seinen Schuldner schon genutzt, folglich hatte es seinen Zweck (personae succurritur, quae meruit praecipuum favorem) erfüllt. Der Vormund hatte bezahlt, nicht weil ihm eine privilegirte Forderung cedirt werden sollte sondern weil er dazu verurtheilt worden war.

[11]) Mühlenbruch a. a. O. §. 57. S. 574.

Beschaffenheit beigelegt sind, gehen, selbst ohne ausdrückliche Übertragung, auf den neuen Inhaber mit über.«

§. 404. »Dahin gehören auch solche Vorrechte, welche der Forderung selbst, in Rücksicht auf die persönliche Eigenschaft ihres ersten Inhabers, zukommen; nicht aber bloße persönliche Befugnisse, welche, wie die Vorrechte des Fiscus wegen des Gerichtsstandes und der Sportelfreiheit, bloß bei Gelegenheit der cedirten Forderung von dem vorigen Inhaber ausgeübt werden konnten.« [12]).

Bornemann [12a]) meint: diese Vorschrift führe dahin, daß die Verpflichtung des Schuldners erschwert, und die Lage seiner übrigen Gläubiger gefährdet werde. Dieß soll so zugehen, daß wenn z. B. eine Ehefrau ihre Illatenforderung cedire, der Cessionar die Vorrechte der Ehefrau immer noch gegen den Schuldner und dessen Gläubiger geltend machen könne, wenn die Rechte der Cedentin längst erloschen seien. Wie soll aber dadurch eine Erschwerung der Lage entstehen, daß heute erst geltend gemacht wird, was schon gestern hätte geltend gemacht werden können; und wenn darin factisch eine Erschwerung liegen sollte, so durfte der Schuldner ja nur gestern schon bezahlen, um sich heute die Execution zu ersparen. Die Frau hat ihr Privilegium durch Verkauf realisirt, es läßt sich also davon nicht sprechen, daß es längst erloschen sei. Hätte sie es zur rechten Zeit nicht verkauft, so hätte sie es gegen den Schuldner unmittelbar geltend gemacht. Die Lage der übrigen Gläubiger soll gefährdet wer-

[12]) Vergl. A. G. O. Th. I. Tit. 50 §. 413.
[12a]) System. Band III. S. 157.

den, »weil ihr Schuldner — in den Stand gesetzt wird, das privilegium dotis mehreren — nach einander zu ertheilen, und solchergestalt seinen frühern nicht privilegirten Creditoren ungebührlich zu schaden. Denn die Valuta der ersten Cession wird wieder eine Illatenforderung, sie kann daher mit dem privilegio dotis von neuem abgetreten, und auf gleiche Weise immer wieder operirt werden. Der Gemeinschuldner hat alsdann für alle die künstlich geschaffenen privilegirten Forderungen von seiner Ehefrau nur einmal Valuta erhalten, und dennoch müssen dieselben — sämmtlich in der vierten Cl. angesetzt werden.« Deshalb soll dies ein Mittel sein, die ältern Gläubiger unter dem Schein des Rechts zu hintergehen. Das leuchtet nicht ein. Die Sache ist mit der Frau nicht anders wie mit jedem fremden privilegirten Gläubiger, z. B. einer Kirchen-Kasse. Wenn Diese 100 Rthl. verleihet, die Forderung cedirt, das dafür eingenommene Geld demselben Schuldner wieder leihet, und dieses zehnmal wiederholt, so erhält der Schuldner ja nicht Ein Mal sondern Zwölf Mal Valuta von seinem Gläubiger, wenngleich Dieser für seine Person nur Einmal 100 Rthl. zu fordern hat. Die übrigen Gläubiger werden daher gar nicht »unter dem Schein des Rechts hintergangen,« sondern der Schuldner borgt ganz rechtmäßig und offen wiederholt von einem privilegirten Gläubiger. Gerade so ist es mit der Cession der Dos. Wenn die Frau mit Zustimmung des Mannes ihre Dotalforderung cedirt, und ihm das Geld wieder giebt — denn sonst würde sie befriedigt und das Vermögen vorbehaltenes geworden sein — so wird er von Neuem ihr Schuldner, und vermehrt dadurch auch sein Vermögen gerade um soviel, als er von Neuem schuldig wird. Wenn es ihm aber nur auf Schulden machen ankommt, so kann er sich den Credit dazu, zum Nachtheil seiner alten Gläubiger auch dadurch verschaffen, daß er den neuen Gläubigern ge abe die nämlichen Vorrechte durch Pfand oder Hypothek giebt, welche die neue Dotalforderung erhalten würde, welches die alten Gläubiger auch nicht verhindern könnten; und wenn er dazu keine Mittel hat, so wird er auch keinen Cessionar zu der neuen Illatenforderung seiner Frau finden.

Wie die Redactoren zu jenen richtigen Bestimmungen gekommen sind, ergeben die Materialien nicht [13]). Die Monita und Entwürfe beziehen sich bloß auf die Fassung. Die Materialien haben daher in wissenschaftlicher Beziehung kein Interesse; sie sind aber in sofern bemerkenswerth, als man bei der Revisiem gefunden zu haben glaubt, daß die Bestimmungen dem ersten Vorschlage nicht entsprächen, und wegen ihrer Unbestimmtheit abgeändert werden müßten. In dem ersten ungedruckten Entwurf heißt es:

> §. Die persönlichen Vorrechte des Cedenten gehen auf den Cessionarium nicht weiter über, als in sofern in Rücksicht des Erstern der Forderung selbst ein Vorzugsrecht beigelegt ist.

Dieser Vorschlag drückte, nur etwas unbestimmt, in der That dasjenige aus, was nachher in den §§. 403 und 404 klarer hervortrat; denn diejenigen Prärogative und Befugnisse, welche einer Person — in Beziehung auf die Prozeßführung beigelegt sind, und nicht auf den Cessionar übergehen kännen, geben der Forderung selbst gar keinen Vorzug. Suarez fand die Stelle undeutlich und unbe-

[13]) Motive zum Entwurf Tit. 11 S. 84—86.

stimmt, indem danach gestritten werden könne: ob die hypotheca tacita pupilli in bonis tutorum das privilegium fisci in bonis administratorum auf die Cessionarien übergehe oder nicht. Er schlug daher diese Bestimmungen vor:

> §. 363. Besondere Vorrechte, die einer Forderung nur in Rücksicht auf die Person des ersten Inhabers beigelegt sind, erlangt der Cessionarius nur alsdann, wenn ihm solche ausdrücklich mit übertragen werden.
>
> §. 364. Persönliche Vorrechte, die bloß an die Person oder an den Stand des Cedenten gebunden sind, können dem Cessionar nicht mit übertragen werden.

Die Abänderung betraf also nur die Art der Übertragung. Materiell blieb es bei dem zuerst vorgeschlagenen Rechtssatz, nur war dieser durch Suarez noch etwas unklarer als in dem ersten Entwurf ausgedrückt. Man erinnerte daher auch, daß der Unterschied zwischen Vorrechten, die einer Forderung in Rücksicht auf die Person des ersten Inhabers beigelegt, und die an die Person oder den Stand des Cedenten gebunden seien, besser erkennbar gemacht werden müßten. Dieser Punkt war Suarez aber nicht klar. Er bemerkte auf das Monitum:

> Der Unterschied der Fälle: ob das Vorrecht der Forderung in Rücksicht auf die Person des ersten Inhabers zukomme, oder ob es (das Vorrecht der Forderung)[14])

---

[14]) Hier wird etwas ganz Anderes ausgedrückt, als in dem Entwurf gemeint war. Vorrechte, welche bloß der Person als solcher zustehen, und sich nicht auf die Forderung im Verhältniß zu Dritten beziehen, geben einer bestimmten Forderung gar keinen Vorzug vor Forderungen anderer Personen. Jemand kann,

an die Person des Cedenten gebunden sei, ist zu fein und unbestimmt. Ich würde mit mehrern Monenten bei der Distinktion stehen bleiben, ob das Vorrecht seinen Grund in der Qualität der Forderung selbst, oder in der Qualität der Person des Berechtigten habe. Erstern Falls geht das Vorrecht mit der Forderung selbst auch ohne besondere ausdrückliche Cession mit über, letztern Falls kann es nicht cedirt werden: z. B. die Priorität, welche Fiscus wegen öffentlicher Abgaben, wegen rückständiger Pachtgelder hat, kommt auch dem Cessionarius zu. Die Privilegien wegen des Fori, wegen der Kostenfreiheit u. s. w. können nicht mit cedirt werden.

Hiernach entwarf er folgende Bestimmungen:

§. Besondere Vorrechte, welche der cedirten Forderung in Rücksicht ihrer Natur und Beschaffenheit beigelegt sind, gehen selbst ohne ausdrückliche Übertragung auf den neuen Inhaber mit über.

§. Dagegen können persönliche Vorrechte, welche bloß an die Person oder den Stand des Cedenten gebunden sind, einem andern Inhaber nicht übertragen werden.

Die angeführten Beispiele, daß das Vorrecht der fiscalischen Pachtforderung, nicht aber das Vorrecht des Fiscus wegen des Gerichtsstandes und der Sportelfreiheit, übertragen werden könne, zeigen, daß er immer noch nichts

---

wie z. B. der Fiscus, und das General-Depositorium eines Gerichts wegen der Zinsen, das Vorrecht haben, die Forderung ohne processualische Form gleich selbst durch Execution beizutreiben, ohne daß dabei ein Dritter interessirt; denn die Forderung erhält dadurch keinen Vorzug. Rechte dieser Art sind es, welche gemeint werden.

anderes meinte, als was schon der erste Entwurf enthielt, nämlich, daß die persönlichen Privilegien, durch welche eine bestimmte Forderung einen Vorzug vor andern Forderungen erhält, als mit der Forderung verbunden, auf den Cessionar übergehen können, daß dagegen bloße allgemeine Befugnisse und Vorzüge einer Person, welche sich auf keine bestimmte Forderung beziehen, oder wodurch einer Forderung kein Vorrang vor Andern geschafft wird, den Cessionarius nichts angehen. Dieß drückte aber der zweite §. wieder nicht aus; und es ist an dessen Stelle die gut getroffene Bestimmung des §. 404 des Landrechts, ohne weitere Bemerkungen, getreten. Die Revisoren meinen: der darin gemachte Unterschied zwischen den Vorrechten, die einer Forderung in Rücksicht auf die persönlichen Eigenschaften des Inhabers beigelegt sind, und denen, die bei Gelegenheit der Forderung ausgeübt werden, sei so schwankend, daß man in Verlegenheit gerathe, außer der beispielsweise genannten Sportelfreiheit und dem Gerichtsstande, noch ein drittes zu dieser Klasse gehöriges Recht zu bezeichnen. Das Schwankende vermißt man jedoch, wenn nicht unbeachtet bleibt, daß die bloß bei Gelegenheit der Forderung auszuübenden, der Person des Inhabers im Allgemeinen beigelegten, Befugnisse nur solche sind, welche der Forderung selbst bei der Concurrenz mit Andern keinen Vorrang geben. Dergleichen Rechte sind z. B. noch:

1) Die Befugniß des Gutsherrn, unbestrittene Zinsen unmittelbar beitreiben zu lassen, wenn er auch die Gerichtsbarkeit nicht hat [14a]).

[14a]) A. L. R. Th. II. Tit. 7 §. 484.

2) Das Executionsrecht des Fiscus [14b]).

3) Das Executionsrecht der General-Depositorien, wegen der Zinsen [14c]).

4) Die Vorrechte des Fiscus und der Corporationen in Beziehung auf die Verjährung [14d]).

5) Die dem Fiscus gegebene doppelte Appellationsfrist [14e]).

Man sagt weiter: daß wenn nach der, dem Allgem. Landrechte zum Grunde liegenden, Ansicht der Cessionar nicht bloß im Namen des Cedenten auftrete, sondern Eigenthümer der Forderung werde, nichts mehr entgegen stehe, die persönlichen Privilegien des Cedenten durch die Cession als erloschen zu betrachten. Dies soll auch aus §. 99 der Einleitung folgen, und so wie man bei der Verjährung diesem Grundsatze der Einleitung treu geblieben sei, so sei dies hier um so mehr zu empfehlen, als dadurch eine sichere Basis gewonnen werde. Man hat aus diesen Gründen eine Abänderung des Allg. Landrechts vorgeschlagen [15]). Der aus dem Eigenthum des Cessionarius hergenommene Grund ist indeß nicht befriedigend. Wenn der Cessionar auch Eigenthümer der Forderung wird, so kann die Veräußerung doch keine Verän-

[14b]) Verordnung v. 24. Decbr. 1808.

[14c]) Depos.-Ordn. Tit. 1 §. 53. u. Tit. 2. §. 352. 353.

[14d]) A. L. R. Th. I. Tit. 9 §. 636—639.

[14e]) Verordn. v. 14. Dezbr. 1833. §. 21.

[15] Statt des §. 404 ist folgende Bestimmung vorgeschlagen:

§. 305. Solche Vorrechte aber, welche dem Inhaber der Forderung bloß in Rücksicht auf seine persönlichen Eigenschaften oder sein Verhältniß zum Gemeinschuldner, gegen Mitgläubiger desselben zukommen, wie da sind die Vorrechte des Fiscus, der Kirchen, der Ehefrauen, der Kinder u. s. w., können auf den Cessionarius nicht übertragen werden.

derung des Rechts bewirken. Wie soll es kommen, daß eine Sache durch den Verkaufsact ihre bisherige Güte verliere? Das würde der Fall sein, wenn eine Dotalforderung durch den Verkauf sich so verschlechterte, daß man sie einer gewöhnlichen Forderung gleich stellte. Dadurch würde dem Cessionar nichts genommen, sondern der Gläubiger selbst verlöre sein Recht, da man ihm eine solche Sache nicht abkaufen würde, welche die magische Eigenschaft hätte, daß sie in den Händen eines Andern zu Nichts würde. Der §. 99 der Einleitung bezieht sich nicht auf die, mit einer bestimmten Forderung verbundenen, aus den persönlichen Verhältnissen und Eigenschaften des Gläubigers entstandenen Vorzugsrechte; und von der Verjährung gilt kein Schluß auf Diese. Die Basis kann nicht sicherer werden als sie es jetzt ist, wohl aber würde sie durch die vorgeschlagene Abänderung unsicherer werden[16]).

§. 32.

2) Vorbehalt der Vorrechte.

Es versteht sich, daß eine Forderung auch ohne die damit verbundenen Vorzugsrechte abgetreten werden kann, wenn dieserhalb der Vorbehalt ausbedungen ist [17]). Dies ist bei Partial-Cessionen von practischer Wichtigkeit.

---

[16]) Diese sichere Basis soll durch die Unterscheidung gewonnen werden: ob das Vorzugsrecht durch die Natur und Beschaffenheit der Forderung, oder durch die persönliche Eigenschaft des Gläubigers und sein Verhältniß zum Gemeinschuldner bedingt sei. Motive a. a. O. S. 87. Frage: Ist der Vorzug des Gesindelohns und des Arztlohns, des Lehrgeldes, der Alimente rc. durch die Natur der Forderung, oder durch das Verhältniß des Gläubigers zum Schuldner bedingt?

[17]) L. 23 D. de hered. vel act. vend. (XVIII. 1).

Wird ein Theil mit Vorbehalt des Vorzugsrechts cedirt, so steht der Cessionar dem Cedenten und dessen spätern Cessionarien nach. Wird aber nichts verabredet, so haben die einzelnen Theile des Ganzen sämmtlich gleiche Rechte. Daraus folgt, daß alle Theilhaber, mögen sie Alle Cessionarien sein, oder Cessionarien mit dem Cedenten concurriren, im Falle einer theilweisen Zahlungsunfähigkeit des Schuldners, verhältnißmäßige Befriedigung zu erhalten [18]). Die Anwendung dieses Grundsatzes wird in dem Falle zweifelhaft gefunden, wenn der Eine das Capital und der Andere, z. B. ein Nutznießer, die Zinsen zu fordern hat [19]). Der Theilungsgrund kann aber jenen Rechtsgrundsatz nicht ändern: Beide sind hier eben so gut Theilnehmer an ein und derselben Obligation, als wenn der Theilungsgrund ein anderer wäre. In Beziehung auf Dritte wird die, mehrern Gläubigern zustehende, Obligation auch immer als ein Ganzes betrachtet. Wenn die ganze Forderung mit allen Accessionen nicht bezahlt werden kann, so ist die Frage: wie die auf das Ganze gefallene Summe unter den einzelnen Theilnehmern zu vertheilen, lediglich nach den Grundsätzen vom gemeinschaftlichen Eigenthum, und danach zu entscheiden: ob bei der Übertragung an den Einen oder den Andern ein Vorrecht vorbehalten oder besonders abgetreten ist, oder nicht. In dem letztern Falle ist das, der ganzen Forderung zustehende, Vorrecht gemeinschaftlich geblieben. Einzelne intellectuelle Theile einer Forderung haben vor andern Theilen an sich kein Vorrecht.

---

[18]) Brunnemann de cess. act. Cap. V. Nr. 38. — Mühlenbruch a. a. O. §. 56. S. 572.

[19]) S. die im Recht der Forderungen Bd. I. §. 56 Nr. V. 3. erwähnten difformen Präjudicate.

Es heißt in Beziehung auf die Zinsen auch ausdrücklich, daß sie an dem Orte, den das Capital hat, gebühren[20]), und mehrere gleichberechtigte Forderungen werden immer verhältnißmäßig bezahlt[21]). Die Bestimmung der Concurs-Ordnung im §. 512, wonach die Vertheilung der Fonds erst auf die currenten Zinsen, dann auf die privilegirten rückständigen Zinsen, und zuletzt auf die Kapitalsforderung selbst geschehen soll, bezieht sich bloß auf das Verhältniß des Zahlenden zum Gläubiger wegen der Abrechnung, führt aber kein Vorrecht der Zinsen vor dem Kapital ein, welches auch keinen Sinn haben könnte, weil sich Vorrechte nur auf Dritte, nie auf das Verhältniß des Gläubigers und Schuldners unter sich beziehen, und die pignoris causa indivisibel ist. Unbezweifelt kann der Gläubiger eine Stückzahlung, wenn keine Zinsen fällig sind, auf die Kosten und auf den letzten Theil der Forderung abrechnen. Nichtsdestoweniger wird darum Keiner mit Grunde behaupten, daß die Kosten, und die letzten Hundert einer Forderung vor den Ersten den Vorzug hätten. Von den Regeln also, welche in Beziehung auf die Abrechnung von Theilzahlungen zwischen Gläubiger und Schuldner gelten, ist gar keine Anwendung auf die Vorrechte im Verhältniß gegen Dritte zu machen. In dieser Beziehung bleibt es dabei, daß Kapital und Zinsen, überhaupt die ganze Causa, nur Ein Vorrecht hat; und dieses ist eben den mehrern Theilnehmern derselben Forderung gemeinschaftlich, wenn die Gemeinschaft nicht durch besondern Vorbehalt ausgeschlossen ist.

Ein hiermit verwandter Fall veranlaßt zuweilen Schwie-

---

[20]) A. G. O. I. 50. §. 151.
[21]) Ebd. §. 387. Pass. 2.

rigkeiten bei Löschungen. Wenn nämlich die Zinsen von einem gewissen Tage ab, cedirt worden sind, so meint man, müsse noch die Quittung und der Löschungsconsens des Cedenten wegen der ältern Zinsen noch beigebracht werden, weil dieselben für vorbehalten anzusehen seien. Dieß beruht auf einer unrichtigen Vorstellung. Es ist für das Hypothekenrecht gleichgültig: ob die ältern nicht mit cedirten Zinsen bezahlt sind oder nicht, weil die rückständigen Zinsen für getilgt erachtet werden, wenn der Gläubiger ohne Vorbehalt über das Capital quittirt, und das Instrument aushändigt [22]), und weil das Hypothekenrecht wegen älterer als zweijähriger Zinsrückstände ipso jure erlischt [23]). Aus diesen Gründen muß ein Cedent, wenn er als Theilhaber an der cedirten Forderung in Ansehung rückständiger Zinsen angesehen werden soll, den vorbehaltenen Zinsrückstand ins Hypothekenbuch besonders eintragen, und sich eine Theilobligation ausfertigen lassen [24]).

In einem Falle wird die praktisch äußerst wichtige Frage: ob bei einer Statt gefundenen Partial-Cession das Vorrecht für vorbehalten, oder für gemeinschaftlich anzusehen, verschieden beantwortet, nämlich dann, wenn der Hypothekenschuldner eine Theilzahlung geleistet, und dadurch die Rechte eines Cessionars erhalten hat. Wenn ihm eine ausdrückliche Cession ohne Vorbehalt freiwillig geleistet worden ist, so kann der Fall nicht für zweifelhaft angesehen werden. Aber wenn der Gläubiger schlechthin nur über empfangene Zahlung quittirt? Nach der bekannten Declaration v. 3. April 1824 soll die Quittung mit

---

[22]) A. L. R. I. 11. §. 843. — I. 16. §. 98.

[23]) A. G. O. I. 50. §. 151.

[24]) Min. Reſcr. v. 4. Dezbr. 1835. Nr. 5. (Jur. Zeit. Jahrg. 1836. Col. 308).

einer ausdrücklichen Cession ganz gleiche Wirkung haben. Dieß verstehen Einige so, daß auch der Gläubiger seine Quittung als Cession gegen sich gelten lassen müsse, und daß der Schuldner oder dessen Cessionar, wegen des bezahlten Theils, gleiche Rechte mit ihm geltend machen könne. Diese Meinung verdient kaum einer ernstlichen Widerlegung. Wie soll Jemand als Cedent verpflichtet sein können, welcher niemals eine Cession geleistet hat, noch zu leisten Willens und verbunden gewesen? Für ihn und gegen ihn ist das Geschäft nichts weiter als Zahlung; er kann aus dem bloßen Empfang der Zahlung nimmermehr die Pflichten eines Cedenten erhalten. Gerade deshalb, um sich solchen Pflichten nicht zu unterziehen, hat er nicht Cession geleistet, sondern sich bezahlen lassen, und nur über empfangene Zahlung quittirt. In Beziehung auf ihn ist also die Forderung, soweit wie die Zahlung reicht, getilgt, und daraus folgt, daß die vorhandene Sicherheit ihm ausschließlich für den Rest seiner Forderung haftet, und nicht durch den bezahlten Theil weiter geschmälert werden kann; denn er ist nicht schuldig, wegen des bezahlten Theils seiner Forderung auch einen verhältnißmäßigen Theil des Pfandes freizugeben [25]). Nur in Beziehung auf das Verhältniß des Zahlers zum Schuldner hat die Quittung die Wirkung einer Cession: gegen den Schuldner (hier das Grundstück) gilt der Zahler für einen Cessionar, aber zu dem Gläubiger steht er in gar keinem Cessionsverhältniß. Darum braucht der Gläubiger, in Beziehung auf den ihm bezahlten Theil seiner Forderung, weder den Zahler noch einen Dritten, auf den der Zahler diesen Theil weiter übertragen hat, für seinen Mitgläubiger und Theil-

[25]) A. L. R. Th. I. Tit. 20. §. 177.

nehmer an dem ihm ungetheilt verbliebenen Pfandrechte, anzuerkennen[26]). Überhaupt ist es Grundsatz, daß wenn aus einem nothwendigen (gesetzlichen) Grunde Jemand wegen geleisteter Zahlung, wie z. B. der Bürge, die Rechte eines Cessionars erhält, der Bezahlte niemals als Cedent haftet[27]). Bisher hat auch noch Niemand behauptet, daß der Bürge von dem bezahlten Gläubiger aus der nothwendigen Cession Gewährleistung fordern könne, vielmehr hat man überall das Gegentheil für ganz natürlich gehalten.

§. 33.

3) Persönliche Vorrechte des Cessionar.

Die eigenen Privilegien kommen dem Cessionar in Beziehung auf das abgetretene Recht aus demselben Grunde nicht zu Statten, aus welchem er die mit der Forderung verbundenen Vorrechte des Cedenten erhält [1]). Eine Ausnahme gilt nach Gemeinem Rechte in Ansehung des Fiscus. Das Allgemeine Landrecht aber bestimmt ausdrücklich, daß auch dem Fiscus, den Kirchen, milden

---

[26]) Dieß ist auch von dem II. Senat. des Oberlandes-Gerichts zu Breslau angenommen worden. Judicat in der Güttmannsdorfschen Kaufgelder-Liquidations-Sache. Akt. G. 25. und zwar Pratschsche Cessionarien c. Hoffmann; und Priorit. Akt. G. 30.

[27]) Vergl. unten §. 37. Nr. II. 1.

[1]) §. 405. h. t. — L. 38. D. de minorib. (IV. 4) — Diese Frage ist gemeinrechtlich eben so bestritten, wie die vorige. Vrgl. darüber Glück a. a. O. S. 408. u. die dort angef. Schr. — Der Fall, wenn eine Cessionaria den Schuldner heirathet, macht keine Ausnahme. Hier erwirbt sie das Privilegium besonders erst durch Illation.

Stiftungen, und andern privilegirten juristischen Personen, welche von andern Privatpersonen Forderungen an sich lösen, in Beziehung auf dieselben diejenigen Vorrechte nicht zukommen, welche der ihnen selbst ursprünglich zustehenden Forderungen und Gerechtsamen beigelegt sind[2]). In wieweit diese Personen dagegen von ihren besondern Befugnissen, welche mit keiner bestimmten Forderung in Verbindung stehen, Gebrauch machen können, ist mit Unterscheidung zu bestimmen.

I. Das Privilegium des Gerichtsstandes wird unbestritten zugestanden.

II. Eben so unbestritten wird in der Praxis das Executionsrecht versagt, weil dadurch der Schuldner in seiner Lage verschlechtert werden würde. Deshalb wird z. B. bei der Depositalverwaltung von Aufsichtswegen darauf gehalten, daß General-Depositorien, welche ohne processualische Weitläuftigkeiten die Zinsen von ihren Schuldnern gleich durch Execution einziehen lassen können[3]), keine Capitalien durch Cession erwerben[3a]), ohne daß der Schuldner seine Zustimmung giebt, und das Depositorium für seinen Gläubiger ausdrücklich annimmt. Diese Novation muß dann auch im Hypothekenbuche vermerkt werden, um gegen jeden dritten Besitzer wirksam zu sein.

III. Die Sportelfreiheit steht vom Tage der Cession an zu. Wegen der vorher schon entstandenen Kosten kommt es darauf an: ob ein Dritter dadurch beeinträchtigt werden würde. In diesem Falle kann von dem Privile-

---

[2]) §. 406. h. t. — L. 6. pr. D. de jure fisci. (XLIX. 14).

[3]) Depos. Ordn. Tit. 1 §. 53. u. Tit. 2. §. 352. 353.

[3a]) Rescr. v. 30. März 1816. (Jahrb. Bd. VII. S. 29).

gium kein Gebrauch gemacht werden. Deshalb muß in Concursen der Fiscus die bis zum Tage der Cession entstandenen Kosten tragen helfen [4]). Übernimmt der Fiscus einen andern Prozeß, welcher vor einem Gerichte verhandelt wird, das aus fiscalischen Fonds zu unterhalten ist, so werden die Kosten niedergeschlagen. Ist es aber ein Privatgericht, so giebt es keinen Grund, aus welchem der Gerichtsherr schuldig sein sollte, die bereits deservirten Kosten zu erlassen. Die längern Verjährungs- und Prozeßfristen werden ebenfalls zugestanden, wenn das Recht zu einer Zeit cedirt worden ist, wo die gegen den Cedenten geltenden Fristen noch nicht abgelaufen waren [5]).

IV. Auch die zuläßigen Rechtsmittel sind lediglich nach der Person der Prozeßparthei zu bestimmen, weil diese dominus litis ist. Daraus folgt, daß die restitutio in integrum ex capite minorennitatis statt findet, wenn auch der Cedent dieses Mittel nicht würde gehabt haben. Die in integrum restitutio gegen materielle Rechtsverletzungen, welche nach Röm. Rechte auch ex persona cedentis zustand, ist nach Preuß. Rechte abgeschafft [6]).

V. Streitig [7]) ist die Frage in Beziehung auf die Befugniß zu einem höhern Zinsfuß. Dieses Privilegium gehört aber zu denjenigen, welche sich immer auf eine bestimmte Forderung beziehen. Daraus folgt, daß auf die

---

[4]) A. G. O. I. 50. §. 534.

[5]) A. L. R. Th. I. Tit. 9. §. 639.

[6]) L. 6. D. de integrum restit. (IV. 1). — L. 24. D. de minorib. (IV. 4). — L. 43. D. de usuris. (XXII. 1). — L. 2. C. de his qui in prior. (VIII. 19). — A. L. R. I. 11. §. 172—176. — A. G. O. I. 16. §. 13.

[7]) M. s. Bielitz Comment. II. S. 514, u. Bornemann III. S. 160.

Person des Cedenten zu sehen ist. Es würde also der Cessionarius aus dem Privilegium des Cedenten ganz richtig auch höhere Zinsen, als ihm selbst zu nehmen erlaubt sind, fordern können. Dies verhindert jedoch ein positives Prohibitivgesetz, welches Jedem verbietet, für eigene Rechnung höhere als die ihm erlaubten Zinsen zu nehmen. Nach Röm. Recht würde darin kein Grund liegen, dem Procurator in rem suam die höhern Zinsen zu versagen, weil er nur das Recht des Mandanten ausübte; aber nach dem Allg. Landrechte ist der Cessionar Eigenthümer des Rechts, und deshalb stehen ihm nur diejenigen Zinsen zu, welche der Cedent auf ihn überträgt, diese aber nur soweit, als dadurch der ihm selbst erlaubte Zinsfuß nicht überschritten wird. Es kann also kein Jude, welcher, wenn er nicht Staatsbürger ist, Acht Prozent Zinsen nehmen darf, auf einen andern dazu nicht Berechtigten, eine Zinsobligation auf Acht Prozent durch Cession übertragen; umgekehrt kann er von einer ihm cedirten Forderung auch nicht höhere Zinsen als ihm abgetreten worden sind, fordern [8]), weil durch die Cession der Inhalt der Obligation weder vergrößert noch vermindert wird. Nur durch eine obligirende, sich auf den andern Theil beziehende, Handlung des Einen kann dies geschehen, und darum ist es möglich, daß der Cessionarius höhere Vorzügszinsen zu fordern haben kann, als der Cedent würde genommen haben, weil diese nur der Ersatz des Interesses wegen der Mora sind, und der Betrag desselben bei dem Einen höher als bei dem Andern sein kann.

---

[8]) Vergl. Leyser spec. 215. m. 8. — Glück a. a. O. S. 410.

§. 34.

III. In Beziehung auf die Einwendungen.

1) Aus der Person des Cedenten.

I. Weil der Cessionarius ein fremdes Recht geltend macht, muß er sich auch dem Schuldner gegenüber, ganz als Procurator behandeln, und alle Einwendungen gefallen lassen, welche dem Cedenten selbst würden entgegen gesetzt werden können. Das Allgemeine Landrecht hat diesen, aus der Natur des Verhältnisses von selbst folgenden Rechtssatz, der zu dem Eigenthum des Cessionars nicht paßt, durch die positive Bestimmung: daß die Verpflichtung des Schuldners durch die Abtretung des Rechts an einen Andern niemals erschwert werden solle, festgesetzt, worin ihm das Oest. Gesetzbuch nachgefolgt ist[1]). Aus der Unterscheidung der Actio directa von der Actio utilis sind auch hierüber im Gemeinen Rechte viele Controversen entstanden, insbesondere, in wieweit die exceptio doli statthaft sei [2]). Das Allg. Landrecht hat dieselben beseitigt, und bestimmt:

> §. 407. Der Schuldner einer cedirten Post kann alle Einwendungen und Gegenforderungen, die er gegen den Cedenten rügen konnte, auch dem Cessionario entgegen setzen. (Vergl. §. 735. 736 h. t.)

Davon gelten zwei Ausnahmen:

1) Wenn der Schuldner den Cessionarium für seinen Gläubiger anerkannt hat. Diese Wirkung hat aber die Anerkennung der Cession, oder die Unterschrift des

---

[1]) A. L. R. I. 11. §. 408. — Österr. Ges.-B. §. 1396.

[2]) M. s. Mühlenbruch a. a. O. §. 60. — Glück a. a. O. S. 412. u. fg.

Cessionars unter der Cession nicht. Nach Gemeinem Recht ist auch Dieses streitig [3]). Nach den Regeln über die Auslegung von Verzichtleistungen ist aber der bloßen Genehmigung der Cession von Seiten des Schuldners keine andere Bedeutung beizulegen, als daß er den Cessionarius für legitimirt annehmen, und die Sache mit Diesem ausmachen wolle. Selbst eine allgemeine Anerkennung der Forderung enthält im Zweifel nichts weiter, als eine Agnition des Klagegrundes, nicht aber auch einen Verzicht auf die, mit dem Entstehungsgrunde der Forderung nicht zusammenhängenden, Einreden, z. B. dem Einwande der Compensation [4]), weil Verzichtleistungen mit ausdrücklichen Worten erklärt werden müssen. Daher verlangt das Allg. Landrecht, daß der Schuldner den Cessionarium für seinen Gläubiger anerkennen, und zwar wegen einer der Qualität und Quantität nach bestimmten Forderung, und auf rechtsgültige Weise in Vertragsform anerkennen müsse, wenn er nicht mehr befugt sein solle, Einwendungen und Gegenforderungen, die er wider den Cedenten zu haben vermeint, entgegenzusetzen [5]). Dabei ist auf §. 37 u. 38. Tit. 5. Bezug genommen, wonach das Anerkenntniß eines unverbindlichen Vertrags als ein neuer Vertrag angesehen und beurtheilt werden soll, woraus zu entnehmen, daß nur durch eine Novation (Delegation) die Einwendungen des Schuldners gegen den alten

---

[3]) Glück S. 426. — Mühlenbruch §. 50. Nr. 2.

[4]) Die Ausschließung dieser behauptet Wernher Sel. Observ. for. P. VII. obs. 182 nicht, wie Einer dem Andern nachschreibt, wegen der bloßen Anerkennung der Cession, sondern weil in dem dort angeführten Rechtsfall eine Delegation zu Stande gekommen war. Dagegen ist Glück Bd. XVI. §. 1021. a. E. S. 426 dieser Meinung. Anderer Meinung ist Mühlenbruch S. 511.

[5]) I 11 §. 412.

Gläubiger ausgeschlossen werden können. Die Ausstellung eines neuen Schuldscheins auf den Cessionar enthält jedoch eine solche Anerkennung.

2) Wenn die Forderung eine Hypothekenforderung ist. Bei dieser gelten gegen den dritten Inhaber keine andern Einwendungen aus der Person des Vorgängers, als welche aus dem Hypothekenbuche, oder aus dem Instrumente zu ersehen, oder welche dem Kläger vor der Cession kund gethan worden sind [6]). Diese Ausnahme bezieht sich jedoch wohl verstanden nur auf das Hypothekenrecht oder die subjectiv-dingliche Obligation (Vrgl. §. 18). Die Erlöschung der persönlichen Obligation ist durch Vermerke im Hypothekenbuch nicht bedingt, sondern nur die der dinglichen. Dieß gilt für zweifelhaft. Man hat behauptet, daß auch die persönliche Schuldverbindlichkeit in Beziehung auf den Cessionarius fortdaure, wenn gleich dieselbe getilgt worden. Diese Meinung hat nichts für sich, wohl aber folgende Gründe gegen sich:

a. Bei eingetragenen Forderungen sind zwei nebeneinanderstehende Obligationen zu unterscheiden: eine subjectiv-dingliche, und eine persönliche; es kann aber auch die erstere ohne die letztere bestehen, und umgekehrt die letztere fortdauern, wenn die erstere erlischt [7]).

b) Die persönliche Obligation erlischt durch jede Tilgung; die dingliche aber nur durch Löschung oder Vermerk im Hypothekenbuche. Dieß ergiebt sich aus I. 20.

> §. 520. Soweit der Anspruch, für welchen die Hypothek bestellt worden, getilgt wird, erlischt zwar in der Regel auch das dingliche Recht;

---

[6]) I. 20. §. 423—426. Anh. z. A. L. R. §. 53 ad §. 511. eod.

[7]) Vergl. oben §. 18 u. I. 20. §. 520. 522. 524. 525.

§. 521. Der Schuldner ist daher auch befugt, auf die Löschung der getilgten Post anzutragen;

§. 522. Unterläßt er es aber; so kann er die Verhandlungen eines Dritten, worin derselbe redlicher Weise, auf den Glauben des Hypothekenbuchs, unter Beobachtung der gesetzlichen Vorschriften sich eingelassen hat, zum Nachtheile dieses Dritten nicht anfechten.

Hier wird die Erlöschung der persönlichen Verbindlichkeit als sich von selbst verstehend vorausgesetzt, und nur von der Fortdauer der dinglichen gesprochen. Dieß wird völlig klar durch den angeführten §. 521, wonach der Schuldner auch befugt sein soll, auf die Löschung anzutragen; denn unter diesem Schuldner kann nur der Hypothekenschuldner, d. h. der Besitzer des verpfändeten Grundstücks, als solcher, nicht aber der persönliche Schuldner als solcher gemeint sein; da, wie bekannt, kein Schuldner, wenn er nicht Besitzer des verschuldeten Grundstücks ist, auf Löschung antragen kann. Der persönliche Schuldner bedarf auch, nach der Natur der Sache, keines Vermerks im Hypothekenbuche, um von seiner Verbindlichkeit befreit zu werden; denn das Hypothekenbuch ist nicht zur Eintragung und Löschung persönlicher Verbindlichkeiten bestimmt. Man sagt: wenn dieses richtig wäre, so hätte es ja der Bestimmung des Anhangs zum Allg. Landrecht im §. 53 nicht bedurft. Dieser Einwurf wird beseitigt durch die Entstehungsgeschichte. Der Fall, welcher zu der Anfrage Veranlassung gab, war der, wo ein Käufer rückständige Kaufgelder hattte eintragen lassen, wogegen ihm der Verkäufer fundum liberum zu gewähren versprochen hatte. Nach der Regel muß der Cessionarius eines Verkäufers bei der Einforderung der ihm cedirten

Kaufgelder sich die Einwendungen entgegensetzen lassen, welche dem Verkäufer selbst aus der Nichterfüllung des Contrakts entgegen stehen würden; und da in dem gedachten Falle der Cessionar eine Kaufgelderforderung aus einem Contracte sich hatte cediren lassen, woraus zugleich das Versprechen des Verkäufers zu ersehen war, so war in beiden ersten Instanzen erkannt worden, daß der Beklagte als debitor cessus dem Cessionario die gegen den Cedenten ihm zustehenden Einwendungen rechtlich entgegensetzen könne. In der dritten Instanz aber fragte man unterm 22. Febr. 1788, also zu einer Zeit, wo das Allg. Landrecht noch nicht existirte, bei der Gesetz-Commission an:

»in wiefern dem Cessionario einer eingetragenen hypothekarischen Schuldverschreibung ein, gegen den Cedenten zustehendes vor geschehener Cession entstandenes, Compensations-Recht mit rechtlicher Wirkung entgegengesetzt werden könne, und ob dieses besonders auch in dem Falle Statt finde, wenn Jemanden ein sub reservato dominio eingetragenes rückständiges Kaufgeld cedirt worden, welches der Käufer deshalb anzuerkennen oder zu bezahlen verweigert, weil er Einwendungen hat, die entweder aus der Natur des Contracts, oder aus einem darin enthaltenen Versprechen entspringen.«

Wäre das Allg. Landrecht schon vorhanden gewesen, so würde die Anfrage vermuthlich unterblieben sein. Die Gesetz-Commission entschied, nach der schon damals in ihrer heutigen Gestalt bekannten Natur der Hypothekenrechte, ganz richtig:

daß dem Cessionario einer mit Consens des Schuldners eingetragenen hypothekarischen Schuld-Verschreibung eine wider den Cedenten competirende, ante cessionem entstandene, exceptio compensationis nur alsdann mit rechtlichem Effect entgegengesetzt werden könne, wenn diese Exception im Hypotheken-Buche vermerkt, oder dem Cessionar sonst bekannt geworden sei, und ein gleiches Statt finde, wenn Jemandem ein sub reservato dominio eingetragenes rückständiges Kaufgeld cedirt worden, welches der Käufer deshalb zu agnosciren, oder zu bezahlen verweigere, weil er Einwendungen habe, die aus einem im Kauf-Contracte enthaltenen promisso des Verkäufers entspringen [8]).

Diese Entscheidung bezieht sich also ausdrücklich nur auf die dingliche Forderung, welche durch die »mit Consens des Gläubigers« erfolgte Eintragung, neben der persönlichen Verbindlichkeit, entstanden ist; und diese Beziehung hat auch dadurch nicht aufgehört, vielmehr ist sie dadurch bestätigt worden, daß die Entscheidung später wörtlich in den Anhang zum Allg. Landrechte §. 53, an einer Stelle aufgenommen worden ist, wo von dem Hypothekenrechte gehandelt wird. Aus diesen Gründen hat die Deputation des II. Senats des Oberlandesgerichts zu Breslau die praktisch-wichtige Frage: ob zur Befreiung des persönlichen Schuldners ebenfalls ein Vermerk im Hypothekenbuche nöthig sei, verneinend entschieden [9]). Eine gleiche Entscheidung enthalten die in Si-

---

[8]) Entscheidung der Gesetz-Commission v. 29. April 1788. (Klein's Annalen Bd. III. S. 218 u. fg.)

[9]) Ein Schuldner, welcher zugleich mit seinem Hause Hypothek bestellt hatte, hatte seinem Gläubiger dieses Haus an Zahlungsstatt gegeben. Der Gläubiger und nunmehrige Besitzer des verpfändeten Hauses ließ aber die Post nicht löschen, sondern cedirte sie einem Andern. Dieser verlangte später von den Erben des ehemaligen persönlichen Schuldners Bezahlung, wurde aber mit der Klage abgewiesen. Akten Tully c. Borowski. T. 6. 1836.

mon's und v. Strampff's Rechtsprüche[10]) mitgetheilten Präjudicate des Oberlandes-Gerichts zu Frankfurt, und des Geheimen Ober-Tribunals in Sachen des Gr. Schlabrendorfschen Nachlaß-Curators, wider den Fürsten zu Lynar. Der Tilgungsgrund ist dort die Consolidation Beim ersten Anblick könnte dieser Grund auffallen, weil es scheint, als wäre die persönliche Schuld und Forderung um deren Erlöschung es sich handelt, niemals in Einer Person zusammen gekommen; wogegen es das Ansehen hat, als wenn Compensation der eigentliche Erlöschungsgrund wäre, weil der persönliche Schuldner gerade dasjenige, was dessen Käufer durch Cession an sich gebracht, von ihm wieder zu fordern hat. Gleichwohl ist die Consolidation der richtige Grund der Tilgung, weil der Käufer passiver Cessionarius des Verkäufers und persönlichen Schuldners ist, mithin die persönliche Schuld in der Person des Käufers sich activ und passiv allerdings vereinigt. Aus diesem Grunde erlischt die persönliche Forderung allemal, wenn eine solche Hypothekenforderung einmal an einen Käufer, der dieselbe ad rationes pretii übernommen hat, gelangt, ohne Rücksicht darauf: ob dessen Verkäufer der erste persönliche Schuldner war, oder ob noch Zwischenpersonen vorhanden sind, weil diese alle in die Passiv-Schuld wie Cessionarien einander succediren. Daher scheint die entgegengesetzte Entscheidung, welche in einem solchen Falle die eine Abtheilung des II. Senats des Oberlandes-Gerichts zu Breslau einmal gegeben hat, juristisch sich nicht zu rechtfertigen.

Außer dem Falle dieser Ausnahmen sind alle aus der Person des Cedenten hergenommene Einreden zuläßig, sie

[10]) Bd. XVI. S. 325 u. ff

mögen sich darauf gründen, daß die Forderung ipso jure, z. B. durch Zahlung, Compensation, oder darauf daß sie ope exceptionis, z. B. durch Vergleich, richterliches Erkenntniß, oder Verjährung erloschen sei, wenn nur der Grund innerhalb der Zeit entstanden ist, wo der Cedent noch mit rechtlicher Wirkung über die Forderung verfügen konnte, also bis zur erfolgten Benachrichtigung des Schuldners von der Cession. Weil gerade dieser Act der Modus ist, durch welchen ein Verhältniß zwischen dem Cessionar und dem Schuldner entsteht, so folgt, daß alle Zwischen-Cessionarien, welche in dieses Verhältniß nicht getreten, in Beziehung auf den Schuldner als gar nicht vorhanden anzusehen sind. Deshalb kann aus der Person solcher Vorgänger dem letzten Cessionar kein Einwand entgegengesetzt werden; wohl aber ist dieß zulässig aus der Person derjenigeu Zwischeninhaber, welche dem Schuldner gegenüber wirklich als Gläubiger aufgetreten, und für legitimirt angenommen worden sind. Anerkannt ist dieser Satz ausdrücklich in Beziehung auf die Compensation [11]). Ausgedrückt ist es freilich so, als wenn eine positive Handlung des Debitor cessus erforderlich wäre; denn es heißt: der Schuldner, welcher einen Cessionarium für seinen Gläubiger angenommen habe, könne, wenn dieser die Forderung ohne seine Zuziehung weiter cedire, die Gegenforderungen, die er an ihn hatte, auch gegen den fernern Cessionarium abrechnen. Indessen ist deutlich zu erkennen,

---

[11]) I. 16. §. 313—316. — Die Compensation soll zwar ipso jure tilgen; es gehört dazu aber nothwendig erstlich eine wechselseitige Beziehung, und zweitens der Wille des Schuldners. Mühlenbruch §. 60. 2 a. S. 597. S. besonders die Recension der Krugschen Schrift von der Compensation in: Schunk Jahrb. der jur. Literatur. Bd. XXVII. S. 117 u. f.

daß damit nichts weiter als die Herstellung eines Rechtsverhältnisses zwischen dem Cessionar und dem Schuldner gemeint wird. (§. 29). In Beziehung auf andere Einwendungen bedurfte es der ausdrücklichen Bestimmung nicht; denn nur bei der Compensation hätten Zweifel daher entstehen können, daß durch dieselbe Forderung und Gegenforderung in dem Augenblicke der Entstehung ipso jure aufgehoben werden, so daß man hätte glauben können, es bedürfe nicht erst der wechselseitigen Beziehung zwischen dem Cessionar und Cessus. Daß die Einrede der Verjährung sich unter allen Umständen nach der Entstehung der Klage zwischen dem ursprünglichen Gläubiger und Schuldner richtet, und daß mithin gar kein Unterschied zwischen den Fällen einer ausdrücklichen Cession, und den einer gesetzlichen besteht, ist jetzt ziemlich allgemein anerkannt [12]); es ist indeß hieran für das Preuß. Recht besonders zu erinnern, weil in den Fällen der gesetzlichen Cession (actiones utiles) das ursprüngliche Verhältniß oft zurücktritt, und deshalb die Sache in der Praxis zuweilen so angesehen wird, als wenn, z. B. mit dem Eintritt des zahlenden Bürgen in die Rechte des Gläubigers ein neues Rechtsverhältniß gegen den Schuldner entstände. Die gemeinrechtlich streitige Rechtsfrage: in wiefern der Schuldner dem Cessionar eine Einrede aus dem beneficio competentiae entgegensetzen könne, ist durch die Bestimmung der A. G. O. I. 49. §. 16 beseitigt, daß auch die Cessionarien solcher Gläubiger, welche mit dem Schuldner in einem, das Beneficium begründenden persönlichen Verhältniß stehen, schuldig seien, dem Schuldner die Compe-

[12]) In neuerer Zeit ist dieser Unterschied wieder von Gmelin in Schutz genommen. Crit. Arch. d. neusten jur. Literatur. Bd. II. S. 193. fgg.

tenz zu lassen. Daß dieses nur für die Fälle dieser Art, wo nämlich das persönliche Verhältniß der Grund der Kompetenz ist, bestimmt wird, kommt daher, weil die Frage nur für diese Fälle zweifelhaft war. In den Fällen, wo das Beneficium absolut der Person des Schuldners, oder relativ wegen der Beschaffenheit der Forderung zusteht, versteht es sich von selbst [13]).

VI. Auch auf Wiederklagen aus der Person des Cedenten muß sich der Cessionar einlassen. Deshalb muß sich z. B. der Cessionar eines Verkäufers, welcher als solcher das nicht eingetragene Kaufgeld einklagt, auch auf den Anspruch wegen Gewährsleistung einlassen [14]). Nach Röm. Recht war er dazu nur ausnahmsweise alsdann verpflichtet, wenn die Cession in der Absicht geschehen war, damit der Cedent einer Wiederklage entginge [15]). Aus den verschiedenen Meinungen der Rechtsgelehrten sind folgende Bestimmungen der Preuß. Gesetzgebung [16]) hervorgegangen: Der Cessionar muß sich auf die uneigentliche Wiederklage alle Mal einlassen, nur kann er zu keiner höhern Summe verurtheilt werden, als er von dem Beklagten zu fordern hat. Eigentliche Wiederklagen in Separat-Prozessen finden alsdann gegen den Cessionar Statt, wenn die Gegen-

---

[13]) Recht der Forderungen Bd. I. §. 43. Nr. I. u. Nr. II. 2. — Mühlenbruch §. 61. Nr. 3, 6, S. 607. — Über die verschiedenen Meinungen: Glück a. a. O. S. 421.

[14]) Nach franz. Recht ist das Gegentheil angenommen worden. Vergl. Archiv merkw. Rechtsfälle u. Entscheidungen der Rheinhess. Gerichte (Mainzer Archiv) Bd. I. S. 159.

[15]) L. 33 §. 3. L. 31. 35. 70 D. de procurat. (III. 3). — Defendere heißt hier nicht vertheidigen (gegen die Wiederklage), sondern: Caution stellen (den Gegner wider Ansprüche oder Nachtheile durch Caution sicher stellen), wie in L. 5 §. 3 D. jud. solvi (XLVI. 7.) — Vergl. Mühlenbruch §. 62.

[16]) A. G. O. I. 19 §. 7. 8. 19.

forderung an sich so beschaffen ist, daß sie eine Compensation gegen den Cedenten bewirken kann, jedoch wieder nur auf eine, die Vorforderung nicht übersteigende Summe. In beiden Fällen kann aber der Wiederkläger auch wegen des Überschusses den Cedenten beiladen.

§. 35.

2) Aus der Person des Cessionarius.

Weil der Cessionar das Recht in seinem eigenen Namen geltend macht, muß er sich auch Einreden aus seiner Person entgegen setzen lassen. Diese beziehen sich entweder auf die Gültigkeit der Cession, oder auf die Aufhebung des Klagerechts.

I. Die Erstern betreffen die Legitimation des Klägers ad causam. Der Kläger hat zur Begründung seiner Klage bloß eine ihrer Form nach rechtsgültige Erwerbshandlung zu beweisen. Ausstellungen dagegen gehören ad excipiendum, und müssen von dem Beklagten bewiesen werden. Die gemeinrechtliche Streitfrage: ob der Beweis des Cessionsacts auch durch Eides-Delation geführt werden könne [1]), ist nach Preuß. Recht zu verneinen, weil der Cessionarius sich gegen den Schuldner immer durch eine schriftliche Cession legitimiren muß [2]). Dagegen muß der Schuldner die Privatschrift entweder recognosciren, oder auf Verlangen eidlich de credulitate diffitiren, weil

---

[1]) Gensler Handb. des Proz. I. Nr. V §. m S. 161 flgg. Arch. für die Civ. Prax. Bd. II. Abh. I. — Mühlenbruch S. 601. — Glück Bd. XVI. S. 442.

[2]) A. L. R. I. 11 §. 395.

ihn die Erklärung des Cedenten verpflichtet, an den Cessionar zu zahlen [3]).

II. Die gegen das Klagerecht selbst gerichteten Einreden gründen sich entweder auf Thatsachen, wodurch die Forderung ipso jure getilgt wird, wie z. B. Zahlung und Compensation. Diese können schon vor der Cession entstanden sein. Oder sie haben einen solchen Grund, aus welchem die Klage ope exceptionis beseitigt wird. Beruht er in einem Vertrage, z. B. Vergleich oder Nachlaß, so kann dieser auch älter sein als die Cession, wenn er sich nur auf die Forderung in Erwartung der Cession bezieht; liegt er in andern Verhältnissen, so müssen diese erst nach der Cession entstanden sein [4]).

Das beneficium competentiae kommt dem Schuldner auch aus der Person des Cessionarius zu statten, wenn der Cedent selbst auch nicht zur Kompetenz verpflichtet gewesen wäre [5]). Nach Preuß. Rechte ist dies um so zweifelloser, als der Cessionarius für den Eigenthümer der Forderung gilt. Der juristische Grund liegt darin, daß die Personen, welche einander zur Kompetenz verpflichtet sind, sich nur in quantum facere possunt executiren lassen können.

§. 36.

c. Rechtsverhältniß zwischen dem Cedenten und dem Cessionar.

I. Überhaupt.

I. Der Cedent ist schuldig, den Cessionarius in den

---

[3]) A. G. O. I. 10 §. 138. 139. — Gemeinrechtlich ist auch dies streitig. Martin Proz. §. 196 u. 203. Dag. Gensler im Arch. für die civ. Pr. Bd. II. S. 8. u. 325.

[4]) Mühlenbruch a. a. O. §. 61. Nr. 1.

[5]) L. 4 §. 16 D. de doli mali except. (XLIV. 1).

Stand zu setzen, sich vollständig zu legitimiren, ihm mithin einen schriftlichen Cessionsschein zu geben, wenn er dessen zum Ausweise bedarf, wenngleich derselbe, nach dem Gegenstande, zur Gültigkeit des Geschäfts zwischen dem Cedenten und dem Cessionarius nicht nöthig sein sollte; ferner ist er schuldig, ihm alle, die Forderung betreffende, Urkunden auszuhändigen; ihm die zur Ausführung des Anspruchs gegen den Schuldner vorhandenen Beweismittel an die Hand zu geben, bei der Prozeßführung den nöthigen Beistand zu leisten [1]); ihm auch Dasjenige herauszugeben, was er nach der Cession von dem Schuldner oder sonst auf die Forderung erhalten hat [1a]). Der Cedent hat umgekehrt eine Klage auf Erfüllung des der Cession zum Grunde liegenden Contracts; die Wirksamkeit der Cession selbst wird danach nicht aufgehalten, es müßte denn dieselbe ausdrücklich von der Gegenleistung als von einer Bedingung abhängig gemacht worden sein. Die wechselseitigen Rechte und Verbindlichkeiten zwischen den beiden Contrahenten sind überhaupt nach der Natur des zu Stande gekommenen Rechtsgeschäfts zu beurtheilen. Ist es ein Kauf, so kann die Cession auch wegen einer laesio enormis angefochten werden, wenn nur die Voraussetzungen derselben vorhanden sind [2]).

II. Der Cedent muß dem Cessionarius die Forderung gewähren [3]). Die Vorstellung, welche Manche sich

---

[1]) §. 395. h. t. §. 124—126. eod. — I. 2 §. 62. 63. — L. 23 §. 1. D. de hered. vel act. vend. (XVIII. 4).

[1a]) Vergl. oben §. 29. Note 4.

[2]) §. 381. 59 fg. h. t. Nach Gemeinem R. wird darüber gestritten. Olea l. c. T. IV. Qu. 3. — Mühlenbruch §. 63.

[3]) Jo. Th. Wordenhoff Disp. qua doctrina de cedente ad cessi nominis bonitatem praestandam non obligato, sub

davon als von einer Evictionsleistung machten, hat ihren Einfluß auch auf die Preuß. Gesetzgebung geäußert. Man dachte sich die cedirte Forderung als ein absolutes Object, an welches möglicherweise ein Dritter Ansprüche machen könnte, als wenn eine Forderung, wie ein Haus, mit einer dinglichen Klage evincirt werden könnte. Nach dieser Vorstellung handelte man von der Frage: ob der Cedent Eviction zu leisten verbunden sei [4]). Wäre nur eine richtige analoge Anwendung der Lehre von der Evictionsleistung auf Cessionen gemacht worden, so würde der unpassende Sprachgebrauch unschädlich gewesen sein. Denn die Verpflichtung zur Evictionsleistung besteht bloß in der Haftung dafür, daß dem Nachfolger die Sache nicht de jure, d. h. aus einem Mangel in dem Rechte des Autors, entgehe. Dieses angewendet auf Forderungen, ergiebt, daß der Cedent für die Richtigkeit, nicht aber auch für die Güte einzustehen habe. So ist es nach Röm. Rechte auch

---

examen revocatur. Tr. ad Rh. 1751; in Ger. Oelrichs Thes. Diss. Belgicar. Vol. I. T. I. p. 311. — J. A. G. Weber Einige Bemerkungen über die Fälle, wo der Cedent einer Schuldforderung, nicht nur für die Wahrheit, sondern auch für die Güte derselben haften muß. (Hagemann's u. Günther's Arch. f. d. pr. Rechtsgel. Bd. V.) A. D. Weber Beiträge zu den Klagen und Einreden. St. 1. Nr. 5. — Glück Bd. XVI. §. 1023. S. 445 fgg.

[4]) „Num cedens de evictione teneatur." Lenz Cap. IX. m. 2 u. Cap. XXVII. m. 6. n. 14. — „Venditor actionis emtori de evictione tenetur", si actio vendita et cessa — ab alio fuerit evicta" (!). Lauterbach Coll. th. pr. XVIII. 4 §. 41. — „Er (Cedent) muß dafür einstehen, daß die Forderung dem Anspruche eines Dritten nicht unterworfen sei." Bornemann Bd. III. S. 166: Dies stimmt fast wörtlich mit Glücks Äußerung Bd XVI. S. 446 überein, wo es heißt: sie (die Forderung) muß — keinem fremden gegründeteren Anspruche unterworfen sein."

wirklich [5]). Man verwechselte aber mit dem rechtlichen Verlust den faktischen, und kam so zu der Behauptung, daß, nach der Natur der Sache, der Cedent auch für die factische Gültigkeit der Forderung, d. h. für den Ausfall wegen der Insolvenz des Schuldners haften müsse [6]). Gemeinrechtlich hat diese Lehre keine praktischen Folgen gehabt; in das Allg. Landrecht hat sie aber, aller dagegen erhobenen Einwendungen ungeachtet, Eingang gefunden. Die Gründe dafür sind die nämlichen, welche die Anhänger jener Lehre geltend machen. Suarez sagte auf die Monita [7]): die Sache sei allerdings zweifelhaft. Ex natura negotii, ex intentione praesumta contrahentium, und ex analogia juris sei wohl anzunehmen, daß die neue Theorie ihre Richtigkeit habe. Eine inexigible Forderung sei so gut wie gar keine, und da nicht zu präsumiren, daß Jemand, der etwas kaufe, die Gefahr, der rei emtae niemals genußbar zu werden, übernehmen wolle [8]), so sei es Sache des Verkäufers, sich die Gewährleistung remittiren zu lassen. In dem Schlußbericht zur Revision des

---

[5]) L. 4 u. 5 D. de her. vel act. vend. (XVIII. 4.) — L. 74 §. 3 D. de evict. (XXI. 2.) — Die beiden hier erwähnten Ausnahmen: Betrug und Verabredung, verstehen sich von selbst. L. 30 D. de pignorib. (XX. 1.) — Böhmer auserles. Rechtsf. Bd. II. S. 576.

[6]) Nach Wordenhoff p. 343 seq. sind E. R. Brenneisen de praestatione evictionis in cessione nominis. Halae 1696. — Herrm. Zoll Diss. ad L. 4 D. de hered. vel act. vend. Rintel. 1707, die vorzüglichsten Vertheidiger dieser Meinung, welche auch Walch Introd. in controv. jur. civ. Sect. III. C. IV. m. IV. Subs. I. §. 6. in Schutz nimmt.

[7]) Motive der Ges.-Revis. zum Entwurf des A. L. R. Th. I. Tit. 11. S. 88. Auch abgedr. bei Bornemann Bd. III. S. 167.

[8]) Aus dem nämlichen Grunde müßte, wenn Jemand ein Feld zum Bergbau kauft, und dabei seine Rechnung nicht findet, der Verkäufer ihm das Geld wiedergeben.

Gesetz=Buchs [9]) wiederholt er das nämliche in der Bemerkung: eine Forderung, die nicht richtig, und eine solche, die nicht zahlbar, seien im Grunde von gleichem Werthe; dadurch, daß der Cessionarius die valutam nominis cessi vollständig bezahle, gebe er deutlich genug zu erkennen, daß er nicht eine bloße Action auf Gewinn und Verlust, sondern ein wirkliches nomen verum et bonum kaufen wollen [10]). Außerdem führt er an: schon de jure Romano müsse der Cedent bonitatem nominis tempore factae cessionis vertreten: quando sciverit (Note 5) debitorem non esse solvendo. Nach dem Allg. Landrecht soll also der Cedent in der Regel, nicht bloß für die Gültigkeit der Forderung, sondern auch für die Sicherheit derselben haften. Die letztere, dem Wesen des Rechtsverhältnisses nicht angemessene, rein willkührliche, Bestimmung wird von der Praxis mit Widerstreben angewendet, und hat durch die ihr beigefügten Modificationen mancherlei Bedenken und Controversen veranlaßt [12]).

---

[9]) Jahr=B. Bd. XLI. S. 19.

[10]) Das kann man zugeben, ohne die Folgerung einzuräumen. Ein Käufer kann darum, weil ihm das gekaufte Haus einfällt, noch nicht das Kaufgeld zurückfordern. Die Sache reducirt sich auf die Frage: in wiefern der Autor für physische Fehler (ex edicto aedilitio) einzustehen habe. Aus diesem Gesichtspunkt hat Suarez allerdings Recht, daß schon nach den Grundsätzen des R. R. wegen Irrthums in fehlenden, stillschweigend vorausgesetzten Eigenschaften der Handel aufgerufen werden konnte (Arg. L. 57 u. 58 D. de contr. emt. [XIX. 1]. Mühlenbruch §. 64. Nr 1. 2.) eben so wie nach dem A. L. R. §. 197. 198. h. t. I. 5 §. 319. I. 4 §. 81. Bornemann führt für seine entgegengesetzte Meinung Bd. III. S. 177 keinen Beweis.

[12]) Die Revisoren haben deshalb auf die Abschaffung dieser positiven Bestimmungen angetragen. Motive a. a. O. S. 89. — Entw. zum Tit. 11 Th. 1. §. 313.

Die Französische Gesetzgebung hat diese Vermischung verschiedenartiger Dinge vermieden. Die ältere Praxis unterschied beide Fälle sehr scharf, auch durch eigene Kunstausdrücke, indem sie die Gewährleistung für die Gültigkeit der Forderung die rechtliche (Garantie de droit), und die für die Güte die factische Gewährleistung (Garantie de fait), nannte [13]). Nur die Erstere hielt man für ein Naturale des Contracts, wogegen die letztere ausdrücklich versprochen werden mußte. Diese Grundsätze hat das Civil-Gesetzbuch bestätigt [14]). In beiden Fällen sind die rechtlichen Folgen auch nicht die nämlichen. Bei der Garantie de droit fordert der Cessionarius aus dem fortbestehenden Contract das Interesse; bei der Garantie de fait dagegen wird, in Übereinstimmung mit dem Römischen Rechte, der Contract aufgehoben, und der Cedent mittelst der redhibitorischen Klage angehalten, gegen Zurücknahme der factisch ungültigen Forderung den dafür bezahlten Preis zurückzugeben [15]). Daraus leuchtet ein, daß in diesem Falle nur das wirklich Gegebene zurückverlangt werden kann, während bei der Garantie de droit es an jedem Rechts-Grund fehlt, die Interessen-Forderung des Klägers hierauf zu beschränken.

III) Der Cessionarius, welchem die Richtigkeit und Rechtgültigkeit der Forderung bestritten wird, muß den Cedenten zur Leistung des Beistandes bei der Prozeßführung durch gehörige Litisdenunciation auffordern [16]).

---

[13]) Loiseau, de la garantie des rentes, chap. I. Nr. 10.

[14]) Code civil. Art. 1693. 1694.

[15]) Le nouveau Ferrière, ou Dictionaire de Droit et de Pratique, Tom. 2, Voce Garantie. pag. 260 seq.

[16]) §. 426. h. t. — A. G. O. I. 17. §. 8.

§. 37.

II) Insbesondere von der Gewährleistung A. Für die Richtigkeit.

Die Verpflichtung des Cedenten, für die Richtigkeit der Forderung zu haften, ist mit der Verbindlichkeit zur Evictionsleistung im eigentlichen Sinn, von gleicher Beschaffenheit. Es gelten daher im Allgemeinen hier die Regeln von der Evictionsleistung.

I) Zu der Richtigkeit und Wahrheit der Forderung, wofür der Cedent in der Regel haften muß, gehört [1]):

1) daß das cedirte Recht an sich begründet und klagbar sei, und ihm auch keine **perpetuirlichen** Einreden entgegen stehen [2]). Für dilatorische Einreden, z. B. die des erhaltenen Moratorii, des beneficii competentiae haftet der Cedent nicht, wenn er nur dem Cessionarius die Beschaffenheit der Sache, soweit sie ihm selbst bekannt war, nicht verheimlicht hat.

2) Daß auch die, mit der Hauptverbindlichkeit zugleich versprochenen, accessorischen Rechte und Vorzüge gegründet seien, daß also bei hypothekarischen Forderungen das Pfandrecht an sich richtig, und besonders bei gesetzlichen Pfandrechten auch von dem versprochenen Alter, und bei Bürgschaften die Verbindlichkeit des Bürgen nicht ungültig sei; nicht aber, daß keine anderen Pfandgläubiger vorgehen [3]).

---

[1]) „**Dumtaxat ut sit, non ut exigi etiam aliquid possit**" L. 74 §. 3 D. de evict. (XXI. 2). — J. A. G. Weber a. a. O. S. 3 fgg. — Mühlenbruch §. 64 S. 626.

[2]) „**Et quidem sine exceptione**" L. 5. D. de hered. vel act. vend. (XVIII. 4). Vergl. L. 20 §. 3 D. de liber. causa. (XL. 12).

[3]) G. L. Böhmer's Rechtsfälle Bd. II. Nr. 162. S. 20 fgg. u. S. 576.

II) Auch für die Richtigkeit und Gültigkeit der Schuld braucht der Cedent in folgenden Fällen nicht zu haften:

1) Wenn der Cedent bloß, in sofern als ihm ein Klagerecht zusteht, zu dessen Cession aus einem nothwendigen Cessionsgrunde verpflichtet ist. Dieß gilt in allen Fällen, wo Jemand durch die statt eines Andern geleistete Zahlung, von Rechtswegen, in die Stelle des bezahlten Gläubigers tritt, und dieser auf Verlangen auch eine ausdrückliche Cession leisten muß [4]).

2) Wenn die Forderung ausdrücklich als zweifelhaft abgetreten [5]), oder dem Cedenten die Gewährleistung ausdrücklich [6]) erlassen worden ist.

3) Wenn die Cession aus einem lucrativen Grunde, also bei einer Schenkung oder bei einem Legate, geschehen ist [7]).

---

[4]) „in omnibus, quos idcirco teneri dicimus, quia habent actionem, delegatio (d. h. hier jede Übertragung) pro justa praestatione sit." L. 51 i. f. D. de peculio (XV. 1). — A. L. R. §. 442. 444. h. t. — Mathis Bd. II. S. 140. — Vergl. L. 31 pr. D. de act. emti. (XIX. 1).

[5]) L. 10. 11. 13. D. de hered. v. act. vend. (XVIII. 4). — L. 27. C. de evict. (VIII. 45). — §. 421. h. t.

[6]) — „debitorem autem esse, praestare, nisi aliud convenit." L. 4 D. de her. vel act. vend. (XVIII. 4). — „Et quidem sine exceptione, nisi in contrarium actum sit." L. 5. eod. — A. L. R. §. 421. h. t. — Oest. G.-B. §. 1397. — Nach Fr. R. wurde in einem Falle, wo Jemand eine Forderung an Zahlungsstatt unter der Klausel angenommen hatte: daß der Cedent von der Verbindlichkeit zur Gewährleistung der Integralität derselben gänzlich enthoben sein solle, in II. Instanz entschieden, daß dadurch die Gewährleistung pro veritate nominis nicht erlassen worden sei. Archiv für Civil- und Criminal-Recht in den Pr. Rheinprovinzen. Bd. VIII. S. 159.

[7]) L. 18 §. 3 D. de donat. (XXXIX. 5). — L. 75 §. 1 u. 2 D. de leg. I. — A. L. R. h. t. §. 1083. — I. 12 §. 409. — Östr. G.-B. §. 1397.

Dolus verpflichtet auch in diesen Fällen den Cedenten zur Leistung des vollen Interesses [8]), bei den zu Nr. 3 genannten jedoch nur in der Voraussetzung, daß nicht gerade das cedirte Nomen speciell geschenkt, oder legirt, sondern in Zahlung gegeben ist. Unter Dolus ist auch die Verschweigung der dem Cedenten bekannten wahren Beschaffenheit der Sache, welche den Cessionar wahrscheinlich von dem Geschäft abgehalten haben würde, z. B. daß dem Schuldner ein Moratorium bewilligt worden, und die geflissentliche, d. h. auf Erkundigung geschehene Verheimlichung gewisser Verhältnisse des Schuldners, welche auf seine Zahlungsfähigkeit Einfluß haben können, zu verstehen [9]). Es ist ferner Betrug, wenn der Cedent eine offenbar unrichtige oder ihm gar nicht zustehende Forderung wider besseres Wissen für eine bloß zweifelhafte ausgiebt [10]).

III) Der Cedent hat dem Cessionario, nach den Regeln von der Gewährsleistung, bei sich ergebender Unrichtigkeit des Rechts Dasjenige, was der Cessionar dafür gegeben hat, ingleichen alle Schäden und Kosten, wozu sowohl die auf das Cessionsgeschäft, als die auf den Prozeß verwendeten Kosten gehören, zu erstatten [11]). Nach Röm. und Franz. Recht ist schlechthin das Interesse zu leisten [12]). Dazu gehören auch die Zinsen des bezahlten

---

8) „et dolum praestare cogitur." L. 71 §. 3 D. de evict. (XXI. 2.) — L. 18 §. 3 D. de donat. (XXXIX. 5.) — A. L. R. §. 121. 1084.

9) J. A. G. Weber a. a. O. §. 3. — Glück a. a. O. S. 151. — A. L. R. §. 121 h. t.

10) L. 12 D. de hered. vel act. vend. (XVIII. 4.) — §. 122. h. t.

11) §. 123./161. 162. 155. 156. h. t. — Oest. G.B. §. 1397.

12) L. 5 D. de her. vel act. vend. Sed si certae summae

Pretium. Nach den Grundsätzen des Allg. Landrechts über Schadenersatz und Interesse aber, wonach es auf den Grad des Versehens ankommt, können Zinsen als ein lucrum cessans, so wie überhaupt das volle Interesse, nur im Falle des Dolus und der culpa lata gefordert werden [13]); zu dem Interesse wird jedoch diejenige Summe, um welche der Nominalwerth der Forderung das dafür bezahlte Pretium übersteigt, nicht gerechnet [14]). Dieß stimmt damit überein, daß im Widerspruch mit der allgemeinen Regel, wonach im Falle des Dolus und der culpa lata vollständige Genugthuung gebührt, bei der Eviction doch nicht mehr als die Auslage mit Zinsen soll gefordert werden können. Dieß nimmt man wenigstens auf Grund des §. 155. 162. 163 h. t. für gewöhnlich an [15]). Diese Anordnung soll sich darauf gründen, daß das Gesetz auch eine Bereicherung mit dem Schaden des Betrügers nicht gestatte. Der Betrogene dürfe demnach zwar die Restitution seines frühern Zustandes und alles dessen fordern, was er in Folge der Störung dieses Zustandes verloren oder nicht gewonnen habe, z. B. die entbehrten Zinsen der Valuta. Weiter solle sich aber der Anspruch auf das lucrum cessans nicht erstrecken, und namentlich den durch das Geschäft selbst, Seitens des Betrogenen, gesuchten Vortheil nicht umfassen. Denn

---

debitor dictus sit, eam summam tenetur venditor: si incertae et nihil debeat, quanti intersit emtoris." — Code civil, Art. 1693 verglichen mit 1694. S. oben S. 206.

[13]) §. 423. 424. 162. 163. 155 h. t. — Tit. 7 §. 11 u. 15. Recht der Forderungen Bd. I. §. 28 S. 305.

[14]) §. 424. 425 h. t. — Oest. Ges.-B. §. 1398. — Der Entwurf zum Pr. Ges.-B. II. 8. §. 381 hatte die entgegengesetzte Bestimmung, welche aus dem oben S. 206 angeführten Grunde ganz richtig war.

[15]) Bornemann System. Bd. III. S. 172.

diesen Gewinn würde, sagt man, der Betrogene, wenn die betrügerische Handlung nicht vorgefallen wäre, sicherlich nicht gezogen haben. Warum nicht? Hätte er sein Geld durch diesen Betrug nicht verloren, so würde er dasselbe auf ein anderes Geschäft verwendet haben, wodurch er vielleicht noch mehr gewonnen hätte. Es ist überhaupt gegen diese Argumentation zu erinnern, daß der §. 155 den Fall voraussetzt, wo der Verkäufer ein redlicher Besitzer ist, folglich nicht in dolo oder culpa lata sein kann; die §§. 162—163 setzen dagegen einen solchen Käufer voraus, welcher selbst einem unredlichen Besitzer gleich geachtet wird (§. 161), und also ebenfalls in culpa ist. Für den Fall aber, wo der Verkäufer den Käufer recht eigentlich betrogen hat[16]), ist keine specielle Bestimmung über das Quantum der Entschädigung für den Fall der Entwährung vorhanden, weshalb es nach der allgemeinen Regel gehen muß. Daß der Cessionarius die Differenz zwischen dem Pretium und dem höhern Nominalwerthe nicht fordern soll, ist nach allgemeinen Rechtsgrundsätzen gar nicht[17]), nach den, dem Allg. Landrecht zum Grunde liegenden Ansichten aber deshalb zu rechtfertigen, weil bei Bestimmung des entzogenen Gewinnes nur auf solche Vortheile gesehen wird, die nach dem gewöhnlichen Laufe der Dinge und der Geschäfte des bürgerlichen Lebens, oder vermöge schon getroffener Anstalten und Vorkehrungen, vernünftiger Weise erwartet werden können[18]). Wer aber eine Forderung für einen geringern Preis kauft, der kann wol denken,

---

16) A. L. R. §. 138. h. t.

17) Vergl. oben §. 36. Nr. II. am Ende, S. 206.

18) Recht der Forderungen Bd. I. §. 28. S. 304.

daß er den Überschuß nicht sicher hat; er kauft daher nur eine Hoffnung, und bei diesen Käufen wird der gehoffte mögliche Gewinn nicht in Anschlag gebracht.

§. 38.

B. Für die Sicherheit.

Die Verbindlichkeit, für die Sicherheit der cedirten Forderung zu haften (das Periculum nominis zu tragen), hat die Natur einer Intercession; sie ist mithin eine accessorische Obligation, und zwar eine subsidiarische, und wird im Allgemeinen nach den, über subsidiarische Intercessionen geltenden, Regeln beurtheilt.

I. Dieselbe ist, nach dem Allgemeinen Landrechte, ein Naturale des Cessionsgeschäfts, und versteht sich daher in der Regel von selbst, wenn keine entgegengesetzte Verabredung ausdrücklich getroffen worden ist. Aus dem Erlaß der Gewährleistung für die Richtigkeit folgt noch nicht der Erlaß der Verpflichtung des Cedenten für die Güte zu haften. Grävell [1]) meint dies allerdings aus dem Grunde, weil das Majus das Minus in sich schließe, und ohne Verität die Bonität von gar keinem Nutzen sei. Diese Argumentation giebt keinen Beweis, weil die Voraussetzungen unrichtig sind. Die beiden Arten der Gewährleistung, die rechtliche und die factische, stehen nicht in dem Verhältniß wie Majus und Minus: beide sind ganz ungleichartig. Es läßt sich auch nicht sagen, daß ohne die Verität die Bonität von keinem Nutzen sei, vielmehr kann von der Bonität einer Forderung, die nicht existirt, überhaupt nicht die Rede sein. Dennoch kann die

---

[1]) Credit-Ges. Bd. IV. S. 120. Note *.

Gewährleistung für die Wirklichkeit der Forderung erlassen, und die für die Güte beibehalten werden, wozu jeder der Contrahenten seine eigenen vernünftigen Beweggründe haben kann. Es kommt dabei, wie bei Willenserklärungen immer, auf die Absicht ab. Möglich ist es also, daß aus dem Erlaß der Gewährleistung für die Richtigkeit, zugleich die Absicht, auch die Gewähr für die Sicherheit zu erlassen, nach den Umständen zu entnehmen ist; aber daß unbedingt eine stillschweigende Entsagung auf die Gewährleistung für die Bonität anzunehmen sei, wenn ganz ausdrücklich nur auf die Gewährleistung für die Verität verzichtet ist, läßt sich nicht rechtfertigen. In folgenden Fällen versteht sich die Gewährleistung für die Sicherheit, ausnahmsweise, nicht von selbst:

1) wenn die Forderung als zweifelhaft in Ansehung der Sicherheit cedirt war;

2) wenn die cedirte Forderung im Hypothekenbuche eingetragen ist;

3) wenn der Cessionar die Forderung für weniger als den Nominalbetrag an sich gebracht hat [1a]), wozu auch geschenkte Forderungen gehören [2]). Wechsel-Indossirungen machen aber eine Ausnahme [3]).

In diesen Fällen muß die Garantie ausdrücklich ausbedungen werden, wodurch sie hier ein Accidentale wird. Sie mag nun aber, wie es die Regel mit sich bringt, ein Naturale, oder, in den Ausnahme-Fällen, ein Accidentale

---

[1]a) §. 127. 129 u. 130. h. t. — Nach Östr. G.-B. §. 1398 soll der Cedent dann nicht für die Einbringlichkeit haften, wenn der Übernehmer sich aus den öffentlichen Pfandbüchern belehren konnte.

[2]) §. 1083. h. t.

[3]) §. 128. h. t. u. II. 8. §. 831

des Rechtsgeschäfts sein: in jedem Falle ist sie eine vertragsweise übernommene, d. h. sie entsteht immer aus dem, der Cession zum Grunde liegenden, Vertrage, und es ist für ihre Wirksamkeit völlig gleichgültig: ob sie in einem bestimmten Falle ein Naturale, oder ein Accidentale ist. Daraus folgt, daß der Unterschied, welchen man in Beziehung auf die Erfordernisse dieser Verbindlichkeit zwischen der s. g. gesetzlichen, und der contractlich begründeten Verpflichtung zur Gewährsleistung macht, keinen juristischen Grund hat. Das Geh. Ober-Tribunal behauptet einen solchen, und führt den Beweis gegen die übereinstimmende Meinung der Richter der beiden ersten Instanzen durch eine Wortinterpretation, welcher in seinem Resultate so dargestellt wird [4]): »Schon der in diesem §. 435 gebrauchte Ausdruck: »Regreß,« und noch mehr die Wortfassung des an die Spitze der Ausnahmefälle gestellten §. 431, welcher so anfängt:

> »Selbst in denjenigen Fällen, wo nach vorstehenden Grundsätzen der Cedent für die Sicherheit haften muß u. s. w.«

deutet es an, daß von contractlich begründeten Rechten und Pflichten in diesen Gesetzstellen überall nicht die Rede ist.« Aber nach den Worten: »Selbst in denjenigen Fällen« (nämlich den gesetzlichen), sollte man eher auf das gerade Gegentheil kommen; denn die Steigerung durch »selbst,« d. h. sogar, wird — so sollte man nach dem Wortverstande meinen — zu erkennen gegeben, daß in den unmittelbar vorher genannten contractlichen Fällen die mit »Selbst« anhebende Bestimmung: daß das

[4]) Simon u. v. Stramff Rechtssprüche Bd. III. S. 162 u. IV. Nr. 6 u. 7.

periculum der Cessionar als Eigenthümer tragen soll, noch viel mehr gelte. Und warum soll das Wort »Regreß« nicht von contractlichen Verpflichtungen zu verstehen sein? Man kann diesen Sprachgebrauch in mehreren Stellen finden, z. B. I. 14 §. 348, und A. G.-O. I. 17 §. 3. 4. Hiernach befriedigt diese Wortinterpretation nicht nur nicht, sondern Das, was dadurch bewiesen werden soll, hat auch keinen eigentlichen juristischen Grund für sich, wohl aber die Natur des Rechtsverhältnisses wider sich.

Eine factische Frage ist hierbei zu erwähnen. Man ist nämlich in den Fällen, wo die Garantie ausdrücklich vorbedungen werden muß, darüber nicht einig: was darunter zu verstehen sei, wenn der Cedent schlechthin Gewähr- oder Evictionsleistung verspricht. Gewöhnlich nimmt man an: es liege darin nicht mehr als das Versprechen Desjenigen, was der Cedent nach der Beschaffenheit des Rechtsgeschäfts zu leisten habe, „quia non est verisimile, plus venditorem promisisse, quam judicio emti praestare compelleretur“[5]), und man verlangt ein ausdrückliches Versprechen, für den Ausfall haften zu wollen. Indessen entscheidet hier bloß die Absicht der Contrahenten, und im Zweifel ist jede Willensäußerung so zu deuten, daß sie nicht ohne alle Wirkung bleibe [6]), so jedoch, wie es dem Verpflichteten am wenigsten lästig ist [7]). Hiernach würde

---

[5]) L. 4. pr. D. de usuris et fructibus etc. (XXII. 1). Leyser Meditationes ad Pand. Specimen. 199 m. 3. — Samuel de Cocceji Jus controversum civile, Lib. XVIII. Tit. 4. Qu. 17. — Glück a. a. O. S. 452. u. v. A.

[6]) I. 4. §. 70 u. 74. — L. 6. §. 1. D. de contrah. emt. (XIX. 1). — L. 80. D. de verbor. obl. (XLV. 1).

[7]) I. 5. §. 268. — „Semper in obscuris, quod minimum est, sequimur.“ L. 9. D. de reg. jur.

aus einem solchen allgemeinen Versprechen, wenn keine andere Absicht klar ist, in Fällen, wo nicht einmal für die Richtigkeit Gewähr geleistet zu werden braucht, nur die Verpflichtung, für die Richtigkeit einzustehen, sonst aber auch die Übernahme der Garantie für die Sicherheit zu entnehmen sein [8]).

II. Der Cedent haftet, wenn etwas Anderes nicht ausdrücklich ausbedungen worden, nur dafür, daß der Schuldner zur Zeit der Cession zahlungsfähig sei. Dies ergiebt sich aus den Motiven [8a]), so wie aus der ausdrücklichen Bestimmung: daß der Cedent für alle später, ohne sein Zuthun, also zufällig oder von selbst eintretenden Veränderungen, welche den Ausfall der Forderung zur Folge haben, nicht hafte [9]). Das Österreichische Gesetzbuch [9a]) und der Französische Code civil [9b]) drücken diesen Grundsatz des Römischen Rechts ganz bestimmt aus. Die Verbindlichkeit des Cedenten ist ihrer Natur nach, als subsidiarische eine bedingte, dadurch nämlich bedingt, daß der Schuldner wegen seiner, schon zur Zeit der Cession vorhanden gewesenen, Zahlungsunfähigkeit seine Verpflichtung nicht erfüllen kann. Der Cessionar muß daher ad fundandam intentionem den Ein-

[8]) Vergl. J. A. G. Weber a. a. O. §. 4. — Mühlenbruch §. 64. S. 620.

[8a]) S. oben §. 36. Nr. II. Seite 205.

[9]) §. 431 u. 433. h. t.

[9a]) §. 1398. „Auch für eine zur Zeit der Abtretung einbringliche, und durch einen bloßen Zufall, oder durch Versehen des Übernehmers uneinbringlich gewordene Forderung haftet der Überträger nicht.“

[9b]) Art. 1695. „Lorsqu'il a promis la garantie de la solvabilité du débiteur, cette promesse ne s'entend que de la solvabilité actuelle, et ne s'étend pas au temps à venir, si le cédant ne l'a expressément stipulé.“

tritt der Bedingung behaupten und beweisen. Hierbei gilt die Vermuthung, daß, wenn der Schuldner bis zum Verfalltag, oder bis zum Ablaufe der Kündigungsfrist in Concurs verfällt, die Forderung, soweit sie bei dem Concurse leer ausgeht, schon zur Zeit der Cession unsicher gewesen sei [10]). Es versteht sich, daß dem Cedenten der Gegenbeweis unbenommen ist. Für eine zur Zeit der Abtretung einziehbar gewesene Forderung haftet der Cedent nicht, wenn sie durch einen Zufall [11]), oder durch ein auch nur geringes Versehen des Cessionars [11a]) uneinziehbar geworden ist. Ein Versehen von welchem angenommen wird, daß die Uneinziehbarkeit davon die Folge ist, begeht der Cessionar,

1) wenn er die Forderung nach der Verfallzeit nicht sofort eintreibt. Sofort heißt: sobald als möglich, so daß dem Cessionarius keine nicht entschuldbare Zögerung vorzuwerfen ist, welches der Richter nach den Um-

---

[10]) §. 136. h. t. Die Gemeinen Rechtsgelehrten streiten darüber, in wiefern hieraus ein Dolus des Cedenten zu vermuthen. Glück a. a. O. S. 451. Nach den Grundsätzen des A. L. R. kommt es auf den Dolus nicht an, um die Verbindlichkeit des Cedenten zu begründen.

[11]) §. 431. „Selbst in denjenigen Fällen, wo nach vorstehenden Grundsätzen der Cedent für die Sicherheit haften muß, treffen dennoch alle Veränderungen, welche sich darin, nach der Cession, ohne sein Zuthun ereignen, den Cessionarium als Eigenthümer." §. 433. „Auch Zufälle, welche die Beitreibung der Forderung verhindern, treffen den Cessionarium."

[11a]) §. 432. „Auch ein solcher Verlust, welcher durch das eigene selbst nur geringe Versehen des Cessionarii entstanden ist, bleibt demselben in allen Fällen zur Last."

Ganz eben so das Östr. G.-B. §. 1398. „Auch für eine zur Zeit der Abtretung einbringliche, und durch einen bloßen Zufall oder durch Versehen des Übernehmers uneinbringlich gewordene Forderung haftet der Überträger nicht."

ständen zu ermessen hat [11b]). Die gemeinrechtliche Praxis versteht darunter ebenfalls ein „modicum tempus [11c]).“ Oder

2) wenn er die Forderung, welche vor der Einziehung erst gekündigt werden muß, nicht binnen Drei Monaten, nach erfolgter Cession gerichtlich aufkündigt [11d]). Das Erforderniß der gerichtlichen Aufkündigung ist jedoch nur dann von Wichtigkeit, wenn wegen dessen Mangels Weiterungen und Zeitverluste entstehen. Räumt der Schuldner die richtig geschehene Kündigung ein, und macht auch keine Einwendungen dagegen, so ist Nichts versehen.

3) Wenn er dem Schuldner freiwillig ohne ausdrückliche Genehmigung des Cedenten, nachsieht [12]). Unter »freiwilliger« Nachsicht wird in einem Urtel des Geheimen Ober-Tribunals, nicht jede ohne ausdrückliche Genehmigung des Cedenten bewilligte Zahlungsfrist, sondern eine durch die Umstände nicht gerechtfertigte verstanden [12a]). Diese Auslegung befriedigt nicht. Der Gegensatz von »freiwilliger« Nachsicht ist hier nicht eine, von den Umständen als rathsam oder klug anempfohlene, sondern eine, durch den Richter erzwungene Nachsicht, d. h. ein, durch richterliches Urtel erkannter Indult. Der Cessionarius kann eben so wenig wie der Assignatarius auf Rechnung des Cedenten Nachsicht geben; wenn er es

---

[11b]) §. 434. — Vergl. I. 4. §. 45. — L. 21. §. 1. D. de pecunia const. (XIII. 5). — Recht der Forderungen Bd. I. §. 32. Nr. 3. — Dieß hat auch das Geheime Ober-Tribunal angenommen. Motive der Revisoren zum Entw. Tit. 11. S. 89.

[11c]) Stryck Usus mod. L. XVIII. T. 4. §. 38. — Vergl. unten §. 44. Nr. 2 u. 3.

[11d]) §. 435. h. t.

[12]) §. 434. h. t.

[12a]) Motive zum Entwurf Tit. 11. a. a. O. S. 89.

nach den Umständen rathsam hält, so muß er dazu die Zustimmung des Cedenten einholen, da dieser die Sache in seinem Interesse ganz anders beurtheilen kann. Wenn der Cessionar sich erlaubt, eigenmächtig zu verfahren, und die Sache einen schlechten Ausgang hat, so erscheint es den Rechtsverhältnissen völlig gemäß, daß er die Disposition auf sein eigenes Conto nehme.

4) Wenn er die gerichtliche Execution zu betreiben, aus einem auch nur geringen Versehen unterläßt. Ein solches geringes Versehen ist es aber schon, wenn er die Nachsuchung oder Betreibung der Execution ohne zureichende Entschuldigungsursachen unterläßt. Von dem Zeitpunkt an, wo er dem Cedenten das Ausbleiben der Zahlung bekannt gemacht hat, soll er jedoch nur für ein mäßiges Versehen bei Betreibung der Execution haften [12aa]), wahrscheinlich, weil vorausgesetzt wird, der Cedent sei nun selbst schuldig, auf die Execution zu sehen. Dies stimmt dem Grundsatze nach mit den Regeln über die Bürgschaft überein [12b]). Daß aber die Grade der Culpa in beiden Fällen verschieden bestimmt sind, ist rein

---

[12aa]) §. 438. 439. h. t. Herr K. G. R. Bornemann bemerkt zu diesen §§. Bd. III. S. 174. Note ††, daß gar nicht abzusehen sei, wie das Benehmen des Cessionars bei der Execution auf die Verpflichtung des Cedenten, irgend einen Einfluß haben könne, wenn der Cedent nur dafür, daß die Forderung am Tage der Cession sicher gewesen, hafte. Auf die Verbindlichkeit des Cedenten soll das Benehmen des Cessionars auch keinen Einfluß haben. Diese Bestimmungen über diese Nachlässigkeit des Cessionars beziehen sich auf den Beweis. Es wird angenommen, daß die Uneinziehbarkeit eine Folge der Nachlässigkeit des Cessionars, also zur Zeit der Cession noch nicht vorhanden gewesen sei, u. umgekehrt, daß sie vorhanden gewesen, wenn der Cessionar nichts versieht, und kein Zufall bewiesen wird.

[12b]) Vergl. L. 11. pr. D. de fidejuss. (XLVI. 1). — A. L. R. I. 14. §. 328.

positiv. Ein juristischer Grund ist dazu nicht vorhanden. Nach der rechtlichen Beschaffenheit des Verhältnisses müßte schon die bloße nicht zu rechtfertigende Cessatio des Cessionarius den Cedenten (Bürgen) befreien, weil der Eintritt der Bedingung, von welcher dessen Verbindlichkeit abhängt, dadurch herbeigeführt ist, und unter solchen Umständen die Bedingung rechtlich für weggefallen gilt [12c]).

In allen diesen Fällen trägt der Cessionar das Periculum nominis. Dies ist es was das Allg. Landrecht im §. 434 und 435 mit den Worten: »so verliert er seinen Regreß an den Cedenten,« und: »bei Verlust des Regresses« ausdrücken will. Keinesweges ist dies auf den Fall zu beziehen, wenn die Forderung erweislich schon zur Zeit der Cession inexigibel gewesen ist[13]); denn in diesem Falle hat durch die Säumniß des Cessionar auch möglicher Weise gar kein Schade entstehen können, als worauf es gerade ankommt.

Daß diese Grundsätze auch in den Fällen gelten, wenn die Garantie des Cedenten ausdrücklich vorbedungen, also ein Accidentale des Geschäfts ist, ist schon vorhin nachgewiesen. Man führt als Grund für das Gegentheil noch an, daß der Cedent, vermöge seines Versprechens, als Bürge betrachtet werden müsse. Aber die Verbind-

---

[12c]) M. s. des Verf. Abhandl. Nr. 43 der Jur. Wochenschr. Jahrg. 1836. Nr. 37 u. f. über den Grundsatz: daß die Nachlässigkeit des Gläubigers in der Beitreibung der Forderung, die subsidiarische Verbindlichkeit gänzlich aufhebe.

[13]) Vergl. unten §. 44. Nr. 3. Das Östr. G.-B. stimmt hiermit überein §. 1399. „Ein Versehen dieser Art begeht der Übernehmer, wenn er die Forderung zur Zeit, als sie aufgekündigt werden kann, nicht aufkündiget, oder nach verfallener Zahlungsfrist nicht eintreibt; wenn er dem Schuldner nachsieht; wenn er die noch mögliche Sicherheit zu rechter Zeit sich zu verschaffen versäumt, oder die gerichtliche Execution zu betreiben unterläßt."

lichkeit des Cedenten hat als solche schon die Natur einer Bürgschaft, wenn sie auch ein bloßes Naturale des Cessions-Geschäfts ist. Durch die Entstehungsart wird die rechtliche Natur einer Obligation nicht verändert. Möglicherweise kann aber eine solche Ausdehnung der Verbindlichkeit, wodurch die Anwendung jener Grundsätze ausgeschlossen wird, allerdings in der Verabredung liegen, und dies wird, nach den vorhin angegebenen Auslegungsregeln (Nr. I.), alsdann angenommen werden können, wenn der Cedent schon ohnehin, nach der Beschaffenheit der Forderung, für die Sicherheit zu haften hat. Auch nach Franz. Rechte nehmen die Rheinischen Gerichte an, daß aus der Übertragung einer Forderung unter dem »Versprechen der Gewährleistung und Verbürgung der cedirten Summe« für den Cedenten nur die Verpflichtung entstehe, außer der Richtigkeit der Forderung für die Zahlungsfähigkeit des Schuldners zur Zeit der Cession zu haften; daß jedoch daraus keine uneingeschränkte Bürgschaft folge [14]).

III) Nach der rechtlichen Natur der Verbindlichkeit, als einer Bürgschaft, müßte der Cedent für den ganzen Ausfall haften. Indessen findet sich hier die positive Bestimmung, daß der Cedent dem Cessionario nur für Das, was dieser ihm gezahlt hat, ingleichen für Schaden und

---

[14]) Code civil. Art. 1695. 1158. 1162. — Archiv für das Civil- und Criminal-Recht der Königl. Pr. Rheinprovinzen. Bd. IX. S. 165. — Vergl. über die Frage: in wieweit der Cedent für die Güte und Richtigkeit der cedirten Forderung einzustehen habe, noch: v. Hohenhorst Jahr-Bücher des Großherz. Badenschen Oberhof-Gerichts zu Mannheim. I. Jahrg. 1823. S. 286. V. Jahrg. 18 27/29. S. 257. — Zachariae Liber quaestionum. Wittenb. 1805. Abh. 25. — Gottschalk Selecta disceptationum forens. capita. Tom. I. (Dresd. 1816). S. 72.

Kosten gerecht werden solle. Nur wenn der Cedent bei der Angabe der Sicherheit betrüglich gehandelt hat, soll er dem Cessionario das volle Interesse erstatten, wozu aber doch die Differenz zwischen dem gezahlten Preise und dem Nominalwerthe nicht gerechnet wird [16]). Es ist streitig: ob diese positive Einschränkung der Verbindlichkeit, wonach der Cedent immer nur für Dasjenige, was er gezahlt erhalten hat, aufkommen soll, auch in dem Falle anzunehmen, wenn die Verbindlichkeit erst durch eine ausdrückliche Verabredung entstanden, also ein Accidentale des Cessionsgeschäfts ist. Das Geheime Ober-Tribunal hat angenommen, daß der Cedent in diesem Falle für den Nominalwerth hafte, weil er als Bürge zu betrachten [17]). Dieser Grund beweiset jedoch nicht, was er beweisen soll, weil die Verbindlichkeit des Cedenten, für die Sicherheit zu haften, in allen Fällen die Natur einer Bürgschaft hat. Es kommt daher bloß auf die Absicht der Contrahenten an, welche aus den Umständen und aus den gebrauchten Ausdrücken entnommen werden muß. Nach den schon vorhin relevirten Interpretationsregeln (Nr. I.) ist alsdann, wenn der Cedent nach der Beschaffenheit der Forderung schon ohne ausdrückliches Versprechen für die Sicherheit zu haften schuldig ist, dem noch dazu kommenden Versprechen allerdings auch eine Bedeutung beizulegen, welche nicht leicht in etwas Anderem bestehen wird, als daß der Promissor für den Ausfall an der Forderung nach ihrem Nominalwerthe habe haften wollen [18]). Wenn

---

[16]) §. 440. 441. 424. 425. h. t. -- Eben so nach Östr. G.-B. §. 1397: „jedoch nie für mehr, als er von dem Übernehmer erhalten hat."

[17]) Motive der Gesetz-Revision a. a. O. S. 90.

[18]) Vergl. Hagemann u. v. Bülow prakt. Erört. Bd. VI. S. 149.

aber der Cedent nicht schon ohne ausdrückliche Verabredung für die Sicherheit zu haften schuldig ist, so hat das Versprechen seine Bedeutung, und man kann im Zweifel nicht annehmen, daß er sich zu Mehrerem habe verpflichten wollen, als was die Verbindlichkeit, ohne Rücksicht auf deren Entstehungsgrund, gesetzlich mit sich bringt.

§. 39.

C. Dauer der Klagen.

Der Anspruch des Cessionars an den Cedenten wegen Unrichtigkeit ist eine reine Forderung auf Gewährleistung. Der Mangel, wofür Gewähr geleistet werden soll, ist ein juristischer, also ein solcher, den man der Sache nicht gleich ansehen kann. Die Klage verjährt daher in drei Monaten, nach der von dem Mangel erlangten Kenntniß [1]).

Der Anspruch des Cessionars an den Cedenten wegen Unsicherheit der Forderung dagegen ist gar kein Gewährsanspruch; es finden daher auch nicht die kurzen Verjährungsfristen der Klagen wegen Gewährleistung Anwendung, sondern diese subsidiarische Klage verjährt, wie die Klage aus einer Bürgschaft, erst in der gewöhnlichen Zeit von dreißig Jahren.

---

[1]) A. L. R. I. 5. §. 311. Die §§. 313 u. 311 machen den Auslegern eine außerordentliche Schwierigkeit. Diese erledigt sich dadurch, daß der §. 313 physische Fehler, u. der §. 311 juristische Mängel voraussetzt, welches dasselbe ist, was die Französische Jurisprudence unter Garantie de droit u. Garantie de fait versteht. Vergl. oben §. 36. Nr. II. am Ende, S. 206, und den dort in der Note 13 angeführten Loiseau.

§. 40.

6. Passive Cession.

So wie man, nach Röm. Rechte, durch die Litiscontestation, an Stelle des Gläubigers in ein Verhältniß zu dem Schuldner treten konnte, so konnte auf die nämliche Weise auch der Schuldner einen Procurator in rem suam bestellen [1]). Die gewöhnlichen Fälle dieser Art waren Diejenigen, wo der Schuldner gegen einen Andern eine Regreßklage hatte, und von Diesem die Vertheidigung fordern konnte [2]). Für den Schuldner, als Cedenten, hatte dieß die nämlichen Wirkungen, wie bei der activen Cession. Der Procurator in rem suam übernahm für eigene Rechnung die passive Obligation, und erstattete dem Mandanten die gehabten Kosten [3]). Der Gläubiger seinerseits mußte sich dieß gefallen lassen, weil es ihm gleichgültig sein konnte, ob der Schuldner Selbst, oder durch einen Stellvertreter sich vertheidigte, und ihm Genugthuung gab. Das Rechtsverhältniß zwischen ihm und dem Schuldner wurde dadurch nicht verändert; er konnte vielmehr gegen Beide actione rei judicatae verfahren, d. h. die Execution vollstrecken lassen [4]). So ist es auch nach Preuß. Rechte [5]). Der Kläger muß sich gefallen lassen,

---

[1]) L. 11. pr. D. de novat. (XLVI. 2). „— Delegare est vice sua alium reum dare creditori. — §. 1. Fit autem delegatio vel per stipulationem, vel per litiscontestationem."

[2]) L. 42. §. 2. seqq. D. de procur. (III. 3). — L. 22. §. 2. D. mandati. (XVII. 1). — L. 66. §. 2. D. de evict. (XXI. 2). — Cropp u. Heise jurist. Abhandl. Bd. I. S. 238. fgg. — Mühlenbruch a. a. O. §. 13. S. 132–134.

[3]) L. 42. §. 2. D. de procurat. (III. 3).

[4]) L. 29 u. 61. D. eod.

[5]) A. G. O. I. 17. §. 29. 33.

daß der Litisdenunciat den Prozeß allein übernehme. Diese passive Cession wird bloß durch übereinstimmende Erklärung des Beklagten und Litisdenunciaten vollzogen. Dem Kläger bleibt aber frei gestellt, aus dem erlangten obsieglichen Urtel sowohl gegen den ursprünglichen Beklagten, als gegen den Litisdenunciaten die Execution vollstrecken zu lassen. Der Litisdenunciat muß dem ursprünglichen Beklagten die Kosten erstatten [6]). Nimmt der Kläger den Eingeschobenen als seinen Gegner an, so ist es gerade so wie bei der activen Cession, wenn der debitor cessus den Cessionarius für seinen Gläubiger ausdrücklich anerkennt, eine Novation (Delegation), wodurch der ursprüngliche Beklagte befreiet wird [7]).

Zweites Kapitel.

Von der Assignation.

A. L. R. I. 16. §. 251-299. II. 8. §. 1251. 1261-1304.

Heinr. Cocceji Diss. de assignationibus. Frf. 1703. 4. in ej. exercit. Vol. II. N. 23. auch in Besecke Thesaur. juris camb. P. III. No. 66. u. Edit. nov. Rottenb. 1820. — Ferd. Christ. Harpprecht (Diss. inaug. Schoepfii) D. de assignatione nominis. Tub. 1703. 4. in ej. Disputat. T. II. No. 56. — Sam. Stryk Diss. de jure assignationis inter mercatores. Hal. 1708. 4. in ejus Diss. Halens., auch in ej. Us. mod. XVIII. 4. §. XIV—LXIV. — Jo. Hier. Stenger de assignationibus mercatorum, ad mentem potissimum mandati Reg. Polon. et Elect. Saxon. de an. 1699. Lips. 1712. 4;

---

[6]) Ebd. Tit. 23. §. 17.
[7]) Ebd. Tit. 17. §. 30. Vergl. unten §. 53. Nr. V.

auch in Besecke Thesaur. jur. camb. T. I. p. 244. — Juristisch-Kaufmännische Untersuchung von Assignationen unter Kauf- und Handelsleuten, sowohl aus denen gemeinen Kaiserlichen, als insonderheit Churfürstl. Sächsischen Rechten, fremder Handels- u. Wechselordnungen deduciret. Leipz. 1724. 4. — Ritter de assignation. et cambii trassat. idea prim. Lips. 1738. — Car. Phil. Sicherer D. de assignationibus. Gissae 1782. — Richelmann Diss. inaug. sistens summa capita doctrinae de assignationibus mercatorum. Gryph. 1805. — Carl Frid. Günther de assignationibus. Spec. I u. II. Lips. 1829. — Erelinger u. Gräff das Wechselrecht und die Lehre von Handelsbillets und kaufmännischen Assignationen. Breslau 1833. S. 119 u. f.

§. 41.

1) Begriff.

Die Quelle dieser Lehre ist die gemeine Praxis. Das Römische Recht kennt die Sache selbst zwar ebenfalls, behandelt sie aber nicht als ein eigenthümliches Rechtsgeschäft, sondern als Mandat [1]). Die heutige Bezeichnung des Geschäfts wird niemals in der jetzt damit verbundenen Bedeutung gebraucht [2]). Eigentlich ist Assignation die Auszahlung einer Geldsumme, unter der Bedingung, daß dieselbe an irgend einem bestimmten Orte in genere wieder gegeben werde. Dies hat Ähnlichkeit mit dem Depositum irregulare. Der Unterschied besteht nur darin, daß bei dem Depositum irregulare Aufbewahrung, hier aber das Überbringen versprochen wird. Wenn Belohnung dafür ausbedungen wird, welches schon dadurch geschieht,

---

[1]) L. 12 §. 5. L. 22 §. 8. L. 26 §. 1. L. 34. pr. L. 45 §. 4 u. 7. D. mandati. (XVII. 1).

[2]) Brissonius de verbor. signif. s. voce: assignare. — Stryk. l. c. §. 14—16.

wenn an dem bestimmten Orte weniger zurückgegeben werden soll, so ist es operarum conductio [3]). Nur in dieser Gestalt entsteht aus der Assignation selbst ein eigenthümliches Klagerecht für den Gläubiger. Dieser Begriff der Assignation ist jedoch in der Praxis niemals gangbar geworden; man hat das Wesen immer darin gesetzt: daß der Eine (Assignant) Etwas von einem Dritten (Assignaten) zu fordern haben müsse, welches der Andere (Assignatar) von demselben zu erheben, und zu seiner Befriedigung oder doch zu seinem Besten zu behalten beauftragt werde [4]). Dieser Begriff ist denn auch der des Allgemeinen Landrechts. Es heißt im §. 251 h. t.:

»Wenn Jemand einem Andern den Auftrag macht, etwas, welches der Auftragende von einem Dritten zu fordern hat, bei demselben für seine eigene Rechnung zu erheben; so wird dieses eine Anweisung oder Assignation genannt.«

Hiernach wäre es keine Assignation, wenn Einer dem Andern, um ihm ein Darlehn zu machen, den Auftrag giebt, bei einem Dritten eine Summe Geldes zu erheben, die dieser Dritte Jenem nicht schuldig ist, die er aber auf dessen Ordre zahlt, wie es im Verkehr täglich vorkommt. Denn hier fehlt das Merkmal, daß der Auftragende von dem Dritten Dasjenige, was er bei Diesem zu empfangen, dem Andern aufträgt, zu fordern hat. So wie das Allgemeine Landrecht den Begriff definirt, ist die

---

[3]) L. 31 D. locati conducti. (XIX. 2).

[4]) Cocceji l. c. §. 8—12. — u. Jus controv. XVIII. 1 Qu. 31. — Lauterbach Compendium juris, XVIII. 1 in f. p. 338. — Stryk. l. c. §. 19. — Huber Prael. XVII. 1 Nr. 5. — Leyser Sp. 199. m. 2. — Richelmann l. c. §. 1. — Glück Bd. XV. S. 211. — Scherer's Wechselrecht, Bd. I. S. 263.

Assignation die reine Römische Cession. Die Geschäfte dieser Art in solchen Fällen, wo der Anweisende keine Forderung an den Dritten hat, sollen also, so könnte man glauben, nicht nach den Regeln von Anweisungen beurtheilt werden. Es ist indeß außer aller Absicht gewesen, diese im Verkehr täglich vorkommenden Geschäfte zu negiren, vielmehr ist daran besonders gedacht worden. Denn im §. 259 ist ausdrücklich vorgesehen, daß wenn der Assignat die Anweisung acceptirt habe, er Zahlung leisten müsse, wenn er auch dem Anweisenden zu nichts verpflichtet wäre. Die im §. 251 gegebene Definition ist daher nicht richtig, vielmehr ist die Anweisung ein Auftrag, nach welchem Jemand an eine in dem Auftrage genannte Person eine Quantität fungibler Sachen, auf Conto des Auftragenden zu dem Zweck zahlen soll, um den Empfänger zum Eigenthümer davon zu machen.

1) Der Auftrag ist ein zwiefacher, nämlich: an den Dritten, die Zahlung an den Genannten zu leisten; und an Diesen, die Zahlung im Namen des Auftragenden bei Jenem zu empfangen.

2) Der Gegenstand kann nicht bloß eine Geldsumme, sondern eine Quantität jeder andern Art fungibler Sachen sein. Ist der Gegenstand eine Species, so ist das Geschäft keine Anweisung, sondern ein gewöhnlicher Auftrag. Die Beschaffenheit des ganzen Instituts zeigt es schon, daß nur fungible Sachen Gegenstand sein können, da nur Diese, nicht aber auch bestimmte Species, ein Jeder leisten kann, welches doch vorausgesetzt wird, wenn der Assignat aus der bloßen Annahme verpflichtet wird, ohne Rücksicht darauf: ob er Deckung vom Assignanten hat, oder nicht. Dann ist auch gemeinrechtlich das Institut

immer nur auf derartige Forderungen angewendet; und außerdem haben, wie die Vorarbeiten zum Allg. Landrecht nachweisen, die Redaktoren ganz ausdrücklich nur an Forderungsrechte dieser Art gedacht [5]). Es läßt sich also durch positive Bestimmungen des Allg. Landrechts gar keine Ausdehnung der rechtlichen Beschaffenheit dieses Instituts nachweisen.

3) Die Zahlung muß auf Rechnung des Auftragenden geleistet werden sollen, so daß dadurch der Auftragende, und nicht der Empfänger bei dem Zahlenden ins Debet kommt, sonst ist es bloße Intercession, oder Empfehlung.

4) Der Empfänger muß Eigenthümer des ihm Gezahlten werden sollen, sonst ist er ein bloßer Mandatarius. Dazu muß zwischen dem Anweisenden und dem Angewiesenen (Assignatar) verabredet worden sein, daß dadurch entweder ein bereits abgeschlossenes Rechtsgeschäft aufgehoben, also eine Schuld des Anweisenden getilgt, oder ein **neues** vollzogen, mithin der Empfänger Schuldner des Anweisenden werden soll, wie z. B., wenn derselbe die erhobene Geldsumme als ein, ihm von dem Auftragenden bewilligtes Darlehn behält [6]). Die rechtlichen Folgen sind in beiden Fällen nicht immer dieselben. Unrichtig ist das Merkmal, welches Grävell [7]) von der Assignation noch angiebt, daß nämlich der Auftrag der Erhebung an den Assignatar, und nicht an den Schuldner des Assignanten ergehe. In der Wirklichkeit ist es grade umgekehrt. In jeder Assignation ergeht der Auftrag an den Assignaten, die ausgedrückte Summe an den Assignatar zu zahlen.

---

[5]) S. unten, §. 19.

[6]) L. 34 pr. D. mandati. (XVII. 1.)

[7]) Credit-Ges. Bd. IV. S. 121 Note [8]) lit. c.

Nur wird dieser Auftrag dem Assignatar eingehändigt, um ihn dem Beauftragten zu überbringen; doch ist auch dieß nicht gerade wesentlich, indem der Anweisende den Auftrag unmittelbar an den Assignaten befördern, und den Assignatar anweisen kann, sich bei dem Assignaten zur Erhebung der Summe zu melden. Dieß ist selbst der einzige Fall, wo ein ausdrücklicher Auftrag an den Assignatar ergeht, da in jenem gewöhnlichen Falle der Auftrag zur Erhebung der Zahlung nur stillschweigend in dem Auftrage an den Assignaten, die Zahlung an die genannte Person zu leisten, liegt. Nach Partikulargesetzgebungen [8]) wird der Auftrag an den Assignaten sogar für die Hauptsache bei der Anweisung angesehen, und noch gar kein Vertrag, also auch kein Vollmachtsvertrag, mit dem Assignatar angenommen.

Ist der Aussteller ein Kaufmann, und die Assignation in Folge eines Handlungsgeschäfts, und zwar auf eine Summe Geldes, mag dieß Metallgeld oder Papiergeld [9]) sein, ausgestellt, so ist sie eine kaufmännische [10]). Daß eine, von einem Kaufmanne ausgestellte Assignation sich nicht auf ein Handlungsgeschäft gründe, gehört ad excipiendum, und muß von dem Aussteller bewiesen wer-

---

[8]) Österreich. Gesetz-B. §. 1403 „Nimmt er (der Dritte) sie (die Anweisung) nicht an, so kommt keine neue Verbindlichkeit zu Stande; nimmt er sie an, so entsteht ein Vollmachtsvertrag zwischen ihm und dem Assignanten, aber noch kein Vertrag mit dem Assignatar."

[9]) Dazu gehören die Geld-Papiere oder lettres au porteur payables nicht.

[10]) II. 8. §. 1251. „Kaufmännische Assignationen sind solche, welche ein Kaufmann in Handlungsgeschäften ausgestellt hat." Daß sie auf eine Summe Geldes lauten müssen, folgt aus §. 1252 u. 1267 wegen des Worts Zahlung, welches nur von Geldzahlungen gebraucht wird.

den. Eine ganz irrige Meinung ist es, daß kaufmännische Assignationen nur unter Kaufleuten vorkommen könnten[11]: der Assignatar wie der Assignat brauchen keine Kaufleute zu sein. — Ein innerer Grund, kaufmännische Assignationen von gewöhnlichen zu unterscheiden, und jede zum Gegenstande einer besondern Gesetzgebung zu machen, ist nicht vorhanden: beide könnten nach denselben Regeln beurtheilt werden. Das Allg. Landrecht hat aber für jede Art besondere Bestimmungen getroffen, wodurch folgende Hauptverschiedenheiten zwischen kaufmännischen und gemeinen Assignationen entstanden sind:

1) Eine gemeine Assignation kann auf eine Quantität fungibler Sachen lauten; eine kaufmännische nur auf eine Summe Geldes.

2) Bei gemeinen Assignationen hat der Assignatar zur Einforderung der angewiesenen Post in gewöhnlichen Fällen eine Frist von 14 Tagen, bei kaufmännischen nur 8 Tage, auch muß bei diesen in gewissen Fällen, wie bei Wechseln, Protest erhoben und versandt werden.

3) Bei gemeinen Assignationen kommt eine Cession erst dadurch zu Stande, wenn der Assignatar den Assignaten ausdrücklich zu seinem Glaubiger annimmt; bei kaufmännischen schon dadurch, daß der Assignatar, wenn er auch ein Kaufmann ist, die Anweisung an Zahlungsstatt, ohne Vorbehalt, annimmt.

4) Bei gemeinen Assignationen kann eine Delegation

---

[11]) Bielitz hat diese Meinung in s. Commentar Bd. VI. S. 566, auf Grund des §. 1262: „Nimmt jedoch ein Kaufmann von dem andern, statt Zahlung, eine Assignation ohne Vorbehalt an: so wird das Geschäft durchgehends als eine Cession angesehen." — Hier ist von etwas ganz anderm die Rede, als von den Erfordernissen einer kaufmännischem Anweisung.

nur auf gewöhnliche Weise durch ausdrückliche Erklärung des animus novandi zu Stande kommen; bei kaufmännischen schon durch Scontration, wenn alle drei Interessenten Kaufleute sind.

5) Bei Bezahlung kaufmännischer Assignationen finden Respekt- oder Discretionstage statt, bei gewöhnlichen nicht.

6) Bei gemeinen Assignationen ist der Assignatar befugt, aber nicht schuldig, bei ausbleibender Zahlung die Klage Namens des Assignanten anzubringen, und bis auf Weiteres fortzusetzen; bei kaufmännischen ist er, bei Verlust seines Rechts, dieß sogleich zu thun schuldig, wenn der Assignant an einem andern Orte wohnt.

7) Kaufmännische Assignationen begründen innerhalb Jahresfrist die provisorische Vollstreckbarkeit des Erkenntnisses, und das Vorrecht der Sechsten Klasse gegen den Aussteller, wenn sie das Bekenntniß über baar empfangene Valuta enthalten, gegen den Acceptanten, wenn er ein Kaufmann ist, auch ohne dieses Bekenntniß; gemeine Anweisungen nicht.

8) Bei gemeinen Assignationen verliert der Assignatar, wenn er dem Assignaten Nachsicht giebt, den Regreß an den Anweisenden; bei kaufmännischen haftet der Assignat noch als Bürge.

Diese Verschiedenheiten können erst weiterhin klar werden.

§. 42.

2) Form.

Die Anweisung soll bei Summen, welche schriftliche Verträge erfordern, schriftlich gegeben, und eben so schriftlich acceptirt werden. Kaufmännische Assignationen müssen ohne Unterschied der Summe, gleich Wechseln, schriftlich acceptirt werden [1]).

Eine vollständige schriftliche Assignation muß enthalten: wer Zahlung leisten, wer sie empfangen soll, wieviel gezahlt werden soll, und wer die Assignation ausgestellt hat. Wird eine bestimme Schuldforderung angewiesen, so muß diese bezeichnet sein [2]). Eine Schrift z. B. dieses Inhalts:

Herr N, zahle an Herrn N. 1000 Rthl.

Gebrüder R. zu Frankfurt.

würde eine vollständige Anweisung der ersten Art, und eine Schrift wie diese:

Herr N. zahle die, mir nach dem Schuldschein vom 6. April 1836 aus einem Darlehn schuldigen, 1000 Rthl. an Herrn N.

Aulus Aegerius, Bürger zu Breslau.

eine Anweisung der zweiten Art sein.

Hieraus ergiebt sich von selbst, daß bei der Assignation Drei Personen vorkommen, nämlich: der Ausgeber oder Aussteller der Assignation (Anweisende, Assignant), der Empfänger oder Inhaber (Angewiesene, Assignatar, auch assignatus creditor genannt), und der Dritte, welcher die Zahlung leisten soll (Assignat, assignatus debitor).

Ist der Assignat der Schuldner des Assignanten, und über die angewiesene Post ein Instrument vorhanden, so muß dasselbe dem Assignatar zwar zur Vorzeigung, Behufs seiner Legitimation bei dem Assignaten, ausgehändigt werden; doch soll die Aushändigung des Instruments zur

---

[1]) I. 16 §. 253. u. II. 8 §. 1289. 1290.

[2]) I. 16 §. 251. II. 8 §. 1267.

Gültigkeit des Geschäfts nur in dem Falle nothwendig sein, wenn dasselbe auf jeden Inhaber lautet [3]). Daraus folgt jedoch nicht eine absolute Nichtigkeit des Geschäfts und der Zahlung, weil überhaupt der Assignatar, nach dem Wesen der Assignation, nicht in ein fremdes Schuldverhältniß eintritt, sondern nur die in der Anweisung ausgedrückte Summe bei dem Assignaten erheben soll, folglich die an ihn geleistete Zahlung gegen den Assignanten eben so wirksam ist, als wenn dieser Selbst sie in Empfang genommen hätte, ohne das auf jeden Inhaber lautende Instrument zurückzugeben. Die Folge davon besteht nur darin, daß dem dritten Inhaber die Zahlung nicht entgegen gesetzt werden kann; der Assignant muß sie unter allen Umständen gegen sich gelten lassen.

§. 43.

3) Verhältniß zwischen dem Assignanten und dem Assignatar.

1) Im Allgemeinen.

1) Das Verhältniß zwischen dem Assignanten und dem Assignatar ist ein bloßer Versuch, dem Letztern die angewiesene Summe zu verschaffen, und begründet kein selbstständiges Klagerecht. Ist es die Absicht, durch dieses Mittel den Assignanten von einer Schuld gegen den Assignatar zu befreien, so tritt erst durch die wirkliche Zahlung Liberation ein, nach der Rechtsparoemie: Anweisung ist keine Zahlung [1]). Erfolgt keine Zahlung, so bleibt das

---

[3]) §. 254. 255. 293. h. t.

[1]) Eisenhardt, Grundsätze der Deutschen Rechte in Sprichwörtern. Abth. 4 Nr. 56. S. 388. — A. L. R. II. 8. 1261. I. 16. §. 261.

bisherige Rechtsverhältniß unverändert; die Assignation ist, wenn kein Versehen vorgefallen, ohne alle weitere Folgen, der Assignatar hat gegen den Assignanten aus dem Assignationsgeschäfte als solchem gar keinen Anspruch: er kann nur sein bisheriges Klagerecht geltend machen. Hat er aber den Assignaten, statt des Anweisendern, zu seinem Schuldner angenommen, so ist das der Anweisung zum Grunde liegende Rechtsgeschäft eine Angabe an Zahlungsstatt, und die Assignation selbst eine Cession, wodurch der s. g. Assignatar die damit verbundenen Regreßklagen erlangt, und Gläubiger des Assignaten wird [2]). In diesem Falle wird natürlich eine Forderung des Assignanten an den Assignaten vorausgesetzt, welches sonst bei der Assignation nicht nöthig ist [3]). Daß der Assignatar den Assignaten für seinen Gläubiger habei annehmen wollen, muß, wie jedes andere behauptete Rechtsgeschäft, bewiesen werden. Dieß drückt man gewöhnlich damit aus: daß es nicht vermuthet werde [4]). Solches versteht sich von selbst. Man will damit aber noch sagen, daß wenn die Urkunde den Willen zweifelhaft läßt, eher eine Assignation als eine Cession angenommen werden soll [5]), welches jedoch wieder nichts weiter ist, als eine Folge des Satzes: daß jedes behauptete Rechtsgeschäft bewiesen werden muß. In der Regel muß der Assignatar die Annahme des Assignaten zu seinem Gläubiger, weil es

---

[2]) A. L. R. I. 16 §. 262. — Cocceji l. c. §. 24. — Stryck. l. c. §. 26. — Schilter Exercit. ad Pand. XXX. §. 89.

[3]) Cropp über die Ansprüche des Inhabers einer Anweisung ꝛc.; in seinen u. Heise's juristischen Abhandl. Bd. II. Nr. 13 §. 9. S. 365.

[4]) I. 16 §. 261. — Stryck. l. c. §. 25. — Zachariae Quaestiones, qu. 25.

[5]) Hagemann's practische Erörterungen. Bd. VII. S. 95.

eine Novation ist, ausdrücklich erklären[6]). Davon giebt es zwei Ausnahmen. Die eine Ausnahme ist die, wenn der angewiesene Gläubiger seinen bisherigen Schuldner quittirt, und das Instrument zurückgiebt. Dieß enthält eine wirkliche Liberation des Schuldners, und deshalb heißt es auch: dieß solle der ausdrücklichen Annahme des Assignaten zum Schuldner gleich geachtet werden. In dieser Bestimmung findet man eine Schwierigkeit. Es heißt im §. 267. d. T.:

»Der ausdrücklichen Annahme des Assignaten zum Schuldner, statt des Anweisenden, wird es gleich geachtet, wenn der angewiesene Gläubiger seinen bisherigen Schuldner quittirt, und das Instrument zurückgiebt.«

Es soll also die Quittung nicht allein, sondern nur in Verbindung mit der Zurückgabe des Instruments, der ausdrücklichen Annahme des Assignaten zum Schuldner, statt des Anweisenden, gleich geachtet werden. Die Zurückgabe des Instruments hält man für ein Superfluum, weil das Instrument von selbst seine Kraft verliere, sobald unter den obwaltenden Umständen über die Forderung quittirt sei [7]), weshalb man der Copula »und« auch schon eine alternative Bedeutung hat beilegen wollen [7a]). Beide Erklärungsarten sind ungenügend. Vor dem Allg. Landrechte stand die Sache so, daß man sowohl die Quittungsleistung, als die Zurückgabe oder Cassation des Instruments, jede für sich, als eine der ausdrücklichen

---

[6]) I. 16 §. 262.

[7]) Bornemann, System des Pr. Civ.-R. B. III. S. 319.

[7a]) Gräve l l, Commentar zu den Creditgesetzen. Bd. IV. S. 130.

Erklärung gleich zu achtende Handlung ansah. Die Quittungsleistung galt in der Praxis unter gewissen Voraussetzungen für hinreichend[8]). Die Zurückgabe oder Vernichtung des Instruments dagegen wurde nur von Einigen zu den factis evidentibus gerechnet, woraus der Wille des Gläubigers: das Schuldverhältniß aufzuheben, zu entnehmen[9]), während alle Diejenigen, welche zur Novation eine Erklärung mit ausdrücklichen Worten erforderten [9]a), dergleichen stillschweigende Erklärungen verwarfen. Einige Partikular-Gesetzgebungen haben jedoch angenommen, daß die Zurückgabe des Schuldscheins, oder die unbedingte Quittungsleistung die Entlassung des alten Schuldners wirke[9]b).

---

[8]) Voet Commentar. Lib. XLVI. T. 2 §. 13 in f. „— praeterquam si creditor nomen sibi assignatum in solutum acceperit, et apocham de solutione sibi facta dederit assignanti, tanquam ab assignato accepturus, quod assignans debet: quippe quo casu delegatio plena esse intelligitur, vel saltem in solutum datio, atque adeo deleganti liberationem parit." — Ant. Faber Codex Sabaudicus Lib. IV. Tit. 5 def. 1. — Franzkius Commentar. in Pand. XXI. 2. §. 63. — Hommel Rhapsod. quaest. obs. 690.

[9]) Leyser Spec. 527 m. 4. Vergl. die Anfrage bei der Gesetz-Commission v. 7. Mai 1782, in Klein's Annalen Bd. V. S. 126, wo jedoch S. 133 das Allegat aus Voet unrichtig, und statt „ad L. XLVI §. 3. seqq." zu lesen ist: Lib. XLVI. Tit. 2. §. 3. seqq.

[9]a) Vergl. unten §. 50.

[9]b) Z. B. Die Frankfurter Wechselordnung §. XLI.:

„Alle Assignationes geschehen auf Gefahr des Assignanten, es sei dann, daß der Assignatarius die Anweisung absolute acceptirte und annehme, das ist, gegen die Assignation den verfallenen Wechselbrief dem Assignanten zurückgebe, oder ihn deshalb völlig quittire."

Oester. Ges.-B. §. 1407:

„Hat jedoch der Assignatar den Assignaten als Alleinzahler anzunehmen sich ausdrücklich oder stillschweigend dadurch erklärt, daß er seinen bisherigen Schuldner quittirt, oder ihm die Schuldurkunde ausgehändigt hat; so wird der Assignant von aller Haftung gegen ihn befreyet."

Nach Preußischem Rechte gilt dieß schon darum nicht, weil zur Novation mit Veränderung der Personen in der Regel eine schriftliche Erklärung erforderlich ist [10]), und eine aus Thathandlungen durch Schlüße zu entnehmende stillschweigende Willensmeinung keine bessere Wirkung haben kann, als eine durch Worte ausgesprochene. Nur wenn die Obligation durch Zahlung, wozu keine Formalität erforderlich ist, getilgt worden sein soll, giebt die Aushändigung des Instruments einen Beitrag zum Beweise [10a]); aber die Requisite eines Rechtsgeschäfts kann sie nie ersetzen. Außerdem steht die Fassung der Bestimmung des Allg. Landrechts der alternativen Deutung entgegen. Es muß nach derselben entweder die erforderte Quittungsleistung und Zurückgabe des Instruments copulativ genommen, oder die Worte: »und das Instrument zurückgiebt,« müssen für überflüßig erachtet werden. Das Letztere ist ohne überwiegende Gründe nicht anzunehmen; man muß sich daher schon deswegen, weil es an solchen Gründen fehlt, für das Erstere entscheiden. Dieß hat aber auch seine zureichenden innern Gründe. Die Quittung als solche ist nach Preuß. Recht kein modus

---

[10]) I. 16 §. 461. — I. 14. §. 399. 400.

[10a]) Daß Quittung u. Rückgabe des Schuldscheins, jedes für sich und getrennt, die Vermuthung der Tilgung der Schuld nach Preuß. Gesetzen begründe, wie Grävell a. a. O. behauptet, ist unbegründet. Nur wenn Tilgung durch Zahlung behauptet wird, entsteht eine solche Vermuthung, indem es dann blos darauf ankommt, das Factum der Zahlung zu beweisen. Wenn aber die Tilgung durch Eingehung eines neuen Rechtsgeschäfts behauptet wird, so müssen die Requisite desselben vorhanden sein; und um diese in rechtsverbindlicher Form darzustellen, ist die Rückgabe des Schuldscheins oder das schriftliche Bekenntniß eines unwahren Factum (der Zahlung) nicht dienlich.

quo obligatio tollitur, sondern ein schriftliches Bekenntniß der empfangenen Zahlung, also ein Beweisstück [11]). Wenn geständlich keine Zahlung geleistet, sondern nur eine Anweisung gegeben worden ist, so hilft die Quittung zu gar nichts. Es ist daher nicht richtig, was Bornemann annimmt, daß das Instrument von selbst seine Kraft schon durch die Quittung verliere. Aus der bloßen Ausstellung einer unrichtigen Quittung ohne Zurückgabe des Instruments läßt sich also noch keinesweges die Willensmeinung des Gläubigers zuverläßig erkennen, daß er den Schuldner von der Verbindlichkeit habe liberiren wollen, vielmehr läßt die Zurückbehaltung der Verschreibung auf das Gegentheil schließen. Nach der gemeinrechtlichen Praxis hielt man, wie Voet a. a. O. bezeugt, die Quittung auch nur unter der Voraussetzung für ausreichend, daß das nomen assignatum in solutum angenommen worden war. Ein viel concludenteres Factum ist dagegen die Zurückgabe oder die Vernichtung des Instruments, in Verbindung mit dem schriftlichen Bekenntniß der Befriedigung, gegen Empfangnahme einer Assignation auf eine bestimmte Forderung des Schuldners. Die Rückgabe des Instruments ist daher keinesweges für etwas Überflüßiges zu halten.

Die zweite Ausnahme gilt unter Kaufleuten, wo das Geschäft schon alsdann für eine Cession angesehen wird, wenn ein Kaufmann von einem andern Kaufmanne, statt Zahlung, eine Assignation ohne Vorbehalt annimmt [12]). Die Annahme statt Zahlung setzt eine

---

[11]) I. 16. §. 86. 101.

[12]) II. 8. §. 1262. Damit stimmen mehrere Wechselordnungen überein. Vergl. Scherer, Bd. I. S. 293.

ausdrückliche Erklärung des Gläubigers durch Quittungsleistung in gewöhnlicher Form, oder durch Eintragung in die Bücher des Gläubigers als Zahlung (in das Credit des Schuldners), verbunden mit der Zurückgabe oder Kassation des etwa vorhandenen Schuldscheins, voraus [12a]). Ganz richtig bemerken hierzu Crelinger und Gräff [12aa]), daß eine solche, in eine Cession übergegangene, Assignation auch in den Händen eines Dritten die Wirkungen einer kaufmännischen Anweisung nicht mehr äußere, wenn das Cessionsgeschäft daraus auch nicht ersichtlich ist, wie wol gewöhnlich der Fall sein wird; weil auf den weitern Cessionarius natürlich nicht mehr Rechte übertragen werden können, als der Erste selbst hatte.

Der Cedent haftet hier auch nicht für die Sicherheit [12b]). Hier findet man zwischen I. 16 §. 262, und II. 8 §. 1262 einen Widerspruch, weil in der ersten Stelle die Annahme des debitor assignatus zum Schuldner von Seiten des Assignatars, für eine Angabe an Zahlungsstatt, und in der letztern für eine Cession erklärt wird [12c]). Aus I. 11 §. 376. 377 ist jedoch zu ersehen, daß ein wirklicher Widerspruch nicht vorhanden ist. Angabe an Zahlungsstatt ist der Titel, und Cession der Übertragungsact. In I. 16 §. 262 ist zunächst an eine

---

[12a]) Vergl. die bei Scherer v. Assignation §. 12. a. a. O. S. 291 u. f. angeführten Particular-Gesetze. — Der gedruckte Entwurf z. Allg. L. R. Th. I. Abth. II. Tit. 3. §. 881 (S. 198) schrieb eine Quittung ohne Vorbehalt vor. Dadurch würde die andere gewöhnliche Art, Geschäfte unter Kaufleuten schriftlich abzumachen, die Eintragung in die Bücher, für unzureichend erklärt worden sein.

[12aa]) Das Wechselrecht. S. 433.

[12b]) I. 11 §. 428. — II. 8. §. 1265 wegen der Worte: „in allen diesen Fällen".

[12c]) Mathis, Bd. V. S. 46 Note *.

Cession auf Grund einer datio in solutum gedacht, und im §. 1262 II. 8. ist an Cessionen im Allgemeinen gedacht, ohne eines speciellen Titels zu erwähnen, weil dergleichen Geschäfte aus verschiedenen Gründen bei kaufmännischen Anweisungen viel gewöhnlicher vorkommen, als bei gemeinen. Liegt einer kaufmännischen Assignation wirklich eine Angabe an Zahlungsstatt zum Grunde, so versteht es sich von selbst, daß deren rechtliche Folgen nicht ausgeschlossen sind. Ist umgekehrt bei einer gemeinen Assignation nicht Angabe an Zahlungsstatt der Grund, aus welchem der Assignatar den Assignaten für seinen Schuldner angenommen hat, so können von selbst auch die eigenthümlichen Folgen der datio in solutum nicht eintreten.

Kommt auch die Einwilligung des Assignaten hinzu, so ist eine Delegation vorhanden, bei welcher alle Verbindung zwischen dem Assignanten und dem Assignatar nach der einen Seite, und dem Assignanten und dem Assignaten nach der andern Seite aufhört [12d]. Der Assignat ist also von dem Assignanten, wenn er dessen Schuldner war, völlig liberirt. Hielt er sich irrthümlich für den Schuldner des Assignanten, so kann er unter denselben Voraussetzungen, unter welchen eine Zahlung condicirt werden kann, das Gezahlte von dem Assignanten wieder fordern; war auch kein vermeintliches Schuldverhältniß zwischen Beiden vorhanden, so kann der Assignat, wenn er nicht donandi animo expromittirte, actione man-

[12d] I. 16 §. 261. 265. — II. 8. §. 1263. 1265. — Stryck. l. c. §. 22—24. — Hier gilt das Sprichwort: „Anweisung ist gute Zahlung." Wernher Observat. P. VII. obs. 181 Nr. 1. — Lauterbach Colleg. theor.-pract. Lib. XLV. Tit. 2 §. 6. — Finnelthaus Observat. pract. Nr. 91.

dati oder negotiorum gestorum Ersatz fordern [12dd]. Der Assignatar seinerseits hat, wenn er von dem Assignaten keine Befriedigung erlangt, an den Assignanten in keiner Art weiter einen Regreß, wie es bei der Angabe an Zahlungsstatt und der Cession noch möglich ist, ausgenommen, wenn der Assignat die Delegation aus einer gültigen Ursache aufrufen kann, wo die alte Obligation wieder auflebt [12e]. Unter Kaufleuten wird schon durch Scontration eine Delegation hervorgebracht [12ee]. Scontration, welche im eigentlichen Sinn eine Giro-Bank, und ein Folium für jeden Interessenten bei derselben voraussetzt, und in dem Ab- und Zuschreiben auf diesen Folien besteht, wird hier die Incontration verstanden, welche durch wechselseitiges Ab- und Zuschreiben in den Handlungsbüchern aller drei Interessenten, d. h. durch wechselseitige Abrechnung und Löschung unter dem Credit und Debet geschieht [12f]. Ist die Operation nur in dem Buche des Einen, oder nur in zwei Büchern vorgenommen, so sind die Erforderniſſe einer Delegation nicht vorhanden, weil es an der wechselseitigen schriftlichen Einwilligung fehlt. Von selbst ergiebt sich, daß alle drei Interessenten Kaufleute sein müssen.

Ist es dagegen die Absicht, durch die Assignation erst ein Darlehnsgeschäft zu vollziehen, so entsteht durch die wirkliche Zahlung der beabsichtigte Darlehnscontract zwischen dem Assignanten und dem Assignatar. Der bloße

---

12dd) Vergl. unten §. 53. Nr. II.

12e) Ebds. Nr. III.

12ee) II. 8. §. 1264. — Stryck. l. c. §. 60. — Scherer, B. I. S. 293 u. Bd. II. S. 656.

12f) II. 8 §. 1264. — Riccius Exercit. juris camb. Nr. 8. de solut. camb. per scontrat. compensat. Goett. 1781.

Empfang der Anweisung, und die Erhebung der angewiesenen Geldsumme giebt jedoch noch keinen Beweis für die Verbindlichkeit zum Ersatze der empfangenen Summe; ein solches Rechtsverhältniß muß besonders dargethan werden [13]). Bleibt die Zahlung aus, so hat der Assignatar an den Assignanten aus der Assignation allein keinen Anspruch, eben so wenig wie ein Mandatar an den Mandanten wegen unterbliebener Vollziehung des Auftrags; das ganze Geschäft ist erledigt, wenn der Assignatar dem Assignanten nicht etwa wegen Nachläßigkeit verantwortlich ist.

Von einem eigentlichen Regreß des Assignatar an den Assignanten, d. h. von einem Schaden- und Interessen-Anspruch aus dem Geschäft der Assignation selbst, kann nur alsdann die Rede sein, wenn der Assignatar die Assignation gekauft, oder vielmehr, wenn er mit dem Assignanten die Assignation in ihrer eigenthümlichen Bedeutung contrahirt, und mithin der Assignant sich verbindlich gemacht hat, dem Assignatar die ausgedrückte Summe an dem bestimmten Orte zu zahlen. Soll die Assignation bloß ein Mittel sein, den Assignatar wegen einer Forderung zu befriedigen, und führt dies Mittel nicht zum Ziel, so ist es kein Regreß auf den Gewährsmann, welcher dem Assignatar zustände; sondern der Gläubiger ist unbezahlt geblieben, und hat sein bisheriges Klagerecht behalten: aus der fehlgeschlagenen Assignation ist keine Klage entstanden. Soll aber die angewiesene Summe der Assignatar als Darlehn behalten, und ist nicht etwa ein rechtsverbindliches Pactum de mutuando vorhanden, wo

---

[13]) Archiv für das Civil- u. Criminal-Recht der Königl. Preuß. Rheinprovinzen. Bd. VII. S. 152.

der vorige Fall eintreten würde, so ist ein Regreß gar nicht zu denken.

§. 44.

II) Pflichten des Assignatars.

II) Da der Assignant Gläubiger der angewiesenen Forderung bleibt, so folgt von selbst, daß er auch die Gefahr derselben trägt. Der Assignatar aber ist schuldig, wenn er den Auftrag zur Eincassirung einmal angenommen hat, wozu er niemals schuldig ist [13a]), welches aber auch stillschweigend durch die Annahme der Anweisung rechtsverbindlich geschieht, die angewiesene Summe mit vorzüglichem Fleiß, und ohne Verzug einzufordern [13b]). Es ist von jeher und überall als ein unzweifelhafter Rechtssatz angesehen worden, daß sobald ihm eine Mora in exigendo zur Last fällt, er das Periculum nominis trägt und, wenn er dadurch hat befriedigt werden sollen, den Regreß verliert [13c]).

[13a]) II. 8 §. 1118. — Man streitet darüber nach Gemeinem Recht. Cocceji l. c §. 6 behauptet, der Gläubiger sei schuldig, sich anweisen zu lassen. Stryck. l. c. §. 32 u. Brunnemann de cess. act. Cap. III. Nr. 87 seqq. bestreiten es; doch will der Erstere die Anweisung statt Zahlung gelten lassen, si debitor assignatus solvendo est et praesentem solutionem non detrectat, §. 34 l. c. Dies kann der Assignatar aber vorher nicht wissen; außerdem ist der Gläubiger nicht schuldig, sich von Herodes zu Pilatus schicken zu lassen; der Schuldner muß für die Zahlung sorgen, und sie dem Gläubiger zustellen. Indessen haben diese Ansichten doch auf einige Partikulargesetzgebungen Einfluß gehabt. Scherer l. c. voce Assignation. §. 4.

[13b]) II. 8. §. 1268. — Stenger l. c. §. 46 u. 47. Hamburgisches Archiv für Handelsrecht. Bd. II. S. 391.

[13c]) Cocceji l. c. §. 37. — Stryck l. c. §. 46 u. 47. — Barth. Hodegetha forensis. Cap. II. §. 3. lit. h. Nr. 5. — Brokes Observat. for. obs. 127. — Carpzow Jurispr. for. P. II. const.

Nach dem Allgem. Landrecht ist zu unterscheiden.

1) Zuerst liegt dem Assignatar ob, sich bei dem Assignaten zur Empfangnahme der Zahlung zu melden, und dessen Erklärung über die Acceptation zu fordern. Welche Folgen es hat, wenn der Assignatar sich hierbei eine Säumniß zu Schulden kommen läßt, ist nicht ausdrücklich bestimmt. Nur in Beziehung auf kaufmännische Assignationen ist festgesetzt: daß der Inhaber, wenn er die Präsentation, die Versendung des Protestes, oder die Zurückgabe der Assignation, innerhalb der gesetzlichen Fristen verabsäume, für allen daraus entstehenden Schaden hafte; der Regreß in Absicht dessen, um welches sich der Aussteller mit dem Schaden des Assignatars bereichern würde, ist ihm jedoch im ordentlichen Prozesse vorbehalten [14]). Dies kommt mit den allgemeinen Grundsätzen über die Folgen der Säumniß bei Vollziehung eines übernommenen Auftrages überein [15]). Dasselbe ist daher auch von gemeinen Assignationen anzunehmen [15a]), so daß die Meinung [16]): daß der mit der Präsentation säumige Assignatar unbedingt den Regreß verliere, keinesweges zu rechtfertigen ist. Es ist auch keine Präsumtion aus der Säumniß zu entnehmen; sondern diese ist blos der Grund der Verpflichtung des Assignatars, den dadurch entstandenen Schaden zu ersetzen. Daß wirklich ein Schaden entstanden, muß behauptet und bewiesen werden. Dazu genügt es aber,

---

XXX. def. 11. 12. — Wernher Observ. Tom. I. P. III. obs. 197. Nr. 3.

[14]) II. 8. §. 1273—1277. 974

[15]) I. 13. §. 49 u. f. — Öst. G.=B. §. 1405.

[15a]) Dieß ist auch in dem, in der juristischen Wochenschrift Jahrg. 1836. S. 360 mitgetheilten, Präjudicat ausgeführt.

[16]) Bielitz Commentar, Bd. III. S. 637.

daß die Forderung inexigibel geworden, daß jedoch bis zum Eintritt der Mora der angewiesene Schuldner noch solvent gewesen; denn die Mora hat eben die Wirkung, daß sie die Gefahr auf den Säumigen überträgt [16a]. Wann eine Säumniß anzunehmen, ist gemeinrechtlich nach den Umständen zu beurtheilen [17]). Das Allg. Landrecht hat bestimmte Fristen vorgeschrieben. Bei gemeinen Assignationen muß der Assignatar, wenn nicht ein Anderes verabredet ist, binnen 14 Tagen die angewiesene Post einfordern. Diese Frist wird

a) von dem bestimmten Verfalltage an gerechnet;

b) wenn kein Verfalltag bestimmt ist, so läuft die Frist von der Zeit der geschehenen Anweisung, und wenn der Assignat mit dem Assignatar sich nicht an Einem Orte aufhält, von der Zeit, wo die Anweisung dem Assignaten an seinem Wohnorte vorgezeigt werden konnte [18]). Hiernach entscheidet sich die Frage: wann eine auf Kündigung stehende angewiesene Post eingefordert werden müsse. Der Assignatar muß auf prompte Zahlung bestehen, und sich binnen der gesetzlichen Frist »angelegen sein lassen,« dieselbe zu erlangen. Daraus folgt von selbst, daß er Alles, was an ihm liegt, zu thun hat, folglich auch die Zahlung fordern muß, weil er sonst willkührlich die Zahlungsfrist verlängern würde. Daß er die dem Schuldner zu Statten kommende Frist zu warten genöthigt ist, giebt ihm nicht die Befugniß, der Einforderung einen unbestimmten Anstand zu geben [19]).

16a) Recht der Forderungen. Bd. I. §. 31.

17) Stryck l. c. §. 38.

18) I. 16. §. 277—279. — Scherer a. a. O. s. v. Assignatar. §. 2. Bd. I. S. 255.

19) A. M. Bielitz, Bd. III. S. 636, welcher nach Analogie

Bei kaufmännischen Assignationen sind die Fristen kürzer. Ist ein Zahlungstermin bestimmt, so muß, wenn er auch auf »Heute« lautet [19a]), die Anmeldung spätestens den ersten Tag nach der Verfallzeit, und wenn dieser Tag ein christlicher Sonn- oder Feiertag ist, am Verfalltage selbst [19b]), geschehen. Ist keine Zahlungszeit bestimmt, und der Inhaber befindet sich mit dem Assignaten an Einem Orte: so muß derselbe binnen Acht Tagen nach dem Empfange Bezahlung fordern; befinden sich Beide nicht an Einem Orte: so muß die Assignation mit der nächsten Post zur Einkassirung abgeschickt werden [20]). Das nämliche ist zu beobachten bei Anweisungen nach Sicht, und der Assignatar kann keinesweges mit der Einforderung 18 Monate, wie mit der Präsentation eines Wechsels nach Sicht warten, weil er zur sofortigen Einkassirung schuldig, und keine Ausnahme davon bei diesen Anweisungen gemacht worden ist [20a]). Beobachtet der Assignatarius dieses alles, so kann ihm

des §. 435. I. 11. eine dreimonatliche Frist lassen will; u. Bornemann, System Bd. III. S. 637, welcher zur Kündigung eine besondere Vollmacht für den Assignatar erfordert. Die Einmahnung selbst ist aber Kündigung; und die Einforderung ist dem Assignatar eben zur Pflicht gemacht.

19a) S. d. Präjudicat in Mathis Bd. II. S. 30.

19b) Crelinger u. Gräff Wechselrecht. S. 436 ad §. 1272. Nr. 2.

20) II. 8. 1269. 1270. 1272. Soll die Assignation während einer Messe oder eines Marktes bezahlt werden, so ist die Ortsgewohnheit zu beobachten. §. 1271. 964 u. fg. — Über andere Partikular-Bestimmungen s. m. Scherer a. a. O. s. v. Assignation §. 8.

20a) Anderer Meinung sind Crelinger u. Gräff, Wechselrecht S. 435. ad §. 1270, wegen §. 1253, wonach wegen der Verfallzeit Alles Anwendung findet, was bei Wechseln verordnet ist. Dadurch ist aber in Beziehung auf die schon speciell bestimmte Zeit der Einmahnung nichts geändert.

kein Vorwurf gemacht werden. Die Behauptung, daß auch solche Assignationen, in welchen ein gewisser Zahlungstag bestimmt worden, noch vorher zur Acceptation vorgelegt werden müßten, um einen Protest wegen Nichtacceptation aufnehmen zu lassen[20b]), ist unerweislich, und dem Sachverhältniß auch nicht angemessen. Der Assignatar hat bloß die Pflicht, die Zahlung prompt einzufordern. Diese erfüllt er, wenn er sich am Verfalltage, oder spätestens binnen 24 Stunden nachher, zur Empfangnahme mit der Assignation meldet. Die für eine »Kaufmannseinbildung und grundlose Handelskaprice« erklärte Uesanz, nach welcher die Präsentation einer solchen Assignation, behufs Acceptation, für unnöthig, und die Erhebung eines Protestes wegen Nichterklärung für unstatthaft gehalten wird, ist daher ganz vernünftig. Von Wechseln gilt kein Schluß auf Assignationen, weil beide Rechtsgeschäfte verschiedenartig sind.

2) Sodann muß der Assignatar, wenn der Assignat die Annahme verweigert, dem Anweisenden sofort Nachricht davon geben, und ihm die weitere Verfügung überlassen[21]). Nach der gemeinrechtlichen Praxis versteht man unter »sofort« denselben oder den andern Tag (ein modicum tempus) [22]), und ganz das nämliche bestimmt das Allg. Landrecht [23]) durch die Verordnung bei kaufmännischen Anweisungen, daß Falls die Assignation von dem

---

[20b]) Grattenauer über die ältern und neuern Wechselgesetze der Stadt Breslau. Breslau 1806; u. Auszug daraus in Mathis V. S. 33. — Crelinger u. Gräff, Wechselrecht S. 436, sind derselben Meinung.

[21]) I. 16. §. 280.

[22]) Stryck, l. c. §. 38. Vergl. oben §. 38. Nr. II. 1. S. 217.

[23]) II. 8. §. 1273—1276.

Assignaten nicht angenommen wird, der Inhaber dieselbe spätestens innerhalb Vierundzwanzig Stunden dem Assignanten, wenn dieser an demselben Orte wohnhaft ist, zurückgeben kann und muß; wenn der Assignant aber an einem andern Orte wohnt, der Inhaber sofort Protest aufnehmen lassen, und mit nächster Post versenden muß, wobei Alles zu beobachten, was von Wechselprotesten vorgeschrieben ist. Die Folgen der Unterlassung oder Versäumniß dieser Obliegenheiten sind ganz dieselben, wie in dem vorhergehenden Falle.

Der Assignatar ist also nicht schuldig, sich ferner mit dem Assignaten einzulassen, wenn derselbe die Annahme verweigert. Das Assignationsgeschäft hat hierdurch wieder seine Endschaft erreicht, und das Verhältniß zwischen dem Assignanten und dem Assignatar ist das nämliche, wie es zuvor gewesen [24]).

3) Wird die Anweisung angenommen, aber zur Verfallzeit keine Zahlung geleistet, so muß der Assignatar die ausgebliebene Zahlung dem Assignanten sofort anzeigen [25]). Bei kaufmännischen Assignationen muß der Inhaber, wie bei acceptirten und nicht gezahlten Wechseln, sofort Protest aufnehmen lassen und versenden [26]). Die Unterlassung oder Versäumung dieser Obliegenheit hat bei gemeinen Assignationen eben dieselben Folgen, wie in dem vorigen Falle. Bei kaufmännischen Assignationen aber geht dadurch die angewiesene Post auf den Assignatar, wie auf einen Cessionar über, und der Assignant haftet nur als

---

[24]) I. 16. §. 282. — Schmidt, von gerichtlichen Klagen und Einreden. §. 872.

[25]) I. 16. §. 285.

[26]) II. 8. §. 1280.

Bürge für denjenigen Ausfall, welche ohne »sein (des Inhabers) Verschulden« entstanden ist [27]). Der Ausdruck »ohne sein Verschulden«, und »als Bürge« könnten es zweifelhaft machen, welchen Grad von Schuld der Inhaber zu vertreten habe. Denn der Bürge haftet für denjenigen Ausfall, welcher ohne grobes Versehen des Gläubigers eingetreten ist [28]). Es könnte also scheinen, als wenn der säumige Inhaber der Assignation auch nur für ein grobes Versehen in exigendo verhaftet wäre. Nach der Regel muß derselbe indeß, gleich einem Cessionar [29]), für die Folgen eines geringen Versehens stehen [30]), und dieß ist auch hier anzunehmen, da die Worte: »ohne sein Verschulden« nicht nur keine Ausnahme anzeigen, sondern vielmehr jedes Versehen oder ein Versehen ohne Grade ausdrücken; und überdieß der Assignatar im Allgemeinen für das geringste Versehen haften muß [30a]). Läßt es der Assignatar aber nicht bei bloßer Saumseligkeit bewenden, sondern unterläßt er in Folge von, auf Befristung gehenden, Handlungen seine Schuldigkeit zu thun, so macht er dadurch auch bei gemeinen Anweisungen die angewiesene Forderung zu der Seinigen, und verliert seinen Anspruch an den Assignanten. Dieß tritt namentlich ein [31]):

a. wenn er sich mit dem Assignaten in »neue Verbindungen« einläßt, und darüber den Betrieb der Sache innerhalb der gesetzmäßigen Frist versäumt. Von welcher

---

[27]) Ebd. §. 1288.
[28]) I. 13. §. 328.
[29]) I. 11. §. 432. 438.
[30]) I. 16. §. 285. 286.
[30a]) II. 8. §. 1268.
[31]) I. 16. §. 289. 290.

Art die Geschäfte sein müssen, um für »neue Verbindungen« gelten zu können, ist hier ganz gleichgültig. Dieser Ausdruck ist nur dazu gebraucht, um anzudeuten, daß nicht bloß eine simple Nachsicht oder Säumniß, sondern auch eine durch wechselseitigen Verkehr veranlaßte Versäumniß dem Assignatar zur Last falle; denn man war darüber nach der gemeinrechtlichen Praxis zweifelhaft: ob in diesem Falle der Assignatar in culpa sei, oder nicht [32]).

b. Wenn er dem Assignaten eigenmächtig, ohne Genehmigung des Assignanten, über die gesetzmäßige Frist, Nachsicht giebt;

c. wenn er sich von ihm weiter anweisen läßt, und darüber die gesetzmäßige Frist versäumt.

In diesen Fällen stimmt also das Preuß. Recht mit der gemeinrechtlichen Praxis überein. Der Assignatar wird nunmehr ganz als Cessionar behandelt, welcher ebenfalls durch willkührliche Gestattung einer Nachsicht seinen Regreß verliert [32a]). Es findet sich hier eine wol nicht beabsichtigte Verschiedenheit zwischen gemeinen, und kaufmännischen Assignationen zum Nachtheile des gemei-

---

[32]) „Quaeritur, si tale quid creditori assignato eveniat, utrum eo ipso a negligentia et culpa excusatus sit, quod debitor assignatus eum hac ratione eluserit? Respondemus, quod nihilominus in culpa dici possit creditor, et quidem hac ratione, quia tales elusiones assignanti statim significare debuisset, quod dum non fecit, ejus negligentiae culpa adscribitur." Stryck l. c. §. 47. Dieß ist es, was das Allg. Landrecht bestätigen will. Diese Bemerkung scheint darum nöthig, damit der richtige Standpunkt nicht verkannt, und auf die vorhandenen Erklärungen: was unter einer „neuen Verbindung" zu verstehen (wie z. B. bei Grävell, Cred. Ges. Bd. IV. S. 135. in der Note zu §. 79 zu finden) nicht in dem Sinne Gewicht gelegt werde, als wenn es darauf ankäme, um davon abhängig zu machen: ob der Assignatar seine Säumniß zu vertreten habe.

[32a]) Vergl. oben §. 38. Nr. II. S. 220.

nen Assignatars, indem dieser strenger behandelt wird, und seinen Regreß verlieren soll, während der Inhaber einer kaufmännischen Assignation, bei welcher sonst die Regeln strenger sind, unter ganz gleichen Umständen noch einen Anspruch an den Assignanten als Bürgen wegen desjenigen Ausfalls haben soll, der ohne sein Verschulden entsteht. (Note 27). Warum zwei verschiedene Grundsätze nebeneinander bestehen sollen, ist unergründlich. Der letztere ist der richtige, und es läßt sich wol rechtfertigen, daß derselbe allgemein angewendet, und die Bestimmung: daß der Cessionar und der Assignatar seinen Regreß verliere, so verstanden werde, daß nur das Periculum auf den Cessionar und Assignatar übergehen, nicht aber auch alsdann der Anspruch ausgeschlossen sein soll, wenn nachgewiesen werden kann, daß die Post schon zur Zeit der Cession oder Assignation uneinziehbar gewesen, weil hier ein Irrthum in stillschweigend vorausgesetzten Eigenschaften vorhanden ist, welcher die Aufhebung des Vertrags zur Folge hat. (S. oben S. 220.)

Aber auch dann bleibt noch die inconsequente Verschiedenheit zwischen kaufmännischen und gemeinen Assignationen übrig, daß das Periculum nominis bei den letztern, nicht aber bei den erstern, von dem säumigen Assignatar, nunmehrigen Cessionar, zu tragen ist.

Bei kaufmännischen Assignationen muß der Inhaber, wenn der Assignant nicht an denselben Orte wohnt, außer der sofortigen Erhebung und Versendung des Protestes, bei Verlust seines Rechts an den Assignanten, auf dessen Kosten die Klage wider den Assignaten sogleich [32b]) anstellen, und den Prozeß so lange gehörig

---

[32b]) Das „sogleich" hat hier die nämliche Bedeutung wie

fortsetzen, bis der Assignant dazu, nach dem gewöhnlichen Laufe der Posten, selbst die nöthigen Verfügungen treffen kann [33]). Diese Bestimmung setzt voraus, daß der Assignat des Assignanten Schuldner sei. Daher heißt »bei Verlust des Rechts an den Assignanten« nichts weiter, als daß der Assignatar diese angewiesene Forderung, durch seine Nachläßigkeit, zu der Seinigen mache, und dafür der Assignant von seiner Verbindlichkeit gegen den Assignatar liberirt werde. Dadurch stellt sich die Sache practisch ebenso, wie in dem vorhin erwähnten Falle, wo der Assignatar dem Assignaten eigenmächtig Nachsicht giebt, und als ein solcher Cessionar behandelt wird, der seine Obliegenheiten verabsäumt hat. Die Folgen der Nachläßigkeit des Assignatars sind daher in allen Fällen wesentlich die nämlichen: er wird wirklicher Successor des Assignanten, mit der Wirkung der Novation für den letztern; nur soll in dem vorhin erwähnten Falle, wo der Assignatar willkührlich Nachsicht gegeben hat, bei einer kaufmännischen Assignation der Assignant noch das Periculum nominis tragen (als Bürge haften), welche Ausnahme wol einer ungenauen Redaction, oder einer unklaren Vorstellung des Verfassers zugeschrieben werden muß.

Bei den **gemeinen** Assignationen ist der Assignatar nicht **schuldig**, wohl aber **befugt**, gegen den Assigna-

---

bei der Cession. Vergl. oben S. 248. Die Wechselklage soll in dem gleichen Fall, nach §. 1240 binnen 3 Tagen nach der Verfallzeit angemeldet werden. Davon ist keine analoge Anwendung auf den Fall des Assignatars zu machen, weil dafür eben diese specielle Vorschrift ist, welche eine viel kürzere, nach den Umständen aber auch wieder eine längere Frist bestimmt. And. M. **Crelinger** u. **Gräff**, Wechselrecht S. 411. ad §. 1281. Nr. 2.

[33]) II. 8. §. 1281. Vergl. **Siegel** Corpus jur. camb. Th. II. S. 216. Resp. XVII.

ten aus der Annahme zu klagen. Will er dieses, so muß er dennoch dem Anweisenden von der unterbliebenen Zahlung und angestellten Klage sofort Nachricht geben. Unterläßt er dieses, so haftet er dem Assignanten auch für ein geringes, bei dem Betriebe des Prozesses oder der Execution begangenes, Versehen [34]), weil die Mora die sonst geltenden Regeln von der Culpa modificirt [35]).

4) Das Verhältniß des Assignatars in diesem Prozesse ist lediglich das eines Mandatars des Assignanten, so jedoch, daß er dabei zugleich sein eigenes Geschäft wahrnimmt [36]). Daraus folgt:

a. Der Assignatar kann zu allen Zeiten die Fortsetzung des Prozesses und der Execution gegen den Assignaten dem Anweisenden überlassen, und sich nach wie vor an diesen als seinen Schuldner halten; doch muß er, wie ein Mandatarius, welcher vor beendigtem Geschäfte die Vollmacht aufgekündigt hat, die angefangenen Geschäfte so lange fortsetzen, bis der Assignant weitere Vorkehrungen treffen kann [37]).

b. Er kann Schadloshaltung für Kosten und Auslagen von dem Assignanten fordern, wenn er dieselben nicht von dem Beklagten erlangt; und

---

[34]) I. 16. §. 285. 286.

[35]) Recht der Forderungen Bd. I. §. 25 a. E. Note 18. S. 281. Vergl. I. 13. §. 60. 49. 50.

[36]) L. 22. §. 2. D. mandati. (XVII. 1). „Interdum evenit, ut meum negotium geram, et tamen utilem habeam mandati actionem, veluti, cum debitor meus periculo suo debitorem suum mihi delegat, aut cum rogatu fidejussoris cum reo experior: nam quamvis debitum meum persequar, nihilominus et illius negotium gero: igitur, quod minus servavero, consequar mandati actione.“

[37]) I. 16. §. 287. 288. — Stryck. l. c. §. 43—45.

c. er kann, wenn er die Sache gegen den Assignaten nicht weiter verfolgen zu wollen, einmal erklärt hat, nachher eben so wenig, wie ein Mandatarius, der den Auftrag aufgekündigt, und die Vollmacht zurück gegeben hat, aus der nämlichen acceptirten Assignation von neuem den Assignaten belangen [38]); vielmehr ist dazu eine neue Anweisung und eine neue Acceptation nothwendig.

5. Erfolgt die Zahlung, so hat die Assignation ihr Ende erreicht; der Assignant ist, wenn die Befriedigung des Assignatars beabsichtigt war, liberirt, und wenn dadurch erst ein Schuldverhältniß contrahirt werden sollte, so ist dasselbe perfekt. War die Assignation gekauft, und das Kaufgeld nicht gleich bei Aushändigung derselben bezahlt, so treten die allgemeinen Grundsätze wegen der Zah-

---

[38]) Aus diesem Grunde ist das Präjudicat des Geh. Ober-Trib. in Simon's u. v. Strampff's Rechtssprüchen, Bd. I. S. 45, wodurch ein Assignatar, welcher keine Zahlung erhalten und deshalb die Assignation zurückgegeben, nachher aber dieselbe wieder erhalten hatte, und aus dem Accept klagte, mit Abänderung der conformen Urtel der ersten und zweiten Instanz abgewiesen worden, völlig gerechtfertigt. Das Geh. Ober-Trib. drückt diesen Grund nur indirect aus. Es heißt: der Assignatar solle nur ex mandato praesumto Namens des Assignanten aus der acceptirten Anweisung klagen können. Daraus folge von selbst, daß, wenn der Assignatar, bei zwar angenommener, jedoch durch die Zahlung nicht honorirter Assignation, nach der ihm gestatteten Wahl, die Verfolgung des Anspruchs gegen den Assignaten für seine Person aufgebe, und statt dessen auf den Assignaten zurückgehe, sich jede Verbindung und jedes Verhältniß zwischen dem Assignatar und Assignaten auflöse, und somit auch der Assignatar es dann lediglich nur wieder mit dem Assignanten zu thun habe. Daß dieses folgt, kommt eben daher, daß der Assignatar den Auftrag zurückweiset, wodurch er aufhört, Beauftragter zu sein, so daß er nur noch, wenn er will, als bloßer negotiorum gestor des gewesenen Mandanten so lange handeln kann, bis dem gewesenen Machtgeber möglich ist, selbst die weitern Verfügungen zu treffen.

lungszeit ein, d. h. der Assignant kann, wenn keine Stundung ausbedungen worden ist, die Zahlung zu jeder Zeit fordern, und es fehlt an einem Rechtsgrunde, aus welchem, wie Merkel [38a] meint, sich hierüber viel streiten ließe, und eine specielle gesetzliche Bestimmung nöthig scheinen könnte, da jeder Contrahent, welcher Erfüllung empfangen hat (und die Aushändigung der gekauften Assignation ist hier die Erfüllung), auch seinerseits erfüllen muß. — Ferner ist behauptet worden [38b]), daß bei kaufmännischen Assignationen der Assignant in diesem Falle den Kaufpreis binnen Jahresfrist im Executiv-Prozesse, d. h. jetzt im summarischen, mit der Wirkung der provisorischen Vollstreckbarkeit des Erkenntnisses, einfordern könne, weil der Wechseltrassant gegen den Remittenten, wegen der Valuta des erhaltenen Wechsels, das nämliche Recht habe [38c]). Diese Anwendung dieser Bestimmung auf den vorliegenden Fall ist unstatthaft, weil beide Fälle völlig verschieden sind, und Bestimmungen über privilegirte Prozesse, und die damit in Verbindung stehenden materiellen Vorrechte gar nicht analog angewendet werden können [39]).

§. 45.

III) Regreß an den Assignanten.

III) Erlangt der Assignatar auch durch den Prozeß keine Zahlung, so kann er, wenn er, wie es heißt, »seine

---

[38a]) Commentar zum Allg. Landrecht ad §. 298. Tit. 16. Th. I.

[38b]) Von Grävell in den Cred. Gesetzen, Bd. IV. S. 143. Note *.

[38c]) Allg. L. R. II. 8. §. 958.

[39]) Derselben Meinung sind auch Crelinger u. Gräff a. a. O. S. 443 ad §. 1287. Nr. 3, wo jedoch, ohne daß es im Druckfehlerverzeichniß angezeigt worden, hinter den Worten: „in-

gesetzmäßigen Pflichten beobachtet hat,« sich nach wie vor an den Anweisenden als seinen Schuldner halten [39]a). Wegen der, durch die versuchte Einziehung der Forderung gehabten Schäden und Kosten hat er in jedem Falle die Actio mandati directa [39]b). Wegen der angewiesenen Post aber sind drei Fälle zu unterscheiden.

1) Die Assignation ist zur Tilgung einer Schuld, womit der Assignant dem Assignatar verhaftet war, ertheilt worden. In diesem Falle kann der Assignatar seine Schuld eben so einfordern, als ob das Assignationsgeschäft gar nicht vorgefallen wäre [40]).

2) Der Assignatar hat die Anweisung von dem Aussteller »gekauft.« Ist das Pretium creditirt, so fällt die Schuld fort, und es kann auf Liberation und Schadensersatz geklagt werden. Hat der Assignatar das Pretium bezahlt, alsdann fordert er, gegen Zurückgabe der Anweisung, die Erstattung der bezahlten Summe nebst Schäden, Kosten und Zinsen [41]), welche Letzteren vom Tage der bezahlten Valuta berechnet werden [42]). Die Klage ist jedoch nicht, wie man

---

nerhalb Jahresfrist," die Worte: „im Executiv-Prozesse" ausgelassen zu sein scheinen.

[39]a) I. 16. §. 287. II. 8. §. 1287. — Stryck l. c. §. 21. 40 — 46. — Cocceji l. c. §. 13. — Leyser, Spec. 199. m. 2. — Über die Frage: ob der Gläubiger, dem ein Ausstand seines Schuldners angewiesen worden, durch unterlassene Realisirung der Assignation, seiner Forderung an jenen verlustig werden könne, s. m. Elvers allgem. jur. Zeitschr. Zweiter Jahrg. (1829) S. 389. u. v. Hohnhorst Jahrbücher des Großherzogl. Badisch. Oberhof-Gerichts zu Mannheim. Zweiter Jahrg. (1824). S. 283.

[39]b) Stryck l. c. §. 42. in f.

[40]) II. 8. §. 1283. — L. 46. D. de solutionibus et liberation. (XLVI. 3).

[41]) II. 8. §. 1281.

[42]) Wagner, Handbuch des in den Österreichischen Staaten geltenden Wechselrechts. Wien 1823. Bd. II. S. 159.

aus dem Ausdruck »gekauft« schließen könnte, eine Evictionsklage; denn der Vertrag, wodurch man gegen baare Zahlung sich von Jemand eine Anweisung auf eine bestimmte Summe an einen Andern geben läßt, ist kein Kaufkontrakt, da der Inhaber kein Recht an den Dritten aus dem, mit dem Aussteller abgeschlossenen, Contract erlangt, mithin in der That nichts kauft; sondern dieses Geschäft ist vielmehr die vorhin (§. 41) angegebene Assignation in ihrer eigentlichen Bedeutung, wodurch sich der Aussteller als Debitor aus diesem Rechtsgeschäft verbindlich macht, die bestimmte Summe zur bestimmten Zeit an dem bestimmten Ort sicher zahlen zu lassen. Deshalb ist es keine Inconsequenz, daß hier bei ausbleibender Zahlung Zinsen gefordert werden können, während die Evictionsklage auf Zinsen von der Valuta für die gekaufte Forderung nur in dem Falle geht, wenn der Verkäufer in Dolo oder in culpa lata gewesen ist [42a]). Die Klage ist die Interessen-Klage wegen unterbliebener vertragsmäßiger Erfüllung. Dieser Vertrag verbindet den Debitor, weil er die sichere Zahlung übernimmt, und der Creditor sich darauf verläßt, zur größten Sorgfalt, und verpflichtet ihn daher zur vollständigen Entschädigung [43]).

Wenn die Assignation eine kaufmännische ist, und ein Empfangsbekenntniß über baar bezahlte Valuta enthält, mithin die Schrift ein Instrumentum guarentigiatum ist[44]), so entsteht daraus ein selbstständiges Klagerecht, welches binnen Jahresfrist, nach dem Verfalltage, im Wege des

[42a]) Vergl. oben §. 37. Nr. III. S. 210.

[43]) I. 3. §. 23. 39. I. 5. §. 285—287. Kaufleute sind in solchen Rechtsgeschäften schon als Sachverständige zur Leistung des vollen Interesses verpflichtet. §. 289.

[44]) Über dessen Begriff s. m. Recht der Forderungen Bd. I. S. 583.

Executiv-Prozesses verfolgt werden kann [45]), d. h. jetzt, nachdem an die Stelle des ehemaligen Executionsprozesses ein allgemeiner summarischer Prozeß getreten, das Urtel erster Instanz ist provisorisch vollstreckbar, und die Appellation hat nur Devolutiv-Effect [46]). Es sollte nun, nachdem an die Stelle des Executivprozesses ein allgemeiner summarischer Prozeß getreten ist, in welchem die Erkenntnisse nicht, wie im Wechsel- und Executiv-Prozesse, ipso jure die Natur der provisorischen Vollstreckbarkeit haben, jedesmal auf vorläufige Vollstreckung in der Klage angetragen, und im Urtel erkannt werden, damit der Beklagte Gelegenheit hätte, seine Einwendungen dagegen anzubringen, wie das früher im Executiv-Prozesse geschehen konnte, wo der Richter den Kläger mit der Executiv-Klage, wenn die Voraussetzungen derselben fehlten, abwies, wenngleich die Forderung für richtig erkannt wurde. Jetzt wird, wenn ohne eine solche vorgängige contradictorische Entscheidung Execution verfügt werden soll, der Beklagte unversehens angegriffen, und ungehört exequirt; denn während des Prozesses konnte er sich hiergegen nicht wahren, weil er nicht wußte: ob man beabsichtigte, künftig die provisorische Execution in Antrag zu bringen. Es wäre ihm, wenn der Kläger diese verlangt hätte, ein leichtes gewesen, den Antrag excipiendo zu beseitigen. Darin ist das Französische Recht gerechter. Es muß jedesmal auf provisorische Vollstreckung in den Fällen, wo sie gesetzlich Statt finden kann, zugleich erkannt werden; und wenn es unterblieben, so soll der Kläger eine neue Audienz auswirken, und den Gegner

[45]) II. 8 §. 1285. 1286.

[46]) A. G. O. I. 28 §. 5. 7. 9. — Verordn. über den Mandats-summarischen u. Bagatell-Prozeß. V. 1. Juni 1833. §. 40.

laden lassen, um sich gegen das nachträgliche Petitum vertheidigen zu können [46a]). — Außer der privilegirten Prozeßform hat die Forderung binnen dieser Zeit im Concurse das Vorrecht der sechsten Klasse. (Note 45). Nach Ablauf dieser Zeit ist dieses Klagerecht aus der Literalobligation verjährt, und es gebührt nur die ordentliche Contractsklage.

3) Der Assignatar sollte erst Gläubiger des Assignanten durch den Empfang des Geldes werden. Alsdann hat derselbe, außer der Actio mandati directa, gar keinen Anspruch an den Assignanten, wenn nicht etwa ein rechtsverbindliches pactum de mutuo dando abgeschlossen ist [46aa]).

Gegen alle diese Klagen hat der Beklagte die Einrede der Versäumniß bei Eintreibung der Post, wenn der Assignat Schuldner des Assignanten war, oder sonst Deckung erhalten hatte [47]). Besteht kein solches Schuldverhältniß zwischen dem Assignanten und Assignaten, so fällt die Einrede von selbst fort.

§. 46.

IV) Übertragung der Assignation.

IV) Der Assignatar kann, Statt sich selbst mit der Einziehung der angewiesenen Post zu befassen, die Assignation auf einen Andern übertragen, ohne hierzu der Ermächtigung des Assignanten zu bedürfen [48]), und zwar, wie sich versteht, nur mit denselben Rechten, welche er

---

[46a]) Code de procedure civile. Art. 158.

[46aa]) I. 16. §. 298. 299.

[47]) I. 16 §. 287. — Stryck l. c. §. 38—40. 46. 47.

[48]) II. 8 §. 1299. — Stryck l. c. §. 48.

selbst hat. Er bleibt jedoch dem Assignanten für die Versehen seines Cessionars oder Indossatars' eben so verantwortlich, als wenn er selbst sie begangen hätte [49]). Die Übertragung geschieht bei kaufmännischen Assignationen gewöhnlich in Form eines Indossaments. Dadurch erhält aber der letzte Inhaber nicht das Recht, sich, wie bei Wechseln, beliebig an jeden der mehreren Vormänner, im Falle der Nichtzahlung, zu halten; vielmehr gilt dieses nur an solchen Orten, wo den kaufmännischen Assignationen durch besondere Gesetze das Wechselrecht beigelegt worden ist [50]).

Zwischen dem Indossanten und dem Indossatarius findet dasselbe Verhältniß, wie zwischen dem Aussteller und dem ersten Inhaber, Statt [51]). Außerdem ist er wegen der ihm abgetretenen eigenen Rechte des Indossanten zugleich in einer directen Beziehung zu dem Aussteller. Daraus folgt [52]):

1) Er hat die Wahl: ob er sich an seinen unmittelbaren Vormann, oder an den Aussteller halten will, vorausgesetzt, daß der erste Inhaber einen Anspruch an Diesen haben würde.

2) Er muß in jedem dieser beiden Fälle wegen Aufnahme und Remission des Protestes, und wegen vorläufiger Anstellung der Klage, eben dasselbe beobachten, was dem ersten Inhaber obliegt. Dieß alles muß, wenn er sich an seinen unmittelbaren Vormann halten will, so zeitig geschehen, daß es Diesem noch möglich ist, den Pro-

---

[49]) L. 8 §. 3 D. Mandati. (XVII. 1). — L. 21 §. 3 D. de negotiis gestis. (III. 5).

[50]) II. 8. §. 1300. 1302. — Reiz Annotat. ad Heineccii elementa juris camb. Cap. III. §. 21 Not. 42 p. 120. 125. —

[51]) II. 8. §. 1301. — L. 28 D. de negotiis gestis. (III. 5).

[52]) Ebd. §. 1303 u. 1301.

test binnen der gesetzmäßigen Frist weiter an den Aussteller zu remittiren, weil ihm sonst der Regreß an den Letztern verloren gehen würde; denn der Aussteller hat nicht nöthig, längere Fristen zu bewilligen, wenn die Assignation durch mehrere Hände geht, weil er dadurch in keine schlimmere Lage kommen kann. Hieraus folgt ferner, daß wenn schon durch einen Vormann ein Versehen begangen worden ist, der letzte Inhaber seinen Regreß nicht an den Aussteller, sondern nur an seinen Vormann, als seinen Contrahenten, nehmen kann. Man hat es zweifelhaft gefunden, ob gegen den Indossanten, eben so wie gegen den Aussteller, der Executiv-Prozeß, jetzt der summarische, mit provisorischer Vollstreckbarkeit des Urtels, Statt finde [53]). Dieß scheint nicht zweifelhaft. Der §. 1301 des Allg. Landrechts a. a. O. bestimmt:

»Der Indossant steht mit dem Indossatario in eben dem Verhältnisse, wie der Aussteller mit dem ersten Inhaber.«

Es gilt also Alles, was für das Verhältniß des Ausstellers zum ersten Inhaber bestimmt ist, auch für das Verhältniß zwischen Indossanten und Indossatar. In der That liegt in der Natur der Sache auch nicht das Geringste, was die Rechtsregeln über das Eine Verhältniß für das Andere unanwendbar machen könnte. Es muß daher auch das Vorrecht und das Prozeßrecht in dem Verhältnisse des Inhabers zu dem Indossanten gelten, vorausgesetzt, daß in diesem Verhältnisse sich eben dieselben Erfordernisse finden, durch welche diese Rechte in dem Verhältnisse des ersten Inhabers zu dem Aussteller bedingt sind, d. h. der Indossant muß ein Kaufmann, und in dem

[53]) Grattenauer a. a. O. u. bei Mathis V. S. 39 u. ff. verneint es.

Indossament das Empfangsbekenntniß baar gezahlter Valuta enthalten, mithin das Indossament ein Instrumentum guarentigiatum sein [54]).

§. 47.

4) Verhältniß zwischen dem Assignatar und dem Assignaten.

1) So lange der Assignat die Anweisung nicht angenommen hat, steht er mit dem Assignatar in gar keinem Rechtsverhältniß; er ist daher demselben zu nichts schuldig, wenn er auch Wissenschaft von der Assignation erhalten hat [1]). Daraus folgt, daß der Assignatar, im eigenen Namen, gegen ihn auch nicht klagen kann. Nach Gemeinem Rechte ist man darüber nicht einerlei Meinung: ob er nicht im Namen des Assignanten als dessen Mandatar klagend auftreten könne, ohne dazu, außer der Assignation, noch einer besondern Vollmacht zu bedürfen. Einige [2]) halten ihn schlechthin für einen Bevollmächtigten, und die Assignation für eine ihm zu seinem Besten ertheilte Vollmacht. Andere [3]) meinen, daß die Anweisung allein nicht als Prozeß-Vollmacht anzusehen sei; weil der Assignatar nur ein Recht auf außergerichtliche Einforderung und Empfangnahme der Zahlung habe. Derselben Meinung ist

[54]) Deshalb ist die Behauptung Grävell's (Credit-Ges. Bd. IV. S. 143 in der Note ** zu §. 101 a. E.): daß wenn der Assignant dem Assignatar im Executiv-Prozesse verhaftet, es unbedenklich auch der Indossant dem Indossatar sei, in dieser Allgemeinheit unbegründet.

[1]) I. 16 §. 259. 271. — II. 8 §. 1291.

[2]) Schmidt, von gerichtlichen Klagen u. Einreden. §. 872. — Auch v. Wening-Ingenheim ist im Civil-Recht I. Ausg. Bd. II. §. 257 Note k dieser Meinung.

[3]) Cocceji l. c. §. 17. — Ritter. l. c. §. 15.

auch Stryck, welcher von dem klagenden Assignatar verlangt, daß er sich legitimire, quamvis, fügt er jedoch hinzu, etiam existimem, assignationis productionem admitti posse, praecipue si — simul documenta ad causam pertinentia in manibus habeat, modo cautionem de rato praestet. Er nimmt also ein Mandatum praesumtum an [4]). Dieß hat in sofern Interesse, als es die Lehre des Allg. Landr. ist. Dasselbe betrachtet ebenfalls den Assignatar als vermuthlichen Bevollmächtigten, als welcher er die Klage anstellen, und die Sache so lange fortsetzen könne, bis der Assignant dazu selbst die nöthigsten Verfügungen zu treffen im Stande ist [5]). Will er weiter die Sache betreiben, so muß er, wie jeder Andere, eine ausdrückliche Vollmacht beibringen; kann er dieß nicht, und geht von dem Assignaten eine Mißbilligung ein, so ist das eingeleitete Verfahren für nicht angefangen zu erachten, und der Beklagte kann sich wegen seiner Schäden und Kosten nur an den Assignater halten [6]), welcher jedoch, da er die Einwilligung rechtlich voraussetzen mußte, und unter Umständen sogar zur Erhaltung seiner Gerechtsame die einleitenden Schritte zu thun schuldig war [7]), von dem Assignanten Ersatz zu fordern berechtigt ist. Geht dagegen in der gesetzlichen Frist, binnen welcher Jemand sich auf einen ihm gemach-

---

[4]) Stryck l. c. §. 42. Dabei beruft er sich auf Menoch de praesumt. L. 2. praes. 35, wo vom Mandatum praesumtum die Rede ist.

[5]) I. 12 §. 281. 283. 284. — II. 8. §. 1281. Cropp in seinen u. Heise's juristischen Abhandlungen. II. Nr. 13 S. 361 Note 41, will deshalb, weil dem Assignatar eine vermuthete Vollmacht zugeschrieben wird, ihm die Rechte eines Cessionars beilegen, als wenn eine vermuthete Vollmacht noch mehr bewirken könnte, als eine völlig bewiesene.

[6]) I. 13. 125 u. 128.

[7]) II. 8 §. 1281.

ten Antrag zu erklären verpflichtet ist, die Erklärung des Assignanten nicht ein, so wird dessen Einwilligung angenommen, der Assignatar kann, wenn er will, den Prozeß im Namen des Assignanten zu Ende führen, und denselben im Wege Rechtens anhalten, ihm die zur Beobachtung der Förmlichkeiten des Prozesses erforderliche Vollmacht auszustellen [8]).

II) Durch die in gültiger Form erfolgte Acceptation erhält der Assignatar ein Klagerecht im eigenen Namen gegen den Assignaten, aus dem, in der Annahme der Anweisung liegenden Versprechen: dem Inhaber auf Rechnung des Assignanten die bestimmte Summe zu zahlen [9]). Der Assignatar hat nunmehr zwei Schuldner: den Assignanten und den Assignatar, unter welchen er wählen kann. Die Annahme muß jedoch, um diese Wirkung zu haben, unbedingt geschehen sein. Ob sie dieß sei, kann zuweilen zweifelhaft sein. Wenn nämlich in der Anweisung einer besondern Bekanntmachung gedacht ist, und der Assignat bei der Annahme schriftlich erklärt: daß er die Assignation nur in Erwartung der versprochenen Bekanntmachung leiste, so kann man diese Erklärung eben so gut für die Angabe des Beweggrundes, als für eine Bedingung ansehen. Diesen Zweifel hat das Allg. Landrecht im §. 272 d. T. dadurch beseitigt: daß eine solche Erklärung, unter der gedachten Voraussetzung, als eine Bedingung interpretirt wird, so daß, wenn die Bekanntmachung bis zum Zahlungstermine nicht eingeht, oder der Assignat den Inhalt für sich nachtheilig findet, die Annahme nicht verbindlich ist. Die Rechtsverhältnisse zwischen Beiden sind jedoch nicht in allen Fällen gleich.

---

8) I. 13 §. 126 u. 127. I. 5 §. 90 u. fg. — A. G. O. I. 16. §. 2. Nr. 5. a. E.

9) I. 16 §. 285. 291. 276. — II. 8 §. 1289.

1) Ist die Assignation nicht auf eine dem Assignanten an den Assignaten zustehende Forderung gerichtet, so enthält jenes in der Acceptation liegende Versprechen eine Expromission. Daraus folgt, daß der Einwand: der Assignat sei dem Assignanten zu nichts verpflichtet, unstatthaft ist [10]). Nur wegen veränderter Umstände kann das Versprechen alsdann widerrufen werden, wenn der Aussteller in Concurs verfällt [11]). Aus demselben Grunde wird man die Aufhebung der Verbindlichkeit auch gestatten müssen, wenn der Aussteller nach der Acceptation sich der gerichtlichen Verfolgung entzogen, oder sonst durch unvorhergesehene Veränderung ganz außer Stande gesetzt worden ist, dem Assignaten aus dem ihm ertheilten Auftrage gerecht zu werden [12]).

2) Ist ausdrücklich eine bestimmte Forderung angewiesen, so ist das dem Assignatar aus der Acceptation entstandene Klagerecht eben dasselbe, welches dem Assignanten selbst zusteht; der Assignatar tritt durch die Anweisung und durch die hinzugekommene Acceptation in alle Rechte des Assignanten [13]). Daraus folgt, daß der Assignat ihm auch die Einwendungen entgegensetzen kann, welche ihm gegen den Assignanten zustehen [14]). Hat aber

---

[10]) I. 16. §. 259.

[11]) II. 8. §. 1295.

[12]) I. 5 §. 378.

[13]) I. 16 §. 291. — Oest. Ges.-B. §. 1408.

[14]) Ebd. §. 291. 266. Merkel im Commentar zu §. 272 h. t. Band II. S. 517. Lit. A. meint, daß entweder der §. 266 den §. 259, wonach der Assignat auf die acceptirte Anweisung Zahlung leisten muß, wenn er dem Assignanten auch zu nichts verpflichtet ist, abändere, oder eine bloße Wiederholung desselben sei. Es ist keines von beiden der Fall. Der §. 259 setzt voraus, daß der Assignat gar nicht Schuldner des Assignanten sei; der §. 266 bezieht sich auf den Fall, daß eine bestimmte Forderung assignirt wird.

der Assignat die auf eine bestimmte Forderung lautende Anweisung ohne Vorbehalt angenommen, so hat er dadurch die Richtigkeit der Forderung anerkannt, und auf die ihm zugestandenen Einwendungen verzichtet; er kann daher dem Assignatar auch nicht mehr den Einwand der Compensation, oder der sonstigen Tilgung der Forderung, aus der Person des Assignanten machen [15]). Es versteht sich aber ganz von selbst, daß die Natur der angewiesenen Forderung selbst, durch die bloße Acceptation der Anweisung, nicht verändert wird; durch die Annahme einer solchen Anweisung erklärt der Schuldner bloß: daß er die angewiesene Forderung, mit welcher es seine Richtigkeit habe, statt an den ursprünglichen Gläubiger, an dessen Assignatar zu seiner Zeit zahlen werde. Deshalb kann eine bedingte Forderung, bloß durch die Acceptation einer Assignation darauf, niemals eine unbedingte werden. Nach erfolgter Annahme der Anweisung kann der Assignat von dem Assignanten nicht mehr liberirt werden [16]).

Der Tod des Assignanten hebt das Recht des Assignatars nicht auf [17]); dagegen kommt dem Assignaten gegen den klagenden Assignatar der Einwand zu statten, daß nach der Acceptation über das Vermögen des Ausstellers Concurs entstanden [18]), da die Gläubiger die Assignation widerrufen können, wenn nicht schon Zahlung geleistet ist, ehe die erfolgte förmliche Concurseröffnung zur Wissenschaft des Assignaten gelangt,

---

[15]) I. 16 §. 292. 314. — II. 8 §. 1293. 1294. — Engau Decis. P. I. dec. 507. — Barth Hodeg. for. Cap. II. § 3. lit. h. Nr. 5.

[16]) I. 16 §. 274. — II. 8 §. 1291.

[17]) Stryck l. c. §. 64.

[18]) II. 8 §. 1295.

und nicht etwa der Letztere, nach den Gesetzen seines Wohnorts, aus der Annahme unbedingt zur Zahlung verpflichtet ist [19]). Der Einwand, daß Mehrere auf ein und eben dasselbe, in den Händen des Assignaten für Rechnung des Assignanten befindliche Object angewiesen worden, und daß ein Anderer den Vorzug habe, befreit den Assignaten von der Verbindlichkeit gegen den Assignatar aus der Acceptation nicht [20]).

Gegen einen Kaufmann hat der Assignatar aus der Acceptation innerhalb Jahresfrist das Recht, das erste Erkenntniß provisorisch vollstrecken zu lassen; und im Concurse hat er das Vorrecht der sechsten Klasse [21]).

§. 48.

5) Verhältniß zwischen dem Assignanten und dem Assignaten.

I. Der Assignat ist entweder der Schuldner des Assignanten, oder er ist es nicht. In dem letztern Falle ist er nicht schuldig, eine Assignation anzunehmen, oder eine Erklärung darüber abzugeben. Ist er aber Schuldner des Assignanten, oder hat er Deckung von ihm in Händen, so muß er Zahlung an Jeden leisten, welchen der Gläubiger zur Empfangnahme beauftragt, wenn nur seine Lage dadurch nicht verschlimmert wird. Hierauf beruhet der Rechtssatz: daß der Assignat schuldig, die auf ihn gerichtete Anweisung in soweit anzunehmen, als er dadurch auch in Ansehung der Zeit, des Orts, der Münz-

---

[19]) Ebd. §. 1296. — A. G. O. I. 50 §. 40.
[20]) I. 16. §. 295. 296.
[21]) II. 8 §. 1297. 1298.

sorten, und sonst, zu einem Mehrern, als er dem Anweisenden schuldig war, gegen den Assignatarius nicht verpflichtet wird. Er muß daher zwar eine, seine Schuld übersteigende, Anweisung auf den Betrag der Schuld annehmen, aber er braucht die Anweisung auf einen Theil seiner Schuld nur mit der Maaßgabe zu honoriren, daß ihm die ganze Schuld abgenommen werde, weil er nicht schuldig ist, Stückzahlungen zu leisten [1]). Weigert er die Annahme ohne Grund: so wird er dem Anweisenden zur Schadloshaltung verhaftet [1]a). Eigentlich liegt hierin eine juristische Ungenauigkeit. Der Schuldner des Anweisenden hat es nicht in seiner Willkühr, ob er die Anweisung acceptiren, und mithin an den Assignatarius zahlen will oder nicht; er ist schuldig: an jeden legitimirten Bevollmächtigten zu zahlen. Daraus folgt, daß er um die Annahme eigentlich nicht gefragt zu werden braucht, sondern daß ihm die Assignation nur bekannt gemacht und nachgewiesen werden muß [2]), vorausgesetzt, daß die Anweisung ganz ausdrücklich den Assignatar auf eine bestimmt bezeichnete Forderung anweiset. Deshalb wird die ohne Vorbehalt erfolgende Acceptation der, ausdrücklich auf eine Schuld gerichteten, Anweisung, in Beziehung auf den Assignanten, als ein erneuertes Schuldbekenntniß angesehen [3]), wodurch die Ungültigkeit des ursprünglichen gehoben wird. Es versteht sich, daß die Annahme mit dazu dienlichen Worten ausgedrückt sein muß. Leistet er

---

[1]) Verordn. v. 8. Febr. 1811. (Ges.-Samml. Jahrg. 1811. S. 150). — Rescr. v. 22. September 1810. (Mathis Bd. IX. S. 323 u. f.)

[1]a) §. 256. u. 257. h. t.

[2]) Stryck l. c. §. 36 u. 38. — Oest. Ges.-B. §. 1403.

[3]) §. 292. a. a. O.

keine Zahlung, so muß er dem Gläubiger das Interesse prästiren, wie jeder andere Schuldner, der seiner Verbindlichkeit nicht genügt. Der Assignatarius muß jedoch gehörig legitimirt werden, und dazu gehört:

1) die Benachrichtigung des Assignaten von Seiten des Assignanten,

2) eine schriftliche Assignation ohne Unterschied der Summe.

Fehlt die Eine oder die Andere, so braucht der Assignat sich auf die Assignation nicht einzulassen, ohne daß er deswegen verantwortlich wird [4]). Ist aber dessenungeachtet die Annahme in gültiger Form geschehen, so ist die fehlende Benachrichtigung niemals ein Grund für den Assignaten, die Zahlung zu verweigern, oder für den Assignanten, die Zahlung anzufechten [5]). Der Assignat macht sich aber durch die Zahlung dem Anweisenden für allen Schaden verantwortlich, welcher vermieden worden wäre, wenn er die Bekanntmachung abgewartet hätte, vorausgesetzt, daß in der Anweisung auf eine nähere Bekanntmachung Bezug genommen [6]), oder der Assignat sonst, noch vor der Acceptation, auf eine bevorstehende nähere Bekanntmachung verwiesen worden war. Der Mangel der schriftlichen Assignation macht ebenso weder die an sich gültige Annahme, in Beziehung auf den Assignatar, noch die darauf geleistete Zahlung in Beziehung auf den Assignanten, ungültig, da auch ein mündlich gegebener und vollzogener Auftrag den Mandanten zur Schadloshal-

---

[4]) §. 258. 268. 269 u. 299. a. a. O.
[5]) §. 270. 271 ebendas.
[6]) §. 273. ebendas.

tung verpflichtet. Es gehört ferner zur vollständigen Legitimation des Assignatars:

3) die Aushändigung des Instruments, wenn die Verbindlichkeit des Assignaten gegen den Anweisenden aus einem, auf jeden Inhaber lautenden, und in den Händen des Assignanten befindlichen, Instrumente entspringt; denn nur Demjenigen, welcher das Instrument in Händen hat, kann und muß gezahlt werden [6a]). Eben so kann die Zurückgabe eines gewöhnlichen Instruments gefordert werden, ohne welche sich der Assignat durch Verweigerung der Zahlung nicht verantwortlich macht; weil er nur schuldig ist, diejenige bestimmte Schuld, auf welche die Anweisung lautet, an den Assignatar zu zahlen, und zur vollständigen Quittirung auch die Zurückgabe des Schuldinstruments, oder dessen Mortification gehört [6b]). Da die Anweisung eine Vollmacht an den Angewiesenen zur Zahlung einer bestimmten Geldsumme für Rechnung des Anweisenden ist, so folgt, daß sie, so lange die Lage der Sache noch unverändert ist, wie jede andere Vollmacht widerrufen werden kann. Vor der Annahme der Assignation von Seiten des Assignaten [7]) kann daher der Anweisende die angewiesene Post sich selbst zahlen lassen, und der Assignat kann sicher an ihn zahlen, wenngleich er von der Assignation Wissenschaft hat, da die Einkassirung den Widerruf der Anweisung enthält; denn der Assignat darf sogar, nachdem ihm das Gegenmandat zugekommen, die

---

[6a]) §. 293. 294. ebds. Im §. 293 ist ein Druckfehler. Zeile 4 muß es „Assignanten" statt: Assignaten, heißen.

[6b]) §. 251. 125—127. d. T.

[7]) Nach Oest. G. = B. §. 1401 muß der Widerruf vor der Annahme von Seiten des Assignatars geschehen. Vgl. Note 8.

Anweisung nicht mehr annehmen [7a]). Nach Gemeinem Rechte war dies zweifelhaft. Mehrere nahmen an, daß der Assignant die Anweisung nicht widerrufen könne, wenn er den Assignatar nicht befriedige, und daß der Assignat, auch vor der Annahme, dem Assignanten nicht mehr gültig zahlen könne, wenn er sonst Wissenschaft von der Anweisung erhalten habe, weil der Assignatarius sich von einem gewöhnlichen Mandatarius darin unterscheide, daß er ein eigenes Interesse bei der Sache habe, und dem Cessionario gleiche [8]). Allein abgesehen davon, daß nach Röm. Recht, so lange der Cessionar mit dem debitor cessus nicht in ein Rechtsverhältniß getreten ist, der Cedent über die cedirte Forderung noch immer disponiren kann, so ist in Beziehung auf die Leistung der Zahlung nicht der Assignatar, sondern der Assignat Mandatarius des Assignanten, und dem Assignatar muß das zwischen dem Assignanten und dem Assignaten bestehende Rechtsverhältniß, oder das Mittel der Deckung für den Letztern, ganz gleichgültig sein; denn es liegt nicht in dem Wesen der Assignation, dem Assignatar ein Recht auf dieses Deckungsmittel zu übertragen, sondern nur eine bestimmte Geldsumme von dem Assignaten zu erheben, gleichviel, woher dieser dazu die Mittel nimmt [9]).

[7a]) §. 274—276 h. t. u. II. 8 §. 1291. 1292. — L. 12 §. 16 D. mandati. (XVII. 1.) — L. 3 C. de novationibus. (VIII. 42).

[8]) Stryck l. c. §. 51 u. 52. — Lentz de cess. nom. cap. 29 Nr. 1 seqq. — Brunnemann de cess. act. cap. 6 Nr. 56. — Diese Meinung hat das Oest. G.-B. angenommen. S. Note 7.

[9]) Man s. hierüber besonders: Cropp über die Ansprüche des Inhabers einer Anweisung oder eines trassirten Wechsels auf die dafür vorhandene Deckung, und von der Statthaftigkeit des Contra-Mandirens; in seinen u. Heyse's juristischen Abhandlnngen rc. Bd. II. S. 343.

II) Hat der Assignat wirklich Zahlung geleistet, und zwar des erfolgten Widerspruchs ungeachtet, so hat er kein Recht aus dem Auftrage, eben weil der Auftrag noch zu rechter Zeit zurückgenommen ist. Er kann aber noch aus einem andern Rechtsgrunde, namentlich aus der negotiorum gestio, Schadloshaltung zu fordern haben. Dies wird so ausgedrückt: daß er gegen den Anweisenden die Folgen der, des Widerrufs ungeachtet geschehenen, Annahme vertreten müsse [10]). Dies heißt weiter nichts als: die Actio mandati fällt fort, und der Zahlende ist als ein solcher anzusehen, welcher die Geschäfte des Andern gegen dessen ausdrückliches Verbot übernommen hat.

Geschieht die Zahlung aber ganz dem Auftrage gemäß, und der Assignat ist Schuldner des Assignanten, so wird er dadurch, so weit die Zahlung reicht, liberirt [11]), Bestehet kein obligatorisches Verhältniß zwischen ihnen; so wird der Assignat schon durch die Annahme Creditor des Assignanten aus dem Vollmachts-Auftrage, indem er Befreiung von der übernommenen Schuld fordern kann. Nach geleisteter Zahlung geht der Anspruch auf Schadloshaltung [12]).

III) Es muß hier noch eines, unter der Form der Assignation vorkommenden, Geschäfts gedacht werden, welches besonders unter Kaufleuten häufig ist, und dessen rechtliche Natur verschieden beurtheilt wird. Dies ist eine Anweisung auf eigene Ordre, z. B.:

---

[10]) I. 16. §. 276. u. Tit. 13. §. 249—251.

[11]) L. 64 u. 21 D. de solut. et liberat. (XLVI. 3) u. Allg. L. R. §. 30. h. t.

[12]) §. 260. 299. a. a. O. — L. 12 §. 9. L. 56. §. 4 D. mandati (XVII. 1). — L. 61 §. 5 D. de furtis (XLVII. 2). — Oest. G. B. §. 1409.

Am letzten August d. J. zahlen Sie an die Ordre von mir selbst 500 Rthlr.

welche vor der Übertragung an einen Dritten acceptirt worden ist. Die Gerichte erkennen eine solche Assignation, wenn später der Assignatar von dem Assignanten (Aussteller) auf der Anweisung benannt wird, für gültig, und dieß ist ganz richtig. Es frägt sich nur, wie dieses Geschäft juristisch zu charakterisiren. Denn daß es von Hause aus keine Anweisung ist, fällt von selbst in die Augen, da der Assignatarius fehlt. Bornemann [13]) erklärt es für ein pactum in favorem tertii, dessen Benennung der Assignat dem Assignanten überläßt, und dessen Anspruch der Erstere im Voraus anerkennt, weil der Aussteller nicht für sich selbst eine Verbindlichkeit begründen, sondern den Bezogenen verpflichten wolle, einem noch zu benennenden Dritten auf dessen eigene Rechnung Zahlung zu leisten, daher das Geschäft kein bloßer Vollmachtsvertrag sei. Daraus wird gefolgert:

1) Das Pactum in favorem tertii könne nicht wieder rückgängig gemacht werden, sobald der Dritte mit Bewilligung beider Haupt-Contrahenten oder des, zu deren Ertheilung ermächtigten Theils, dem Vertrage beigetreten sei, und dadurch ein selbstständiges Recht gegen den Verpflichteten erlangt habe.

2) Bis dahin, daß die Assignation einem Assignatario übereignet und ausgehändigt worden, könne der Acceptant das Geschäft unbedingt widerrufen, und das Instrument zurückfordern, da er in Bezug auf den Aussteller nur als Bevollmächtigter anzusehen sei.

3) Der später dazu gekommene Assignatar habe bloß

---

[13]) System. Band III. S. 633.

dann, wenn er die angewiesene Summe für eigene Rechnung einziehen wolle, ein unbedingtes Recht aus der Acceptation erlangt; und der Einwand, daß das Indossament simulirt, und der Assignatar bloß dem Namen nach ein solcher, seine eigene Qualität aber die eines Bevollmächtigten des Anweisenden sei, sei offenbar erheblich.

Die Voraussetzung erscheint jedoch nicht richtig, und damit fallen auch die Folgerungen fort. Der Aussteller will keinesweges ein Pactum in favorem tertii abschließen, sondern er beabsichtigt ganz eigentlich sein eigenes Interesse. Er will bestimmten Credit haben, damit er um so sicherer die Anweisung verkaufen könne, und sich Geld verschaffe. Das Geschäft ist also ursprünglich ein pactum de credendo zwischen dem Aussteller und dem Acceptanten, wodurch der Letztere verspricht, dem Erstern zu einer bestimmten Zeit eine bestimmte Summe zu creditiren. Hätte er etwa schon Deckung, so wäre die Acceptation ein bloßes Versprechen der schuldigen Zahlung zu einer bestimmten Zeit. Hieraus erhält der Aussteller ein Recht gegen den Acceptanten (Promisser), die Zahlung der bestimmten Summe zu fordern. Erst wenn er einen Dritten mit der Erhebung für eigene Rechnung mittelst Indossaments beauftragt, wird es eine Assignation, und wie überhaupt die Acceptation der Anweisung auf eine bestimmte Schuld von Seiten des Schuldners nicht zum Wesen der Assignation gehört, vielmehr der Assignatar ohne dieselbe zur Einziehung berechtigt wird, vorausgesetzt, daß die Assignation die Befugniß dazu ausdrückt, welches bei einem Indossament anzunehmen ist; so braucht der Assignatar die Acceptation in Beziehung auf seine Person nicht mehr wiederholen zu lassen. Es ist aber gar nicht nöthig, daß der Aussteller die ihm auf Credit versprochene Summe absolut durch einen Assignatar erheben lassen müsse: er kann sie auch durch einen Bevollmächtigten, oder Selbst empfangen, da es ganz einerlei ist: ob er die creditirte Summe unmittelbar erhebt, oder sich als Kaufgeld von einem Assignatar bezahlen läßt. Hieraus folgt:

1) Die Anweisung kann, so lange der Bezogene nicht versprochen hat, gerade an den bestimmt genannten Inhaber (Assignatar) zu zahlen, hier eben so gut wie in jedem andern Falle von dem Assignanten widerrufen werden.

2) Der Acceptant kann sein, dem Anfragenden (Aussteller) gegebenes, Versprechen nur unter denselben Voraussetzungen widerrufen, unter welchen ein gültiges Versprechen: einem Andern ein Darlehn geben zu wollen, zurückgenommen werden kann.

3) Es ist ganz gleichgültig, ob der, zur Erhebung der Geldsumme legitimirte, Inhaber der Anweisung ein wirklicher Assignatar oder Indossatar, oder nur ein Bevollmächtigter des Anweisenden ist.

§. 49.

6) Verhältniß des Assignatarius zu Dritten.

I) Eine alte Rechtsfrage bezieht sich auf das Verhältniß mehrerer Assignatarien zu einander. Die Assignation, von dem Gesichtspunkte aufgefaßt, daß sie ein Auftrag an einen Andern ist, für Rechnung des Auftragenden eine Zahlung an einen Dritten zu leisten, giebt zu dieser Frage keine Veranlassung. Nur alsdann kann von der Concurrenz mehrerer Assignatarien die Rede sein, wenn sie sämmtlich auf ein und dasselbe Object ausdrücklich angewiesen worden sind, und also eine bestimmte Forderung in ihrem

Interesse einziehen wollen. So haben die Redaktoren des Allg. Landrechts die Frage auch aufgefaßt. Sie bestimmten für den Fall nämlich: »wenn die mehreren Assignationen auf ein gewisses bestimmtes, in den Händen des Assignaten befindliches Object gerichtet wären«, daß wenn die Verbindlichkeit des Assignaten, gegen den Anweisenden, aus einem auf jeden Inhaber lautenden Instrumente entspringe, derjenige von mehreren Assignatarien den Vorzug habe, welcher mit der Assignation zugleich auch das Instrument ausgehändigt erhalten; außer diesem Falle aber Demjenigen der Vorzug gebühre, dessen Assignation zuerst acceptirt worden [1]). Auf Suarez's Bemerkung: daß der Assignat den übrigen Assignatarien, deren Anweisung er ebenfalls acceptire, ex acceptatione verhaftet sein werde, wurde befunden, daß Diese wegen der Person ex acceptatione gleiche Rechte hätten. Man setzte an die Stelle des §. 177 des Entwurfs die beiden §§. 295. 296. d. T.:

»Sind auf ein und ebendasselbe, in den Händen des Assignaten für Rechnung des Anweisenden befindliche, Object mehrere Anweisungen ausgestellt und angenommen worden, so hat in Ansehung dieses Objects derjenige, dessen Anweisung zuerst angenommen worden ist, den Vorzug.«

»Doch bleiben den übrigen Angewiesenen ihre Rechte gegen den Assignaten, aus der Annahme desselben vorbehalten.«

Bornemann ist der Meinung, daß die Redactoren bei diesen Bestimmungen nur den Fall vor Augen gehabt, da der Inhaber einer individuell bestimmten Sache von seinem Autor angewiesen werde, die Detention im

---

[1]) Entwurf II. 13 §. 175 – 177.

Namen des Assignaten (?) fortzusetzen. In diesem Falle müsse allerdings Demjenigen, dessen Anweisung zuerst angenommen sei, der Vorzug gegeben werden, in jedem andern Falle könne dagegen von einer Collision der Rechte mehrerer Assignatare gar nicht die Rede sein, jeder sei vielmehr der Natur der Sache nach befugt, seinen aus der Annahme erlangten persönlichen Anspruch, ohne Rücksicht auf die Rechte der Übrigen, gegen den Assignatar zu verfolgen [2]). Nach dieser Auslegung müßten die Redactoren sich die Sache so gedacht haben: Wenn Jemand seinen Gutsverwalter anweiset, das verkaufte bestimmte Pferd an den Käufer N. auszuliefern, und diese Anweisung Mehrere erhalten, so würde Derjenige, dessen Anweisung zuerst acceptirt worden, dieses bestimmt bezeichnete Pferd fordern können. Die übrigen Angewiesenen aber könnten von dem Assignaten, aus der Annahme desselben, ebenfalls ein solches Pferd fordern, da sie an die Person des Assignaten gleiche Rechte haben sollen. Deren Ansprüche ließen sich zwar, wie man auch schon gesagt hat [2a]), auf eine Geldforderung reduciren; darauf geht aber die Anweisung nicht, wie sich überhaupt das ganze Institut nicht auf Übergabe von Häusern u. dergl. bezieht [2b]). Diese Vorstellung der Redactoren ist daher nicht wahrscheinlich. Das andere Argument, daß in einem andern Falle, von einer Collision der Rechte mehrerer Assignatare gar nicht die Rede sein könne, hat

---

[2]) System. Darstellung des Pr. Civ.-R. Bd. III. S. 636.

[2a]) Grävell, in den Cred. Ges. Bd. IV. S. 137, in der Anmerkung zu §. 83, meint ganz allgemein: der erste Acceptat habe ein jus ad rem, die übrigen bloß ein jus personale. Wie soll man sich ein jus ad rem auf eine angewiesene simple Buchschuld vorstellen? Und wie unterscheidet sich hier jus personale von dem jus ad rem?

[2b]) S. oben §. 41. Nr. 2. S. 228.

die Erfahrung gegen sich. Freilich können mehrere Quantitäten fungibler Sachen, besonders mehrere Geldsummen, von ein und demselben Schuldner, neben einander eingezogen werden, ohne daß die mehreren Gläubiger in Collision gerathen. Dies setzt aber voraus, daß der Schuldner ausreichende Mittel hat. Wenn dieses aber nicht ist, so kann es von großer Wichtigkeit sein, welcher von mehreren Assignatarien die Übrigen ausschließt; denn dieser tritt, in Ansehung der angewiesenen Forderung, ganz in die Rechte des Assignanten, und diese Forderung kann ein solches Vorrecht haben, daß sie völlig bezahlt wird, während die übrigen Assignatarien mit ihren Ansprüchen ex acceptatione leer ausgehen. Daß also die Bestimmung sich auf Geldforderungen bezieht, ist wol klar und aus den Ausdrücken des Entwurfes so wie der Monita deutlich zu erkennen. Aber dieser Punkt hat nur ein untergeordnetes practisches Interesse; denn durch den §. 295 ist eine ganz andere Controverse, die sich ebenfalls nur auf ein assignirtes Nomen bezog, entschieden. Die Frage: ob, wenn ein und dasselbe Nomen verschiedenen Gläubigern assignirt worden, und bei dessen Einziehung eine Concurrenz derselben eintrat, der Erste oder der Letzte den Vorzug habe, ist alt [3]). Man war der Meinung, daß die zuerst ausgestellte Assignation unbedingt jede spätere ausschließe. Dies wurde von Denjenigen angenommen, welche behaupteten, daß bei der Concurrenz mehrerer Cessionarien dem

---

[3]) „Quoniam autem non raro accidit, ut quemadmodum una res duobus successive venditur, ita quoque idem nomen diversis creditoribus assignetur; hinc non inutilis quaestio proponitur, quisnam ex creditoribus assignatis, si in exactione nominis concurrant, alteri sit praeferendus, an prior, an vero posterior?“ Stryck l. c. §. 51.

Ersten vor dem Spätern unbedingt der Vorzug gebühre[4]). Daß diese Ansicht mit den Rechtsquellen und der Beschaffenheit des Rechtsverhältnisses in Widerspruch stehe, und daß es vielmehr darauf ankomme: welcher von mehreren Cessionarien zuerst in ein Rechtsverhältniß zu dem Schuldner getreten sei, ist schon vorhin angegeben[5]). Dies entscheidet auch bei den Assignationen, und deshalb hat das Allg. Landrecht die Controverse ganz richtig dahin entschieden: daß weder die älteste noch die jüngste[6]) Assignation, sondern diejenige den Vorzug habe, welche zuerst von dem Assignaten angenommen worden.

II) Eine andere Frage bezieht sich auf das Verhältniß des Assignatars zu andern Gläubigern des Assignanten, welche sich aus dem angewiesenen Object bezahlt machen wollen. Aus dem Begriff der Assignation folgt schon, daß wenn nicht zugleich eine Cession mit der Assignation verbunden ist, der Assignatar kein ausschließendes Recht auf die assignirte Forderung erhält[7]). Deshalb kann jeder Gläubiger des Assignanten, welcher einen executorischen Titel hat, der Anweisung ungeachtet die Forderung in Beschlag nehmen, und sich durch den Richter anweisen lassen[8]). Dadurch erlangt der Executionssucher ein prätorisches Pfandrecht[9]), und geht unter allen Umständen dem Assignatar vor, wenn dieser nicht eben-

---

[4]) Stryck l. c. — Lentz l. c. cap. 30. Nr. 15. — Lauterbach Comp. jur XVIII. 4. p. 338.

[5]) S. oben §. 29. Nr. I. S. 161.

[6]) Der jüngsten wollten Einige deshalb den Vorzug geben, weil sie einen Widerruf der früheren in sich schließe.

[7]) M. s. hierüber: Pütter's Rechtsfälle. Bd. I. S. 82.

[8]) Gesetz v. 4. Juli 1822. §. 1—3. Ges.-Samml. S. 178.

[9]) Verordnung über die Execution in Civil-Sachen. Vom 4. März 1834. §. 11. a. E. Ges.-Samml. S. 35.

falls einen executorischen Titel hat, und folglich mit dem Extrahenten der Execution nicht concurriren kann. Hat er aber ebenfalls einen executorischen Titel, und kann sich eine gleiche Anweisung durch den Richter verschaffen, so entscheidet das Vorrecht, womit die Forderungen dieser beiden Gläubiger, nach ihrer Qualität, versehen sind [10]). Die von dem Schuldner gegebene Anweisung giebt in Beziehung auf die angewiesene Post gar kein Vorrecht vor andern Gläubigern des Assignanten. Bei dergleichen Beschlagnahmen im Wege der Execution gelten auch, wie sich von selbst ergiebt, die Regeln nicht, welche für den Fall angenommen sind, daß der Assignat mehrere Assignationen acceptirt hat. Denn es fehlt hier die freiwillige Acceptation der spätern richterlichen Anweisungen. Der debitor assignatus hat keine Wahl: ob er diesem Befehle gemäß zahlen will oder nicht, der Assignatar muß sich als Intervenient melden, und sein besseres Recht gegen den Executionssucher ausführen. Nur wenn er dieses vermag, braucht er die, auf richterlichen Befehl an den Executionssucher geleistete Zahlung nicht gelten zu lassen. Der Assignat ist in diesem Falle als ein Depositarius anzusehen, welcher, wenn er sich befreien will, die Zahlung zum gerichtlichen Depositorio zu leisten befugt ist [11]). In diesem Falle würden der Assignatar und der Executionssucher es miteinander auszumachen haben: an wen dasselbe auszuzahlen sei. Hat der Assignat die Zahlung unmittelbar an denjenigen geleistet, welchem der Vorzug gebührt, so ist er eben so liberirt, als wenn er deponirt hätte. Aus diesen Gründen hat der II. Senat des Königl.

[10]) Ebd. §. 17. Nr. 1.
[11]) A. G. O. I. 29. §. 81. 82.

Oberlandes = Gerichts zu Breslau die Zahlung eines Assignaten an eine Königl. Salarienkasse für gültig erklärt, welcher die Anweisung seines Gläubigers, die Kosten einer Patrimonialgerichts = Gebühren = Kasse aus der Schuld zu bezahlen, angenommen hatte, darauf aber auf einen Arrestbefehl eines Königl. Gerichts diese Schuld an die Königl. Salarien=Kasse abführte. Für den Fall des ausbrechenden Concurses, welcher eine allgemeine Beschlagnahme zur Folge hat, ist der Grundsatz ausdrücklich anerkannt [12]. Diese Darstellung ergiebt schon, daß der Grundsatz aus der Natur der Anweisungen folgt, und zwar deswegen, weil keine Anweisung den Assignatar zum eigentlichen Gläubiger des Assignaten macht, daß mithin dieser Grundsatz von allen Assignationen als solchen, und wenn sie nicht in ein anderes Rechtsgeschäft übergegangen sind, gilt. Merkel [13]) behauptet jedoch, daß dieser Grundsatz nur bei kaufmännischen, nicht aber bei gemeinen Anweisungen gelte, wahrscheinlich, weil derselbe in dem Allg. Landrechte nur in dem Abschnitte von kaufmännischen Anweisungen §. 1295 ausgesprochen ist. Dies kommt aber daher, daß dieser aus der Natur der Assignation folgende Rechtssatz bei kaufmännischen Anweisungen hätte in Zweifel gezogen werden können, weil diese zum Theil wie Wechsel behandelt werden; bei den gemeinen Assignationen verstand sich dessen Anwendbarkeit ganz von selbst. Deshalb ist auch in der Concurs=Ordnung §. 40, gerade da, wo von der Wirkung des Concurses die Rede ist, ganz dasselbe, und zwar ganz allge=

---

[12]) Ebdas. Tit. 50. §. 40 u. A. L. R. Th. II. Tit. 8. §. 1295. 1296.

[13]) Commentar z. Allg. Landr. Bd. I. S. 517. Nr. 6.

mein, ohne einen Unterschied zwischen den verschiedenen Arten der Assignationen zu machen, bestimmt [14]), welches jedenfalls entscheidet. Es kommt hier aber noch eine andere Frage in Betracht. Es heißt nämlich im §. 1295:

»Ist jedoch über das Vermögen des Ausstellers vor eingetretenem Verfalltage Concurs entstanden: so ꝛc.«

und im §. 1296:

»Hat er nach eingetretenem Verfalltage die Zahlung geleistet, ehe die gerichtliche Bekanntmachung der Concurseröffnung zu seiner Wissenschaft gelangt ist: so wird er dadurch von seiner Verbindlichkeit gegen den Aussteller, und dessen Masse, allerdings befreit.«

Man behauptet nun ex argumento a contrario, daß wenn die Zahlung vor dem Verfalltage geleistet, und während der Zeit bis zum Verfalltage der Concurs ausgebrochen sei, der Assignat von seiner Verpflichtung gegen die Concursmasse nicht entbunden werde [15]); und dies soll sich darauf gründen, daß der Assignat, vor dem Verfalltage, zur Zahlung nicht verbunden, aber auch eben wegen dieses möglichen Falles nicht berechtiget sei [16]). Das Irrige dieser Meinung zeigt sich daran, daß wie es in der Willkühr der Interessenten liegt, den Verfalltag beliebig zu bestimmen, auch die Abänderung des bestimm-

---

[14]) Es heißt: „Wenn der Gemeinschuldner Jemandem auf einen seiner eigenen Schuldner Assignation gegeben hat, und dieselbe vor eröffnetem Concurse nicht wirklich bezahlt worden ist; so verbleibt die angewiesene Post der Masse, wenn auch die Assignation von dem Assignaten bereits acceptirt worden wäre.“ Aus einem Druckfehler heißt es in der Allg. Gerichtsordnung „Assignatarius“ statt „Assignaten.“

[15]) Crelinger u. Gräff Wechselrecht. S. 115 ad §. 1296. Nr. 2.

[16]) Gräff Credit-Ges. Bd. IV. S. 115. Note *

ten Zahlungstages von ihrer Willkühr abhängt. Wenn also die Zahlung vor dem Verfalltage, mit Genehmigung des Ausstellers, vor Ausbruch des Concurses, also zu einer Zeit, wo der Aussteller noch disponiren konnte, geleistet und angenommen wird, so giebt es keine Macht, welche sich einmischen, dem Assignaten die Berechtigung zu zahlen streitig machen, und die Liberation des Zahlers rechtlich hindern könnte. Also, die Voraussetzung, unter welcher der Assignatar auch durch eine Zahlung vor der Verfallzeit von seiner Verbindlichkeit völlig befreit, und folglich bei ausbrechendem Concurse von der Masse nicht mehr in Anspruch genommen werden kann, ist die Genehmigung des Ausstellers vor Ausbruch des Concurses. Daß rückständige Zahlungen zur Masse geleistet werden müssen, ist nicht zweifelhaft. Es ist auch gleichgültig, auf welche Weise der Assignat bestimmte Wissenschaft von der Concurs-Eröffnung erhalten hat, so daß es keinesweges, wie Grävell a. a. O. meint, auf eine gerichtliche Benachrichtigung ankommt, weil es nicht auf ein formelles Geschäft, sondern nur auf das Factum des Wissens (den Dolus) des Assignaten ankommt.

Drittes Kapitel.

Von der Novation.

Gajus II. §. 38. 39. III. §. 176—179. — Paulus Sent. recept. V. 8. — §. 3. J. quibus modis obligatio tollitur. III. 29. [30]). — Dig. XLVI. 2. — Cod. VIII. 42.

A. L. R. I. 16. §. 150—175.

Es giebt eine Anzahl Schriften über die Novation, und über einzelne Fragen aus der Lehre von derselben. Man findet sie in der Bibliothek von Lipenius u. den Senkenbergschen, Schottschen und Madihnschen Nachträgen dazu, namhaft gemacht. Von den ältern ist zu erwähnen: Joh. Bapt. Schwarzenthaler Tract. de novationibus et delegationibus. Francof. 1594. 4; et in judiciarii ordinis P. II. Frf. 1613. Von den spätern: Ludov. Satorii Diss. de novationibus. Frf. 1771. 4. (Vergl. Jenaer gel. Zeitung. Jahrg. 1772. S. 196). — Aus der neuern Zeit: Johann Kopp über die Novation nach Römischem und Französischem Rechte. Ein Versuch. Hanau 1811. (Vergl. Heidelberger Jahrbücher V. p. 535). Von allgemeinen Werken besonders: Donelli Commentar. juris civilis. Lib. XVI. cap. 20. u. Brissonius de solutionibus et liberationibus Lib. II. (in oper. minorib. p. 145. seqq.)

§. 50.

1) Begriff.

Die Novation ist ein solches Römisches Rechtsinstitut, welches mit den Formen untergegangen ist, und nur eine nominelle Existenz in den Lehrbüchern und Compendien hat, indem das Wesen nicht erkannt worden ist. Die Novation ist ihrem innersten Wesen nach die Verwandlung einer Obligation in einen formellen Contract. Ursprünglich gab es dafür drei Formen: den Nexus, die Stipulatio und das Nomen transcriptitium oder den Literal-Contract [1]). Im Justinianischen Recht ist nur noch die Stipulation dafür vorhanden: es ist also nach heutigem Röm. Recht die Novation die Umwandlung einer Obligation in eine verborum obligatio. Es heißt:

L. 1. h. t. (Ulpian.)

Novatio est prioris debiti in aliam obligationem vel

[1]) Gajus Lib. III. §. 129. 130.

civilem vel naturalem [1a]) transfusio atque translatio — §. 1. Illud non interest, qualis processit obligatio — qualiscunque igitur obligatio sit, quae praecessit, novari verbis potest."

L. 2. (Idem),

— „quodcunque — sive verbis contractum est, sive non verbis, novari potest, et transire in verborum Obligationem ex quacunque obligatione [1b])."

Die formelle Contractsform ist aus dem Römischen Rechte nicht angenommen, folglich kann eine Obligation in einen formellen Contract nicht verwandelt werden. Es giebt auch kein Surrogat für den förmlichen Contract, d. h. es giebt keine allgemeine Contractsform [2]), die an sich selbst eine causa obligationis begründete, wie die Römische Literarum oder verborum obligatio. Heutzutage ist daher eine Novation ein juristisches Unding; denn aus Miethe kann nie Kauf, und aus Kauf nie Mandat oder Depositum werden. Auch das Römische Recht kennt den Fall, wo ein unförmlicher Contract auf einen andern unförmlichen folgt, und Beide denselben Gegenstand betreffen, der darum nicht zweimal gefordert werden konnte. Dieser Fall wurde aber niemals für eine Novation gehalten noch so genannt; sondern der erste unförmliche Contract wurde jedesmal eben so unförmlich durch den zusammentreffenden Consens (Dissensus), welcher nicht immer mit ausdrückli-

---

[1a]) Auch eine verborum obligatio kann eine bloße Natural-Obligation sein, wenn der Promissor nach dem Civilrecht unfähig ist: „utputa si pupillus sine tutoris auctoritate promiserit. §. 1. in fine dieser Stelle.

[1b]) Gajus Lib. I. §. 38. 39. Lib. III. 176—179.

[2]) Der Wechsel gehört nicht hierher, da er auf gewisse Geschäfte und Personen beschränkt ist.

chen Worten erklärt zu werden braucht, sondern von selbst in der neuen unförmlichen Übereinkunft liegt, wieder aufgehoben, oder doch von selbst für aufgehoben betrachtet.

L. 10. pr. D. de acquir. vel amitt. poss. (Ulp.) (XLI. 2.) Si quis ante conduxit, postea precario rogavit, videbitur discessisse a conductione, quod si ante rogavit, postea conduxit, conduxisse videbitur, potius enim hoc procedere videtur, quod novissime factum est.[3]).

Die von der Novation geltenden Grundsätze wurden hierauf niemals angewendet, und konnten auch darauf nicht angewendet werden.

Durch die Novation wurde die alte Obligation ipso jure vernichtet. Die Erfordernisse einer Novation aber waren:

1) das Vorhandensein einer gültigen Obligation, mochte es eine Civil- oder eine Natural-Obligation sein[4]);

2) eine Stipulation, mittelst welcher der Gegenstand der Obligation promittirt wurde;

3) die Absicht, daß hierdurch die alte Obligation untergehen sollte. Fehlte diese Absicht, so bestanden beide Obligationen neben einander, so jedoch, daß durch einmalige Leistung beide getilgt wurden: es war dann ein concursus obligationum circa idem objectum[5]). Justinian

---

[3]) Vergl. L. 2 u. 5. D. de rescindenda venditione. (XVIII. 5). — L. 1. C. quando liceat ab emtione discedere. (IV. 45). — L. 2. §. 1. D. de pactis. (II. 14).

[4]) L. 1. §. 1. h. t. Illud non interest, qualis processit obligatio, utrum naturalis an civilis.

[5]) L. 2. D. eod. — sciamus novationem ita demum fieri, si hoc agatur, ut novetur obligatio: caeterum, si hoc non agatur, duae erunt obligationes. — L. 8. §. 2. L. 28. D. eod.

bestimmte in der L. 8. C. h. t. [6]) daß die Absicht der Novation allemal ausdrücklich erklärt werden sollte, und wenn dieß unterbliebe, sollte „nihil penitus prioris cautelae immutari, sed anteriora stare et posteriora incrementum illis accedere.“

Was also nach dem Pandekten-Rechte die mangelnde Absicht wirkte, das sollte nunmehr die fehlende ausdrückliche Erklärung der Absicht wirken. Die Sache scheint ziemlich einfach. Die Justinianische Verordnung bezieht sich bloß auf den Beweis einer Thatsache; im Wesen des Instituts ist nichts geändert. Es hat aber diese Stelle eine große Discrepanz unter den Auslegern veranlaßt. Die überwiegende Mehrzahl nimmt indeß an: daß nach Justinianischem Rechte eine Novation ohne ausdrücklich erklärte Absicht allerdings nicht möglich sei. Wunderbarer Weise hat aber selbst bei Anhängern dieser Meinung [7]) der, auch noch in neuern Lehrbüchern [8]) wiederholte, Lehrsatz Aufnahme gefunden: daß eine stillschweigende Novation wenigstens alsdann anzunehmen sei, wenn die Bestimmungen der neuen Obligation mit der Fortdauer der Alten ganz unverträglich seien [9]). Dieser Lehrsatz ist eine

---

[6]) Vergl. §. 3. J. h. t. (III. 29 [30]).

[7]) G. L. Crell de animo novandi factis expresso. Viteb. 1737. (in Diss. fasc. IV. Nr. 19). §. 4—8. — C. A. Gottschalk Analecta juris saxon. civil. et ecclesiast. (Lips. 1801). S. 296. seq. — J. A. T. Kind Quaestiones forens. Tom. I. cap. XC. p. 341.

[8]) v. Wening-Ingenheim, Buch III. §. 117. — Mühlenbruch Doctrina Pandectarum. §. 710. Nr. IV.

[9]) Hepp über die Novatio tacita; im Archiv für civil. Praxis. Bd. XV. S. 216, widerlegt die Lehre von der stillschweigenden Novation, welche neuerdings von v. Löhr in s. Magazin Bd. IV. (II). S. 27 vertheidigt worden ist, berührt aber nicht diesen Lehrsatz, mit dessen Widerlegung sich Sintenis, über

Folge davon, daß man die, heutzutage völlig unanwendbaren, Grundsätze von der antiquirten Novation auf die vorhin erwähnten Rechtsverhältnisse anwenden will, welche im Römischen Rechte neben der Novation bestanden, und noch gegenwärtig practisch sind. So wenig wie die Römer selbst von diesen der Novation eigenthümlichen Grundsätzen auf andere Verhältnisse Anwendung machen konnten, so wenig, ja noch viel weniger, kann dieses jetzt geschehen. Die Lehre ist mit den formellen Contracten zugleich untergegangen. Dagegen ist alles Das für praktisch gültig anzusehen, was schon nach dem Pandektenrecht in dem Falle galt, wenn bei dem Dasein eines unförmlichen Contracts über denselben Gegenstand ein neues unförmliches Obligations-Verhältniß eingegangen wurde. Hieraus ergiebt sich, daß von der Novation im Sinne des Römischen Rechts überhaupt nicht, am wenigsten von einer stillschweigenden die Rede sein, daß vielmehr in jedem Falle, wo über ein und denselben Gegenstand unter den nämlichen Interessenten zwei verschiedenartige Contracte geschlossen werden, nur das zuletzt Verabredete gelten, und das frühere, als durch diesen neuen Consensus aufgehoben betrachtet werden sollte. Man hat indeß das Institut ohne dessen Bedingungen und Voraussetzungen mit dem Römischen Recht für eingeführt angesehen, und den unförmlichen Vertrag für das Mittel zu einer Novation erklärt [10]) Dadurch ist die Novation etwas ganz

---

stillschweigende Novation, in Linde's rc. Zeitschrift für Civilrecht und Prozeß. Bd. IX. S. 135 u. f. beschäftigt.

[10]) J. C. Hasse an novatio voluntaria esse possit citra stipulationem. Kilon. 1811. 4. §. 23. 24. — de Cramer Observat. Tom. VI. obs. 1119. S. 511. — Lauterbach Coll. theor. pract. h. t. §. 9.

Anderes geworden: sie ist nicht mehr die Verwandlung einer Obligation in einen allgemeinen formellen Contract, sondern sie besteht, da das Pactum keine causa efficiens, wie die Stipulation ist, und es mithin keine obligatio ex pacto geben kann, darin, daß an die Stelle eines obligatorischen Verhältnisses aus einem ganz speciellen Grunde ein anderes specielles Rechtsverhältniß gesetzt werden soll [11]). Weil dieses aber physisch unmöglich ist, so ist Novation im heutigen Sinne nichts Anderes als Aufhebung einer Obligation durch wechselseitige Übereinkunft, und Contrahirung eines neuen Consensual-Contracts über denselben Gegenstand. In einen Real-Contract kann eine bereits bestehende Obligation niemals durch Verabredung verwandelt werden: dieß widerspricht sich selbst; die Forderung aus einem Verkaufe kann zwar creditirt aber nicht in einen Darlehnscontract verwandelt werden, weil dieser eben nur re und nicht verbis contrahirt werden kann. Umgekehrt kann ein jeder Real-Contract iemals in einen Consensual- oder einen andern Real-Contract verwandelt werden, sondern, wenn etwas dem Ähnliches vorgehen soll, so wird das erste Rechtsverhältniß, gerade so, wie in den nämlichen Fällen bei den Römern (Note 3), aufgehoben, und über den Gegenstand ein anderer Contract geschlossen, wobei nicht, wie bei der wirklichen Novation, die Abschließung des neuen Rechtsgeschäfts, sondern die besonders zu denkende, von der Abschließung des neuen Contracts gar nicht unzertrennliche, ihrem Wesen nach auch durchaus nicht eigenthümliche Aufhebung der Modus quo tollitur obligatio ist. Es kann

[11]) Diese Novation ist ein sich selbst widersprechendes Ding. Wie soll aus einem beliebigen Consensual-Contract ein beliebiger Real-Contract gemacht werden können?

z. B. ein Leihcontract nicht in einen Miethscontract verwandelt werden, sondern, wenn über eine geliehene Sache unter denselben Contrahenten ein Miethscontract geschlossen wird, so ist die Aufhebung des Leihcontracts und die Abschließung des Miethscontracts, wenngleich sie auf dieselbe Zeit zusammentreffen, juristisch doch ganz für sich. Es liegt in diesem Geschäft bloß ein constitutum possessorium, vermittelst dessen der bisherige Commodatar die Sache jetzt als Miether behält, so daß das Commodat durch Rückgabe aufgelöst, und der Miethscontract durch Übergabe vollzogen ist. Die Ansprüche, welche der Commodant wegen Verschlechterung der Sache hat, sind dadurch nicht getilgt, welches doch der Fall sein müßte, wenn eine Novation geschehen wäre. Eben so wenig kann z. B. die Forderung aus einem Schenkungsversprechen durch bloße Abrede in einen Darlehnscontract oder in ein Depositum verwandelt werden. An diesem Beispiele wird die Unmöglichkeit ganz anschaulich. Diese war indeß den gemeinrechtlichen Praktikern kein Hinderniß. Sie stellten sich vor, daß jede beliebige Forderung brevi manu in ein mutuum übergehen könne. Dergleichen Fälle, meinten sie, wo ein mutuum brevi manu constituirt werde, gäbe es im Römischen Rechte viele. Wenn der Schuldner rückständiger Steuern dieselben als Darlehn behalte, so wäre die bloße Übereinkunft eben dasselbe, als wenn er die Steuern erst bezahlte, und hinterdrein das Geld als Darlehn wieder an sich nähme. Dergleichen Umschweife hätte man sich nur nach der Formular-Jurisprudenz der Stipulationen erdacht [12])

[12]) „Tales quidem ambages secundum juris prudentiam formulariam stipulationum Romanorum, non vero Germanorum

Auch den Vergleich hielt man für eine Novation[13], und in der neusten Zeit hält ihn Mühlenbruch[14]) noch dafür: Dieser fügt aber hinzu, daß wenn gleichwohl der eine Transigent die alte Actio anstelle, der Andere die exceptio pacti entgegensetzen könne. Das wäre jedoch nicht nöthig wenn die Transaction eine Novation enthielte, da alsdann die alte Klage getilgt sein würde, und mithin nicht erst ope exceptionis beseitigt zu werden brauchte. Der Vergleich ist aber eben so wenig wie das Pactum remissorium eine Novation; er ist selbst eine Species des Nachlaß-Vertrags, und unterscheidet sich von diesem nur darin, daß er wechselseitig, während das Pactum remissorium einseitig ist. Die Obligation wird dadurch nicht verändert oder umgeschaffen, sondern nur in quanto bestimmt, daher auch die accessorischen Rechte nach wie vor bestehen bleiben, woran sich klar zeigt, daß der Vergleich keine

---

cogitantur," heißt es in einer Relation von de Cramer in Observat. juris univers. Tom. VI. obs. 1149 §. 23 in. f. S. 519. — Bekanntlich war die Stipulation gerade dasjenige Mittel, wodurch ohne alle Umwege eine Obligation verwandelt werden konnte. — Der Beweis, daß nach dem Röm. R. Fälle vorkämen, wo ein Darlehn br. m. constituirt würde, soll L. 32 D. de reb. cred. (XII. 1) geben. de Cramer l. c. Wie daraus hervorgehe, daß ohne wirkliche Zahlung ein Darlehn zu Stande kommen könne, muß noch erst entdeckt werden. Es wird darin der Fall gedacht, daß ein Dritter auf Anweisung des Darleihers zahle. — Leyser Spec. 526 m. 6 liefert ebenfalls ein Beispiel von dieser Vorstellung der damaligen Praxis.

[13]) Anton Faber ad tit. C. de transact. def. 2. — Schilter Exercit. ad Pand. exerc. 9 §. 21. — Leyser Sp. 527. m. 5. Voet. Comment. XLVI. 2 §. 3 i. f. — Gundling Singularia de stabilitate et instabilitate transactionum capita. §. 33. 31 (Halae 1719 u. Jenae 1735.`1. et in ejus Exerc. acad. Nr. VIII. p. 317—314.) — Höpfner Commentar. §. 989. — Doch finden sich auch widersprechende Meinungen; z. B. bei Stryck Us. mod. II. 15 §. 4.

[14]) Doctrina Pandectar. §. 710 Nr. IV.

Art von Novation ist. Das Allg. Landrecht legt ebenfalls dem Vergleiche die Eigenschaften der Novation nicht bei [15]); wogegen die Revisoren der Gesetzgebung den Vergleich für eine Art der Novation halten, ohne auf einen Beweis weiter einzugehen [15]a). Die Praxis erkennt keine Novation im Vergleiche an, sondern nimmt ihn für Das, was er ist: für eine Bestimmung des Quanti, ohne alle Veränderung der rechtlichen Natur des obligatorischen Verhältnisses [15]b). Die irrigen Vorstellungen von der Novation waren Folgen des unrichtigen Begriffs. Die Praxis definirte die Novation als eine solche Umänderung einer Obligation, wodurch an Stelle der alten eine neue causa gesetzt würde [16]). Das wesentlichste Requisit: die verborum obligatio (Stipulatio) übersah man.

---

[15]) I. 16 §. 445. 449.

[15]a) Motive zum Entwurf der Titel 14 u. 15. Pensum XIV. S. 151. — Das Oest. Ges.-B. §. 1380 nennt den Vergleich auch einen Neuerungsvertrag, legt ihm aber nicht die Wirkungen einer Novation bei. §. 1390.

[15]b) Jemand klagte auf Zahlung eines ihm versprochenen Lohns für die Vermittelung eines Kaufgeschäfts, und wurde vom ersten Richter abgewiesen, weil er die vom Beklagten geleugnete Leistung der bedungenen Vermittelung nicht bewiesen hatte. Zur Rechtfertigung der Appellationsbeschwerden behauptete er das Novum, daß bei der Abschließung des Kaufgeschäfts, welches er angeblich vermittelt hatte, zwischen ihm und dem Bekl. ein Vergleich zu Stande gekommen, nach welchem ihm eine viel geringere Summe habe gezahlt werden sollen. Der Appellat wendete ein, daß dieses ein ganz neues Fundament sei, worauf es in der zweiten Instanz nicht ankomme. Dies wäre richtig gewesen, wenn der Vergleich eine Novation wäre. Die Deputation für summarische Appellationssachen des II. Senats des Oberlandes-Gerichts zu Breslau verwarf aber aus dem angeführten Grunde den Einwand, und erhob den Beweis über das Novum. Concl. den 25. Juni 1836. Akten Hänisch contra Moritz H. 21—1836.

[16]) Böhmer Decis. et Cons. Tom. II P. II. resp. 1016.

Dieß ist denn auch die Definition des Allg. Landrechts, welches im §. 454 dieses Tit. disponirt:

»Wird aber eine neue Verbindlichkeit an die Stelle der vorigen gesetzt; so erlischt diese letztere durch Umschaffung (Novation).«

Wenn dieses möglich wäre, so dürfte jedes ungültige Schenkungsversprechen oder eine Spielschuld hinterdrein nur in einen Darlehnscontract oder in ein Depositum verwandelt werden. Dieß ist undenkbar.

Eine formelle Obligation, in welche jede beliebige Verbindlichkeit umgewandelt werden könnte, giebt es auch nach Preuß. Rechte nicht; man kann sich daher, wenn man gleichwohl die Novation fingiren will, dieselbe heut zu Tage, nicht anders denken, als daß die alte Obligation zur Begründung der Neuen in Zahlung gegeben wird. Wollte man also aus einer erlaubten Spielschuld ein Darlehn machen, so würde der Darlehnsnehmer zu erklären haben, daß er die Valuta des Darlehns durch seine eigene Spiel-Schuld, von welcher er liberirt worden, gezahlt erhalten habe. Der Rechtsbegriff des Real-Contracts würde dabei freilich zu Grunde gehen, und man käme, man möchte wollen oder nicht, auf einen Literal- oder Verbal-Contract. Da aber ein solcher allgemeiner, formeller Contract nicht anerkannt wird, so ist damit auch die Novation geleugnet. Insofern der Rechtsgrund dadurch verwechselt werden soll, scheint die Sache ziemlich einleuchtend zu sein. Wie läßt sich aber die bloße Verwechselung des Hauptgegenstandes der Forderung erklären, ohne eine

---

Nr. 8 u. 9. — de Cramer. l. c. §. 18. — Hellfeld, Jurisprud. forensis. §. 1921. — Lauterbach Colleg. theor. pract. XLVI. I §. 2.

Novation anzuerkennen? Z. B.: Jemand, welcher 100 Scheffel Waitzen geliehen hat, soll, nach einer neuen Verabredung, dafür 100 Thaler zurückgeben; oder Jemand, welcher eine Geldrente zu geben hat, soll dafür künftig ein bestimmtes Maaß Getraide geben. Es scheint, als müßte man hier nothwendig eine Novation anerkennen. Gleichwohl ist dieß nicht nöthig, und in der That zeigen sich auch nicht die Wirkungen einer Novation; denn die alte Obligation mit ihren Accessionen und Vorrechten wird keineswegs für getilgt gehalten [17]). Die spätere Übereinkunft ist in dem erstern Falle ein Vergleich über die Ästimation, indem statt der ursprünglich versprochenen Sache ihr Werth geleistet werden soll, der, weil er sich nicht von selbst versteht, sondern ungewiß ist, durch den Vergleich bestimmt wird. Der andere Fall ist der umgekehrte vorige: es soll eine Sache in Zahlung gegeben werden. In beiden Fällen ist es ein Vergleich über die Modalitäten der Zahlung, welcher niemals für eine Novation gegolten hat, wenn damit nicht eine Verwandlung der ganzen Obligation in eine Verbal- oder Literal-Obligation verbunden, mithin der Rechtsgrund geändert worden war.

§. 51.

2) Arten.

Neuere machen folgende Eintheilung:

Jede Novation sei entweder cumulativa, oder privativa. Die erstere sei solche, wobei die alte Obliga-

---

[17]) Das Oestr. Ges.-B. §. 1376 u. 1377 erklärt die Verwechselung des Rechtsgrundes so wie des Hauptgegenstandes einer Forderung für eine Novation, vermöge welcher die vorige Haupt-

tion stehen bleibe und eine neue an ihre Seite trete, oder wodurch die alte Obligation neue Qualitäten erhalte. Die letztere sei diejenige, wodurch die alte Obligation zerstört, und eine neue an deren Stelle gesetzt werde. Diese Vorstellung ist dem Begriff und Wesen der Novation zuwider, und es ist auch unlogisch, diese beiden Rechtsgeschäfte als Arten einer Gattung zusammen zu stellen [1]. — Die novatio cumulativa nannte man auch necessaria, und im Gegensatze davon die Eigentliche voluntaria, indem man sich unter Jener die Fälle dachte, da die Obligation durch einen geführten Prozeß einen neuen Charakter bekommt, wie namentlich durch Litiscontestatio und res judicata geschieht. Eben so gut könnte die Bürgschaft auch eine Novation genannt werden. Veranlassung zu diesem Mißverständniß hat die L. 29. h. t. gegeben, wo Paulus sagt: Aliam causam esse novationis voluntariae, aliam judicii accepti [2]) multa exoempla ostendunt, woraus man entnahm, daß der Jurist unter „judicium acceptum" als Gegensatz zur „novatio voluntaria," eine novatio necessaria verstanden habe, welche jedoch, da er ausdrücklich hinzufüge, daß lite contestata die alte Obligation nicht getilgt werde, eine novatio cumulativa sei. Allein der Gegensatz, welchen Paulus hier hervorhebt, ist der, daß die-

---

verbindlichkeit aufhört, und die damit verknüpften Bürgschafts- Pfand- und andern Rechte erlöschen. Einen formellen Contract kennt dieses Gesetz-Buch auch nicht, so daß es darüber keinen Aufschluß giebt: wie die Verwechselung des Rechtsgrundes möglich gemacht werden soll.

[1]) Darauf macht schon Hahn, Observ. theor. - pract. ad Wesenbecii Commentarius in Dig., h. t. Nr. 3, u. Lauterbach Colleg. theor. pract. h. t. §. 4, aufmerksam, welcher sagt: dicta divisio non est generis in suas species, sed tantum aequivoci in sua aequivoca.

[2]) Judicium acceptum ist bekanntlich die Litiscontestation.

Litiscontestation gar nicht novire. Dazu mußte er freilich eine Veranlassung haben, wovon aus dem Excerpt nichts zu entnehmen ist. Aus dem neu aufgefundenen Gajus aber ergiebt sie sich. Nach dessen Darstellung [3]) hatte nämlich früher die Litiscontestation die alte Obligation in den Fällen gänzlich getilgt, wenn dieselbe in einem legitimo judicio [4]) anhängig gemacht worden war, wogegen die ursprüngliche Obligation auch nach der Litiscontestation ipso jure fortgedauert hatte [5]), wenn imperio continenti judicio [6]) geklagt worden war. Dieser Unterschied war mit den legitimis judiciis fortgefallen; Paulus will also sagen, daß die Litiscontestation jetzt gar keine Novation mehr wirke. Eine Novatio cumulativa giebt es nicht. Wiewohl also das Justinianische Recht selbst eine Novation mittelst der Litiscontestation nicht kennt, so lehrten die gemeinrechtlichen Juristen doch, daß »wir den Satz, daß die Litiscontestation eine Novation enthalte, ebenfalls beibehalten« hätten [7]). Das Preuß. Recht erkennt

---

[3]) Comment. III. §. 180. — Vergl. Fragm. Vat. §. 263 — Rippentrop Diss. de novatione necessaria. Gött. 1825. — Keller über Litiscontestation und Urtheil nach classischem Röm. Recht Zürich 1827. S. 88. ff.

[4]) „Legitima sunt judicia, quae in urbe Roma, vel intra primum urbis Romae miliarium, inter omnes cives Romanos, sub uno judice accipiuntur“ Comment. IV. §. 104.

[5]) Commentar. III. §. 181.

[6]) D. h. in einem solchen, welches nicht in Rom oder dessen ersten miliarium stattfand, oder wo eine der handelnden Personen, Parthei oder Richter, kein civis Romanus war, und welches nur so lange wie das Imperium des Prätors dauerte, während die legitima judicia ex lege Julia judiciaria erst in 1 Jahr und 6 Mon. aufhörten. Commentar. IV. §. 105 u. 104.

[7]) Höpfner Commentar §. 987 Nr. 4. — Glück Commentar Bd. VI. S. 204. — Bestritten ist es von de Winkler Diss. de discrimine inter litis contestationem jure veteri et hodierno et utriusque effectu. Sect. III. §. 2. p. 353 seqq.

denselben aber nicht an. Eine andere Frage ist es: ob die res judicata eine Novation enthalte. Nach altem Röm. Recht war dies bei den legitimis judiciis allerdings der Fall. An Stelle der ursprünglichen Obligation, welche bis zur Litiscontestation dauerte, trat eine obligatio litiscontestationis mit der intentio auf ein condemnari oportere. Diese dauerte nur bis zur condemnatio, wodurch dieselbe aufgehoben und in eine obligatio ex causa judicati, welche auf ein judicatum fieri oportere ging, verwandelt wurde [8]). Im Justinianischen Rechte fällt jedoch diese Wirkung der res judicata eben so fällt, wie sie auch nach altem Rechte, außer dem Falle eines legitimi judicii, nicht eintrat. Die Neuern sind sich darüber nicht klar. Einige leugnen, daß die res judicata novire [9]); Andere sagen, daß die novatio necessaria auch durch res judicata werde [10]). Das Preuß. Recht ist darüber ebenfalls unklar. Das Allg. Landrecht scheint die Novation vorauszusetzen:

1) in dem §. 7. h. t., wo dem richterlichen Erkenntniß dieselben Wirkungen beigelegt werden, wie jedem andern Tilgungsgrund einer Verbindlichkeit, indem es heißt:

»Rechte erlöschen durch Verjährung, richterliches Erkenntniß, und durch solche Handlungen und Begebenheiten, wodurch die Obligenheit des Verpflichteten getilgt worden.«

In den Römischen Rechtsquellen würde diese Stelle ein vollständiger Beweis für die Novation sein; denn kein Röm. Jurist könnte von der Erlöschung einer andern Obligation durch res judicata sprechen, als eben derjeni-

---

8) Gajus Comment. III. §. 180.

9) Lauterbach Colleg. theor. pract. h. t. §. 29.

10) Hellfeld Jurispr. for. §. 1922. — Voet Comment. h.

gen, welche durch Klage anhängig gemacht worden, ohne Rücksicht darauf: ob das Urtel cond mnatorisch oder absolutorisch ausgefallen. Man könnte also daran gar nicht denken, daß, wie man jetzt unjuristisch die Stelle erklären will, nur ein absolutorisches Erkenntniß vorausgesetzt werde. Das Raisonnement ist dieses: Wenn bloß der Grundsatz: res judicata pro veritate accipitur gemeint sein sollte, so könnte nicht von der Erlöschung der Verbindlichkeit die Rede sein, da vielmehr nach demselben angenommen werden müsse es sei nie eine Obligation vorhanden gewesen, oder dieselbe schon wieder getilgt worden, wenn der Beklagte absolvirt werde; also müßte eine Novation durch das abweisende Urtel bewirkt werden. Bei einem condemnatorischen Urtel aber könne nicht von der Erlöschung die Rede sein, weil der Beklagte ja eben durch dasselbe verurtheilt werde, die Obligation zu solviren; folglich müsse die Stelle bloß von absolutorischen Erkenntnissen verstanden werden. Eine solche Unterscheidung, wozu nicht einmal die Worte eine Veranlassung geben, hat nicht den geringsten juristischen Grund für sich, wohl aber die Natur der Sache, wie wir sie aus den Quellen kennen lernen, (denn von neuen Erfindungen kann nicht die Rede sein, wenn man von einem überlieferten Institut sprechen will), und die Logik gegen sich. Die res judicata kann nicht das eine Mal diese, und das andere Mal die entgegengesetzte Eigenschaft haben. Ist sie ein Tilgungsgrund der rechtshängig gemachten Obligation, und folglich auch eine nova causa obligationis, so kann sie durch den, das Wesen derselben nicht berührenden, Ausfall nicht aufhören, res judicata zu sein. Der Inhalt der ex causa judicati absolutorii entstehenden neuen Obligation, nach altem Römischen Rechte, ist: daß der Kläger verbunden, den

Beklagten aus diesem Grunde nicht mehr in Anspruch zu nehmen, und ihn schadlos zu halten. Wäre also die Stelle nach den juristischen Begriffen, welche die gebrauchten Ausdrücke bezeichnen, zu verstehen: so würde die eingeklagte Obligation, gerade so wie nach altem Römischen Rechte, mittelst der rechtskräftigen Entscheidung völlig getilgt, und wie von selbst folgt eine neue Verbindlichkeit ex causa judicati an deren Stelle gesetzt.

2) in dem §. 821 Tit. 11, wonach rückständige Zinsen durch rechtskräftiges Urtel capitalisirt werden, indem es heißt:

»Wenn Jemand zur Bezahlung eines Zinsenrückstandes verurtheilt worden, und vor Ablaufe der im Urtel bestimmten Frist die Zahlung nicht leistet, so kann der Gläubiger auch von diesem Rückstande Zögerungszinsen seit dem Tage, wo das Erkenntniß rechtskräftig geworden ist, fordern.«

Diese Bestimmung läßt sich juristisch am einfachsten aus einer Novation erklären.

Allein dieser scheinbaren Voraussetzungen ungeachtet ist die Novation durch rechtskräftiges Urtel gänzlich zu leugnen. Denn die rechtskräftig zugesprochene Forderung behält nach wie vor alle accessorischen Rechte und ihre frühern Eigenschaften: es bleibt z. B. die Dotalforderung nach wie vor dieselbe Dotalforderung. Die vorhin angeführten Sellen lassen sich damit leicht vereinigen. Der §. 7 Tit. 16 ist ungenau gefaßt, und man hat die Bedeutung der Bestimmung: daß Rechte durch richterliches Erkenntnißes erlöschen, dabei weiter nicht bedacht. Man hat die Wirkung eines solchen rechtskräftigen Urtels vor Augen gehabt, welches, um mit Andern zu reden, weiß zu schwarz, und eckig rund macht, und wegen welcher man richterliche Erkenntnisse nicht ohne Grund den casibus fortuitis beizählt [11]). Aber wenn ein rechtskräftiges Erkenntniß einen Kläger mit seiner rechtmäßigen Forderung abweiset, so wird dadurch dieselbe keinesweges getilgt; sondern es entsteht aus einem solchen Urtel die Fiction der Wahrheit, d. h. es wird angenommen: daß zwischen den Partheien die Obligation entweder gar nicht existirt habe, oder, wenn der Richter sie fälschlich für erloschen erkannt hat, daß sie wirklich wieder getilgt worden, wenn es auch nicht wahr ist. Dies ist es was die Regel sagen will: res judicata pro veritate accipitur [12]). Hiervon ist der §. 7 zu verstehen.

Der §. 821 Tit. 11 macht keine Schwierigkeit. Man hat dabei an gar keinen juristischen Begriff gedacht. Die Stelle ist ad marginem der Reinschrift, wonach der Abdruck des Gesetzbuchs erfolgte, beigefügt, und wahrscheinlich durch ein Monitum des Geh. Raths von Lamprecht zu der, den Mitgliedern der Gesetz-Commission mitgetheilten, Umarbeitung des gedruckten Entwurfs veranlaßt, worin es heißt:

> Es dürfte freilich ein neuer Satz sein, wenn man sagen wollte, daß wenn der Schuldner zu Bezahlung des Zinsenrückstandes kondemnirt worden, und binnen der festgesetzten Frist nicht zahlte, er auch von diesen Zinsen seit der Zeit des Erkenntnisses wieder Zinsen geben müßte, aber äußerst billig würde ich es finden, da es

---

[11]) Carpzow Jurispr. for. P. I. const. 26. def. 21. — Die heutigen Urtelssprüche sind nicht weniger als die alten Kämpfe und Proben rc. Ordalien, und sie werden es zu allen Zeiten bleiben.

[12]) L. 207 D. de reg. juris.

sich treffen kann, daß der Creditor von den Zinsen leben muß.[13]).

Man würde also der Stelle ihren Werth nehmen, wenn man ihr einen juristischen Grund unterlegte.

Es giebt hiernach auch nach Preuß. Rechte, gerade so wie nach Justinianischem, keine novatio necessaria.

Die Novation kann auf verschiedene Weise vorkommen:

1) so, daß die Personen, unter welchen die Obligation besteht, dieselben bleiben, (Novatio simplex). Diese kann wieder in verschiedenen Beziehungen vorkommen, nämlich:

a. um die Art der Obligation zu ändern,

b. um irgend eine Nebenbestimmung zu ändern, oder

c. um den Gegenstand zu ändern.

2) so, daß ein neuer Creditor eintritt, oder

3) so daß ein neuer Debitor eingeschoben wird. Geht dieses von dem Schuldner aus, so heißt sie Delegation[14]). Ist der Eintretende dem Schuldner rechtlich nicht verbunden, so nennen die Neuern die Novation Expromission. Die Römer nannten aber nicht bloß in dem Falle, wenn ein neuer Schuldner auftrat, sondern überhaupt, auch bei unveränderten Personen, den Promissor in der Novation »Expromissor«[15]). Endlich kann sie

4) so geschehen, daß ein neuer Gläubiger und ein neuer Schuldner zugleich eintritt.

---

[13]) Motive der Gesetz-Revisoren zum Entwurfe des Tit. II. S. 149.

[14]) L. 11 D. h. t. — A. L. R. a. a. O. §. 264.

[15]) L. 19 §. 4 D. de donationibus. (XXXIX. 5.)

§. 52.

3) Erfordernisse.

Zur Novation ist nöthig:

1) Eine alte Obligation, und zwar eine gültige. Wenn sie aber auch nur eine obligatio naturalis ist, so ist sie eine gültige Grundlage der Novation [1]). Das Allg. Landrecht hat diesen Satz in seiner populairen Sprache beibehalten, indem es sagt:

> §. 467. »Ist die Novation gültig, so kann die neue Verbindlichkeit unter dem Vorwande, daß die alte nicht rechtsbeständig gewesen sei, nicht angefochten werden.«
>
> §. 468. »Doch kann der Schuldner unter eben den Umständen, unter welchen die Rückforderung einer geleisteten Zahlung Statt findet, die zur Tilgung einer ältern eingeschrittene neue Verbindlichkeit widerrufen.«

Fehlt es an einer solchen Grundlage, so ist die Novation ope exceptionis ungültig; es kann aber auch mit der, nach Beschaffenheit des Falles geeigneten Condiction auf Liberation oder Aufhebung der neuen Obligation geklagt werden, weil die Novation der Solution ganz gleich steht, und Alles was in Zahlung gegeben oder gethan wird, condicirt werden kann [2]). Ist die alte Obligation nur durch einen Dies suspendirt, so ist dieses kein Mangel; denn die Obligation ist wirklich vorhanden, und die neue Obligation wird präsent [3]). Eine obligatio sub condi-

---

[1]) L. 1 §. 1. D. h. t. — §. 3 J. quibus modis obl. tollitur. (III. 29. [30]).

[2]) L. 40 §. 2 D. de condictione indebiti. (XII. 6.) — L. 2 §. 3 u. 4 D. de donat. (XXXIX. 5). — A. L. R. h. t. §. 168.

[3]) A. L. R. h. t. §. 168. — L. 5 u. 8 §. 1. D. h. t.

tione aber ist so gut wie gar keine, so lange die Bedingung pendent ist. Wenn daher die Novation nicht gerade darauf gerichtet wird, die Bedingung aufzuheben, so kann die neue Obligation von selbst nur alsdann in Wirkung treten, wenn die der Alten beigefügt gewesene Bedingung eintritt. Fällt die Bedingung fort, so ist die Neue nie vorhanden gewesen. Dieß sind die Grundsätze des Röm. Rechts [4]), und so scheint es dem Sachverhältniß völlig angemessen zu sein, indem die im Voraus geleistete Erfüllung einer solchen Verbindlichkeit in der Erwartung, also unter dem stillschweigenden oder sich von selbst verstehenden Vorbehalt geschieht, daß die Bedingung eintreten werde, in jedem Falle aber doch ein Verzicht ausdrücklich erklärt werden müßte, da die Handlung, aus welcher derselbe entnommen werden sollte, einer verschiedenen Auslegung fähig ist. Das juristisch Entscheidende aber bleibt der Umstand, daß pendente conditione keine Obligation vorhanden ist, welche novirt werden könnte. Die in Erwartung des künftigen Eintritts der Bedingung eingegangene Stipulation kann daher eben so gut widerrufen werden, als eine unter gleichen Umständen voraus geleistete Zahlung [5]). Nach dem Allg. Landrecht ist die Sache

---

[4]) L. 8 §. 1. D. h. t. — „Legata vel fideicommissa, si in stipulationem fuerint deducta, et hoc actum, ut novetur: fiet novatio, si quidem pure vel in diem fuerint relicta, statim: si vero sub conditione, non statim, sed ubi conditio exstiterit."

L. 14 §. 1 D. eod. — „Sed si quod sub conditione debitur, pure quis novandi causa stipuletur: nec nunc quidem statim novat, licet pura stipulatio aliquid egisse videatur; sed tunc novabit, cum exstiterit conditio: etenim existens conditio primam stipulationem committit, commissamque in secunda(m) transfert."

[5]) Das Rechtsmittel ist die condictio causa data causa non

nicht so klar. Dasselbe spricht blos von dem Falle, wenn die Novation unter einer demnächst nicht eintreffenden Bedingung vollzogen wird. Alsdann soll die Novation ungültig sein, und die vorige Verbindlichkeit bei Kräften bleiben [6]). Es ist also bloß der Fall bedacht, wenn der neuen Obligation eine Bedingung hinzugefügt worden. Aber nichtsdestoweniger gilt auch nach Preuß. Rechte der Satz: daß die in Erwartung des Eintritts der Bedingung geschehene Erfüllung einer sub conditione suspensiva eingegangenen Verbindlichkeit aufgerufen werden kann, wenn die Bedingung fortfällt. Durch die anticipirte Erfüllung einer solchen Obligation wird nämlich die ursprüngliche Suspensiv-Bedingung in eine Resolutiv-Bedingung verwandelt. Die Resolutiv-Bedingung und der Zweck stehen in Ansehung ihrer Wirkungen einander gleich. Fällt die Bedingung fort, in Erwartung deren Eintritts die Leistung geschehen ist, so ist es eben so, als wenn der bestimmte Zweck, zu welchem Etwas gegeben, nicht erfüllt worden ist [7]). Unter denselben Voraussetzungen, unter welchen eine Leistung zurückgefordert werden kann, kann auch eine eingegangene Verbindlichkeit wieder aufgerufen werden.

II) Eine neue Obligation, welche an die Stelle der Alten tritt. Die neue Obligation muß sein:

1. eine gültige. Dazu gehört, daß die neue Ver-

---

secuta. L. 10. D. de condict. causa data. (XII. 4.) — L. 8 C. eod. (IV. 6).

[6]) §. 166 u. 465. h. t.

[7]) A. L. R. I. 4 §. 151 u. 155 u. Tit. 16 §. 200.

bindlichkeit eine solche sei, welche überhaupt durch Vertrag übernommen werden kann; und daß der Schuldner, welcher eine neue Verbindlichkeit an die Stelle der Alten setzen will, gesetzlich fähig und berechtigt sei, eine Verbindlichkeit dieser Art zu übernehmen [8]) In dieser Beziehung war nach Römischem Rechte auch eine naturalis obligatio eine gültige; es konnte daher ein Pupille als Schuldner mit rechtlicher Wirkung noviren, dergestalt, daß an die Stelle seiner civilrechtlichen Verbindlichkeit eine bloße Natural-Obligation trat, so daß der Gläubiger die alte gültige Obligation verlor, und nun dafür eine unwirksame erhielt [9]). Dies läßt sich nach dem Allg. Landrechte in dem Falle nicht behaupten, wenn die Absicht darauf gegangen ist: eine civilrechtlich wirksame neue Obligation zu contrahiren. Denn eine solche kann ein persönlich Unfähiger nicht schließen, und ohne daß der Schuldner fähig ist, eine Verbindlichkeit dieser Art zu übernehmen, kann keine Novation zu Stande kommen. Hier wird die Sache, nach dem Allgem. Landrechte, so angesehen, wie nach Röm. Rechte in dem Falle, wenn ein Rechtsunfähiger promittirt hatte: die Novation ist juristisch nicht vorhanden, mithin bleibt die alte Obligation mit allen Accessionen bestehen [10]). Daß die Absicht auf eine rechtlich wirksame

---

[8]) §. 462 u. 464. ebds.

[9]) L. 1 §. 1 D. h. t. „Qualiscunque igitur obligatio sit quae praecesserit, novare verbis potest, dummodo sequens obligatio aut civiliter teneat, aut naturaliter: ut puta si pupillus sine tutoris auctoritate promiserit.“ Vergl. §. 3 J. l. c. — Gajus III. §. 176.

[10]) §. 3. J. l. c. „— Non idem juris est, si a servo quis fuerit stipulatus; nam tunc prior perinde obligatus manet, ac si postea nullus stipulatus fuisset.“ — Gajus III. §. 176. — A. L. R. a. a. O. §. 462. 474.

Obligation gegangen sei, ist immer anzunehmen, wenn das Gegentheil nicht erklärt worden ist. Hat aber ausdrücklich nur eine Natural-Obligation an die Stelle der Alten gesetzt werden sollen, welches schon alsdann anzunehmen ist, wenn der Gläubiger erklärt, daß wiewohl ihm bekannt sei, daß der Promittent aus dem neuen Versprechen nicht verklagt werden könne, er nichtsdestoweniger denselben aus der alten Schuldverbindlichkeit entlasse, so ist die Novation nach Preuß. Rechte eben so wie nach Röm. Recht vollkommen rechtsbeständig, weil der Unfähige „meliorem suam conditionem facit [11]."

Es gehört ferner zur Gültigkeit der neuen Obligation, daß der Gläubiger fähig und befugt sei, sowohl die Erfüllung der zu tilgenden Verbindlichkeit anzunehmen, als auch ein Recht von der Art dessen, welches an die Stelle des vorigen gesetzt werden soll, zu erwerben [12]). Es kann also kein persönlich Unfähiger

---

[11]) A. L. R. I. 4. §. 21. — Tit. 5. §. 10. — L. 3. D. h. t. „Cui bonis interdictum est, novare obligationem suam non potest, nisi meliorem suam conditionem fecerit." Hierauf könnte man den §. 456. h. t. beziehen, wo es heißt: „So weit der unfähige Schuldner während der Unfähigkeit Zahlung leisten kann; soweit gilt auch nur eine unter diesen Umständen von ihm vorgenommene Novation. (40. 41. 42.)" Indeß ist wol sicher anzunehmen, daß Suarez, welcher diesen §. nebst den folgenden bei Umarbeitung des gedruckten Entwurfs eingeschoben hat, ohne zu dessen Rechtfertigung etwas anzuführen, an dieses Rechtsverhältniß nicht gedacht hat. Weil dieser §. mit dem §. 462: „Soll die Novation durch eine Veränderung in der Art der Verbindlichkeit unter eben denselben Personen erfolgen: so muß der Schuldner nach den Gesetzen fähig und berechtigt sein, eine Verbindlichkeit von dieser Art zu übernehmen" unvereinbar ist, so haben die Revisoren vorgeschlagen, ihn fortzulassen. Motive a. a. O. S. 149. Es läßt sich noch eine andere Verbesserung vorschlagen, die nämlich, den ganzen Abschnitt fortzulassen.

[12]) A. L. R. §. 457. d. T.

noviren, weil er nicht veräußern, mithin auch keine Zahlung annehmen kann [13]). Was es aber mit der Art der Verbindlichkeit für eine Bewandniß hat, wovon hier im §. 463 und 462 die Rede ist, kann nicht juristisch erklärt werden. Die Obligation, welche durch Novation entsteht, ist immer nur von Einer Art. Auch die Revisoren der Gesetze-geben in ihren Motiven zum neuen Entwurfe, wonach die Bestimmung so wie sie im Allg. Landrechte steht, beibehalten werden soll, in Beziehung auf dieselbe keinen Aufschluß darüber: was man sich dabei zu denken haben könnte [14]). Aber durch Beispiele, welche sie in Beziehung auf die Frage: in wiefern die accessorischen Rechte durch die Novation erlöschen, angeben, zeigen sie, wie sie sich selbst die Sache ungefähr gedacht haben. »Gesetzt,« sagen sie a. a. O. S. 151: »es sei auf einem Grundstücke eine jährliche Hebung von einer bestimmten Quantität Korn sub rubrica II eingetragen, diese jährliche Prästation werde in eine Kapitalsforderung verwandelt, allein die Prästation bliebe ungelöscht stehen, und die Forderung würde nicht eingetragen; soll man jetzt nicht annehmen, daß das verpfändete Grundstück, soweit die sub rubrica II ungelöscht gebliebene Eintragung es ausspricht, verhaftet geblieben sei? Oder, ein in Pfandbriefen gegebenes Darlehn sei sub rubrica III. eingetragen, der Gläubiger und Schuldner vereinigten sich darüber, die Verbindlichkeit in eine bestimmte Forderung an baarem Gelde zu verwandeln,

---

13) Ebd. §. 457. — In dieser Beziehung heißt es L. 20. §. 1. D. h. t. „Pupillus sine tutoris auctoritate non potest novare.“ Vergl. L. 9. D. eod. u. L. 3. (Note 11).

14) Motive zum Entwurf des Tit. 16. S. 119. u. Entwurf §. 448. 449.

die Post bliebe aber nicht nur ungelöscht, sondern das Instrument mit der Hypothekenrecognition in den Händen des Gläubigers, ohne daß mit dem Vermerke im Hypothekenbuche irgend eine Veränderung vorginge. In diesem Falle wird Niemand bezweifeln, daß das Pfandrecht, nach wie vor, bestehe. Ganz derselbe Fall tritt ein, wenn für das in Pfandbriefen gegebene Darlehn ein Faustpfand gegeben oder eine Bürgschaft bestellt wäre.« Ferner S. 153: »Allerdings kann die neue Verbindlichkeit von so ganz anderer Art sein, daß die Frage, in wiefern sich der Gläubiger an Pfand oder Bürgen halten könne, nicht geradezu zu beantworten ist, wie wenn z. B. ein sub rubrica II. des Hypothekenbuchs eingetragenes jus protemiseos in ein kündigungsfähiges Kapital verwandelt, jenes jus protemiseos ungelöscht stehen geblieben, und jetzt Concurs ausgebrochen wäre.« — Wenn Das Novationen sein sollen, so werden ja wol auch andere gleichartige Rechte (jura in re) auf diese Art novirt werden können; man wird also wol, nach dem ersten Beispiel, auch ein Zins- oder Zehntrecht, oder nach dem letzten ein dingliches Vorkaufs- oder Retractrecht, eben so gut auch eine Holzungs-, Schäferei- oder Erbpachtgerechtigkeit, ja das stärkste gleichartige Recht, das Eigenthum selbst, (denn die übrigen jura in re sind nur Stücke oder Modificationen des Eigenthums) in ein Kapital (eine Geldforderung) verwandeln können? Nur fehlt noch eine Bestimmung, die nämlich: qua ex causa das Capital (die Geldforderung) schuldig sein soll. Daß hierunter nicht dasjenige Rechtsgeschäft gemeint ist, welches das Römische Recht unter dem Namen der Novation überliefert, sieht jeder Sachverständige selbst. Das Institut, von dem in diesen Beispielen die Rede ist, ist eine neue Erfindung, welche alle Kauf-, Tausch-, Mieth-

und Pacht-Contracte überflüßig macht, oder vielmehr in sich aufnimmt.

Die gemeinrechtlichen Juristen hatten bloß die übrigens nirgend klar ausgesprochene Vorstellung von der Novation, daß, so wie die verschiedenartigsten Obligationen zur Novation geschickt seien, eben so auch jede Obligation mittelst Novation in jede beliebige Art von Forderung verwandelt werden könne, so daß z. B. aus einer Forderung ex causa depositi eine Spielschuld oder eine Forderung aus einem Schenkungsversprechen, oder umgekehrt, müßte gemacht werden können. Aber daß auch jura in re auf solche Weise novirt werden könnten, das ist vorher noch nicht gedacht worden. Da jenes, dem Preuß. Rechte künftig vielleicht eigenthümlich werdende, neue Institut noch kein Leben hat, so nehmen wir darauf weiter keine Rücksicht, und bleiben bei den obligatorischen Rechten stehen.

Ist der neuen Obligation ein Dies beigefügt, so hat das keinen Einfluß auf die Beständigkeit des Geschäfts: die Obligation ist bis dahin blos suspendirt; ist aber eine Bedingung hinzugefügt, so ist pendente conditione keine Obligation vorhanden, und deficiente conditione wird es so angesehen, als wäre nie novirt worden: die alte Verbindlichkeit mit ihren Accessionen bleibt bei Kräften [15]). In Beziehung auf einige Accessionen kann jedoch, der Ungültigkeit der neuen Obligation ungeachtet, die Veränderung bestehen bleiben. Wenn nämlich das Pfand zurückgegeben worden wäre, so würde, weil dessen Dasein wesentlich durch den Besitz bedingt ist, dasselbe durch die Nichtigkeit der neuen Obligation unmöglich wieder hergestellt werden

[15]) A. L. R. §. 166. d. T. — L. 5. 8. §. 1. L. 11. pr. §. 1. D. h. t. — §. 3. J. l. c. — L. 36. D. de rebus creditis. (XII. 1).

können. Dasselbe ist von der erfolgten Löschung einer Hypothek, oder von einer ausdrücklich erklärten Entlassung des Bürgen zu sagen. Bei diesen für sich wirksamen Rechtshandlungen muß es nothwendig verbleiben; sie können nur durch eine entgegengesetzte Handlung aber nicht ipso jure aufgehoben werden. Dies setzt jedoch voraus, daß sie an sich auf rechtsbeständige Art vollzogen worden sind. Ganz anders muß es sich stellen, wenn diese Handlungen nur scheinbar vorhanden, d. h. an sich nichtig sind. Dieß ist namentlich der Fall, wenn der Gläubiger, sei es überhaupt oder beziehungsweise, handlungsunfähig war. Hier gilt von den Nebenhandlungen eben dasselbe; was von der Haupthandlung, der Novation selbst: es ist Alles ungültig. Nach dieser Auseinandersetzung wird der §. 475 des Allg. Landrechts d. T., welcher solche Schwierigkeiten gemacht hat, daß man ihn durch einen Druckfehler, durch dessen Verbesserung der völlig entgegengesetzte Sinn herausgebracht wird, hat erklären wollen, klar sein. Es heißt:

»Liegt jedoch der Grund von der Ungültigkeit der Novation nicht [15a]) in der Person des Gläubigers; und hat dieser den Bürgen ausdrücklich entlassen, oder das Pfand zurückgegeben, oder die eingetragene Sicherheit löschen lassen: so kann er an den Bürgen sich nicht ferner halten, und von seinem Pfandrechte, zum Nachtheil eines Dritten, keinen Gebrauch mehr machen [15b]).«

[15a]) Merkel Commentar ad h. §. sagt: „Es soll wohl heißen: liegt der Grund in der Person des Gläubigers.“ Er hält also das „nicht“ für einen Druckfehler.

[15b]) Bornemann (System Bd. III. S. 690) hält diese Bestimmung für eine Ausnahme, während sie eine bloße regelrechte Folge ist.

Liegt also der Grund der Ungültigkeit in der persönlichen Unfähigkeit des Gläubigers, so ist auch die besondere Entlassung des Bürgen, die Zurückgabe des Pfandes und die Löschung der Hypothek ungültig oder so gut wie nicht geschehen. Daraus folgt, daß das Pfand und die Hypothek nach wie vor auch gegen Dritte geltend gemacht werden kann. Es wird also auch das, in den Händen eines Dritten befindliche, Pfandstück mit der dinglichen Klage verfolgt werden können. Soll dabei die bona fides nichts gelten? Wenn sie gilt, so ist die Bestimmung ohne alle Bedeutung: denn daß der malae fidei possessor die Sache wieder herausgeben soll, wäre als etwas Besonderes nicht anzusehen. Wenn sie aber nicht berücksichtigt werden soll, so würde diese Bestimmung eine merkwürdige Ausnahme von der Regel sein, die besonders bei Löschungen von den bedenklichsten Folgen wäre, und den Glauben des Hypothekenbuchs zu nichte machte. Dieß läßt sich, ohne eine ganz ausdrückliche Bestimmung, nicht annehmen. Man kommt deshalb zu dem Resultate: daß es bei der Rückgabe der Pfänder und Löschung der Hypotheken, in Beziehung auf redliche Dritte, auch in diesem Falle verbleiben muß. Gegen den Schuldner selbst und gegen unredliche Dritte verbleibt das Verhältniß von selbst unverändert, und dieß auch in dem Falle, wenn der Gläubiger persönlich nicht unfähig war, sondern die Ungültigkeit der neuen Obligation (Novation) einen andern Grund hat. Dieß ergeben die Worte des §. 475: »zum Nachtheile eines Dritten.« Es käme also im Grunde in Rücksicht der Pfänder und Hypotheken auf Eins heraus: der Gläubiger mag persönlich unfähig gewesen sein, oder nicht. Nur in Rücksicht des Bürgen würde ein Unterschied statt finden; doch läßt sich letzternfalls auch im Verhältniß zu

Diesem die Unredlichkeit desselben (die replicatio doli) der Wirksamkeit seiner Entlassung entgegensetzen.

Die neue Obligation muß ferner sein:

2) eine formelle, d. h. eine solche, welche bloß an sich wegen der gebrauchten Form, ohne Zuhülfenahme irgend eines andern Rechtsgrundes, so wie z. B. der Wechsel, ein Klagerecht erzeugt, wovon schon im §. 50 ausführlicher die Rede gewesen ist. Man liest zwar in jedem ältern und neuern juristischen Buche über diesen Gegenstand, daß bei den Römern immer eine Stipulation erforderlich gewesen, jetzt aber eine bloße Übereinkunft hinreichend sei [16]; indeß wird dem eignen Nachdenken des Lesers ausfindig zu machen überlassen: wie bei dem Mangel einer Obligatio ex pacto die Metamorphose vermittelt werden soll [17]. Weder die gemeine Rechtspraxis, noch das Allg. Landrecht erkennt eine Verbal- oder Literal-Obligation an, es kann daher unter denselben Personen eine wahre Novation in der

---

16) Doch findet man wenigstens einen Zweifler an Bachovius ab Echt in: Notae et animadversiones ad Hieron. Treutleri Disputationes juris civilis V. 2. Disp. 29. th. 5. Lit. A., weil zur Novation erfordert würde, daß die alte Obligation ipso jure aufhöre, während dieselbe, zufolge eines pacti, nur ope exceptionis beseitigt werde. Dieser Grund zeigt indeß nicht die Unmöglichkeit der Umschaffung, da wenn diese geschehen könnte, die alte Obligation auch aufhören müßte.

17) Ein flüßig gemachtes Metall muß zwar nothwendig die Form annehmen, in welche es gegossen wird; es kann aber aus einer Kugelform niemals ein Würfel hervorgehen. Eben so könnte zwar aus jeder beliebigen Obligation eine formelle Packten-, Verbal-, oder Literal-Obligation, oder wie man sie nach der angewandten Form nennen wollte, gemacht werden, niemals aber kann aus dieser Form eine Obligation ex alia causa hervorgehen. Dieß ist Eine der vielen Bedeutungen der so verächtlich behandelten, von den vornehmsten Verächtern gar nicht verstandenen Formen.

Praxis gar nicht vorkommen. Alles was derselben Ähnliches vorkommt, ist von der schon vorhin (§. 50) erwähnten Beschaffenheit.

III) Die Absicht der Novation, d. h. die Absicht, daß an Stelle des bisherigen Verhältnisses das verabredete Neue treten soll, wenn dieß nach Beschaffenheit des Falles möglich, wie schon vorhin (§. 50) auseinandergesetzt ist. Daraus ergiebt sich von selbst, daß wenn beide Verabredungen nicht neben einander fortbestehen können, wie in dem von Ulpian in der L. 10. pr. D. de acquir. vel amitt. poss. (§. 50. Not. 3) angeführten Beispiele, nur die letzte Übereinkunft gilt, wenn die Erstere auch nicht mit ausdrücklichen Worten aufgehoben worden ist. Dieß ist im Allg. Landrechte anerkannt, welches bestimmt, daß die Novation ausdrücklich geschehen müsse, daß jedoch, wenn die neue Verbindlichkeit so beschaffen, daß die vorige Verbindlichkeit mit ihr zugleich nicht bestehen könne, die vorige erlösche, wenn auch eine ausdrückliche Aufhebung derselben nicht erfolgt wäre [18]). Das Allg. Landrecht hat noch folgende in der gemeinrechtlichen Praxis für zweifelhaft gehaltene Fragen entschieden oder näher bestimmt:

1) Es gilt noch für keine Novation, wenn der vorgenommene Act mehr oder etwas Anderes als der frühere

---

[18]) §. 451. 455. h. t. — Vergl. das Konklusum der Gesetzkommission in Klein's Annalen Bd. V. S. 135. — Eben so das Östr.-Ges.-B. §. 1379. — Daß eine große Anzahl Rechtsgelehrten derselben Meinung waren; daß aber alles Das, was aus dem Justinianischen Rechte von der Novation hergenommen wird, wegen der mangelnden Voraussetzung keine practische Anwendung leiden kann, vielmehr nur Dasjenige von Werth ist, was die Juristen, ohne die (formelle) Novation vor Augen zu haben, lehren, ist schon vorhin angemerkt worden. §. 50.

enthält, vielmehr sind die einer schon vorhandenen Verbindlichkeit in der Folge hinzutretenden Verabredungen im zweifelhaften Falle so zu deuten, daß die ursprüngliche Verbindlichkeit so wenig als möglich verändert werde[18a]).

2) Die bloße Ausstellung neuer Urkunden, also auch die Zurückgabe der alten und Annahme einer neuen Urkunde über eine schon vorhandene Schuld, verändert deren Natur nicht[18b]).

3) Es ist auch keine Novation, wenn die Zahlungstermine anders oder näher bestimmt werden[18c]), oder wenn von einer unzinsbaren Schuld Zinsen versprochen[18cc]), oder in Ansehung des Zinssatzes, oder der für die Schuld bestellten Sicherheit[18d]) etwas verändert wird.

Ferner ist erforderlich:

IV) Die Einwilligung eines Jeden, der etwas verliert, oder der als neuer Schuldner eintreten soll. Daraus folgt, daß die Befugniß zur Empfangnahme der Zahlung noch nicht zur Novation berechtigt. Daher kann, wenngleich Zahlung erheben, doch nicht noviren:

[18a]) A. L. R. h. t. §. 151. — L. 8. C. h. t. Boehmer Decis. et Consult. Tom. II. P. II. resp. 1015. nr. 10.

[18b]) A. L. R. §. 152. — L. 8. C. h. t. — Nach Mevius Dec. P. II. dec. 211. seq. — P. VII. dec. 12. 13. — Leyser Specim. 526. m. 7. 8. 9. — Klein's Rechtsspr. V. S. 315. u. A. ist in der gemeinrechtlichen Praxis oft das Gegentheil angenommen worden.

[18c]) A. L. R. §. 153. — L. 8. C. h. t. — Wernher Observ. T. III. P. I. obs. 181.

[18cc]) Anders nach Sächs. Rechte. Kind Quaest. for. Tom. I. p. 313.

[18d]) A. L. R. a. a. O. — L. 8. C. h. t. — Mevius P. II. dec. 338. — Pütter auserles. Rechtsfälle Bd. I. Ded. 29. Nr. 57.

1) der solutionis causa adjectus [19]);

2) der Assignatarius [20]);

3) die in der Gewalt eines Andern befindlichen Personen, welchen die Administration eines bestimmten Vermögens-Objects überlassen ist [21]);

vielmehr müssen die eigentlichen Creditoren selbst persönlich oder durch gesetzliche Stellvertreter [22]) ihre Einwilligung geben, welches jedoch mit gleicher Wirkung auch durch nachträgliche Ratihabition geschehen kann [23]), die als eine Ergänzung anzusehen ist, so daß das Rechtsgeschäft von dem Tage an, wo dasselbe vorgenommen worden ist, datirt, und die Ratihabition zurückgezogen wird. Diesen Satz hat das Allg. Landrecht nicht aufgenommen. Unter den ältern Römischen Juristen, welche in dieser Beziehung zwischen jus und factum unterschieden, war er streitig. Justinian hat die Controverse entschieden [24]); und diese Entscheidung ist durch das canonische Recht bestätigt [25]). Die gemeinrechtliche Praxis hat davon immer gleichförmig Anwendung gemacht [26]); man wird daher den Satz auch

---

[19]) L. 10. D. h. t.

[20]) L. 25. D. eod. — A. L. R. h. t. §. 251. 261 u. ff.

[21]) L. 25. u. 34. pr. D. h. t. — L. 27. pr. D. de pactis. (II. 14). — A. L. R. II. I. §. 124. 125. — II. 18. §. 734.

[22]) L. 20. §. 1. L. 34. §. 1. D. h. t.

[23]) L. 22. D. eod. — A. L. R. I. 13. §. 142. 239.

[24]) L. 7. C. ad S. C. Macedon. (IV. 28). — L. 25. in f. C. de donat. inter virum et uxorem. (V. 16). — L. 16. §. 1. D. de pignor. et hyp. (XX. 1) — L. 44. §. 1. D. de usurpat. et usuc. (XLI. 3). — Vergl. L. 7. D. de jure codicillorum. (XXIX. 7).

[25]) „Ratihabitionem retrotrahi et mandato non est dubium comparari“ L. 10. de regulis jur. in 6. (Bonifac. VIII). Ähnlich drückt diesen Satz die L. 152. §. 2. D. de regul. jur. in Beziehung auf maleficia aus.

[26]) Gail Observ. pract. Lib. I. obs. XLVII. nr. 5. — Cra-

wol nach Preuß. Rechte für gültig anerkennen müssen, da sich keine widersprechende Bestimmung findet, wodurch das bisherige Recht eine Änderung erlitten hätte [27]).

Es folgt ferner, daß der Debitor, wenn er im Schuldnexus verbleibt, beistimmen muß, daß jedoch, wenn er liberirt werden soll, jeder Dritte für ihn, ohne sein Wissen und Willen noviren kann [28]). Endlich wird erfordert:

V) Die schriftliche Form bei Gegenständen von mehr als funfzig Thalern, oder bei welchen sonst diese Form für Verträge vorgeschrieben ist.

§. 53.

4) Wirkungen.

I) Die alte Obligation ist ipso jure, wie durch Zahlung, getilgt [1]). Die eine Folge davon ist, daß alle Accessionen der alten Obligation zerstört wer-

---

mer Obs. jur. un. T. III. obs. 928. S. 423. — Carpzow Jurisprud. for. P. I. const. 19. def. 6.

[27]) Die Deputation des II. Sen. des Oberlandes-Gerichts zu Breslau für summarische Appellationssachen hat denselben in einem Falle, wo eine, mehrern Theilnehmern gehörige, Forderung durch einen Mandatarius schon vor mehrern Jahren cedirt worden war, dessen Vollmacht nicht Alle vollzogen hatten, dessen Gestum von diesen aber jetzt nachträglich genehmigt worden war, für gültig anerkannt. Akt. Schweizer c. Kühnel. S. 59. 1836. — Eine andere Abtheilung desselben Senats, hat in Beziehung auf eine Prozeßvollmacht in einem Falle anders sentirt, ohne positive Gründe anzuführen. Einen ähnlichen Fall theilt Carpzow l. c. mit. Vergl. A. L. R. I. 5. §. 191. 37 u. 38. I. 20. §. 19.

[28]) L. 8. §. 5. D. h. t. — L. 91. D. de solution. (XLVI. 3). — L. 1. C. h. t.

[1]) L. 1. pr. D. h. t. — A. L. R. h. t. §. 454. 455.

den; es fallen daher auch alle, mit der alten Forderung nach ihrer Qualität verbundenen, gesetzlichen Vorrechte, Pfandrechte und Bürgschaften, so wie Zinsen und Strafbestimmungen von selbst fort [2]). Die Sache erscheint sehr einfach. Die Novation ist so gut wie Zahlung. Wird der Gläubiger bezahlt, so mag er das Pfand-Object behalten oder nicht, so mag er den Bürgen entlassen oder nicht: — Beides ist rechtlich ganz gleichgültig, er kann nie mehr ein Pfandrecht an das Object ausüben — er kann nie mehr den Bürgen aus der Bürgschaft belangen. So einfach stellt man es sich aber nicht vor. Die Revisoren sagen [3]): »daß die Privilegien, welche der aufgehobenen Verbindlichkeit vermöge des Gesetzes beigelegt sind, auf die neue Verbindlichkeit nicht mit übergehen, scheint ganz natürlich, wenn man sich die verschiedenen, in der Konkursordnung näher angegebenen Vorrechte vergegenwärtigt. Anders aber ist es mit dem Faustpfande der Hypothek, und der durch einen Vertrag bestellten Bürgschaft. Die Auflösung des bestehenden Rechtsverhältnisses hat hier etwas Störendes, weil wir gewohnt sind, von der Schrift, dem Vermerke im Hypothekenbuche u. s. w. mehr abhängig zu machen, als die Römischen Begriffe zulassen, nach welchen das Rechtsverhältniß rein für sich dastehend, und unabhängig von dem äußern erkennbaren Zeichen aufgefaßt werden muß.« Mit der Hypothek nach Preuß. Rechte ist es eine Sache für sich; diese ist keine bloße persönliche Schuld mehr. Daß aber der Bürge erst einer besonders erklärten Entlassung zu seiner Befreiung bedürfen sollte, ist

---

[2]) L. 18. 27 u. 29. D. h. t. — L. 4. C. de fidejuss. (VIII. 41). — L. 15. D. h. t. — A. L. R. a. a. O. §. 469—472.

[3]) Motive a. a. O. S. 150.

den neuen wie den alten Rechtsbegriffen zuwider. Noch jetzt bezweifelt Niemand, daß wenn der Gläubiger bezahlt worden ist, der Bürge aus der schriftlichen Bürgschaft nicht mehr verhaftet sein kann, wenn die Urkunde auch nicht kassirt oder zurück gegeben, und der Gläubiger dem Bürgen auch keine besondere Entlassung gegeben hat. Eben so wenig bedarf es bei erfolgter Tilgung der Schuld der Zurückgabe des Pfandstücks um das Pfandrecht darm erlöschen zu machen. Ist der Gläubiger wegen derjenigen Schuld, für welche das Pfand gegeben ist, bezahlt, so mag er noch so viel andere Forderungen an denselben Schuldner haben, er wird wegen keiner Einzigen das erloschene Pfandrecht ausüben können, welches Alles bekannt ist. Die Rechtsbildung würde durch die vorgeschlagene gesetzliche Bestimmung, daß das Pfand zurückgegeben und der Bürge ausdrücklich entlassen werden müsse, wenn das Eine wie das Andere für die neue Verbindlichkeit nicht haften solle, nicht gewinnen. Bei dem Pfande ließe sich dafür noch Das anführen: daß wenn der Schuldner dem Gläubiger das Pfand in Händen läßt, er dadurch stillschweigend erklärt, dasselbe solle auch für die neue Schuld haften. Aber daß der Bürge für eine Verbindlichkeit haften soll, wofür er sich nicht verbürgt hat, und zu welcher nicht einmal seine Erklärung erfordert wird, das ist mit den allgemeinsten Rechtsgrundsätzen unvereinbar. Das Allg. Landrecht, dessen Redactoren diese Verhältnisse vollkommen klar gewesen sind, bestimmt in Übereinstimmung mit der Natur der Sache und dem Röm. Rechte:

1) Die besondern Vorrechte, welche der aufgehobenen Verbindlichkeit vermöge der Gesetze zukommen, können auch durch die ausdrückliche Verabredung der Partheien auf die neue Verbindlichkeit von verschiedener Art nicht übertragen

werden [4]). Dieser Satz ist aufgenommen, ohne daß dessen Bedeutung erkannt worden ist. Der Grund dieses Folgesatzes liegt darin, daß es physisch unmöglich ist, z. B. eine actio tutelae, wenn der Rechtsgrund novirt wird, ihrer Qualität nach willkührlich zu erneuern, weil eben jedesmal eine simple obligatio ex stipulatu, und nur eine solche, nie eine Andere, durch die Novation entstehen konnte. Die Neuern stellen sich ja aber vor, daß durch die Novation willkührlich Alles was sich von Rechten nur denken läßt, hervorgebracht werden könne. Damit harmonirt die Beibehaltung dieses Satzes nicht; die entgegengesetzte Bestimmung würde nicht unerklärlicher gewesen sein, als das ganze heutige Institut der Novation selbst.

2) Andere bei der vorigen Hauptverbindlichkeit getroffene Nebenabreden erlöschen, insofern dieselben nicht ausdrücklich vorbehalten worden sind [5]). Dieß bezieht sich auf Zeit und Ort der Zahlung, auf Zinsen und auf Conventional-Strafen [6]).

3) Ein gleiches gilt von dem für die vorige Verbindlichkeit bestellten, und bei der Neuen nicht mit übernommenen Pfandrechte [7]). Aus den Worten des Allg. Landrechts: »nicht mit übernommen,« entnimmt man eine Unbestimmtheit, welche es nothwendig mache, einen andern Anhaltspunkt zu suchen, den man gefunden zu haben meint, wenn, wie vorher bemerkt worden, der Grundsatz umgekehrt wird [8]). Der Ausdruck kann keine Mißverständnisse veranlassen, wenn, wie jeder Rechtsver-

---

[4]) A. L. R. h. t. §. 169. — L. 29. D. h. t.
[5]) A. L. R. a. a. O. §. 170.
[6]) L. 15. 18. u. 27. D. h. t.
[7]) A. L. R. §. 171. — L. 18. D. h. t.
[8]) Motive, a. a. O. S. 152.

ständige weiß, das Pfandrecht mit der alten Obligation erloschen ist, und daher, wenn das Pfandstück für eine andere Forderung haften soll, von Neuem ausdrücklich bestellt, also von der alten auf die neue Forderung ausdrücklich herübergenommen werden muß. Die ausdrückliche Herübernahme genügt jedoch nur in dem Falle, wenn der Schuldner auch Eigenthümer des Pfandstücks ist; sonst muß dieser Eigenthümer das Pfandrecht von Neuem ausdrücklich bestellen [9]). Auf diesen Fall würde also der umgekehrte Grundsatz nicht passen.

4) Der Bürge kann eben so wenig wie ein fremdes Pfandstück, ohne desse Zustimmung für die neue Verbindlichkeit verhaftet werden. Es versteht sich daher von selbst, daß er, wenn er verhaftet bleiben soll, bei der Novation zugezogen werden muß. Geschieht dies und wird nichts Besonderes seinetwegen verabredet, so consentirt er eben, folglich geht seine Verpflichtung aus der Bürgschaft auf die neue Verbindlichkeit mit über [10]).

Die andere Folge der Novation ist die, daß die gegen die alte Obligation zuläßig gewesenen Exceptionen nicht mit übergehen [11]), weil die neue Obligation für sich gültig ist, so weit sie nach ihrer Form gültig sein kann, und mit der Vorigen nicht als identisch, auch nicht als eine Fortsetzung des vorigen Verhältnisses anzusehen ist.

---

[9]) L. 30. D. h. t. „Paulus respondit, si creditor a Sempronio novandi animo stipulatus esset, ita ut a prima obligatione in universum discederetur: rursum easdem res a posteriori debitore sine consensu prioris obligari non posse.“

[10]) A. L. R. §. 472—173. — L. 4. C. de fidejussor. (VIII. 41). „Novatione legitime perfecta debiti prioris contractus fidejussores, vel mandatores liberatos esse non ambigitur: si modo in sequenti se non obligaverunt.“

[11]) A. L. R. §. 467. — L. 12. 13. 19. D. h. t.

II) Auf Correal-Obligationen wirkt die von dem einen Correus vorgenommene Novation ebenfalls wie Zahlung. Die Forderung erlischt also nicht blos alsdann, wenn der eine Correus debendi [12]), sondern auch dann, wenn der eine Correus credendi [13]), ohne Zuziehung der Übrigen, novirt hat. Wenn jedoch auf Seiten des Gläubigers keine eigentlichen correi, sondern nur Mitberechtigte sind, so ist die von dem Einen allein vorgenommene Novation nur für seinen Antheil von Wirkung [14]).

§. 53.

5) Insonderheit.

a. Von der Delegation.

A. L. R. I. 16. §. 264 — 267.

J. G. Wenckebach de delegatione. Gröning. 1711. — Gesterding, Beitrag zu der Lehre von der Delegation; im Archiv für die civil. Praxis. Bd. II. Nr. 19.

1) Delegation heißt die Novation mit Veränderung der Person des Schuldners. Dazu ist erforderlich, daß der bisherige Schuldner, um sich von seinem Gläubiger loszumachen, ihm einen andern Schuldner überweise; daß dieser angewiesene neue Schuldner die Schuld des Anweisenden auf sich nehme, und den Gläubiger für den seinigen anerkenne, um den Anweisenden von ihm zu befreien, und daß der Gläubiger den neuen Schuldner ebenfalls in der Absicht annehme, um dafür seinen bisherigen

---

12) A. L. R. §. 458. — L. 20. D. ad S. C. Vellej. (XVI. 1).
13) §. 460. d. T. — L. 31. §. 1. D. h. t.
14) A. L. R. §. 459.

Schuldner der Verbindlichkeit zu entlassen [1]). Daß der angewiesene neue Schuldner der Schuldner des alten Schuldners sei, ist zwar gewöhnlich, aber nicht wesentlich; es ist auch gleichgültig, wer von diesen Dreien die Veranlassung giebt, daher die Vorstellung, daß ein Mandat zwischen dem alten und dem neuen Schuldner vorhergehe oder doch zu denken sei [2]), oder daß die Delegation, wie Andere [2a]) meinen, von einem Vertrage zwischen dem Gläubiger und dem alten Schuldner ausgehe, nicht richtig ist. Der neue Schuldner kann auch als negotiorum gestor des Alten auftreten, und das ganze Geschäft kann zunächst von einem Vertrage zwischen dem Gläubiger und dem neuen Schuldner ausgehen; Dieser ist sogar ursprünglich die Hauptsache bei der Delegation. Wesentlich aber ist die Zustimmung aller drei Interessenten darin: daß der neue Schuldner die Schuld des Alten übernehme, daß der Gläubiger den neuen Schuldner an Stelle des Alten annehme, und diesen ex nexu lasse. Da allemal zwei Schuldner neben einander stehen können, so daß also der Fall nicht eintreten kann, daß die vorige Verbindlichkeit mit der Neuen nicht zugleich sollte bestehen können, so ist immer eine ausdrückliche Erklärung dieser Absicht erforderlich [3]); nur rücksichtlich des Gläubigers finden die

---

[1]) L. 11, pr. D. h. t. — L. 2. C. de obligat. et action. (IV. 10). — L. 3. C. h. t. — L. 11. C. de donation. (VIII. 54). — Klein's Rechtssprüche Bd. III. S. 125. — Gesterding a. a. O. §. 1.

[2]) Bucher Recht der Forderungen §. 169. II. Aufl. S. 550.

[2a]) Z. B. Scherer Handbuch des Wechselrechts. Th. I. . 541. §. 4. Nr. 1. — Die Revisoren der Gesetzgebung. Motive zu Tit. 14 u. 16. S. 57. 128.

[3]) A. L. R. §. 261. h. t. — Es heißt hier; „Tritt bei einem solchen Geschäfte, wo der Assignatar den Assignanten völlig ent-

vorhin (§. 43) gedachten Ausnahmen statt. Durch die Delegation soll das alte Schuldverhältniß zwischen dem Gläubiger und dem alten Schuldner eben so wie Dasjenige, welches zwischen dem Letztern und dem neuen Schuldner etwa vorhanden gewesen, ganz und gar getilgt werden [4]). Nach Röm. Rechte ist die neue Obligation von der Alten ganz unabhängig; der neue Schuldner ist also auch nicht Successor des Alten. Deshalb kann der neue Schuldner dem Gläubiger keine aus dem alten Schuldverhältniß hergenommene Einwendungen entgegensetzen, und es ist auch gleichgültig: ob der neue Schuldner zu dem Alten in einem Schuldverhältnisse gestanden hat oder nicht, oder ob das vorhanden gewesene Schuldverhältniß ipso jure oder ope exceptionis ungültig war [5]), ausgenommen es wäre ausdrücklich nur Dasjenige versprochen worden, was der Delegat dem Deleganten schuldig [5a]). Das Allg. Landrecht hat jedoch andere Grundsätze. (§. 55. 56.)

II) Über das Verhältniß des neuen Schuldners

---

läßt, und statt seiner den Assignaten zum Schuldner annimmt, auch die Einwilligung des Assignaten hinzu: so ist eine Delegation vorhanden." Hierzu notirt Grävell Bd. IV. S. 129: „Da das Gesetz hier eine ausdrückliche Erklärung nicht fordert, so reicht auch eine stillschweigende hin." Dieß ist ganz unrichtig. Der Assignat (Delegat) ist gerade diejenige Person, welche sich verpflichten soll, mithin recht eigentlich dieses aussprechen muß. Eine stillschweigende Promission giebt es nicht. Mit der Acceptation ist es ein Anderes.

[4]) A. L. R. §. 265. h. t. — L. 2. C. h. t.

[5]) A. L. R. a. a. O. §. 259. 266. — L. 13. 12. 19. 33. D. h. t. — L. 5. §. 5. D. de doli mali exceptione. (XLIV. 4.) — L. 41. pr. D. de re judicata. (XLII. 1.)

[5a]) L. 32. D. soluto matrimonio. (XXIV. 3). — L. 37. §. 4. D. de operis libertorum. (XXXVIII. 1).

(Delegaten) zum Alten (Deleganten) läßt sich kein allgemeines Princip angeben; denn der neue Schuldner kann auch den animus donandi haben. Dieser wird aber nicht vermuthet; daher hat der Delegat gewöhnlich die actio mandati oder negotiorum gestorum contraria; doch läßt sich das Verhältniß noch sehr verschieden denken [5b].

1) Bestand gar kein Schuldverhältniß zwischen ihnen, so sind zwei Fälle denkbar: entweder war dies bekannt, oder man setzte ein Schuldverhältniß voraus. In dem erstern Falle kann der Delegat, wenn ein Auftrag vorherging, mandati judicio [6]), wenn das aber nicht der Fall war, negotiorum gestorum actione [7]), Ersatz fordern. In dem andern Falle dagegen war die Voraussetzung entweder irrthümlich, oder sie geschah in Erwartung des Eintritts einer Bedingung. In beiden Fällen kann von dem Deleganten condicirt werden, und zwar in dem Erstern mit der condictio indebiti [8]), und in dem Andern mit der condictio causa data causa non secuta, wenn der Erwartung nicht entsprochen wird. In beiden Fällen findet die Klage statt ohne Unterschied: ob der Delegat bereits bezahlt hat oder nicht, und zwar in dem erstern Falle auf Erstattung des Gezahlten, in dem letztern auf Befreiung von der übernommenen Schuld [9]).

[5b]) A. L. R. I. 14. §. 401. 405.

[6]) A. L. R. a. a. O. §. 260. — L. 12. in f. D. h. t.

[7]) A. L. R. I. 14. §. 406.

[8]) L. 13. D. eod. — „Si non debitorem quasi debitorem delegavero creditori meo, exceptio locum non habebit: sed condictio adversus eum qui delegavit, competit." — L. 5. §. 5. D. de doli mali exceptione. (XLIV. 4).

[9]) L. 5. §. 5. D. eod. „— Itaque condictione tenetur debitor qui delegavit, ut vel liberat debitorem, vel si solvit, ut pecunia ei reddatur," — L. 12. D. h. t. „— tenetur condictione vel incerti, si non pecunia soluta esset, vel certi si soluta esset. —"

2) Bestand ein ungültiges Schuldverhältniß, so war diese Beschaffenheit dem Delegaten bekannt oder nicht. In dem erstern Falle gilt der Einwand für erlassen, und der Delegat wird einem Geschenkgeber gleich geachtet, wenn auch nicht einmal eine Natural-Obligation vorhanden war, denn alsdann ist von selbst jede Condiction ausgeschlossen. Fehlt es aber auch an einer Natural-Obligation, so kann der Delegat unter denselben Voraussetzungen, unter welchen er ein Schenkungsversprechen aufrufen kann, von dem Deleganten Befreiung von der übernommenen Verbindlichkeit gegen den Delegatar, oder Ersatz des an Diesen bereits Gezahlten fordern; dem Delegatar aber bleibt er verhaftet, weil Diesem keine Schenkung geschieht, „quia ille suum recepit". War ihm aber die Ungültigkeit unbekannt, so kann er von dem Deleganten Befreiung oder Erstattung fordern, und zwar, wenn er ohne vorhergegangenen Auftrag des Deleganten expromittirte, condictione indebiti; ja sogar, wenn die Aufforderung des Deleganten vorausging, mandati judicio [10]).

III) Eine andere Bewandniß hat es mit dem alten Schuldverhältniß zwischen dem Gläubiger und dem ursprünglichen Debitor. Dies ist diejenige Obligation, welche die Grundlage der Novation ist, und daher zur Gültigkeit

---

[10]) L. 12. D. h. t. (Paulus) „Si quis delegaverit debitorem qui doli mali exceptione tueri se posse sciebat, similis videbitur ei qui donat: quoniam remittere exceptionem videtur. Sed si per ignorantiam promiserit creditori, nulla quidem exceptione adversus creditorem uti poterit: quia ille suum recepit: sed is qui delegavit, tenetur condictione vel incerti, si non pecunia soluta esset, vel certi, si soluta esset: et ideo cum ipse praestiterit pecuniam, aget mandati judicio." — L. 19. D. eod. — L. 5. §. 5. D. de doli mali exceptione. (XLIV. 4). — L. 78. §. 5. D. de jure dotium. (XXIII. 3).

derselben, wenn auch nur als Natural-Obligation, nothwendig gültig sein muß (§. 52. Nr. I.). Ist keine gültige alte Obligation vorhanden, so kommt es darauf an, in welcher Meinung der vermeintliche Schuldner delegirt — gezahlt — hat. War ihm die Ungültigkeit bekannt, so ist die Delegation vollkommen gültig, wenn er eine Naturalobligation tilgte; war es aber eine ganz nichtige Obligation (obligatio nulla), so ist der Delegant wie ein Geschenkgeber anzusehen. Die Delegation gilt alsdann nur insofern, als dieselbe ihrer Form nach als Schenkung bestehen kann [11]. Von dieser Seite angesehen, könnte man die gerichtliche Form für erforderlich halten, wenn daraus soll geklagt werden können, da erst nach bereits geleisteter Zahlung dieser Mangel in der Form nicht mehr in Betracht kommt [12]. Ob dies richtig ist, hängt davon ab: was in Beziehung auf die alte nichtige Obligation als Zahlung anzusehen ist. Ist es die Zahlung des Delegaten auf die neue Obligation, so folgt, daß der Gläubiger sich von Diesem den Einwand der Ungültigkeit der Delegation entgegen setzen lassen muß, eben so, als wenn aus einem außergerichtlichen Schenkungsversprechen geklagt wird. Ist dagegen die Delegation selbst schon als die Zahlung anzusehen, so ist die Delegation auch in außergerichtlicher Form gültig, weil dieselbe dann der Übergabe der zum Geschenk versprochenen Sache gleich zu setzen. Und dies ist als das Richtige anzusehen, weil die Delegation solutionis vicem continet [13]. Nur aus denselben Gründen, aus welchen eine durch Übergabe bereits

---

[11]) I. 16. §. 393 vergl. mit der in der vor. Note angeführten L. 12. D. h. t

[12]) I. 5. §. 131. verbunden mit I. 11. §. 1089. 1090.

[13]) L. 37. §. 1. D. de operis libertorum. (XXXVIII. 1).

vollzogene Schenkung widerrufen werden kann, würde auch die Delegation als unverbindlich aufgerufen werden können. In diesem Falle kann auch der in Anspruch genommene Delegat den Einwand der Ungültigkeit machen, ohne daß der Einwand für eine exceptio de jure tertii erklärt werden kann, weil der Delegat ein eigenes Interesse dabei hat, auf eine nicht rechtsbeständige Delegation keine Zahlung zu leisten, und weil in diesem Falle der Grund: quia ille suum recepit, nicht vorhanden ist. Wenn bereits Zahlung geleistet ist, so kann Jeder von Beiden: der Delegant und der Delegat condiciren, und zwar der Delegant alsdann, wenn er den Delegaten wegen der übernommenen Schuld bereits abgefunden hat; der Delegat alsdann, wenn dies noch nicht geschehen ist.

Delegirte der Schuldner dagegen in der irrigen Meinung, daß die Schuld rechtsverbindlich sei, so kann die Delegation eben so wie eine aus Irrthum geleistete Zahlung widerrufen werden; und auch der Delegat kann sich sowohl gegen den Anspruch des Delegatars ope exceptionis schützen, als das bereits ohne Rechtsgrund Gezahlte zurückfordern.

IV) Die Folgen der Ungültigkeit der neuen Obligation sind bei der Expromission dargestellt. (§. 54.)

V) Eine besondere Form ist für die Delegation nicht vorgeschrieben; man könnte deshalb anzunehmen geneigt sein, daß immer nur alsdann die schriftliche Form erforderlich sei, wenn sie nach den allgemeinen Bestimmungen über die Form der Verträge zur Rechtsbeständigkeit des Geschäfts gehört. Dies ist jedoch nur in einer Voraussetzung richtig, nämlich in dem Falle, wenn der Delegat der Schuldner des Deleganten ist, und daher im Grunde nur Dasjenige was er schuldig ist, auf Anweisung seines Gläubigers an einen neuen Gläubiger zu zahlen verspricht. Ein solches Verhältniß ist jedoch kein nothwendiges Erforderniß der Delegation: der Schuldner kann auch eine solche Person als neuen Schuldner einschieben, welche ihm nicht verpflichtet ist. In diesem Falle nimmt die Delegation zugleich die Natur der Intercession an, und zu dieser ist ohne Unterschied des Gegenstandes die schriftliche Form nothwendig [14]). Dieselbe ist auch in jenem Falle alsdann erforderlich, wenn über das, zwischen dem Deleganten und Delegaten bestehende Schuldverhältniß eine schriftliche Urkunde vorhanden ist [15]). Die Delegation erfordert also in der Regel die schriftliche Form, ausgenommen, wenn der Delegat Schuldner des Deleganten ist, die Schuld nicht mehr als Funfzig Thaler beträgt, und darüber kein Instrument vorhanden ist.

Die Delegation kann auch durch Litiscontestation geschehen [16]). Dieß ist jedoch nur dahin zu verstehen, daß bei der Litiscontestation die, die Delegation bedingenden Erklärungen, ohne die Form der Stipulation, abgegeben werden können, nicht aber in dem Sinne, daß, wie in dem judicio legitimo des alten Rechts, die Litiscontestation eine nothwendige Novation herbeiführe; im Gegentheil: eine Novation ohne den Willen der Partheien kann auch durch die Litiscontestation niemals zu Stande gebracht werden. Nach neuerm Römischen Rechte konnte der in Anspruch genommene Schuldner einen Andern als seinen Defensor oder Procurator auftreten lassen, und dieser passive Übergang der Obligation wurde perfect durch die Litiscontesta-

---

[14]) A. L. R. I. 14. §. 203. 400.
[15]) Ebd. Tit. 16. §. 262 u. 263. verbunden mit I. 11. §. 391.
[16]) L. 11. §. 1. D. h. t.

tion. Dadurch allein war aber eine Delegation noch nicht gewirkt, vielmehr mußte der Creditor seinen Willen dazu geben: er brauchte sich keinen andern Defensor, wenn er nicht wollte, mit der Beschränkung gefallen zu lassen, daß er sich nachher mit der actio judicati nur an Diesen sollte halten können. Wenn er aber den Defensor genehmigte, und Lis contestirt war, so war dadurch eine Delegation zu Stande gekommen, und der alte Schuldner liberirt [17]. Dieß heißt: obligationem suscipere, auch defendere, auch Novatio. Bei dieser Übertragung mußte wesentlich mitwirken: der neue Debitor (Defensor), und der Gläubiger (Kläger). Die Mitwirkung des alten Debitors war nicht nothwendig, sondern der Neue konnte auch als negotiorum gestor für ihn auftreten, der Eintritt konnte aber auch zu Folge eines Vertrags geschehen, und dieß war gewöhnlich Mandat, zu dessen Bestärkung der Defensor Caution zu bestellen pflegte. Diese Form der Delegation kommt auch noch nach Preuß. Rechte vor, nur mit der Veränderung, daß man das Geschäft ohne die Mitwirkung des alten Gläubigers nicht für möglich hält, daher die Litisdenunciation oder die Intervention als Einleitung dazu gedacht wird [18]).

§. 54.

6) Von der Expromission.

A. L. R. I. 14. §. 399—412.

Aug. Bened. Carpzov Disp. de expromissione. Lips. 1679. — Jac. Hen. Balcke Progr. in quo discrimen

---

17) L. 29. D. de procurat. (III. 3). — L. 3. D. familiae erciscundae. (X. 2). — L. 23. D. de solution. (XLVI. 3). — L. 10. §. 1. D. de in rem verso. (XV. 3).

18) A. G. O. I. 17. §. 29—31. Vrgl. oben §. 10. a. E. S. 225.

expromissoris ac sponsoris ex jure civili illustratur. Rostoch. 1756.

1) Expromission nennen Neuere, und nach diesen auch das Allg. Landrecht, die Novation, wenn ein neuer Schuldner eintritt, welcher dem alten Schuldner nicht verpflichtet ist. Es ist schon vorhin angemerkt [1]), daß diese beschränkte Bedeutung des Expromittere den Römischen Juristen fremd ist. Man denkt sich jetzt die Delegation und die Expromission als generisch verschiedene Rechtsgeschäfte, indem die Expromission der Vertrag des Gläubigers mit einem Dritten, welcher in die Verbindlichkeit des frühern Schuldners eintritt, — die Delegation aber zunächst ein Vertrag zwischen dem Gläubiger und dem Schuldner, wodurch Dieser einen neuen Schuldner mit dessen Einwilligung substituire, sein soll [2]). Damit ist die Vorstellung verbunden, daß die Delegation ein Schuldverhältniß zwischen dem Deleganten und Delegaten voraussetze, während solches bei der Expromission fehle, so daß also die Letztere ihrer Natur nach eine Intercession sei. Diese Vorstellung hat die Lehre von der Expromission in dem Allg. Landrecht den Platz in dem Titel von Kautionen und Bürgschaften angewiesen. Es verhält sich aber in der That anders mit der Sache. Der Unterschied liegt keineswegs darin, daß der Gläubiger bei der Delegation zunächst mit dem Schuldner contrahire; denn dieser Umstand ist rein zufällig, und kann ganz fehlen. Die Hauptsache ist bei der Delegation ebenso wie bei der Expromission das Expromittere des neuen Gläubigers. Dieses kann bei der

---

[1]) M. s. §. 51. am Ende Nr. 3. S. 302.

[2]) Motive zum Entwurf des A. L. R. Th. I. Tit. 11 u. 16. S. 57.

Delegation sogut den Anfang als den Beschluß machen. Ferner ist in der Zustimmung des alten Schuldners die Hauptsache gar nicht die Übereinkunft des alten Schuldners mit dem Gläubiger über die Substituirung eines Schuldners, sondern die Entlassung des neuen Schuldners aus dem Schuldverhältniß zu dem Alten; denn außerdem braucht der alte Schuldner sich gar nicht zu vertragen, weder mit dem Gläubiger noch mit dem neuen Schuldner, ohne daß dieser Mangel die Novation verhindert. Ulpian's Definition: delegare est vice sua alium reum dare creditori, bezieht sich nicht auf die Handlung des Schuldners mit dem Gläubiger, denn durch eine solche Handlung könnte das dare alium reum nie bewerkstelligt werden; sondern sie bezeichnet, daß der alte Schuldner den Neuen veranlasse, dem Gläubiger, wenn es Dieser will, zu expromittiren. Daß der Schuldner dabei mitwirke, ist nicht nothwendig, ja ohne Bedeutung, wenn der neue Schuldner zu ihm in keinem Schuldverhältnisse steht. Der Unterschied besteht auch nicht darin, daß der neue Schuldner bei der Delegation immer Schuldner, bei der Expromission aber Nichtschuldner sein müßte; sowohl das Eine wie das Andere kann sowohl bei der Delegation als bei der Expromission vorkommen; es kann also sowohl Diese wie Jene eine Intercession sein [2a]). Das Allg. Landrecht versteht

---

[2a]) Wie verworrene Vorstellungen über die Expromission u. Delegation im Umlauf sind, kann man unter Andern auch aus Grävells Noten zum Tit. 16 sehen. Dieser lehrt (Cred. Ges. Bd. IV. S. 149.): „sobald der Gläubiger und der neue Schuldner desselben darüber, daß der Letztere an die Stelle des alten Schuldners trete und dieser dadurch der Schuld entlassen sein soll, einig sind, und der neue Schuldner dies darum that, weil er dem alten Schuldner seinerseits verpflichtet war; so ist eine Delegation vorhanden. In diesem letztern Merkmal liegt allein der Unterschied der Delegation von

unter der Expromission eine solche Übernahme einer fremden Schuld, welche zugleich eine Intercession ist, mag dazu der alte Schuldner die Veranlassung gegeben und dabei mitgehandelt haben, oder nicht. Diese Mithandlung ist nicht nothwendig [3]), eben deshalb weil er nichts verliert.

II) Es ist dazu, wie bei der Novation überhaupt, die ausdrückliche Erklärung von Seiten des neuen Schuldners, so wie des Gläubigers, der den vorigen Schuldner entläßt, erforderlich [4]). Ist die Absicht nach den Ausdrücken und Umständen zweifelhaft, so wird eine Bürgschaft angenommen [5]). Die Form muß unter allen Umständen die schriftliche, und wenn eine Frauensperson expromittirt, die gerichtliche sein [6]). Der §. 400 heißt:

> »zu dergleichen Übernehmung aber wird allemal ein schriftlicher Vertrag, und die ausdrückliche Einwilligung des Gläubigers erfordert.«

Diese Fassung hat den Zweifel erregt: ob die Einwilligung des Gläubigers nicht immer die schriftliche Form erfordere. Das scheint als Regel sich von selbst zu verstehen, weil nicht eine bloße Acceptation, sondern eine Erklärung, wodurch ein Recht aufgegeben wird, erforderlich ist, welche eine rechtsverbindliche Form voraussetzt. Von

---

der Expromission. Denn bei dieser letztern wird bloß die Person des Schuldners, bei der erstern aber die Person des Schuldners und Gläubigers geändert."

[3]) A. L. R. a. a. O. §. 399. — L. 8. §. 5. D. h. t. — L. 23. u. 91. D. de solutionibus. (XLVI. 3).

[4]) A. L. R. a. a. O. §. 401.

[5]) Ebd. §. 401. — Dieß ist die Lehre der gemeinrechtlichen Juristen. Brunnemann Commentar. in L. 28. D. de constit. pecunia. — Schilter Exercitat. ad Pand. exerc. XXIV. §. 78.

[6]) A. L. R. a. a. O. §. 400. 407.

dieser Regel gelten die beiden vorhin gedachten [6a] Ausnahmen:

1) wenn der Gläubiger dem bisherigen Schuldner quittirt und ihm die Schuldurkunde zurückgiebt;

2) wenn unter Kaufleuten der Eine von dem Andern eine Assignation statt Zahlung ohne Vorbehalt annimmt. Eine dritte Ausnahme machen

3) die Fälle der Assignation und Angabe an Zahlungsstatt, wo der Assignatar wegen Versäumniß den Regreß verliert.

Man ist weiter auf die Frage gekommen: ob es einer ausdrücklichen Entlassung des ersten Schuldners bedürfe. Deren bedarf es keinesweges, weil dieselbe ja eben die rechtliche Wirkung der Novation ist. Wenn diese zu Stande gekommen ist — und sie kommt dadurch zu Stande, daß der neue Schuldner verspricht, Dasjenige, was der Alte schuldig, an dessen Stelle dem Gläubiger zu zahlen, und daß der Gläubiger seinerseits den Expromissor zu seinem Schuldner an Stelle des bisherigen Schuldners annimmt — so tritt die Entlassung ganz von selbst ein. Behaupten wollen, daß noch eine ausdrücklich erklärte Entlassung erforderlich sei, heißt die Wirkung der Novation negiren, gerade so als wenn man bei der Zahlung die Liberirung des Schuldners von den in der Quittung gebrauchten Ausdrücken abhängig machen wollte.

Es erhellet, daß die Expromission, wie die Delegation, wesentlich ein Vertrag zwischen dem Gläubiger und dem neuen Schuldner ist, daß sie also durch die Übereinkunft zwischen dem alten und dem neuen Schuldner allein unmöglich zu Stande gebracht werden kann. Gleich-

---

[6a]) S. oben § 13. S. 236.

wohl hat namentlich das Geheime Ober-Tribunal lange Zeit hindurch angenommen, daß wenn, wie bei Kaufverträgen über Immobilien häufig geschieht, eine Übereinkunft zwischen dem Schuldner und einem Andern zu Stande gekommen, nach welchem Dieser Jenem versprochen, dessen Schulden zu bezahlen, der Gläubiger willkührlich zu jeder beliebigen Zeit, wenn er davon zufällig Kenntniß erlangt, seine Genehmigung erklären, und den Contrahenten seines Schuldners in Anspruch nehmen könne. Daß auf solchem Wege keine Expromission oder Delegation entstehen könne, ergiebt sich daraus klar, daß der Expromissor wesentlich dem Gläubiger selbst das Versprechen thun muß, daß folglich Dieser kein Versprechen annehmen kann, was ihm nicht gemacht worden ist. Jene Meinung beruhte auf der Ansicht einiger gemeinrechtlichen Rechtsgelehrten, daß der Dritte, zu dessen Gunsten zwei Personen contrahirten, diesem Contracte, auch ohne Antrag, beitreten könne, und daß dies selbst durch die Klage geschehe [7]). Von diesem Satze hatte man auf den in Rede stehenden Fall Anwendung gemacht, wiewohl ein Abkommen zwischen zwei Personen über die Bezahlung der Schulden des einen

[7]) Der Satz kommt von den Naturrechtslehrern. Hugo Grotius de jure belli ac pacis, Lib. II. Cap. XI. §. 18 ist der Urheber dieses Dogma, und nach ihm ist es von Mehreren, namentlich von Samuel Pufendorf de jure Naturae et Gent. Lib. III. Cap. 9. §. 5. Gundling, Jur. Naturae Cap. 10. §. 58. u. A. angenommen und vertheidigt worden, weil es das Naturrecht so mit sich bringe. Leyser Spec. 519. m. 4. setzt einen Trumpf darauf, indem er meint, daß sich heut zu Tage wenigstens die „cordatiores“ Jurisconsulti zur Simplicitas juris naturae bekenneten. Indessen haben nach wie vor viele nicht weniger als Leyser Cordati das Gegentheil noch natürlicher, d. h. vernunftgemäßer gefunden. Eine Literairgeschichte dieses Dogma findet sich in Fridr. Es. Pufendorf Observat. jur. univ. Tom. II. obs. 38.

Contrahenten dem, zum Besten eines Dritten geschlossenen, Vertrage völlig unähnlich ist. In neuester Zeit ist man davon glücklich zurückgekommen. Neuerdings ist ein Klagerecht des Dritten aus einem solchen Vertrage wieder aus dem Grunde behauptet, weil darin eine im Voraus acceptirte Anweisung, und ein Anerkenntniß der Bevollmächtigung für den Dritten liegen soll [8]). Wenn darin ein Auftrag liegt, so ist es kein Auftrag an den Dritten, Zahlung zu erheben [9]), sondern ein Auftrag an den andern Contrahenten, Zahlung zu leisten. Mandatarius ist also nicht der Dritte, sondern der andere Contrahent, folglich kann der gar nicht beauftragte Dritte sich nicht einmischen.

III) Intercessorische Novationen, also sowohl Delegationen als Expromissionen, bei welchen der neue Schuldner dem Alten nicht vorher verpflichtet gewesen ist, erfordern in der Person des neuen Schuldners die Fähigkeit, Darlehne gültig zu contrahiren [10]); und Frauenspersonen können diese Expromissionen unter eben den Umständen und binnen eben der Zeit widerrufen, als ein Geschenkgeber eine, auch gerichtlich vollzogene, Schenkung wegen Übermaaßes zurücknehmen kann [11]). Andere Gründe des Widerrufs einer Schenkung kommen nicht in Betracht. Daß von einer Schenkung des Expromittenten in Beziehung zu dem Gläubiger nicht die Rede sein kann, ist von selbst einleuchtend: der Gläubiger erhält nur Das,

---

[8]) Bornemann System. Darstell. des Preuß. Civil-Rechts. Bd. II. S. 421.

[9]) Und ein solcher Auftrag würde den Dritten zur Klage auch noch nicht berechtigen.

[10]) A. L. R. h. t. §. 219 u. 402.

[11]) Ebd. §. 410. 408. u. Tit. 11. §. 1091. u. f.

was er zu fordern hat. Man hat deshalb auch vorgeschlagen, diesen unrichtigen Gesichtspunkt zu verlassen, und die Gültigkeit der intercessorischen Expromissionen der Frauenspersonen an die Form der Bürgschaften zu binden [12]).

IV) Von dem Verhältnisse des neuen Schuldners zu dem Alten gilt hier eben Dasselbe was bei der Delegation davon vorgetragen ist.

V) Von dem Erforderniß der Gültigkeit der alten Obligation ist schon vorhin die Rede gewesen [13]). Es ist noch übrig, von der neuen Obligation zu handeln. Diese muß, wie es das Wesen der Novation erfordert, gültig sein, wenn die Expromission rechtliche Wirkung haben soll. Daraus folgt schon, daß die alte Obligation bei Kräften bleibt, wenn die neue Obligation nicht gilt; es genügt jedoch nach Römischem Rechte, wenn die neue Obligation auch nur naturaliter gültig ist [14]). Diesen einfachen Grundsatz haben die Redaktoren des Allg. Landrechts verlassen, und etwas ganz Neues bestimmt. Es soll nämlich darauf ankommen: ob die Ungültigkeit in der Unfähigkeit des neuen Schuldners liegt, und ob der Gläubiger die Unfähigkeit gewußt hat oder doch bei Anwendung der gewöhnlichen Aufmerksamkeit hätte wissen können, oder nicht. In dem erstern Falle soll er sich in der Regel an den alten Schuldner nicht ferner halten können; eine Ausnahme aber soll bei der Expromission der Frauenspersonen gelten, indem, wenn dieselbe wegen nicht beobachteter Form ungültig ist, oder widerrufen wird, »die alte Verbindlichkeit

---

[12]) Motive, a. a. O. S. 61.

[13]) S. oben §. 53. Nr. III. S. 326. u. §. 52. Nr. I. S. 303.

[14]) L. 1. §. 1. L. 2. D. h. t. — §. 3. J. quib. mod. obl. toll. (III. 29. [30]).

des ersten Schuldners reviviscirene« soll [15]), wie es Suarez ausdrückt [16]). Einen juristischen Grund hat man dabei wol nicht gehabt, wenn man die wissentliche Annahme eines unfähigen Schuldners nicht als eine Schenkung angesehen hat, woran schon deswegen nicht zu denken ist, weil dem Versehen des Gläubigers ein Einfluß eingeräumt wird. Wie eine an sich ungültige Rechtshandlung durch den, durch die Unaufmerksamkeit des einen Contrahenten entstandenen, Irrthum über den, in der Person des Andern liegenden Grund der Nichtigkeit weniger nichtig sein soll, als sie nichtig ist, wenn er ohne Schuld in Irrthum gewesen, das ist ein juristisches Problem. Wäre aber gleichwohl die Annahme eines unfähigen Schuldners, selbst wenn der Gläubiger ihn irrthümlich für fähig gehalten hat, für eine Schenkung angesehen worden, so hätte man den Fall consequenterweise auch ganz nach den Grundsätzen derselben behandeln müssen. Vielleicht hat dabei auch die Natural-Obligation Einfluß gehabt. Jedenfalls ist die Satzung in ihrer Allgemeinheit, und außer dem Falle einer Natural-Obligation juristisch grundlos; denn eine nichtige Handlung kann unmöglich wirken, mag der Nichtigkeitsgrund liegen auf welcher Seite er will; die Satzung ist aber ein Ausfluß der irrigen Vorstellung, daß die Entlassung und die Expromission ganz verschiedene Rechtsgeschäfte seien, wovon gleich weiter die Rede sein wird. Hätte man diese Vorstellung nicht gehabt, so ließe sich die Bestimmung mit juristischen Grundsätzen sehr gut vereinbaren. Der §. 403 heißt nämlich:

---

[15]) A. L. R. a. a. O. §. 402. 403. 409. Die Revisoren haben vorgeschlagen, die Ausnahme fortfallen zu lassen. Motive a. a. O. S. 59.

[16]) Motive a. a. O. S. 58.

»Hat aber der Gläubiger die Unfähigkeit des ihm vorgeschlagenen neuen Schuldners gewußt, oder doch, bei Anwendung der gewöhnlichen Aufmerksamkeit, wissen können: und denselben gleichwohl, mit Entlassung des vorigen Schuldners, angenommen: so kann er sich — auch an den Letztern nicht ferner halten.«

Es ist nicht undenkbar, ja es ist in der Praxis wol oft der Fall, daß neben der Novation noch eine besondere Stipulation zwischen dem alten Schuldner und dem Gläubiger über die Entlassung des Erstern stattfindet, und ein separater Act darüber ertheilt wird, wie man über die Zahlung eine Quittung zu ertheilen pflegt. Wäre man berechtigt anzunehmen, daß die Redaktoren sich diesen Fall gedacht hätten, so würde die Stelle keine von der Natur der Sache abweichende Bestimmung weiter enthalten, als daß eine solche separat stipulirte Entlassung bei Kräften bleiben sollte, wenn auch der Grund derselben fortgefallen wäre, was dann aber noch immer denselben Sinn haben würde, wie etwa der Satz, daß bei geleisteter Zahlung die Quittung für sich die Liberation bewirken sollte, wenn die Zahlung auch als ungültig fortfallen müßte. Allein auf diese Weise haben sich die Redaktoren die Sache gewiß nicht gedacht: man denkt sie sich noch heute nicht allgemein, so wie sie in der That ist. Für den Fall nämlich, daß die Ungültigkeit der Novation nicht in der Unfähigkeit der Person des Expromittenten liegt, ist nach dem Allgemeinen Landrechte anzunehmen, daß durch die Novation gar nichts gewirkt ist, d. h. die Sache bleibt in ihrem bisherigen Zustande. Eine Bestimmung enthält das Allgemeine Landrecht darüber nicht, man ist jedoch in der

Hauptsache darüber einig [17]), und die Revisoren haben die Fassung so vorgeschlagen, daß jeder Zweifel beseitigt wird [18]). In den Motiven dazu aber heißt es [19]): »Bei der Expromission sind der Gläubiger und der Expromittent, als der neue Schuldner, die Contrahenten. Ist der Letztere an das Geschäft nicht gebunden, so kann auch die Gegenleistung des Ersteren, welche in der Entlassung des vorigen Schuldners besteht, nicht in Anspruch genommen werden, denn diese Entlassung ist nicht, wie die Entlassung des Bürgen nach erfolgter Novation, ein Nebengeschäft, welches einen Dritten angeht, sondern Hauptgegenstand des Vertrags — die Leistung des einen Theils.« — »Das Resultat ist: die Gegenleistung des Gläubigers, bestehend in der Entlassung des ersten Schuldners, kann nicht in Anspruch genommen werden, wenn die Verpflich-

---

[17]) Was Bielitz in seinem Commentar Bd. III. S. 199 dagegen vorbringt, paßt auf das Verhältniß nicht, und ist bereits zureichend widerlegt. Motive a. a. O. S. 58.

[18]) Entw. Th. I. Tit. 16.

§. 377. „Ist die Expromission für denjenigen, der die fremde Schuld übernommen hat, unverbindlich, so bleibt die Verbindlichkeit des dagegen entlassenen ersten Schuldners bei Kräften."

§. 378. Hat jedoch die Ungültigkeit der Expromission in dem Mangel der persönlichen Fähigkeit dessen, der die fremde Schuld übernahm, ihren Grund, und der Gläubiger hat dieß gewußt, oder hätte es bei Anwendung der gewöhnlichen Aufmerksamkeit wissen können, so kann er sich an den entlassenen ersten Schuldner nicht ferner halten."

Wäre dieselbe für den Schuldner unverbindlich, bemerken die Revisoren in den Motiven S. 58, so versteht es sich von selbst, daß er den Anspruch gegen den ersten Schuldner behält; er hat denselben gültigerweise nicht entlassen, mithin bleibt ihm sein voriges Klagerecht.

[19]) Motive a. a. O. S. 59.

tung des Expromittenten für Diesen unverbindlich ist.‹ Die Wirkung der Novation stellt man sich also als eine Gegenleistung vor. Dies ist gerade so, als wenn man die Wirkung der Zahlung — die Liberirung des Schuldners — als eine Gegenleistung des gewesenen Gläubigers ansehen wollte. Nach der rechtlichen Beschaffenheit der Sache, wonach die Novation „solutionis vicem continet“, d. h. in ihren Wirkungen der Zahlung völlig gleich ist, ist das Rechtsverhältniß sehr einfach. Wenn der Gläubiger eine neue Obligation animo novandi erhält, so ist er bezahlt. Daraus folgt die Liberation des alten Schuldners ipso jure: es bedarf keiner besondern Entlassung. Erhält der Gläubiger keine neue Obligation — und dieser Fall tritt ein, wenn die Neue ganz ungültig ist — so ist er auch nicht bezahlt. Daraus folgt von selbst, daß die alte Obligation nach wie vor fortbesteht. Das Bewußtsein des Gläubigers von der Ungültigkeit der neuen Obligation kann die Nichtzahlung nicht zur Zahlung machen, eben so wenig, wie ein Gläubiger, welcher 100 Goldstücke zu fordern hat, die ihm statt derselben mit seinem Vorwissen gezahlten 100 Rechenpfennige durch diese seine Wissenschaft in Goldstücke verwandeln kann. Es ist in diesem Falle eine Wirkung — die Liberirung — unmöglich, weil die Ursache — die Zahlung — fehlt. Soll in solchem Falle die Tilgung der alten Obligation gewirkt werden, so muß der Grund dazu ein anderer, nämlich die bloße, für sich bestehende, Willenserklärung des Gläubigers sein. Eine solche ist alsdann aber ein unentgeltlicher Erlaß, mithin eine Schenkung, und dazu gehört, außer der Form, der animus donandi. Wer in der irrigen Meinung ist, daß er für die alte Obligation eine Neue erhalte, der hat die Absicht zu schenken nicht, wenn sein Irrthum auch noch so grob und noch so sehr seine eigene Schuld war. Hiernach ist die Satzung in dem §. 403, daß der Gläubiger sich an den alten Schuldner nicht mehr solle halten können, wenn er die Unfähigkeit des neuen Gläubigers gewußt habe, so zu deuten, daß die Absicht, zu schenken, anzunehmen sei, weil keine andere Erklärung des Willens übrig bleibe; und daß dabei die Form der Schenkung nicht verlangt wird, läßt sich noch dadurch erklären: daß man die Entlassung des Schuldners aus der Verbindlichkeit der Übergabe einer geschenkten Sache gleichstellen kann. Aber die weitere Bestimmung: daß dieselbe Wirkung eintreten solle, wenn der Gläubiger die Unfähigkeit des neuen Schuldners nicht gewußt habe, jedoch bei Anwendung der gewöhnlichen Aufmerksamkeit hätte wissen können — diese Bestimmung ist keiner juristischen Erklärung fähig.

§. 56.

6) Wirkung der Delegation und Expromission.

Der alte Schuldner wird ipso jure liberirt und braucht auch nicht für die Zahlungsfähigkeit des neuen Schuldners zu haften [1]), oder für die bestellte Sicherheit Gewähr zu leisten [2]), er müßte denn betrüglich gehandelt, z. B. einen bereits bankerotten Schuldner delegirt [2a]),

---

[1]) A. L. R. I. 14. §. 399. — I. 16. §. 265. — L. 26. §. 2. D. mandati. (XVII. 1). „si debitor delegatus sit creditori: licet is solvendo non fuerit: quia bonum nomen facit creditor, qui admittit debitorem delegatum."

[2]) L. 68. §. 1. D. de evictione. (XXI. 2).

[2a]) L. 8. D. de dolo malo. (IV. 3).

oder das periculum übernommen haben [2b]), welches unter Anderm auch durch sein Mandat an den Gläubiger, den neuen Schuldner anzunehmen, geschehen kann [3]). Soweit ist Alles regelrecht. In Beziehung auf die Accessionen aber findet sich eine merkwürdige Anomalie. Die Accessionen fallen, bei der Novation, mit Erlöschung der Hauptobligation ganz von selbst fort; man sollte also glauben, daß weil die Delegation auch eine Novation ist, durch dieselbe ebenfalls eine ganz neue Obligation entstehen müßte. So ist es aber nicht: die Nebenbestimmungen gehen bei den persönlichen Novationen nicht unter. Ausdrücklich ausgesprochen ist dieß nicht; es ist aber nicht zu verkennen. Wenn nämlich z. B. eine Wittwe ihre Dotalforderung ihrem Gläubiger an Zahlungsstatt anweiset, und der Gläubiger dieselbe annimmt, so ist es eine Cession, und die Vorrechte der Forderung gehen auf den Gläubiger mit über [4]). Tritt auch die Einwilligung des Schuldners dazu, so ist es eine Delegation [5]). Hierdurch müßte nun die alte Obligation völlig getilgt werden. Aber die Wirkung wird nur dahin angegeben:

1) daß alle Verbindung zwischen dem alten und dem neuen Schuldner (Deleganten und Delegaten) aufhört;

2) daß der alte Schuldner nicht einmal für die Richtigkeit der assignirten Post zu haften hat;

3) daß der neue Schuldner dem Gläubiger keine Einwendungen und Gegenforderungen, die er wider den Anweisenden hatte, entgegensetzen kann [6]).

[2b]) L. 45. §. 7. — L. 22. §. 2. D. Mandati. (XVII. 1).
[3]) L. 22. §. 2. L. 45. §. 7. D. mandati. (XVII. 1).
[4]) I. 16. §. 262. 263. — I. 11. §. 403. — A. G. O. I. 50. §. 113.
[5]) I. 16. §. 264.
[6]) Ebd. 265. 266. — I. 11. §. 412.

Dabei ist also ausdrücklich vorausgesetzt, daß der Gläubiger die assignirte Forderung, also die alte, in welche der Delegatar dem Deleganten succedirt, geltend mache; denn der Delegant soll für die Richtigkeit derselben nicht schuldig sein zu haften. Davon könnte nicht die Rede sein, wenn die assignirte Post erloschen wäre. Ferner wird ausdrücklich vorausgesetzt, daß der neue Schuldner den Gläubiger als solchen wegen der angewiesenen oder cedirten Forderung, der Qualität und Quantität nach, statt des Anweisenden angenommen habe [7]), mithin wird das Fortbestehen der alten Forderung vorausgesetzt. Daraus folgt natürlich, daß auch die Nebenbestimmungen und Accessionen fortbestehen; und in der That ist man in der Praxis darauf noch nicht verfallen, bei persönlichen Novationen die Vorrechte der Forderung, in welche ein neuer Gläubiger eingeschoben worden ist, abzusprechen. Man nimmt also auf der Seite des Gläubigers eine Succession und auch keine Succession an. Nachdem auf diese Weise die Natur des Rechtsverhältnisses einmal verkannt oder verläugnet, und etwas Willkührliches mit sich selbst Streitendes an deren Stelle gesetzt worden ist, so ist das Institut keiner consequenten Ausbildung fähig, weil man die Willkühr, wo dieselbe nicht ausgedrückt ist, nicht erkennen kann, und das sich Widerstreitende aus sich selbst nur Gleichartiges erzeugen kann. Wenn man das, was gemeint worden, durch eine allgemeinere Regel ausdrücken soll, so ist es wahrscheinlich dieses: der neue Gläubiger succedirt dem alten, soweit es ihm vortheilhaft ist; er succedirt demselben aber nicht, soweit es ihm nachtheilig sein würde. Damit ließe sich

[7]) Wegen der im § 266 Tit. 16 enthaltenen Bezugnahme auf Tit. 11. §. 112.

allenfalls auskommen, wenn der Delegant Gläubiger des Delegaten gewesen ist. Dieses Verhältniß ist aber kein wesentliches Erforderniß der Delegation. Wie soll es nun sein, wenn der Delegant kein Gläubiger des Delegaten ist, soll dann auch eine Succession, natürlich auf der Seite des Schuldners, statt finden? Es soll nämlich die Voraussetzung der positiven Satzung: daß der neue Schuldner fähig sein müsse: eine Schuld von dieser Art zu übernehmen, Statt finden. Zum Beispiel: ein Kaufmann ist einem andern Kaufmann eine Wechselforderung schuldig, und delegirt einen dritten Kaufmann, der ihm nichts schuldig ist, dem Gläubiger. Der Dritte verspricht die Forderung des Deleganten an dessen Wechselgläubiger zu bezahlen. Succedirt der neue Schuldner dem liberirten alten Schuldner? mit andern Worten: ist der neue Schuldner auch eine Wechselforderung schuldig? Oder wenn man hier die Antwort von der Wechselform abhängig machen will, so substituire man eine andere Forderung, z. B. eine Bauforderung, Arztlohn, oder die Gebührenforderung eines Justizbedienten. Wahrscheinlich hat man sich die Sache auch hier wie eine Succession gedacht, dabei aber wieder durch positive Vorschrift die dem Gläubiger nachtheiligen Folgen derselben, nämlich die Einwendungen aus der Person des alten Schuldners, beseitigt. Wollte man nicht annehmen, daß das Allgem. Landrecht eine Succession voraussetze, so müßte man weiter fragen: von welcher Art ist denn nun die neue Forderung, welche durch Delegation zu Stande gekommen ist? Eine Obligatio ex — pacto? Eine solche kennen wir nicht. Dieselbe Frage muß aber auch bei vorausgesetzter Succession alsdann gethan werden, wenn der neue Schuldner etwa nicht fähig sein sollte, eine Schuld von dieser Art zu contrahiren. Das natürlichste wäre hier das Geschäft für ganz ungültig zu halten; und Dieses scheint auch gemeint zu sein, weil bei der Novation eine solche Fähigkeit als wesentlich nöthig erfordert wird. Es scheint aber auch wieder nicht gemeint zu sein, weil bei Expromissionen nur die Fähigkeit: Darlehnscontracte zu schließen, erforderlich ist [8]); und Dies wird als das practisch Gültige angesehen werden müssen, weil die Fähigkeit zur Übernahme einer Verbindlichkeit dieser Art ausdrücklich nur da vorausgesetzt ist, wo die Novation in der Art der Verbindlichkeit unter eben denselben Personen erfolgen soll [9]). Es bleibt also die Frage noch zu lösen: von welcher Art die Forderung sei, wenn der neue Schuldner zwar Darlehnsverträge schließen, aber doch eine solche Forderung, welche er für einen Andern übernimmt, z. B. eine Wechselforderung, nicht contrahiren kann. Es bleibt nichts übrig, als in diesem Falle eine Obligatio ex pacto, also eine wirkliche verborum oder literarum obligatio, zu statuiren. Es wäre also auch auf der Seite des Schuldners eine Succession und auch wieder keine Succession vorhanden. Damit sind die Fragen aber noch nicht alle erledigt. Wenn der Expromissor Schuldner des alten Schuldners ist, aber nicht auf dessen vorherige Anweisung expromittirt, so ist dadurch schon der alte Schuldner liberirt. Daß dadurch der Gläubiger noch nicht in dessen Forderung gerückt ist, ist erklärlich, weil der alte Schuldner noch nicht aufgehört hat, Gläubiger des Expromissors zu sein. Wenn jedoch gleichzeitig der Consens des alten Schuldners dazu kommt, in welche Forderung ist nun succedirt? Ist der Gläubiger in die Forderung seines alten Schuldners gerückt, oder ist der neue Schuldner in die Schuld des alten Schuldners

[8]) I. 11. §. 402.
[9]) I. 16. §. 462.

getreten? Der Unterschied kann beim Concurse sehr wichtig sein. Aus juristischen Gründen läßt sich, wenn die Erklärungen der Partheien undeutlich sind, weder das Eine noch das Andere als das allein Richtige nachweisen; es läßt sich auch ein Drittes, nämlich daß der Gläubiger die Wahl habe, ja ein Viertes: daß die Wahl dem neuen Schuldner oder, was dabei das Practische sein wird, Denjenigen, die dessen Rechte ausüben, freistehe, eben so gut als richtig behaupten. Nach den, dem Allg. Landrechte zum Grunde liegenden, Ansichten ist jedoch anzunehmen, daß der Gläubiger in das Verhältniß des alten Schuldners zum neuen Schuldner getreten sei, weil, um es in der Vorstellungsweise der Neuern auszudrücken, die Forderung des alten Schuldners an den Neuen eigentlich das Object sein soll, aus welchem der Gläubiger zu befriedigen, oder mit andern Worten, weil die Delegation für eine Art der Assignation gehalten wird [10]), wovon auch das Allg. Landrecht ausgeht. Sonst ließe sich eben so gut sagen, daß der neue Schuldner von seinem Gläubiger (dem Deleganten) dafür liberirt, mithin sein Schuldverhältniß dafür aufgehoben worden sei, daß er in dessen Stelle getreten.

Eine fernere Frage betrifft die rückständigen Zinsen. Wenn nämlich der Gläubiger Capital und rückständige Zinsen zu fordern hat, sind die Letztern in Beziehung auf den delegirten neuen Schuldner Capital geworden, oder behalten sie die Eigenschaft der Zinsen? Nach Römischem Rechte

---

[10]) Andere Gesetzgebungen nennen daher die Delegation auch eine vollständige Anweisung. Östr. Ges.-Buch §. 1401. Assignatio plena. Sächs. Rescr. El. de a. 1699. (C. C. Aug. T. II. p. 2067). — Scherer, Handbuch des Wechselrechts v. Assignation §. 11.

ist die ganze Summe der neuen Obligation ohne allen Zweifel Capital, weil auf die alte erloschene Obligation nicht mehr gesehen wird [11]). Dies erkannte auch die gemeinrechtliche Praxis an [12]). Nach Preuß. Rechte ist es aber anders, wenn, wie sich gezeigt hat, eine Succession in der Delegation liegt. Es ist jedoch damit noch verschieden, je nachdem der Gläubiger in die Forderung seines Schuldners an den neuen Schuldner tritt, oder umgekehrt der neue Schuldner der Successor des alten Schuldners ist. In dem erstern Falle, welcher, wie wir vorhin angenommen haben, eintritt, wenn der neue Schuldner Debitor des alten Schuldners ist, kommt es bloß darauf an, woraus die Forderung besteht, welche der Gläubiger übernimmt; in dem andern Falle dagegen, der alle Mal dann

[11]) Wie überhaupt nicht leicht ein Satz vorkommt, der nicht irgend einmal von einem Juristen nicht verstanden, bezweifelt oder bestritten worden sein möchte, so ist auch Dieser in Zweifel gezogen, weil der Gläubiger sein Recht von dem Deleganten erhalte, dieser aber nicht befugt gewesen sei, von dem Delegaten Zinsen von Zinsen zu nehmen; und weil der neue Schuldner nur die Schuld des Alten übernehme, und deshalb nicht mehr als Dieser schuldig werden könne. Cocceji jur. civ. controv. L. XXII. T. 1. Qu. X. Nr. V. Dieß paßt zu dem Römischen Grundsatze nicht, wonach die alte Obligation durchaus getilgt ist, und die Neue ganz unabhängig für sich besteht; es ist aber darin die dem Allg. Landrecht zum Grunde liegende Vorstellung von dem Einrücken des Gläubigers in die Forderung seines Schuldners, oder des Expromissors in die Schuld des alten Schuldners zu erkennen.

[12]) Westphal's Rechtsgutachten und Erkenntnisse des bürgerlichen Rechts. I. B. §. 5. S. 111. — Hert. Respons. T. I. resp. 461. Man brachte damit die Parömie: Schulden zahlen macht Hauptgelder, in Verbindung, v. Cramer Observ. jur univ. T. III. obs. 873. p. 272. — Vergl. Struv. Exerc. 27. th. 5. nr. 13. — Auch von Selchow Rechtsfälle Bd. III. Nr. 64; wiewohl diese Parömie eigentlich nur auf den Fall paßt, wenn ein neuer Gläubiger an die Stelle des Alten durch Zahlung der Schuld an Capital und Zinsen in der Eigenschaft als Mandatar, Negotiorum Gestor, oder Bürge tritt.

eintritt, wenn der neue Schuldner dem Alten (Deleganten) nichts schuldig ist, bleibt die Beschaffenheit der alten Forderung unverändert. Übernimmt der neue Schuldner eine größere Schuld, als er dem Deleganten schuldig war, so muß die Abrechnung nach den Grundsätzen, welche von der Zahlung gelten, geschehen.

§. 57.

Allgemeine Übersicht.

Das Römische Recht geht von der Ansicht aus, daß die Singular-Succession bei Obligationen unmöglich sei, der praktische Zweck davon aber durch Novation und Cession erricht werden könne und solle.

Das Allg. Landrecht hat diese Ansicht, sei es aus Absicht oder, wie wahrscheinlich, aus einem andern Grunde, ganz verlassen und angenommen, es sei eine Singular-Succession möglich; und es hat dabei für daß Interesse des alten Schuldners auf der einen, und für das des Gläubigers auf der andern Seite durch positive Bestimmungen gesorgt, die nur nicht consequent sind. Es ist nun also eine wahre Succession möglich:

1) für den Creditor durch Cession und Delegation,
2) für den Debitor durch Expromission.

Daß diese Institute für Novationen genommen werden, will nicht recht passen, vielmehr wären sie consequenter und richtiger geradezu Succession genannt worden [1]).

Daneben kommt noch die Assignation vor, welche im Röm. Rechte als eigenes Geschäft nicht bekannt, sondern

---

[1]) Dieselbe Rechtsansicht und Inconsequenz findet sich auch im Östr. Ges.-Buch. §. 1392 u. f. 1400 u. f.

im Mandate enthalten ist. Sie hat auch nichts Eigenthümliches, so lange nichts hinzutritt; wenn aber Acceptation dazu kommt, oder Datio in solutum damit verbunden ist, so nimmt sie einen andern Character an, und ist im Allg. Landrechte als Parallele der Cession behandelt.

Der nach dem Röm. Rechte [2]) zwischen der Cession und Delegation vorhandene Unterschied: daß durch das Delegationsgeschäft zwischen dem Delegatar und Delegaten eine ganz neue Obligation entsteht, während durch die Cession der Cessionar berechtigt wird, das Forderungsrecht des Cedenten auszuüben, besteht daher nach dem Allgem. Landrechte nicht mehr; vielmehr sind beide Geschäfte nunmehr gleichartig, und nur noch darin von einander unterschieden, daß der Schuldner bei der Delegation mitwirken muß, und daß derselbe dadurch die Einwendungen gegen den Gläubiger verliert. Dieses Resultat kann sowohl auf dem Wege der Delegation, als auf dem der bloßen Cession [3]) erreicht werden.

Die hauptsächlichsten Verschiedenheiten zwischen der Cession und der Assignation sind folgende:

1) der Cessionar succedirt in die Rechte des Cedenten, und kann deshalb willkührlich darüber disponiren, auch im Wege Rechtens verfolgen; der Assignatar hat bloß den Auftrag, von dem Assignaten eine Summe Geldes zu erheben, mit der Befugniß, sie für sich zu behalten; er kann aber die Zahlung nicht im Wege Rechtens erzwin-

---

[2]) Über den Unterschied nach Röm. Rechte s. m. Gmelin u. Elsässer gem. jur. Beobachtungen, Th. I. Nr. 23. — Besonders: Mühlenbruch Lehre von der Cession der Forderungsrechte, §. 18. II. Aufl. S. 225.

[3]) I. 11. §. 412. — Schon nach der gemeinrechtlichen Praxis. Wernher Select. Observat. forens. Vol. V. P. VII. obs. 182. — Östr. Ges.-B. §. 1396.

gen, so lange der Assignat ihm nicht Zahlung durch die Acceptation besonders versprochen hat.

2) Die Cession setzt nothwendig eine Forderung voraus, die Assignation nicht.

3) Dem Cessionar können Einwendungen aus der Person des Cedenten entgegengesetzt werden, weil er dessen Successor ist; dem Assignatar nicht, weil ihm der Assignat durch sein Versprechen (die Acceptation) unabhängig von seinem Verhältnisse zum Assignanten verpflichtet ist.

4) Dem Cessionar können Einwendungen aus seiner eigenen Person entgegengesetzt werden, dem Assignatar nur alsdann, wenn er aus eigenem Rechte auf Grund der Acceptation klagt, nicht aber alsdann, wenn er zugleich mit der Rechtsverfolgung von dem Assignanten beauftragt ist.

5) Die Assignation verändert das zwischen dem Assignanten und Assignatar bestehende Rechtsverhältniß nicht; die Cession ist die Erfüllung eines Rechtsgeschäfts zwischen ihnen. Daher fällt die Assignation bei ausbleibender Zahlung fort, ohne auf das bestehende Rechtsverhältniß Einfluß zu äußern; die Cession aber bleibt bestehen, und aus derselben, entstehen jetzt eigenthümliche Klagerechte gegen den Cedenten.

6) Die Assignation kann von dem Assignanten widerrufen, und von dem Assignatar zurückgegeben, auch von dem Assignaten zurückgewiesen werden; die Cession ist unwiderruflich, und muß von dem Debitor cessus geachtet werden.

Mit dem Mandat hat jetzt die Cession keine Ähnlichkeit mehr; die Assignation dagegen ist jetzt in einem Falle, nämlich alsdann, wenn die Anweisung auf eine Forderung des Anweisenden geht, eben dasselbe Mandatum in rem Procuratoris, wie die Cession im Römischen Rechte, mit der Abweichung, daß die Assignation zwei Aufträge enthält: den einen an den Assignaten, Zahlung zu leisten, den andern an den Assignatar, die Zahlung zu erheben[4]); wogegen der Römische Procurator in rem suam den Auftrag hatte, nicht bloß die Zahlung zu erheben, sondern auch das Recht des Mandanten vor Gericht geltend zu machen und auszuüben.

---

[4]) Vergl. oben §. 41. Nr. 1. S. 228.

Verbesserungen und Zusätze.

S. 16. zu §. 4. Ein anderes Bedenken entnimmt man aus der neuen Verordnung, über die Execution in Civil-Sachen, vom 4. März 1834, §. 2, wo bestimmt ist, daß der Beneficial-Erbe und der Verlassenschafts-Curator die Execution in den Nachlaß nur durch den Antrag auf Eröffnung des erbschaftlichen Liquidations-Prozesses abwenden könne. Man meint, daß hierdurch alle ältern Bestimmungen der Allgemeinen Gerichtsordnung aufgehoben worden seien. Allein der §. 2 dieser Verordnung hat bloß die Bestimmungen wegen der Execution gegen Beneficial-Erben vor Eröffnung des erbschaftlichen Liquidationsprozesses abändern wollen. Die §§. 15—18. Tit. 24. Th. I. der A. G. O., worauf der §. 2 der Verordnung Bezug nimmt, bestimmten, daß gegen den Beneficial-Erben keine Execution verfügt, sondern daß von den Gläubigern die Regulirung der Verlassenschaft abgewartet werden sollte. Der ebenfalls in Bezug genommene §. 59 u. 60. Tit. 51. gab den Gläubigern in dem Falle, wenn der Beneficial-Erbe gegen die nachgesuchten Executionen sich mit dem Vorwande der Rechtswohlthat des Inventarii schützte, und gleichwohl auf die Eröffnung des Liquidations-Prozesses anzutragen zögerte, die Befugniß, gegen ihn auf Verlust der Rechtswohlthat anzutragen. Nach dieser Gesetzgebung konnte also der Beneficial-Erbe durch den bloßen Vorwand der Rechtswohlthat die Execution in den Nachlaß abwenden. Dieß soll, nach §. 2 der Verordnung, ferner nicht angehen, sondern »der Beneficial-Erbe und der Verlassenschafts-Curator sollen die Execution in den Nachlaß nur durch den Antrag auf Eröffnung des Liquidations-Prozesses abwenden können.« In den Wirkungen des eröffneten erbschaftlichen Liquidations-Prozesses ist nicht das Mindeste geändert, und eben so wenig sollte in der Verordnung darüber etwas bestimmt werden: wie es nach Eröffnung des erbschaftlichen Liquidations-Prozesses mit der Execution zu halten. Der Herr Justiz-Minister Mühler hat auf eine Anfrage hierüber rescribirt: daß es nicht die Absicht gewesen sei, in diesen Vorschriften etwas zu ändern, und daß weder aus dem Wortsinn, noch aus den Motiven des §. 2 der Verordnung ein genügender Grund für die Meinung entnommen werden könne, daß die Verordnung v. 4. März 1834 dadurch, daß sie die Anwendung der Execution nur durch die Provocation auf Eröffnung des erbschaftlichen Liquidations-Prozesses gestatte, etwas andres habe bestimmen wollen, als die Allg. Gerichtsordnung, in dem Titel vom erbschaftlichen Liquidationsprozesse, in Beziehung auf die Execution anordne, und daß durch die Provocation auf Eröffnung des erbschaftlichen Liquidations-Prozesses sogar die Execution aufgehoben werden sollen, welche diese ausnahmsweise gestatte [1]).

S. 45. Z. 7. Das Ministerial-Rescript vom 30. October 1835 [2]) schreibt vor, daß wenn nicht dargethan

---

[1]) Rescr. v. 17. Juni 1836. — I. 2135. (Jur. Wochenschr. Jahrg. 1836. S. 631 u. Jur. Zeitung. Jahrg. 1836. Col. 892).

[2]) Jahr.-B. Bd. XLVI. S. 481. Jur. Wochenschr. Jahrg. 1835. S. 414, u. Jur. Zeitung. Jahrg. 1836. Col. 868.

sei, daß sämmtliche Subhastations=Interessenten mit der Cession einverstanden, das Grundstück

a. auf den Grund des Bietungsprotocolls dem Meistbietenden, und demnächst unter einem

b. auf Grund der erfolgten Cession, unter ausdrücklichem Vorbehalt der Rechte der Subhastations=Interessenten an den Meistbietenden — dem an die Stelle des Letztern tretenden Cessionar adjudicirt werden solle.

Es soll also, wenn die Interessenten den Cessionar an Stelle des Meistbietenden annehmen zu wollen, nicht ausdrücklich erklärt haben, das Grundstück Beiden, dem Cedenten und dem Cessionarius »unter einem« adjudicirt werden. In der Art wird es nicht geschehen können, daß sie Mitbesitzer werden, weil dadurch der Zweck der Cession vereitelt, und auch der Absicht der Contrahenten (des Cedenten und des Cessionarius) zuwider verfahren werden würde. Dies meint auch das Rescript nicht, wie aus dem Worte »demnächst«, und daraus klar wird, daß den Subhastations=Interessenten ihre Rechte an den Meistbietenden (Cedenten) vorbehalten werden sollen, welches ohne Bedeutung wäre, wenn derselbe Miteigenthümer würde. Es wird also gemeint, daß zuerst dem Meistbietenden, und sodann dessen Nachfolger, dem Cessionar, das Grundstück adjudicirt werden solle. Wie das aber mit der Wirkung auszuführen, daß dadurch der Cessionar das Eigenthum erhält, ist nicht ersichtlich. Denn wenn zuerst dem Meistbietenden adjudicirt wird, so ist derselbe dadurch Eigenthümer geworden; und wenn von ihm das Eigenthum an einen Andern übertragen werden soll, so muß es durch einen andern Modus, nämlich durch Übergabe auf Grund eines Titels geschehen, weil, wenn der Meistbietende einmal Eigenthümer geworden, die Sache in derselben

Lage ist, als wenn er sein Eigenthum außer dem Fall einer öffentlichen Subhastation veräußerte. Cession ist aber kein geeigneter Titel zur Übertragung des Eigenthums an einer körperlichen Sache, und Adjudication ist kein geeigneter Modus zur Übertragung des Eigenthums auf Grund einer Privatveräußerung. In der Sache selbst liegt aber gar kein Hinderniß, dem Cessionar, wenn er die Cession genehmigt hat und besitzfähig ist, das Grundstück zu adjudiciren, mag die Cession mit oder ohne Einverständniß der Subhastations-Interessenten geschehen sein, darum, weil dieselben einerseits durch ihren Widerspruch den Meistbietenden nicht hindern können, über sein Recht nach Belieben zu verfügen, andererseits aber auch in ihren Rechten durch die Cession gar nicht verschlimmert werden, vielmehr ihre Ansprüche an ihren Contrahenten, den Meistbietenden, nach wie vor behalten, weshalb es auch eines Vorbehalts ihrer Rechte in dem Adjudicationsbescheide nicht bedarf. Als ein Superfluum kann derselbe zwar nicht schaden, er kann aber, wenn er vorgeschrieben wird, die Meinung erzeugen, als wären davon die Rechte der Interessenten abhängig, und — wenn einmal ein Richter denselben vergißt — durch diese Auslassung die Verbindlichkeiten des Käufers (Meistbietenden) erloschen.

S. 48. Es giebt sogar eine Meinung, nach welcher der Verkäufer sogar keine sogenannte Exneuations-Klage, d. h. kein Recht haben soll, von dem Käufer die Befreiung von der übernommenen Schuld zu fordern. Nach der Natur der Sache ist dieser Anspruch des Verkäufers aus juristischen Gründen nicht im geringsten zu bezweifeln, weil der Käufer so lange, als er den Verkäufer von der übernommenen Schuldverbindlichkeit noch nicht befreit hat, das Kaufgeld noch schuldig ist, und es sich ganz von selbst versteht, daß er dasselbe auf die eine oder die andere Weise der Verabredung gemäß wirklich bezahlen muß. Man hat für jene Meinung zweierlei Gründe, welche beide gleich unjuristisch sind, und sich selbst widersprechen. Einige behaupten nämlich: daß der Käufer eines Grundstücks für übernommene Schulden niemals persönlich oder über den Werth des gekauften Guts hafte. Dieser Satz soll durch die Declaration vom 21. März 1835. §. 3 anerkannt sein, wo bestimmt ist:

»Wenn jedoch der Erwerber nicht bloß die Pfand- oder Hypotheken-Schulden übernimmt, sondern sich außerdem zu deren Tilgung persönlich verpflichtet, so ist der Veräußerer befugt, seinen Anspruch aus diesem Versprechen den Gläubigern abzutreten.«

Ohne eine solche ausdrückliche persönliche Verpflichtung des Käufers für die Tilgung der Schuld, schließt man, habe der Verkäufer kein cessibles Recht; ein nicht cessibles Recht sei aber so gut wie gar kein obligatorisches Recht. Der Mangel eines solchen Rechts soll daraus zu erklären sein, daß der verschuldete Theil eines Guts werthlos und nicht mehr Gegenstand des Activ-Vermögens sei, und der Besitzer daher eigentlich nur den schuldenfreien Theil desselben verkaufe, und nur für diesen, nicht aber auch für den durch Verpfändung bereits alienirten Gutstheil Kaufgeld erhalte, indem die Summe der auf der Sache haftenden Schulden nur uneigentlich Kaufgeld genannt würde, da in Ansehung desselben weder eine Zahlungsverpflichtung entstehe, noch der Käufer dafür irgend etwas erhalte (!). Dieses Raisonnement ist eigentlich keiner juristischen Würdigung fähig, denn es geht von einem sich selbst widersprechenden Satze aus: daß aus einem Contracte keine persönliche Verbindlichkeit (obligatio) entstehe;

und beruht weiterhin auf einer Vermengung gänzlich verschiedener Rechtsbegriffe und Verhältnisse. Für die Verbindlichkeit des Käufers gegen den Verkäufer aus dem Kaufcontract, wegen Bezahlung des Kaufgeldes, ist der für den Gegenstand künftig einmal bei einer öffentlichen Subhastation zu lösende Preis ein durchaus gleichgültiger Umstand; es ist wesentlich hier gar keine andere Verpflichtung als nur eine persönliche vorhanden; selbst eine accessorische dingliche nicht, weil der Käufer die Sache noch nicht besitzt, also selbst noch kein dingliches Recht daran hat, sondern solche durch diesen Kauf erst erwerben will. Selbst alsdann, wenn der Käufer sich bloß verbindlich machte, den verabredeten Preis nur in soweit, oder in der Voraussetzung zu zahlen, als die gekaufte Sache nach ihrem künftigen Subhastations-Preis zur Deckung der ad rationem pretii übernommenen Schulden reichen werde, würde, man mag einen solchen Vertrag wegen Mangels eines pretii certi für einen Kauf halten oder nicht, die Verbindlichkeit des Käufers noch immer persönlicher Natur sein, weil ein Vertrag eben grade nur eine persönliche Verbindlichkeit zwischen den Paciscenten, und nicht ein absolutes dingliches Recht ohne jene, erzeugen kann. Durch die Übernahme eines einzelnen Ingrossats ad rationem pretii ändert sich das Verhältniß zwischen den beiden Contrahenten nicht; denn es ist rechtlich unwahr, daß das Eigenthum durch die Verpfändung veräußert wird, und also nicht noch einmal veräußert werden könne; vielmehr ist die Verpfändung eine bloße Belastung, und deswegen kann Niemand durch Bezahlung der eingetragenen Schulden das belastete Eigenthum an sich bringen, sondern er muß es von dem Eigenthümer erwerben. Ob er dafür den Eigenthümer baar bezahlt, und der Eigenthümer die Last ablöst und ein freies Grundstück übergiebt, oder ob der Erwerber die zur Ablösung erforderliche Summe von dem Veräußerer durch Abrechnung erhält, ist ganz einerlei: in beiden Fällen erwirbt er das Eigenthum von dem Verkäufer, und in beiden Fällen bezahlt er dafür Kaufgeld. Es ist auch rechtlich unmöglich, für eine eingetragene Schuld, welche der Käufer ad rationem pretii übernimmt, einen correspondirenden Theil des Grundstücks wirklich abzusondern, so daß derselbe nicht eigentlich Gegenstand des Kaufkontrakts würde, sondern dem Gläubiger zur Disposition gestellt bliebe; denn die Hypothek haftet auf der ganzen Sache pro indiviso. Diese Ansicht also, nach welcher durch die Übernahme von Schulden ad rationem pretii keine persönliche Verbindlichkeit zwischen dem Käufer und Verkäufer begründet werden soll, entbehrt jeder juristischen Farbe.

Andere geben nach, daß der Käufer eines Grundstücks durch die Übernahme eingetragener Hypotheken-Kapitalien in Anrechnung des Kaufpreises seinem Verkäufer verpflichtet werde; aber, heißt es in den Gründen eines, durch das Revisions-Erkenntniß jedoch wieder aufgehobenen Appellations-Erkenntnisses, welches das, den Käufer zur Liberation des Verkäufers verurtheilende Urtel Erster Instanz abänderte: »diese Verpflichtung kann doch keinesfalls weiter ausgedehnt werden, als daß der Käufer dem Verkäufer wegen alles Desjenigen gerecht werden muß, was dieser von den übernommenen Kapitalien dem Gläubiger wirklich hat zahlen müssen. Denn wollte man mit dem ersten Richter annehmen, daß der Käufer, welcher auf Anrechnung des Kaufpreises eingetragene Kapitalien übernommen, verpflichtet sei, den Verkäufer in Ansehung dieser Kapitalien außer Zahlungsverbindlichkeit zu setzen, so würde jeder Verkäufer berechtigt sein, sofort nach Abschluß des Kaufkontrakts diese Befreiung von seinem Mitcontrahenten zu verlangen« (!). Darauf läßt sich nur sagen: Ja, warum nicht? Das wird ja eben auch behauptet. Nach welchen Denk- oder Rechtsgesetzen ist die Behauptung eines Satzes ein Beweis für die Verneinung desselben? Als Grund wird noch hinzugefügt: daß dadurch der Zweck der Übernahme von Kapitalien auf Anrechnung des Kaufpreises völlig vereitelt werden würde. Aber auch dies ist, wenn es der Fall wäre, kein Rechtsgrund: denn es würde der Verbindlichkeit eines Promittenten an ihrer Wirksamkeit oder Gültigkeit gar nichts schaden, wenn er seinen Zweck damit auch nicht erreichte. Es ist indeß auch nicht einmal zu beurtheilen: ob dies in der That der Fall sei, denn der Zweck, welcher auf solche Weise völlig vereitelt werden soll, wird nicht angegeben. Wenn damit gemeint ist, daß die Kapitalien stehen bleiben sollten, so ist das etwas rein Zufälliges; da der Gläubiger jeden Augenblick kündigen kann, und der Vortheil des Käufers bloß darin besteht, daß der Theil der Kaufgelder, welcher ihm auf die übernommenen Schulden zu Gute gerechnet wird, nicht früher als nach Ablauf der bestimmten Kündigungsfrist gezahlt verlangt werden kann; aber die Übernahme der Schulden muß allerdings sofort geschehen, wenn dazu keine Frist in dem Contracte gegeben ist; und diese Übernahme geschieht eben erst dadurch, daß der Käufer mit dem Gläubiger in ein Schuldverhältniß tritt, und der Verkäufer durch seine Befreiung von jenen Schulden, wegen des Kaufgeldes befriedigt wird. Denn die Schuld des Verkäufers zum Zwecke der Zahlung des Kaufgeldes übernehmen, heißt nichts anders, als in dessen Schuldverbindlichkeit gegen den Creditor eintreten wollen, so daß der Verkäufer davon frei wird, oder mit andern Worten: dem Verkäufer die Schuld abnehmen wollen. Würde ihm die Schuld nicht abgenommen, so erhielte er ja in soweit für die verkaufte und übergebene Sache kein Kaufgeld, welches doch zu diesem Theile eben durch die Übernahme der Schuld gezahlt werden soll. Sollte er von dem Käufer erst Ersatz Dessen zu fordern berechtigt sein, was er selbst zu bezahlen genöthigt worden, so würde er der Gefahr ausgesetzt sein, die Schulden, welche ihm der Käufer, nach der Abrede, alsogleich abnehmen sollte, nach einer Reihe von Jahren selbst zu berichtigen, und nach einem fruchtlosen Regresse seine rechtmäßigen Kaufgelder-Forderung zu verlieren; und der Käufer, der die gekaufte Sache zu seinem Genuße zu nichte machen kann, würde dabei geschützt werden, dieselbe, gegen die ausdrückliche Verabredung, um so viel umsonst zu genießen.

S. 49. Die Verabredung, wonach der Käufer, der ein bestimmtes Kaufgeld zu zahlen verspricht, und die Zahlung ganz oder zum Theil durch Übernahme von Schulden des Verkäufers leisten soll, enthält einen Modus solvendi. Die Zahlung kann daher allerdings nur in der verabredeten Art mittelst der Kauf-Contracts-Klage gefordert werden, d. h. der Verkäufer nur auf Liberation klagen. Auf welche Weise der Käufer dieselbe bewirken will, muß dem Verkäufer gleichviel gelten. Daraus folgt, daß der Verkäufer zunächst sein Klage-Petitum bestimmt weder darauf richten kann: daß der Käufer zur Zahlung an den Gläubiger angehalten werde, weil es dem Käufer freisteht, die Schuld auf jede andere Art zu tilgen; noch darauf: daß derselbe ihn ex nexu debendi setze, weil er nicht schuldig ist, den nexus obligatorius fortbestehen zu lassen, und ein hierauf und auf Ausscheidung des Verkäufers aus demselben gerichtetes Rechtsgeschäft einzugehen oder zu vermitteln. Die sogenannte Exneruations-Klage würde daher bezeichnender Liberations-Klage genannt werden. Nichtsdestoweniger kann dem Verkäufer das Recht: Zahlung zu fordern, unter zwei Voraussetzungen nicht abgesprochen werden. Die eine ist, wenn es der zur Liberation des Verkäufers verurtheilte Käufer zur Execution kommen läßt, und der Verkäufer das Interesse fordert. Die andere ist, wenn die übernommene Schuld nicht durch den Käufer oder sonst zu dessen Gunsten getilgt wird. Alsdann muß die Zahlung des schuldigen Kaufgeldes, weil die verabredete Art derselben nicht mehr möglich ist, auf eine andere Art geschehen, und diese kann nur darin bestehen, daß dem Verkäufer selbst Zahlung geleistet wird. Denn durch die Veränderung kann der Käufer mit dem Schaden des Verkäufers keinen Vortheil erlangen, welchen er, wenn auf die bestimmte Art gezahlt worden wäre, nicht erhalten haben würde [2a]. Nur muß ihm der durch die, ohne seine Schuld veränderte, Art der Zahlung entstehende Nachtheil vergütigt werden [2b]. In diesen beiden Fällen nun, wo der Verkäufer Zahlung zu fordern berechtigt ist, kann ihm rechtlich nicht gewehrt werden, sein auf eine Geldforderung gehendes Recht einem Andern zur Ausübung zu übertragen, d. h. zu cediren. Hiernach modificirt sich Dasjenige, was S. 49 u. f. über diesen Gegenstand vorgetragen worden ist.

S. 106. Z. 1. hinter dem Worte »abgegangen.« In dem letzten, über diesen Gegenstand bekannt gewordenen,

---

[2a]) A. L. R. I. 5. §. 372.

[2b]) Ebdas. §. 371.

Rescript v. 19. August 1836 [3]) hat jedoch der Herr Justiz-Minister die, in dem ältern Rescript v. 17. November 1823 [4]) ausgesprochene Meinung neuerdings bestätigt.

S. 127. Z. 12. Die Landschaft kann auch an Andere als den Besitzer des bepfandbrieften Gutes ausdrücklich jura cediren, jedoch mit Ausschluß der ihr reglementsmäßig zustehenden Vorrechte. Die Pfandbriefe werden in diesem Falle auf Grund der Umschreibung kassirt, aber, wie sich von selbst ergiebt, nicht gelöscht, weil dadurch die Post ganz fortfallen würde. Diese Umschreibung und Cassation muß aus dem Hypothekenbuch und aus dem Instrumente ersichtlich gemacht werden. Zu der Umschreibung der Pfandbriefe in eine Privat-Hypothek muß der Besitzer des verpfändeten Guts seine Zustimmung geben, einer neuen Hypothekbestellung bedarf es dazu aber nicht, weil die Pfandbriefe selbst Hypotheken-Instrumente sind, und blos ein neues Instrumentum ex quo an die Stelle des kassirten ertheilt werden soll, welches nur von dem Gutsbesitzer geschehen kann [5]). Dieses neue Instrument besteht aus der Cessions-Urkunde der Landschaft, und aus der Erklärung des Gutsbesitzers: daß er in die Umschreibung in eine Hypothek für den Cessionarius in die Stelle der zu kassirenden Pfandbriefe willige, worauf dann der gewöhnliche Eintragungsvermerk gesetzt, und womit ein Hypothekenschein verbunden wird [6]).

---

[3]) Jur. Wochenschr. Jahrg. 1836. S. 667.

[4]) Jahr-B. Bd. XXII. S. 164.

[5]) Hypotheken-Ordn. Tit. 2. §. 283.

[6]) Vergl. hierüber das Rescr. des Herrn Justiz-Ministers Mühler, v. 5. Juni 1833. (Jahrb.-B. Bd. XLI. S. 512). Diese Verfügung ist mittelst Allerh. Kabinets-Ordre v. 8. August 1836 ausdrücklich genehmigt worden. Rescr. an sämmtliche Oberge-

S. 127. Z. 20. Weil der Besitzer durch die Zahlung und die Quittung eben so wie durch eine ausdrückliche Cession »alle Rechte eines Cessionarius« erwirbt, so hört er auch nicht auf, Gläubiger des Grundstücks zu sein, wenn er dasselbe veräußert, weil die freiwillige Veräußerung des verpfändeten Grundstücks kein Modus ist, die darauf haftende Schuld zu tilgen. Dies ist so sonnenklar, daß wenn einmal die Prämisse anerkannt ist, ein Zweifel daran völlig unbegreiflich erscheint.¹) Nichtsdestoweniger ist es bei der Hypotheken-Abtheilung eines Provinzial-Gerichtshofs ernstlich in Frage gestellt worden. Ein Gutsbesitzer hatte eine, auf seinem Gute eingetragene Post bezahlt und nicht löschen lassen, sondern das Instrument mit der darauf befindlichen gerichtlichen Quittung behalten. Mehrere Jahre nachher verkaufte er das Gut, und der Käufer übernahm die eingetragenen Schulden, unter welchen auch diese Post namentlich genannt wurde. Darauf cedirte der gewesene Besitzer die Post, der Cessionarius cedirte sie weiter, und die Eintragung dieser Cession sollte verweigert werden, weil man meinte, der Schuldner könne über eine bezahlte Post nur so lange disponiren, als er sich im Besitze des Grundstücks befinde. Er habe zwar, sagte man, die Rechte eines Cessionars erworben, aber ausüben könne er sie nur während seiner Besitzzeit; und da er sie in dieser Zeit nun einmal nicht ausgeübt hätte, so habe er sein Recht verloren. Diese Meinung soll als solche in ihren Würden bleiben, aber schwerlich möchte ein eigentlicher Rechtsgrund zu finden sein, aus welchem hier das Forderungsrecht des Cessionars (des ge-

---

richte vom 22. August 1836. — I. 2939. (Jur. Wochenschr. Jahrg. 1836. S. 667) wesenen Besitzers) verloren gegangen oder erloschen sein sollte. Die Eintragung der Cession wurde nur durch eine kleine Majorität durchgesetzt, und noch dazu mit Zuhülfenahme eines gar nicht aus der Sache hergenommenen Grundes, nämlich: weil der zur Zeit eingetragene Besitzer Zwischencessionarius war. Jene Meinung gründete sich vielleicht auf die, nach den Worten des Gesetzes irrige, und durch eine Anzahl von Ministerial-Reskripten verworfene Vorstellung, daß der Gegenstand der Disposition des bezahlenden Besitzers der leere Locus oder ein ideeller Theil des Grundstücks sei, womit aber wieder das Zugeständniß nicht harmonirte, daß wenn der Vorbesitzer während seiner Besitzzeit die Post auf seinen eigenen Namen hätte umschreiben lassen, er nach der Veräußerung des Grundstücks über dieselbe würde haben disponiren können. Denn die, für den Übergang eines Hypothekenrechts auf einen Andern ganz unwesentliche, Umschreibung im Hypothekenbuche kann ja die Natur des Rechts nicht ändern. Wenn also der Besitzer vor der Umschreibung kein wirkliches Forderungsrecht an das Grundstück gehabt hätte, so würde er auch nachher keins gehabt haben. Durch die Umschreibung der Post auf seinen Namen hätte er sich also alsdann das sogenannte Dispositionsrecht bis nach der Veräußerung des Grundstücks erhalten können.

S. 170. §. 29.

In einem vorgekommenen Falle hat man dies für zweifelhaft gehalten; ein gegründeter Zweifel ist jedoch nicht zu finden. Der debitor cessus, welcher eine gehörig mit Arrest belegte Forderung an den spätern Cessionarius bezahlt, kann darum, nach wie vor, von dem Arrestanten, wenn sich dieser die Forderung überweisen läßt, auf Zahlung belangt werden, weil er durch die an den Cessionarius geleistete Zahlung, welche nach der Natur der Sache und nach ausdrücklicher gesetzlicher Bestimmung [7]), in Ansehung des Arrestanten für nicht geschehen zu erachten, nicht liberirt worden ist. Der Cessionarius dagegen kann zur Herausgabe des Empfangenen darum nicht angehalten werden, weil zwischen ihm und dem Arrestanten, als einem Dritten, kein obligatorisches Verhältniß besteht, und dem Arrestanten das Object des Arrestes, nämlich die Forderung, auch nicht entzogen worden ist, da der Schuldner noch eben so wie vorher verhaftet bleibt. Nur in einem Falle läßt sich ein Klagerecht des Arrestanten gegen den dritten Zahlungsnehmer denken, nämlich alsdann, wenn aus Versehen dem Schuldner die Verkümmerung nicht insinuirt worden wäre, und er in gutem Glauben dem spätern Cessionarius Zahlung geleistet hätte, und mithin dadurch von der Schuld liberirt worden, der Cessionarius aber in dolo gewesen wäre. Hier würde der Arrestant gegen den Cessionarius, der ihm den Gegenstand des Arrestes dolose entzogen hätte, die Actio doli haben.

Wenn dagegen eine Sache mit Arrest belegt worden ist, so kann dieselbe von dem spätern dritten Inhaber unter allen Umständen mit der dinglichen Klage zurückgefordert werden; und zwar unentgeltlich, wenn der Inhaber vor dem Arrestschlage Wissenschaft gehabt hat, sonst nur gegen Erstattung der Auslagen [8]).

---

[7]) Allg. Ger.-Ordn. Th. I. Tit. 29. §. 85. „Zahlungen, die dem zuwider geleistet worden, sind in Ansehung des Arrestanten für nicht geschehen, und Compensationsrechte in Ansehung seiner für nicht entstanden anzusehen."

[8]) Ebd. §. 83. „Wird eine mit Arrest belegte Sache — veräußert; so ist diese Handlung — in Ansehung des Arrestanten

S. 180, zwischen Z. 7 u. 8:

6) Die reglementsmäßigen Vorrechte der Landschaften.

7) Die manchen andern juristischen Personen, namentlich Corporationen, zustehenden besondern Vorrechte in Ansehung der Beitreibung der restirenden Gemeinde-Anlagen, und der Beiträge zur Tilgung der Gemeindeschulden [9]).

S. 204. Zu Note 6.

Schon vor Brenneysen hat **Joh. Gottfr. Freyer in Tract. de solutionibus et liberationibus, (Erford.** 1660. 1668. **4.) Cap. III. Nr.** 26 den Satz vertheidigt, daß der Cedent, nach der Natur des Cessions-Geschäfts, zur Gewährleistung für die Güte der cedirten Forderung zu haften verpflichtet sei.

S. 216. Text zu Note 9.

Das war schon die gemeine, auch von der Praxis

---

null und nichtig; und die Sache kann von dem, welcher sie — an sich gebracht hat, unentgeldlich zurückgefordert werden. Sollte jedoch — der Erwerber von dem Arresschlage keine Wissenschaft gehabt haben; so kann der Arrestant die Herausgabe nur gegen Vergütung — fordern."

[9]) A. L. R. Th. II. Tit. 6. §. 64. 65. u. Tit. 8. §. 130. Städte-Ordnung §. 56. — Rescr. des Min. d. Inn. v. 25. Februar 1820. (v. Kamptz Annalen Bd. V. S. 87. 88). — Rescr. des Justiz-Min. v. 31. Mai 1822. (Jahr-B. Bd. XIX. S. 305). — Auch nach gemeinrechtlicher Praxis ist der Cessionarius einer Gemeinde in einem solchen Falle auf die gewöhnlichen Rechtsmittel verwiesen worden. Christian Ulrich Detlev von Eggers Bemerkungen zur Verbesserung der Deutschen Gesetzgebung. Ein freier Auszug aus seinen Preisschriften über den Entwurf des allgemeinen Gesetzbuchs für die Preußischen Staaten. Koppenhagen, 1798. Th. II. S. 178. §. 235.

angenommene Meinung [10]), doch wurde von Einigen die Limitation gemacht, daß bei bedingten Forderungen und bei Forderungen in Diem auf den Verfalltag zu sehen sei [11]). Diese Modification ist von dem Allgemeinen Landrechte nicht angenommen.

S. 223, zu §. 38.

Die Bestimmungen des Allgemeinen Landrechts über die Gewährleistung für die Sicherheit der cedirten Forderungen scheinen aus einer mangelhaften Erkenntniß des damals practisch gültigen Rechts entstanden zu sein. Man nahm drei Fälle an, in welchen der Cessionarius einer uneinziehbaren Forderung Ersatz verlangen konnte:

1) Wenn der Cedent einen Dolus begangen hatte.

2) Wenn der Cessionarius im Irrthum über Eigenschaften gewesen war, welche bei dem Geschäfte stillschweigend vorausgesetzt werden. Dazu rechnete man die bereits bei Abschließung des Handels vorhanden gewesene Zahlungsunfähigkeit des Schuldners. Dies hatte die Aufhebung des Rechtsgeschäfts zur Folge, und der Cessionarius forderte mit der Actio redhibitoria das Gegebene zurück. Diese Rechtssätze erkennt auch das Allgemeine Landrecht, nur mit der, aus der Leyserschen Lehre von der

---

[10]) Carpzow Jurisprud. for. P. II. Const. 34. def. 26. num. 4. — Mevius Decis. P. I. dec. 93. u. Discuss. levam. inop. debit. Cap. VII. n. 47. — Voet. Commentar. L. XVIII. Tit. 4. Nr. 14. — Cramer Wetzlarsche Nebenstunden. Th. 118. S. 236. — Engelbrecht Observat. for. obs. XIX.

[11]) Sande l. c. Cap. IX. n. 29. — Vergl. Mevius Discuss. levam. inop. debit. l. c. nr. 53 et seq. — Brunnemann de cess. act. Cap. V. nr. 61.

ignorantia vincibilis et invincibilis[12]) sich ergebenden, Modification, an [13]). Der dritte Fall ist,

3) wenn der Cedent für die Sicherheit zu haften versprochen hatte. Hier wurde der Contract nicht aufgelöst, vielmehr war dessen Fortbestehen grade der Grund der Verbindlichkeit des Cedenten, wie ein Bürge für die Forderung aufzukommen. Die Folge davon war, daß nicht, wie in jenen Fällen, bloß das Gegebene zurückgefordert, sondern die cedirte Forderung selbst von dem Cedenten, wie von dem Hauptschuldner, eingezogen werden konnte.

Diese Fälle hat man nicht unterschieden, sondern sie vielmehr mit einander vermischt [14]). In der Meinung,

---

[12]) Leyser Spec. 289. m. 1. 2.

[13]) I. 4.

§. 81. Irrthum in solchen Eigenschaften der Sache, welche dabei gewöhnlich vorausgesetzt werden, entkräftet ebenfalls die Willenserklärung.

§. 82. Doch besteht dieselbe, wenn der Irrende durch eigenes grobes oder mäßiges Versehen seinen Irrthum veranlaßt hat.

I. 5.

§. 331. 326. Kann der Geber die fehlende Eigenschaft nicht gewähren, so kann der Übernehmer von dem Kontrakte wieder abgehen.

[14]) Dieß ist deutlich aus von Eggers Bemerkungen rc. a. a. O. §. 210. S. 181. zu erkennen, wo er einen merkwürdigen Fall mittheilt. Jemand hatte eine Forderung von 2000 Thaler für 1500 Thaler cedirt, und die Gewährleistung versprochen. Der Schuldner war insolvent geworden. Der Cessionarius hatte nun den Cedenten in Anspruch genommen, und der Appellationsrichter hatte ihm, mit Abänderung des ersten Erkenntnisses, die gezahlten 1500 Rthl. nur mit Abrechnung der Zinsen, welche von der cedirten Forderung mehr erhoben worden waren, als die Zinsen von den 1500 Rthl. betrugen, zuerkannt. v. Eggers sagt: mit Recht. Denn das Geschäft verändert hier seine Natur, weil

daß die Zurückerstattung des Gegebenen aus der Natur des Rechtsgeschäfts von selbst folge, d. h. daß es ein Naturale desselben sei, sprach man diesen Satz ausdrücklich aus. Das Neue davon besteht darin, daß nun die Verpflichtung in allen Fällen, sowohl in denjenigen, wo sich die Gewährleistung als eine natürliche Folge des Contracts gesetzlich von selbst verstehen soll, als in denjenigen, wo die Gewährleistung ausdrücklich versprochen wird, von gleicher rechtlichen Natur sind, nämlich aus dem Contracte entstehet, und die Natur einer Intercession hat. Folgerecht hätte nun in allen diesen Fällen dem Cessionar freigestellt werden müssen, die ganze Forderung von dem Cedenten einzufordern, wie es die Intercession mit sich bringt. In dieser Beziehung hat man aber die beiden erstern Fälle des Gemeinen Rechts zum Muster genommen, vermuthlich, weil man in der Praxis die mehrsten Entscheidungen in dieser Art fand, und den juristischen Unterschied zwischen jenen Fällen und dem Falle der vertragsmäßigen Verpflichtung nicht beachtete. Die Sache ist juristisch nun so anzusehen, daß die Forderung, wegen welcher sich der Cessionarius an den Cedenten als Intercedenten halten kann, bis auf die gezahlte Valuta reducirt ist. Dadurch entscheidet sich der Zweifel, welcher über die Abschlagszahlungen und Zinsen entstehen könnte, die der Cessionar von dem Schuldner beigetrieben hat. Die auf das Capital eingegangenen Theilzahlungen müssen dem Cedenten zu Gute kommen, weil in Beziehung auf ihn das Capital der Schuld nur so viel beträgt, als er erhalten hat; die Zinsen dagegen können ihm auf das Kapital nicht zu Gute gerechnet wer-

---

es rückgängig ward, und der Cedent die Gewährleistung übernommen hatte. Solche Verwirrung herrschte selbst in den gekrönten Preisschriften!

den, wenn sie auch zu einem höheren als dem landübli- chen Zinsfuß gezahlt worden sind, weil er eben so viel Kapital schuldig ist, als die gezahlte Valuta beträgt, und weil er diese ebenfalls als Kapital beliebig hat benutzen können, so daß sich seine Nutzungen mit den Nutzungen des Cessionarius compensiren [15]). In solchen Fällen da- gegen, wo weder stillschweigend noch ausdrücklich der Ce- dent durch den Contract für die Sicherheit einzustehen verpflichtet ist, wo aber wegen Irrthums des Cessionarius das Rechtsgeschäft aufgerufen werden kann, muß Alles wieder in den vorigen Stand gesetzt werden, woraus folgt, daß wenn der Cedent dem Cessionarius das Erhaltene, mit dem nach Beschaffenheit des Falles etwa schuldigen In- teresse, zurückgiebt, der Cessionarius auch seinerseits Das- jenige herausgeben muß, was er in Folge der Cession von dem debitor cessus erhalten hat. Hier kann es also kom- men, daß der Cessionarius zu Sechs Prozent erhobene Zinsen erstatten muß, während er von dem Cedenten nur Fünf Prozent oder gar keine Zinsen zu fordern berech- tigt ist.

---

[15]) A. L. R. I. 11. §. 167. „Die Zinsen des Kaufgeldes wer- den allemal gegen die von dem Käufer gezogenen Nutzungen compensirt.“

Sachen-Register.

(Die Zahlen bedeuten die Seite.)

A.

B.

C.

F.

G.

Q.

R.

S.

W.

Druckfehler-Verzeichniß.

S. 19. Z. 5. v. u. st.: Betrag l.: Beitrag.

S. 27. Z. 13. v. u. st.: keinen l.: keinem.

S. 33. Z. 14. v. u. st.: welche l.: welches.

S. 44. Z. 15. v. u. st. retrait l.: retraict.

S. 83. Z. 3. v. o. st. Verkaufsrecht l.: Vorkaufsrecht.

S. 92. Z. 4. v. o. st.: vorhypothecirte l. verhypothecirte.

S. 94. Z. 6. v. o. st.: hatten l.: hatte.

S. 94. Z. 9. v. o. st.: konnten l.: konnte.

S. 142. Z. 8. v. u. hinter d. Worte „Gegenbeweis" fehlen die Worte: zu beseitigen.

S. 175. Z. 3. v. o. st.: seiner l.: seinen.

S. 176. Z. 15. v. o. st.: den Revisoren l.: der Revision.

S. 176. Z. 3. v. u. st.: kann l.: können.

S. 179. Z. 8. v. o. st.: von l. vor.

S. 182. Z. 8. v. o. ist das Wort „zu" zu streichen.

S. 187. Z. 4. v. o. st.: die l. den.

S. 211. Z. 8. v. o. st.: 153 l.: 155.

S. 284. Z. 8. v. u. st.: um l.: auf.

S. 319. Z. 5. v. o. hinter d. Worte „gegeben" fehlen die Worte: „worden ist"-

S. 319. Z. 8. v. o. st.: davon l.: daran.

S. 321. Z. 12. v. o. st.: dessen l.: seine.

S. 335. Z. 12. v. o. hinter dem Worte: „muß", fehlt das Citat: (S. 50. Note 6).

S. 335. Note 7. zu Anfange fehlen die Worte: „Simon's u. v. Strampff's Rechtsspr. Bd. I. S. 118."

S. 336. Z. 3. v. o. hinter dem Worte „zurückgekommen", fehlt das Citat: „7a) Simon u. v. Strampff a. a. O. Bd. III. S. 171."

S. 350. Z. 12. v. u. hinter „disponiren" fehlt das Wort: „dieselben."

S. 356. Z. 8. v. u. st. sogar l. auch.

S. 361. Z. 13. v. o. st.: rechtmäßigen l.: rechtmäßige.

S. 365. Z. 8. v. u. hinter d. Worte: Grundstücks, ist „nicht" einzuschalten.

Kolibri 360 GmbH
Ferdinand-Jühlke-Straße 7
99095 Erfurt, Deutschland
produktsicherheit@kolibri360.de